U0541195

西南民族大学中国语言文学博士一级学科申报培育点经费
西南民族大学中央高校"道典与中古汉语词汇研究"（11SZYTH06）
国家社科基金"《无上秘要》词汇研究"（10XYY013,阶段性成果）

民族文学与文化研究文库

中古上清经行为词新质研究

周作明 著

中国社会科学出版社

图书在版编目(CIP)数据

中古上清经行为词新质研究/周作明著.—北京：中国社会科学出版社，2013.11
ISBN 978-7-5161-3469-6

Ⅰ.①中… Ⅱ.①周… Ⅲ.①经文(道教)—词汇—研究—中国—中古 Ⅳ.①B952②H131

中国版本图书馆 CIP 数据核字(2013)第 252149 号

出 版 人	赵剑英
责任编辑	蔺　虹
责任校对	王雪梅
责任印制	戴　宽

出　　版	中国社会科学出版社
社　　址	北京鼓楼西大街甲 158 号(邮编 100720)
网　　址	http://www.csspw.cn
	中文域名:中国社科网　010-64070619
发 行 部	010-84083685
门 市 部	010-84029450
经　　销	新华书店及其他书店

印刷装订	三河市君旺印装厂
版　　次	2013 年 11 月第 1 版
印　　次	2013 年 11 月第 1 次印刷

开　　本	710×1000　1/16
印　　张	24.75
插　　页	2
字　　数	419 千字
定　　价	69.00 元

凡购买中国社会科学出版社图书,如有质量问题请与本社联系调换
电话:010-64009791
版权所有　侵权必究

民族文学与文化研究文库
编 委 会

顾　问　沙马拉毅
主　任　徐希平
副主任　杨　荣　戴登云
主　编　（以汉语拼音为序）
　　　　戴登云　邓文彬　李光荣
　　　　李　欧　罗庆春　田耕宇
　　　　王启涛　万　果　吴贤哲
　　　　徐希平　杨　荣　钟如雄

序

　　自然状态下的语言出口入耳，瞬间消失，为了克服语言的这一弱点，古人发明了文字。文字不但克服了时间和空间对语言传播的阻隔，还通过文献把语言保存到后世，为我们研究语言的历史提供了必不可少的素材。

　　仰仗古圣先哲的智慧和良好社会文化传统，汉语保存了难得久远、异常丰富和绵延至今的历史材料，可以让今天的人们一睹数千年以前汉语的面貌。不过，相对于前人丰富的语言实践来说，后人可以看到的前人用语的记录，只是极小的一部分，因此，反映古代语言的任何材料，对于研究者来说都是弥足珍贵的。

　　文献和语言都随时代而发生变化。东汉以后，新兴的佛道文化作为对传统正宗的儒家文化的补充，在中国社会的影响日益显著。佛教开始了长达九百年的佛经汉译工作，形成了规模宏大的佛藏；道教也不甘示弱，出现了一波又一波的造经热潮，形成今本道藏的主要内容。

　　汉语的言文分化始于汉代，东汉以后，典范书面语的仿古倾向日趋明显，跟一般的社会用语拉开了距离。从汉语史语料的角度来看，宗教文献在语言的使用上，具有双重性：一方面，它们为宗教服务，具有浓厚的宗教色彩，其中部分语言成分体现了行业性和社团特点；另一方面，佛道文献为传播本教思想而作，读者主要是各类民间人士，因而，具有强烈的通俗倾向，文中大量采用当时社会的用语，跟其他通俗文献中展示的汉语面貌具有一致性。这样，宗教文献用语的语料价值就体现在几个方面：1. 宗教文献中使用的当时社会用语，是当时语料的直接反映；2. 一些本来专门表达宗教内容的语言成分，随着宗教的传播进入大众生活，成为大众用语的一部分，加强了宗教用语与大众用语的联系；3. 宗教文献用语本身的发展变化，也是语言变化规则的反映，值得关注。因此，宗教文献是研究这一时期汉语面貌不可或缺的材料。

在旧时的汉语历史研究中，有人认为宗教文献内容怪诞不经，因而质疑其语料价值。但经过最近半个多世纪的研究实践，人们了解到文献内容跟文献用语不当混为一谈。文献用语不可能超越它所处的时代，通俗文献用语中出现的反映当时基层社会所使用的汉语成分，对于以文言为正宗的历代汉语文献语料，是一个非常有价值，甚至是无法替代的补充，因为其中保存了更多更能体现汉语发展历程的材料。

鉴于上述认识，近三十年来，宗教文献用语受到汉语史研究者的空前重视，其中，汉文佛经用语的研究成果丰硕，形势喜人，但道教文献用语的研究却举步维艰，其汉语史语料价值，尚未得到充分利用。其中最大的障碍在于，许多道教文献都假托天命神授，没有明确可靠的作者和时代记录，无法对其中的语料作历史的定位，这就直接影响了它们在汉语史研究中的利用，成为困扰汉语史研究者的一个难题。

周作明2001年来川大攻读汉语史硕士学位，选择以早期道经词汇作为研究论题，就开始从这个方面进行突破。从道教史的角度来看，中国道教的文献不仅自成系统，道教内部也因为教派分歧，如天师道、上清派、灵宝派等，各有传承。因此，当时的方案是，借助于前贤时哲在宗教文献方面的研究，从某一教派入手，选择其中的六朝作品作为语料。为此，周作明花了不少工夫，虚心向道教研究方面的专家求教，确定了一批六朝上清派文献作为研究的基本材料。在此过程中，也了解了大量其他各类道教文献研究的情况，比较全面地了解了六朝道经的概貌，可供这一时期道经语言研究者借鉴。

汉语词汇研究往往与语法研究相混杂，掺杂在词汇研究中大量的词性词类概念、构词分析等内容，严格说来应该属于语法研究。在语言研究中，词汇和语法的区别在于，词汇包括语言的各种自由运用的基本单位，而语法是这些单位的组合运行规则，二者结合实现语言的应用。在语言的研究中，我们当然不应该把词汇和语法割裂开来或对立起来，但也不能把二者混为一谈。用语法的分析代替词汇的分析，会忽略词汇本身的特点，影响研究的深入。

词汇成分是形式和意义的结合体，其中，词汇的口头形式是语音，记录语音的书面形式是文字，词汇形式的构成和使用规则属语法，因此，与词汇形式有关的内容已经在语音文字和语法方面得到了足够的关注，应该把词汇研究的注意力放在语音、文字、语法研究中都没有得到充分关注的方面，尤其是意义。

从意义入手研究词汇，在汉语研究中源远流长。中国最早的一批辞书，比如《尔雅》《释名》，它们的词目都是根据意义分类排列的，连分析字形的《说文》，部首排列"始—终亥"所依据的也是意义。不过，意义关系非常复杂，各家在据意义分类方面，意见分歧，未有一致，需要作进一步的探讨。

本书选择行为词作为考察对象，所谓行为词，相当于语法分析中的动词，是指那些表示人物行为和变化的词。采用行为词的说法，是为了跟语法研究中的动词保持区别，从语法研究来说，动词就涉及及物不及物、配价、主动被动等组合功能关系，而词汇研究考虑的是行为的意义分类。本书采用了生命度的观念，根据行为者与行为的关系，由人及物，由有生到无生，由具体到抽象，由局部到整体，形成一个分类系统，对出现在六朝上清经中的行为词新质作逐一陈述，在词汇研究的方法上，作了有益尝试和探索。

从进入硕士阶段学习开始，至今十多年，周作明一直致力于六朝道经词汇研究，其间攻读了博士学位、完成博士后流动站的研究、参与完成几个与道经语言有关的课题、独立申报获准了一个道经词汇方面的国家青年基金项目。长期不懈的努力，有了可喜的成果，已在各类刊物上发表了十多篇与六朝道经语言有关的论文。这次，又把他的博士学位论文修改整理出版。相信作者在书中所做的努力，定会促进正在兴起的中古道经语言研究的进一步发展，对汉语词汇研究的方法的探索也有积极意义。

俞理明

2013年6月

目　　录

第一章　绪论 ………………………………………………………（1）
　　第一节　道教与上清派、道经与上清经 ……………………（1）
　　第二节　上清经（道经）语言的研究现状 ……………………（9）
　　第三节　中古上清经行为词新质及其确定 …………………（11）
　　第四节　上清经行为词新质的研究价值 ……………………（22）
　　第五节　研究方法及本书框架 ………………………………（24）

第二章　有生行为词（一）
　　　　　——人体的局部器官行为 ……………………………（36）
　　第一节　五官行为词 …………………………………………（36）
　　第二节　四肢行为词 …………………………………………（83）
　　第三节　躯干及其他局部器官行为词 ………………………（110）

第三章　有生行为词（二）
　　　　　——整体行为（上） …………………………………（119）
　　第一节　斋醮修学 ……………………………………………（119）
　　第二节　依照凭借 ……………………………………………（125）
　　第三节　礼拜朝奉 ……………………………………………（129）
　　第四节　珍藏保密 ……………………………………………（133）
　　第五节　迎送侍候 ……………………………………………（136）
　　第六节　守护防卫 ……………………………………………（139）

第七节　炼化保养 …………………………………… (141)
第八节　聚理托化 …………………………………… (148)
第九节　考核查处 …………………………………… (153)
第十节　总领控制 …………………………………… (157)

第四章　有生行为词(三)
——整体行为(下) …………………………………… (166)
第一节　断除拘制 …………………………………… (166)
第二节　斩杀消灭 …………………………………… (178)
第三节　消散覆亡 …………………………………… (184)
第四节　违慢欺侮 …………………………………… (194)
第五节　受殃改悔 …………………………………… (204)
第六节　教化解免 …………………………………… (210)
第七节　感应降临 …………………………………… (213)
第八节　赏赐保佑 …………………………………… (216)
第九节　飞腾成仙 …………………………………… (221)

第五章　有生行为词(四)
——心理活动行为 …………………………………… (234)
第一节　想象回忆 …………………………………… (234)
第二节　思考研索 …………………………………… (237)
第三节　知晓领悟 …………………………………… (241)
第四节　仰慕期望 …………………………………… (243)
第五节　喜怒哀乐 …………………………………… (247)

第六章　无生行为词 …………………………………… (252)
第一节　照耀辉映 …………………………………… (252)
第二节　灌溉流注 …………………………………… (266)
第三节　缠束覆笼 …………………………………… (268)

第七章 上清经行为词新质的词汇学分析 …………………（274）
  第一节 上清经行为词新质的社会分布分析 ……………（274）
  第二节 上清经行为词新质的意义分布分析 ……………（293）
  第三节 上清经行为词新质的意义变化 …………………（298）
  第四节 上清经行为词新质的语用分析——从概念场入手 ……（324）

参考文献 ……………………………………………………（330）

附录一 本文引用经目 ……………………………………（338）

附录二 新质词目索引 ……………………………………（348）

后记 …………………………………………………………（380）

第一章 绪论

第一节 道教与上清派、道经与上清经

道教是我国土生土长的宗教，自东汉产生后，由于与农民起义有关，在三国遭到统治者分化瓦解，发展一度走向低谷；迄至东晋，随着晋室南渡，在江东这块相对安宁的土地上，教派宗师开始反思原来的策略，抓住上层统治者长生成仙及巩固统治的心理，逐步将原来的民间宗教改造充实为适应统治者需要的上层道教。在这种形式下，道教自身的发展也进入了新的阶段。其间，以魏华存、杨羲、许谧、陶弘景等为代表的上清派扮演了重要角色。

上清派形成于东晋中叶，在南朝迅速发展壮大，该派第六代宗师陶弘景以茅山作为主要阵地，茅山遂成为上清派的中心，故上清派又称茅山宗。该派唐前的主要传播范围是江东地区[1]；迄至唐代，上清派一跃成为全国道教的主流，于元成宗大德八年（1304年）归并于正一道，上清派的名号从而在宗教史上正式退出。[2] 上清经是道教上清派所奉习的经典，它与上清派相依相长，故上清经应当包括东晋至元代该派积累的所有经典，为方便研究，本书只讨论东晋南朝的上清经。

鉴于道教典籍"杂而多端"，其可靠性、纯洁性多为人诟病，我们有必要就此时期上清经的产生、流传及判定作尽可能地详尽阐述。

---

[1] 陶弘景纂著《真诰》所记："（上清经）今世中相传流布，京师及江东数郡，略无人不有，但江外尚未多尔。"（20/604b）按：本书引用道经，依据北京文物出版社、上海书店出版社、天津古籍出版社1988年影印的明万历《正统道藏》，引例后的数字和字母表示该例在此版道藏中的册、页、栏，"20/604b"指《道藏》第20册第604页中栏。下同。

[2] 相关内容参卿希泰（1996：337—501）（第一卷）、119—171（第二卷）、360—382（第三卷）。

一 东晋中叶上清派与上清经三十一卷①

上清派在何时、由谁创始的,学界尚无定论。关于上清经的由来,众说纷纭,较系统的叙述,见于《上清源统经目注序》、《洞真上清神州七转七变舞天经》、《玉纬》引《正一经》、陶弘景《真诰·叙录》、李渤《真系》、《太平广记》卷五十八"魏夫人传"、《云笈七签》卷四所收《上清经述》等。《上清源统经目注序》②称:

> 汉孝平皇帝元始二年九月戊午,西城真人以上清经三十一卷于阳落之山授清虚真人小有天王王褒。褒以晋成帝之时,于……授紫虚元君南岳夫人魏华存。华存……去世之日,以经传付其子道脱,又传杨先生讳羲。羲生有殊分,通灵接真,乃晋简文皇帝之师也。杨君师事南岳魏夫人,受《上清大洞真经》三十一卷。(《云笈七签》卷四③)

序文采用道教惯用的宣扬其"宝书"来源的手段——"真经神授"④,这并不可信。但这则序文却能给我们以下两点启示:一、序文把传经神话连接到历史人物杨羲这里,与魏华存降授上清经给杨羲的说法一致,这给我们判定上清经的制作年代提供了上限;二、声称上清经有三十一卷,而不是后世道书所说数百卷几千篇,这又给此处的讨论限定了范围。

相比"真经神授"而言,上清派第九代宗师南朝齐梁陶弘景的记述有更多的真实性。他在《真诰·叙录》中说:

> 伏寻上清真经出世之源,始于晋哀帝兴宁二年,太岁甲子,紫虚元君上真司命南岳魏夫人下降,授弟子琅琊王司徒公府舍人杨某,使作隶字写出,以传护军长史句容许某,并弟三息上计掾某某。二许又更起写,修行

---

① 本节内容主要参考卿希泰(1996:337—347)(第一卷);[日]小林正美著,李庆译(2001:24—41);丁培仁(2000);陈国符(1963:7—16);王家葵(2003:126—180);汤其领(2003);[日]福井康顺等监修,朱越利译(1992:82—86)(第二卷);张崇富(2003)。尤以前三者的相关论述较为深入,笔者参考颇多,谨致谢忱。

② 丁培仁(2000)认为其"注序作者,或为(南朝宋)陆修静,或(梁)顾欢"。

③ 李永晟点校:《云笈七签》第一册,中华书局2003年12月版,第48—51页。简称《云》。

④ 如"道君以中皇元年九月一日于玉天琼房、金阙上宫,命东华青寻俯仰之格,录校古文,改定撰集灵篇,集为宝经三百卷,以付上相青童君,使传后学玉名合真之人"(1/890b、33/649a)。

得道。凡三君手书，今见在世者，经传大小十余篇，多掾写；真唉四十余卷，多杨书。(20/603c—604a)

可见，被道徒奉为神书的道经实是通神的"灵媒"（杨羲）通过"扶乩"等方式造作的。① 事实上，在通神降经过程中，还有一个人物华侨（东晋人）。据《真诰·叙录》记载："众真未降杨之前，已令华侨通传旨意于长史（许谧）。华既漏妄被黜，故复使杨令授，而华时文迹都不出世。"（20/601c）这表明在杨羲之前，原是由华侨通神造经，因他泄露天机，改由杨羲主持，而华侨书写的"神文"也改写到所谓"杨许手书"的经、传、诰之中了。关于华侨身世，《真诰·真胄世谱》记述他跟许氏一样同属吴姓世族，二家有姻亲关系。"世事俗祷"，本从事巫鬼术，后因有不快的心理体验遂改信道教，并声称夜半见裴清灵、周紫阳②，如"于鬼事得息，渐渐真迹来游，亦止是梦"（20/610a）。因此许谧首选他通神降经也在情理之中。其次是杨羲，幼有"通灵之鉴"，早在降经前十五年（永和五年，即公元349年）即受《中黄制虎豹符》，次年又从魏夫人长子刘璞受《灵宝五符》。但距魏夫人去世又已十五年，未闻传授上清经。可见首批上清经是由华侨、杨羲、许谧、许翙等人以神真降授的名义创制的。

然而根据一些上清派的神仙传记③，好像早在汉代上清经就已传世。关于这个问题，应从道教文献学的角度作进一步考察。首先，陈国符（1963：8—13）业已考证，这些传记多出于晋代。比对《真诰·叙录》所记东晋中叶造经时"经、传大小十余篇，多掾（许）写"，"悉杨（羲）授旨，疏以示许尔"（20/601c），可知这些神仙传记本身就是东晋中期上清道士所作。其次，如果上清众经在汉代已经传世，则两晋间名道葛洪不可能一点也不知悉（或许不知其中一部，但不可能全然不知）。但在《抱朴子内篇·遐览》这一道书目录中不见著录，其他各篇也没征引上清众经④，仅提到《黄庭经》（此当指后世所称《黄庭外景经》，上清

---

① 陈国符（1963：8）："道书述出世之源，多谓上真降授。实则或由扶乩；或由世人撰述，依托天真。"
② 两者均为降授上清真经的主要神仙，陈国符（1963：8—9、11—12）有详考。
③ 主要有《紫阳真人周君内传》、《茅三君传》、《苏君传》、《清灵真人裴君传》、《清虚王君传》、《南真传》。
④ 关于《遐览》所著录的道经，参朱越利（1991：126—127）、杨福程（1998）、杨光文（2003）。

道士据此敷衍成《黄庭内景经》，但此经仍未列入上清经三十一卷之数）。因此大多数上清经是在东晋中叶以后制作传布的。

华侨、杨羲所造首批上清经中的多数经名可通过对比两个早期上清经目得到说明，一为《周紫阳传》[①]，一为《真诰·甄命授》（杨羲所出）。陶弘景在《真诰》指出："今世中《周紫阳传》，即是侨所造，故与《真诰》为相连也。"（20/610a）《紫阳真人内传》保存在明《道藏》中，其中列有《周君所受道真书目录》实为上清经目，与杨、许书《真诰·甄命授》多相印证，故陶说"故与《真诰》为相连也"。丁培仁（2000）对照二经目后认为"这些《真诰》已造出的道经与《紫阳传》多同"，它们即反映了东晋中叶首批上清经的具体情况。

华侨、杨羲所造的早期上清经大多被纳入"三十一卷"这一组经[②]为信徒遵奉，在上清经系中地位最高，是后出上清经的源头。关于三十一卷之著录，目前学界比较认可成书于梁的《洞玄灵宝三洞奉道科戒营始》[③]卷五《上清大洞真经目》的相关论述。

《上清大洞真经目》：上清大洞真经三十九章一卷，上清太上隐书金真玉光一卷，上清八素真经服日月皇华一卷，上清飞步天刚蹑行七元一卷，上清九真中经黄老秘言一卷，上清上经变化七十四方一卷，上清除六天三天正法一卷，上清黄气阳精三道顺行一卷，上清外国放品青童内文二卷，上清金阙上记灵书紫文一卷，上清紫度炎光神玄变经一卷，上清青要紫书金根上经一卷，上清玉精真诀三九素语一卷，上清三元玉检三元布经一卷，上清石精金光藏景录形一卷，上清丹景道精隐地八术上下二卷，上清神州七转七变舞天经一卷，上清大有八素太丹隐书一卷，上清天关三图七星移度一卷，上清九丹上化胎精中记一卷，上清太上六甲九赤班符一卷，上清神虎上符消魔智慧一卷，上清曲素诀辞五行秘符一卷，上清白羽黑翮飞行羽经一卷，上清素奏丹符灵飞六甲一卷，上清太上黄素四十四方一卷，上清太霄琅书琼文帝章一卷（原注：此三十四卷玉清、紫清、太

---

① 参陈国符（1963：8—9）、卿希泰（1996：341—342）（第一卷）。

② 如：太玄都四极明科曰：……太霄琅书琼文帝章上官宝篇，凡三十一卷，此独立之诀，乃高玉玄映之道，洞天玉清宝文，授于已成真人。（3/419a—b）太玄都四极明科曰：上清宝经三十一卷，独立之诀。（3/420a）若修大帝所撰三十一卷，道备。（33/553a）中宫科云：有玉名青宫，受三十一卷。（33/656b）

③ ［日］吉冈义丰《三洞奉道科戒仪范》（见《道教研究》一）认为该书编著于陶弘景殁后（536年）至梁元帝在位（552—554年）大约20年间。转引自朱越利（1996：162）。

清、大洞经限，是王君授南真①）（24/759c—760a）。

陈国符（1963：15）即认定说："据此，杨羲所出上清经，当即此《上清大洞真经》，凡三十一卷。"但这里说的是三十四卷，多出三卷，陈国符（1963：16）推测说："但此云三十四卷，盖其二卷或三卷诸经，或本为一卷，后析成二三卷，故总数由三十一卷，增至三十四卷耳。至此诸经为杨许真经，抑或王灵期伪造，已不可考。"卿希泰（1996：537）也说："……据上列各书所说，杨、许所得 31 卷经书，就是从王褒、魏华存处承传来的，这证明杨、许所得（包括杨、许托名所造）的 31 卷，即在此 34 卷内。只是杨、许所得是哪 31 卷？后人所增又是哪几卷？目前难以确考了。"贺碧来（Robinet，1984：18—22）也将《上清大洞真经目》所录三十四卷与《紫阳真人内传》、《太上洞玄灵宝八素真经》、《洞真上清神州七转七变舞天经》、《太上九真明科》、《真诰》所载经名分别对照比较，认为《上清大洞真经目》所录三十四卷即包括上清派形成时所奉三十一卷。总之，我们可作如下结论：东晋中叶前后，华侨、杨羲、许谧、许翙先后造作经典，其中的大部分被作为一个整体，称为三十一卷，具体名目已难确考，但可肯定的是，三十一卷当为早期上清经的绝大部分。

二 南朝时期上清经的孳乳

东晋至宋期间，道徒又纷纷造作经典，上清经迅速增多。据《真诰·叙录》记载，许谧死后，其孙许黄民成为主要传经人，也有数卷散出在诸亲友间（包括句容葛氏）。东晋末，王灵期见葛巢甫造构《灵宝经》，便从许黄民处求受上清经，并广为增益。

复有王灵期者，才思绮拔，志规敷道，见葛巢甫造构《灵宝》，风教大行，深所忿嫉，于是诣许丞求受上经。……乃窃加损益，盛其藻丽，依王、魏诸传题目，张开造制，以备其录，并增重诡信②，崇贵其道，凡五十余篇。趋竞之徒，闻其丰博，互来宗禀。（20/604c—605a）

有关早期上清经的孳乳③，卿希泰（1996：538）论述说："可以看

---

① "王君"即前述清虚真人小有天王王褒，"南真"即南岳夫人魏华存。
② 陈国符（1963：15）："按：诡当作赇。赇信即传授经时所用信物。"
③ 早期上清经衍生过程中多相传抄征引，致"新旧混杂"，有关相互间传抄的具体细节，拙稿（2011）有述。

出,从杨、许造经开始,道教内部逐渐掀起了一个造经高潮,其造经的速度和造经的数量都是空前的。至宋明帝泰始七年(471年),陆修静在其所撰的《三洞经书目录》(已佚)中即著录了1000余卷。陆修静死后,造经运动并未停止,陶弘景《真诰》、《登真隐诀》、《周氏冥通记》和北周《无上秘要》以及北周的一些佛教论著中,都曾大量征引上清派出现以后的道教经书,据粗略统计,共征引经书约400种,1000余卷(笔者按:主要有上清经、灵宝经、三皇经,并非全为上清经)。"可以看出,自杨羲死时(386年)至《无上秘要》成书,上清经的增加肯定不在少数。陈国符(1963:16—17)说:"上清经至宋代卷帙孳乳。北周武帝天和年间,甄鸾上《笑道论》谓陆修静《三洞经书目录》云:'上清经一百八十六卷,一百一十七卷已行,始清以下四十部六十九卷,未行于世。'又谓《玄都馆经目录》内,则此四十部六十九卷,皆见在。是北周武帝天和年间《玄都馆经目录》内,上清经已增至一百八十六卷。唐高宗时,潘师正《道门经法相承次第》卷上云洞真部一百五十一卷,上清经有一百八十多卷,一百二十七卷已行。"这与学界所考订的流传至今的上清经的数目基本相仿,可资为信。

三 《道藏》中东晋南朝上清经的确定

从上面的论述可以看出,南朝时上清经增衍繁生,真伪混杂,的确很难断定其制作的确切年代,但至少我们可断定它们产生于一个相对确定的时期:东晋中叶(364年)至《无上秘要》编纂(北周武帝宇文邕,561—578年)这两百余年间。其中三十一卷相对较早,其他较晚,但三十一卷也有可能经过南朝人之手,很难保持其东晋中叶的原貌。此如看来,这批上清经就当为东晋南朝的重要载籍,可资研究者利用。从汉语史的角度看,我们可将其当作一个整体,放在中古汉语这一共时层面来考察其语言价值。要做到这一点,关键在于从《道藏》中尽可能准确地爬梳出这批上清经。我们认为,这是可以做到的。

1. 从上清派的发展来看,将东晋南朝产生的经典与唐后产生的经典区别开来是可能的

第一,纵览道教典籍的产生,有这样一个总体印象,那就是唐以前的典籍多没有明确的撰著作者和成书年代,而唐代以后的则相反,这从任继愈主编的《道藏提要》就可看出。原因大致如下:首先,受"河图"、"洛书"的影响,早期道教徒为了营造道法的神秘性,宣扬"经书神授"、

"从空而生"，故多伪托神真，不显撰人。其次，东晋南朝是道教"分化与发展"、"改造与充实"的阶段，道教自身制度不成熟；而且由于道徒"聚众作乱"的历史污点使统治者对道教的发展怀有戒心，道教的生存环境相对恶劣，故不标撰人。以上问题，在唐代都得到了较好的解决。唐朝道教上升为国教，盛极一时，道教徒在著述时似没有必要再隐姓埋名、遮掩伪饰；而此时期道教体系走向完善，已较少宣称"神授天书"，各道教大师，为了扩大自身及教派的影响，更愿署以真名。上清派在唐代更是全国道教的主流，该派宗师如王远知、潘师正、吴筠、司马承祯、李含光、杜光庭等都名闻天下，他们的著述时代明确可考，这样唐以后产生的上清经是很容易确定的，那些著者不明的上清经很有可能即为东晋南朝的，这为我们采取排除法提供了可能。第二，作为宗教文献，都承载了教派特定的文化及修行方式，早期上清派主要以"存思"、"念祝"为主，而唐后的上清派较多吸取了"正一、灵宝、重玄"的某些重要思想，与早期有明显区别[①]，这也可作为判定文献的依据。

2. 充分利用经文内部互证法

如前所述，一些时代明确的著作提及某部经，而这部经则记录了同时代的许多经目，这些经文当时应该已经出现。《太真玉帝四极明科经》（梁陶弘景《真诰》提及）[②]、《洞真太上素灵洞元大有妙经》（《无上秘要》已引）之"太上九真名科"[③] 都提及大批经典。前者如：

太玄都四极明科曰：读大洞真经三十九章、回风混合帝一百神宝名、玉检雌一五老宝经、洞玄素灵大有妙经、太丹隐书上品高真之文……（3/420a）

太玄都四极明科曰：神虎玉经、金虎凤文、上清内经、黄庭玉景内经四卷……（3/421c）

太玄都四极明科曰：飞步天纲蹑行七元、白羽黑翻飞行羽经、天关三图七星，凡三诀。（3/429a）

[①] 参卿希泰（1996：139）（第二卷）。
[②] [日]尾崎正治《四极明科诸问题》（吉冈博士还历纪念道教研究论集），国书刊行会（1977）认为该书第1卷问世最早，第3卷稍后，全书成书于6世纪前半期。转引自朱越利（1996：36）。
[③] 《道藏》正一部所收《洞真太上道君元丹上经》（33/620b—626c）系节录《洞真太上素灵洞元大有妙经》而成，也收有"太上九真明科"，文字偶异。

后者如：

玄都上品第三篇曰：凡有金名东华，玉字上清，得受太霄琅书琼文帝章、紫度炎光神玄变经、上清变化四十四方、九真中经、丹景道精隐地八术解形遁变流景玉经、七变舞天……（33/416c）

玄都上品第五篇曰：传消魔智慧玉清隐书、宝洞飞霄绝玄金章、紫凤赤书八景晨图、金真玉光、灵书紫文、金珰玉佩、金根众经、三天正法，皆太上大道君，元始天王，金阙帝君之宝章，秘在玉清之宫。（33/417a）

玄都上品第七篇曰：传七星移度、白羽黑翻飞行羽经、飞步天纲蹑行七元太上隐书、灵飞六甲，皆太上太帝君，太微天帝君登空之道，隐化之秘章，秘在太上琼宫之上，紫房之内。（33/417b）

另外，《上清太上八素真经》、《七域修真证品图》、《上清后圣道君列纪》据考都为东晋南朝的上清经①，三者均提及许多上清经，限于篇幅，不再举例。

3. 充分利用学界研究成果

关于早期上清经的成书及确定，海内外学者已经有相当充分的考证。国外方面，"四和五世纪的上清派经典已得到彻底的研究②。这些上清经隐没在易使人误解的标题之下，零星地散布于《道藏》各处。……贺碧来（Robinet，1984）③探索、分析了公元四世纪时的140多篇上清经（笔者按：即本书的主要材料），并从通行本《道藏》中重新整理出大约260篇上清经。司马虚（Strickmann，1981）④分析了《道藏》中的94篇经书，考订出降授给巫师杨羲（公元364—370年）的原始经书，以及五世纪时经陶弘景编辑的经书"（参索安原著，吕鹏志、陈平等中译本，2002：12）。国内也有不少这方面的成果。任继愈（1991）考订了200余种上清派经典，产生于东晋南朝的占大部分；朱越利（1996）的考论与此相仿；胡孚琛（1995）于"洞真上清部经书"下列186种，订为隋前

---

① 分别参朱越利（1996：135、271、194）、胡孚琛（1995：236、257、255）。

② 赵益（2004）认为，"彻底的研究"有太过之嫌，其实还有很多工作要做，赵论当是客观的。

③ ［法］Isabelle Robinet，La Révélation du Shangqing dans l'histoire du taoïsme．Paris，École Franaise d'Extrême-Orient，1984．吕鹏志、陈平（2002）译为《道教史上的上清经》。

④ ［法］Michel Strickmann，Le Taoisme du Maochan，Chronique d'une revelation，memoires de l'IhEC XVII：paris：presses Uniersitaires de France 1981．吕鹏志、陈平（2002）译为《茅山的道教——降经编年史》。

上清经的约130种170余卷。我们综合利用以上成果，"内证"与"外证"相结合，根据《紫阳真人内传》、《四极明科》、《九真明科》等道教目录文献中的著录情况，《真诰》（南朝梁）、《无上秘要》（北周）等道教纂辑著述中的征引事实以及胡孚琛（1995）、任继愈（1991）、朱越利（1996）、丁培仁（2008）、司马虚（Strickmann, 1981）、贺碧来（Robinet, 1984）等中外学者的考订结论，从今《道藏》中剔梳出东晋南朝道教上清派经典120余种共120余万字（见附录一），这一数字与历史文献的记载相仿。它们是中古时期传世文献的组成部分。从种类看，道经可分为"三洞"、"四辅"、"十二类"（参白云霁《道藏目录详注》，附于《道藏》后），上清经内部也有记述。如关于"三洞"的。

上学之侣，精解因缘，体之无惑，修之必专，专之必效，所志必成，成由遵法，法有三乘，乘十二事，事在经中，上中下品，三洞应运，递互出焉。或时同现，摄一切文，一切文图，皆属三洞，三洞三清，即是三乘，三乘经戒，各十二焉，合为三十六部，以度无量天人。(33/584b)

可以看出，"三洞"的说法可能受到佛教"三乘"的影响，上清经在当时大多归洞真部（地位最高），但在后来入藏时，有许多误入正一部。经文中还有关于十二类的记述。

此十二事，又各有十二事，一曰自然文字（本文类），二曰符策（神符类），三曰注诀（玉诀类），四曰图像（灵图类），五曰谱录，六曰戒律，七曰威仪，八曰方法，九曰术数，十曰记传，十一曰赞颂，十二曰表奏。行十二事者，各有此十二阶。(33/585a)

我们所选定的上清经总体来看，以本文类最多，占一半以上，其余各类皆有，丰富的种类有利于反映较为广阔的内容。

第二节 上清经(道经)语言的研究现状

由于道教典籍"杂而多端"，部分儒家典籍也被收入《道藏》，由此许多珍贵版本靠《道藏》得以保存，道籍的这一优点早在清代就受到古籍整理者的重视（参张昱，2001）。从19世纪末到20世纪初，近代意义上的道学研究从海外发端，20世纪中叶，国内开始迎头赶上，发展迄今，道教学研究成果已蔚为大观。然而，我们注意到，这些研究成果多是有关宗教、历史、社会学的，利用道教典籍来研究汉语史的成果相对不多，对这批上清经的利用也是如此（参赵益，2004）。语音方面，汪业全（2001）、丁治民（2005）、冯娟和杨超（2005）等文都利用北宋陈景元所著《〈上清大洞真经〉玉诀音义》、《〈南华真经〉章句音义》等音释材料考察了汉语音韵史的某些问题；［日］赤松佑子（1991）利用《真诰》中大量的韵文材料，归纳韵例，考察其押韵特征，并与陶弘景、陆机、陆云等当时吴语地区的文人用韵作比较，揭示了道教文献中的韵文在汉语语音史研究上的价值。语法方面，俞理明（2001a、2001b、2003、2005）讨论了《太平经》中的语法现象；王磊（2004）对《真诰》中的连词进行了专题考察。相对而言，学界利用道典来研究汉语历史词汇的成果要多一些，张婷等（2005）对近十年来的相关成果进行了总结，从中可以看出，研究成果主要集中在《太平经》、《抱朴子》上[①]，有关上清经的成果尚十分有限。拙搞（2003、2004）在对此时期的上清经初步梳理调查的基础上，讨论了其中的部分语词，但研究流于浮泛，亟待深入。汪维辉（2000a、2007）、冯利华（2002）分别讨论了《周氏冥通记》和《真诰》的部分词语，汪文从常用词演变的角度，揭示了《冥通记》在汉语词汇史上的研究价值。冯利华（2004）以"中古道书语言研究"为题，就此时期部分道籍（多为上清经）的文献整理、词语、俗字、隐语等问题作了探讨，并相继撰文讨论了古上清经中的部分语词和其中的道教隐语（冯利华，2006；冯利华、李双兵，2006），创获颇多；但作者既以"中古道书"为题，则未能集中对这批上清经的词汇进行系统深入的探讨。叶贵良（2005）在考证、校订敦煌道籍的基础上，从文字、文化、词汇、历史和思想等角度对敦煌道经中的词汇作了全面深入的研究，对东晋南朝的上清经也多所涉及。以上研究成果已初步体现了道教典籍在汉语历史词汇研究中的价值，但由于各方面的原因，此时期的上清经尚没得到学界的充分注意，文献中蕴藏的有助于汉语史研究的信息仍有待发掘，俞理明和周作明（2005）、张婷等（2005）、叶贵良（2005）都表达了类似看法。

[①] 主要有俞理明、王云路、方一新、董玉芝等先生的一系列论文，具体内容从略；方一新教授有《抱朴子》词汇研究的课题，但尚未出书；另外还有曹静（2006）等。

第三节　中古上清经行为词新质及其确定

本书拟以中古上清经为研究材料，以其中的新兴行为词质素（新词及新义）为研究对象。作这样的选择，主要基于以下原因：

一、选定的材料较多，受时间和能力的限制，若全面研究其中的词汇，可能很难有相对充分的讨论。在允许的情况下，缩小研究范围，可能为问题的深入探讨创造条件。

二、世界是由事物和关系构成的，为此，大脑的认知也可分为两部分：对客观事物进行感知，形成表象（presentation）或意象（image）、概念、范畴的过程和对事物进行分析、判断和推理的过程（赵艳芳，2001：80）。万物的活动构成了行为，将这些行为范畴化，进一步用语言表达出来，就形成了语言词汇中的一大类——行为词；它们着重表达动作及事物间的相互影响，是人与事物自身、人与人之间、人与事物之间以及事物与事物之间活动及相互影响的概括。从语言使用者的角度看，这类词是词汇中极具活力的部分，它们的发展变化无疑是词汇发展变化的重要表现，可以重点单独考察。

宗教文献记录的是一种社会方言，东晋南朝上清经是上清派修道内容的记载，其中的名物词多关涉道教的教理、教义、神名、隐语等，宗教色彩相对较浓，不少词语艰涩难懂，这或许会影响其语言学方面的价值。同名物词相比，行为词则相对生动具体，即使是记录修行动作的专门用语，也相对易于把握。我们认为，行为词在语言学方面的价值或许更为明显，可以优先予以注意。

三、词汇变化的重要内容之一即新词和新义的出现，文献中所出现的东晋南朝时期的新质，无疑是我们应该关注的。由于没引起充分注意，上清经中蕴藏的最基本的词汇信息尚待发掘。据我们初步调查，其中行为词新质的数量并不在少数，它们是此时期词汇的重要组成部分，可以成为我们专门探讨的群体。

若要从上清经中剥离出行为词新质，我们首先要确定其中哪些是词，这需要解决好字和词、词与短语的划分与判定问题。

我们先谈字与词的问题。正如张联荣（2000：86）所言："字和词的关系是研究汉语，特别是研究汉语词汇一个带根本性的问题，弄清这一问题无论是在汉语的理论研究还是实际应用方面都有重要的意义。"我们在研究中，也须处理好同形异词、同词异形及多义词等问题。举经文中的"捻、蹑、镊"为例。

次捻$_1$鼻七过，以通明梁；次按眉后两穴三过，以塞邪源；次轮耳三周，以开天悤；次咽液九过，以味玉律，以用前修。（1/519b、33/750c）①

明灯捻$_2$香，当愿弟子及兆之身、七祖父母，离刀山三途五苦地狱之中，升度南宫。（3/439b）

"捻$_1$"（nie）乃"捏，揉搓"义，"捻$_2$（nian）香"乃"持香礼拜"义，两者都是中古时期的新的行为词。

"捻$_1$"与"蹑"可通用，如33/390c"若梦觉，以左手第二指捻人中三七过"②中的"捻"于20/541a即作"蹑"。20/547c还有一段：

咽液三过，毕，以左手第二第三指蹑两鼻孔下人中之本、鼻中隔孔之内际也。三十六过，即手急按，勿举指计数也。……蹑毕，因叩齿七通。（20/547c）

上段在2/904c、6/612c—613a、33/463a、33/795a有四处异文，第一个"蹑"在2/904c、6/612c、33/795a作"捻"，第二个"蹑"在6/613a、33/795a作"捻"。

"蹑"还有单用的例子，如：乃开目啄齿五过，以左手第三指蹑鼻下人中七过，以右手第二指蹑两眉间九过。（33/537a）

可见，"捻$_1$"与"蹑$_2$"（作"揉搓"讲）同。"蹑"与"镊"又可通用，如20/551a"咽液三过，并右手第二指蹑右鼻孔下，左手第二指蹑左目下"中的两处"蹑"在33/459c都作"镊"，在6/658a则作"捻"。

而"蹑"在文献中大多乃"踩踏"义（蹑$_1$）：

无此符则不得蹑云玄登也。（2/168c）玄授太真以登空步虚、乘魁蹑纲、缠络七玄、上升玉清之道。（2/169b）

通过以上分析，"捻、蹑、镊"三个字有捻$_1$、捻$_2$、蹑$_1$、蹑$_2$、镊之

---

① 由于道经多相互传抄征引，同一语句往往复现于两部以上的道经，但文字并非完全相同，若不影响对所讨论语词的理解，则不予特别说明，仅标示其位置。

② 《词典》"蹑"下义项13认为"蹑"同"捏"，引明陈继儒《珍珠船》卷一"梦觉以左手蹑人中二七遍，啄齿二七遍，反凶成吉"即此例，陈文当抄自上清经，其实此句中的"蹑"在经文中实与"捻"相通，乃"揉搓"义，非"握持"，故说其同"捏"是不妥当的。

分，从义位的角度看，共有捻$_1$（蹑$_2$、镊）、捻$_2$、蹑$_1$三个词。"捻$_2$"原作"撚"，《说文·手部》："撚，执也。""捻"当是其异体或俗体，在汉代即有表"握持"义（捻$_2$）的用例，后来，"捻"引申分化出揉搓义（捻$_1$），语音上也转为入声，从而与"镊、蹑$_2$"同音，故"蹑$_2$、镊"当为借字。

关于词与短语，词汇研究尤其是进行汉语历史词汇研究时，这一问题难以回避又不好解决，很多研究者提出了具体合理的策略，但在贯彻时总遇到诸多困难。于是，在近年来的著述中，如张联荣（2003）、杜晓莉（2005）就进而采用了"复合结构"的提法。由于单音词也在本书的考察之列，故本书不采用"结构"的说法，但也不打算在词和词组的划分上饶舌，只结合文本特征就词语判定谈点意见。

总体来看，上清经整散结合，以四字格为主，文白夹杂，其中的新旧质素呈现交替共融的状态，这些都是同时期大多文献的典型特征。先举本文类（道教十二类之一）作品：

九赤班符，一名羽中林飞天九符，元始天王藏之于上清瑶台金房玉室之中。神真焕明，流光曜空，四极监试，五帝卫真，太上以云宫玉童三百人，上元又以西华玉女七百人侍典灵文。神标上清，威严九天，制魔灭妖，鹹斩群凶，封掌名山，摄召水神，总统亿亿，领括万仙、五岳四渎及后学者身。部以神兵，罚过赏功。九千年则九天一开，九天开，其文则明五岳之室，玄授得道之人。自无仙骨玉名，刻书来生，不得见其篇目。（33/518a）

上清经中记录诵经念咒的文句几乎都是四字格，如：

毕，思泰山君乘舆下降，青气郁郁，覆满一室，君处青气之中，手执青简，注上我名于青简之篇。微祝曰：玉真徘徊，焕明东方，乘龙驾舆，飞行太空，回灵曲映，下降我房，青阳告始，上愿开通，纳我所陈，削过记功，刻名青简，列奏高皇，西龟结录，东华勒方，五灵辅翼，八帝齐光，来甲御乙，出木入空，六丁侍卫，玉女扶将，摄山召海，命制蛟龙，啸风兴云，靡不立躬。天魔伏试，万灵敬从，变景化形，上升玉宫。年享泰山，永保无穷。毕。（33/521a）

四字格刚好两个双音词的位置，汉语词汇发展到东汉魏晋，复音化加快，最突出的就是双音结构的迅速增多，这一趋势对双音节词的形成有积极推动作用，而双音节词的形成正好满足了"骈偶"、"四六"的句式需求。因此，六朝那些四字格文句，并不一定都是行文者为满足四字格而刻意将两个单音词组合在一起（尽管有些情况下是，如"缩略词"），一定程度上也是有成词倾向的两个语素的自然组合或是短语正处于向词降格过程的体现。因此，凡是在经文中组合在一起表达一个整体概念的结构都属于我们的筛拣范围。例如，上举第一段中的"焕明、监试、侍典、威严、臧斩、封掌、摄召、总统、领括、玄授、刻书"和第二段中的"下降、覆满、注上、焕明、曲映、告始、列奏、辅翼、侍卫、扶将、命制、敬从、上升"等都要关注，结果证明，这些词中有不少即为东晋南朝时期的新词。

那些口语性更强的记传类或养生保健类作品自然是要重点调查的。

第七：凡受上清，不得北向便曲及食五辛六畜之肉，饮酒作性，亏道慢法，疑贰不专。（33/418c、33/659b）

两手捺肶左右，挾身各二十遍。两手按肶左右，钮肩亦二十遍。两手抱头左右，纽身二十过。左右跳头二过，一手抱头，一手托膝，三折，左右同。两手拓头，三举之。一手拓膝，一手拓头，从下至上，三过。左右同。两手攀头，下向三顿之。两手相捉，头上过。（34/472a）

判定某个词是否成词，用例的多少是我们考虑的因素之一，这就关系到如何对待孤例或少例的问题。按照一般看法，一个词若具有了词的资格，应该在文献中广泛使用，当有不少的用例；而现实情况是，所调查到的一些词语例证不多，或者在六朝同期文献没有旁例，这让我们怀疑其词的资格。其实，在语言研究中，"例不十，法不立"不能一概而论的，汉语在中古时期处于变化分化时期，很多语言现象在此时或可能刚露出一鳞半爪，用例不多，或者受文献记录语言随机性（文献的内容尤其重要）的影响，很多原本在此时期流通的词却没有被记录下来。在这种情况下，我们所调查到的一些孤证反而显得重要。洪诚先生（2000：101）对此有很好的论述：

> 所谓"例不十，法不立"、"孤例不足征"，这是选材取证的一般原则。由于汉语史料的记录在历史各阶段中的具体情况不同，应作不同的看法，不能一律以数量多少为标准。……从魏晋到中唐，骈俪文盛行，口语入文最少；晚唐以后，情况一变，变文话本小说兴起，接

近口语的作品多。二，……在这种排斥俗语的文风中写出并得以流传下来的作品，从它里面发现有新兴的语言资料，尽管在纸上是单词孤例，应该看出是大量语言事实的反映。如果按照纸上出现的数量作标准，将会有很多的珍贵资料因当作孤例而被舍弃、被糟蹋。

尽管很多词语在经文中仅见单例，也不见于六朝其他文献，但考虑到上清经文献的特殊性，这一定程度上是正常的。故本书对有些单词孤例也予以收列。

什么是"行为词"呢？世界是由千变万化的事物组成的，从认知的观点来看，人们为了认识世界，必须对世界万物进行分类和范畴化，若没有对万物进行范畴化的能力，人类便无法理解自己的生活环境。我们所说的行为词在语言学界一般称为动词，"世界上除了事物外，人们还以某种动作作用于外部世界，人们要吃、穿、住、行等等，于是有了表示动作的范畴，产生了动词"（赵艳芳，2001：66）。因此，当我们描述某种行为"写"、"敲"、"走"时，我们在用概念描述行为范畴，这些概念表示事件中的动作行为，即行为词，是话语的核心内容之一。Hopper & Thompson（1984）认为：话语的目的在于报告发生在参与者身上的事件，而名词可视为编码（code）或词汇化（lexicalize）话语中可操纵的参与者（discourse-manipulable）的语言形式，动词则是编码所报道的事件（reported event）（转引自张敏，1998：81）。Langacker（1987a、1987b）也认为：名词标示的是"事物"，动词标示的是"过程（process）"，是一种"关系性（relational）"述义，它以一组实体为前提，而勾勒这些实体间的相互关联（转引自张敏，1998：84）。国内学者也基本将其称为"动词"，着眼点是它的语法功能及语法意义；本书从词汇意义的角度出发，将之称为行为词，着眼的是其表达的行为范畴。张小艳（2007）从语义出发提出"事为词"，也是出于同样的考虑。

显然，这里的行为词并非仅指行为动词，后者在传统语法学界被作为动词的一小类而与趣止动词、感知动词等并列（如张玉金，2004：40；崔立斌，2004：39—71）。其实传统语法学界的行为动词也可称为"物理作为动词"，表示的是人、物外在活动或机械行为意义的动词，"是可见层次的代表，是一种描写性或表认知的动词，说明或描摹现实世界"（彭玉梅，2001a）。本书所谓的行为词则不局限于一般意义上或者狭义上表示"机械行为"或"体力作用于物体"的动词,它揽括了"反映事物(含人、事物、自然力)自身活动(包括物理、生理、感知、言语及含有体力因素的其他一些相关活动)以及事物之间相互作用这样一些现实情景"的动词,含纳了"人—物、物—人、人—人、物与物"等逻辑语义关系。与张猛(2003)相对照,本书将其中的行为动词、感知动词、趋止动词、存现动词都视为"行为词",它们具有[+行为]或[+过程]的语义特征,反映的是"物理行为、生理行为、感知行为及同社会关系行为有交叉的理性活动"(彭玉梅,2001b),而暂时排除能愿动词、比类动词、关系动词及状态动词(形容词,语义特征为[+状态])。当然,受到文献内容及各类语词自身活跃程度不同的影响,各类语词在经文中具有的新成分数量是有较大差别的。

在操作层面上,我们以行为义位作为判断行为词的基点。因此,即使文献中某词在中古时期多作名词或形容词,只要它在中古时期具有稳定的"行为"义位,我们就认为它是一个行为词。如:

神慧命朱兵,五帝符寒乡。(1/516b、33/750b)于是太上大道君方引……符五帝神兵、四极司官十亿万人。(3/415a)太上道君命五老仙都,符四极五帝。(6/211a)命四司以执罚,符五帝以纠非。(34/9a)

"符"虽有"符券;票据"等名词义,但上例中乃命令义。该义也见于六朝史书:并符出兵之乡,其家有死于戎役者,皆使招魂复魂,祔祭先灵,复其年租调。(《魏书·裴骏传》)可见,其行为义不是临时用法,已形成了稳定的义位。在该义位上该词还有构词能力。

监真领仙,上校青宫,符命灵神,检定录札,列奉帝前。(33/500a)真人甲乙,上帝已征,身佩玉符、丹文金章,列名元图,三欲已亡,元始符命,斩灭尸形,断根绝种,勿得飞扬。(33/805c)便咒曰:玄真辅仙,上帝监籍,神王练气,五云敷席,符命四司,检简精魄,太一授录,保兆仙格。(34/223c)

制御万气,封山召灵,符摄九河十二水精,削灭九阴宿简之名。(33/521b)

"符命、符摄"与"制御、检简"等并列复合词对举,也当作命令讲,也当为并列结构,并非"用符来命令"的状中结构(《汉语大词典》收有名词义"符命",未收"符摄")。

名词、形容词与动词间的转类问题也是判定行为词要考虑的。如

"考/拷"。

凡犯玄科，死魂各付所属狱，身为力士铁杖所考，万劫为一掠。（3/416c）已身为左官所考。（3/421b）五犯，七祖父母，为右官所考。（3/421c）

例中"考/拷"当作审讯拷打讲，用于"所"后，显然为行为词。但当其用来转指"审讯拷打"这一行为事件时，其行为性减弱，变为事件名词。

轻泄身现，世负风刀之考。（1/826c）慎勿妄宣泄，泄则被左官风刀之考。（1/902c）七祖父母诣玄都，受风刀之拷，身为下鬼，幽之夜河。（33/641b）

在统计某词的用例时，这种用作事件名词的不在我们统计之列。再如"疑似"。它可作名词，当"疑惑"讲，如"夫惑生是非，嫌构疑似，潜滞于中，抱间心里"（20/527a）；也可作"使……生疑；迷惑"讲，如"道学不得疑似同学及众人"（33/800b）。但其行为义在同期文献没有旁证，故暂不将它视为行为词。

形容词也可转指行为，在处理时要将使动用法和使动义区别开来。形容词的使动用法在语用之初应只是一种临时用法，还没产生稳定的表使动的行为义位。随着其使用的日渐频繁，这一使动义得到较广泛认可，从而由性状语义场转到行为语义场，具备了行为义。如"宁"、"欢"：

帝魂照无阿，常镇兆生门，伏尸灭落，保魂宁魄，玄母回光，奉帝玉仙。（1/546c）解结生七祖，散觖宁九玄。（1/547b）二景缠绵，上披金门，三部九真，安神宁魂，万气总归，镇卫九源。（1/901a）

次摇身二七过，以欢万神。（1/519b、33/750c）则七祖受惠于高上，幽魂更生于胎仙，变元父于灵都，欢玄母于玉房。（6/226a）常咏诸天内音、飞玄之章，上庆天真，内欢神衿，玉响虚朗，琼韵合音。（34/17c）

在考察同时期汉语的基础上，我们认为句中的"宁"、"欢"已是"使安宁"、"使欢乐"的使动义，故也将其作为行为词处理。经文中也见"粗丑"、"翠"。

道破此迷，多托猥陋，或出异域，粗丑其形。（33/665c）

玉霄映北朔，琼条翠隐柯。空生九灵台，焕精曜太遐。（6/671b）云纲落天纪，九斗翠玉虚。紫盖重霄岭，玄精朗八嵎。（6/671b）

"粗丑"作丑化讲；"翠"作"使……变绿"讲，都为行为义。但经文中用例不多，在六朝其他文献中也不见用例，故当只是形容词的使动用法，不能视为独立的行为义位。

我们在判断时，有时还会受到宗教专门用语，如神名的影响，如：

七精灭三途，血尸塞下关，三衿对帝真，拔研胞树根。（1/551c）

前后对照，句中的"对"似为行为词，实则不然，因为"对帝真"乃神名。

太微小童子干景精，字会元子，一名三衿交，一名对帝真。（33/541c）

可见，"三衿对帝真"当为一道教神仙，"对"并非作"对着"讲。

新质即新的成分或质素，上清经行为词新质即其反映记录的东晋南北朝时期新的行为词或新的行为义。要确定新词，需要考虑下面三个问题：一是时间问题，即出现了多久以后的词语才不是"新词语"；二是范围问题，即是形式新还是内容新，或者两者都是新的；三是采取什么方法来筛选出经文中的新词。

先谈第一个问题。新词是某个时代的新词，这关系到词语的时代性问题，汪维辉（2006）对这一工作的重要性及困难程度作了很好阐述。要确定上清经中的新质，首先要解决新词的时间跨度问题。上清经约出现于公元364年，那么多少年以前的文献中即有用例的词语就不是新词呢？刘叔新（2005：283）认为是20—30年，朱永锴、林伦伦（1999）也认为当为20年左右，本书结合前后朝代的更迭和所研究文献产生的时代，将这一时间段定为约50年。本书所依据的道经，在公元364—561年间，凡初例在这一时期出现的自然是新词，考虑到语言的传承因素和断代处理的方便，我们把时间上推50年到东晋之初，把这一段时期内出现的都看作是东晋南北朝的新兴词汇成分。本书把西晋（265—317年）及以前文献中已经使用的词语视为旧词。如"潜映"。

北玄皇灵，九上开清。玉华潜映，纬络紫庭。（6/669b）混合万变，玉兰发荣。太真潜映，华反南庭。拔苦七难，穷魂化生。（33/545c）

该词乃映照义，早见于西晋郭璞（276—324年）《江赋》"流光潜映，景炎霞火"[1]，故不将其算作新质。但有些问题须具体分析，如对

---

[1] 《词典》释为"隐现"，引李善注"言草之华蕊流耀，潜映波澜，景色外发"，误解了李注，李注的含义当为"光芒映照波浪"。

《抱朴子》的处理就关系到某些词新质资格的认定。比如"宝秘"。

得者宝秘,勿妄轻传。(1/887b)慎奉行,依盟宝秘,不得轻传。(3/416a)

该词当作"珍藏"讲,在《抱朴子》中即有用例:夫道家宝秘仙术,弟子之中,尤尚简择,至精弥久,然后告之以要诀。(《抱朴子内篇·辨问》)而有道者自宝秘其所知,无求于人,亦安肯强行语之乎?(《抱朴子内篇·金丹》)

葛洪(283—343[①]年)乃晚年(可能为326年以后,参卿希泰,1996:306)开始撰著《抱朴子》的,与上清经的产生时代相距尚不远,考虑到其同为道教文献,故将"宝秘"视为此时期新词。

再谈第二个问题。张永言(1982:87)说:"词汇学上所说的'新词'(neologism)指的是为了适应文化发展和社会生活变化的需要而新造的那些词。"符淮青(2004:172)也明确指出:"新词语就是新创造的词语。它或者指示的对象是新的,或者代表的概念是新的,同时它的形式也是新的。"从形式和意义的角度看,实际上涉及以下几种情形:形式、意义全新的,形式新而意义旧的,形式旧而意义新的,形式、意义全旧的。形式、意义全新的(如"临存")以及形式新的、意义旧的(如"焕落")无疑当属新词。形式旧的、意义新的词语,要看新义与旧义有无联系。若毫无联系的,实际上属于同形词,表新义的自然当看作新词(如"刻书");若有密切联系的,实际上属于多义词,两者是同一个词,就不宜看作新词,而只能视为原词新派生的意义(如"洞、彻、闻")。

第三个问题,如何从上清经中筛选出新词呢?主要依据传世文献。受文献记录语言随机性及偶然性的影响,某词或许早已出现,只是没有被记录下来,导致所谓的新词实则旧词,这是我们无力解决的。在实际操作中,只能依据文献所代表的时代来判定新词,但文献浩如烟海,加上个人学识的限制及其他一些因素(如校勘错误、后人整理)的影响,要准确、完整地筛选出经文中的新词是很困难的。本书在借助《汉语大词典》(下简称《词典》)、《汉语大字典》(下简称《字典》)等工具书的同时,主要靠调查可资排除旧词的前时文献(西晋及以前)和帮助确定新词的同

[①] 依卿希泰主编《中国道教史》(第一卷)后所附"秦汉魏晋南北朝道教大事纪"(574)。或说卒于363年。

时文献（东晋南北朝）来判定新质。举凡散文、史书、小说、佛经、道经及注释语料等都在调查之列，文献众多，不能以清单的方式逐一列出，仅就本书所涉佛典、注释语料及史书语料等问题作一交代。

关于佛经语料，本书只以梁僧佑所撰《出三藏记集》所列经目为调查对象。这一方面是出于工作繁重的考虑，另一方面也考虑到学界将僧佑没有记载的某些经典考订为梁以前的结论还尚待检验，为了保证旁证材料的可靠性，本书暂时不将这些研究成果所及的佛典纳入调查范围。

关于注释语料，主要调查的有郑玄"三礼"及《诗经》笺、韦昭《国语》注、高诱《吕氏春秋》《淮南子》注、王逸《楚辞章句》注、皇侃《论语义疏》、何晏《论语集解》、郭璞《尔雅》《方言》《山海经》《子虚赋》《上林赋》注、杜预《春秋左传集解》、范宁《春秋谷梁传集解》、薛综《西京赋》注、李轨《法言》注、甄鸾《孙子算经》《王曹算经》注、杨倞《荀子》注、裴骃《史记》集解、郦道元《水经注》以及本已残缺的靠他书得以保存的注（如王弼《周易》《老子》注、郭象《庄子》注以及《汉书音义》、《史记音义》等）。

对史书的处理，我们主要参照方一新（1997）"前言"中关于史书材料应分为"原始材料"和"其他材料"的意见。史书中"奏、疏、书、表"这些"记言部分"据其本身时间而定。如"斩灭"。

束送魔宗，斩灭邪根。（2/856c）太元上景金真威神内祝，以役召神兵，斩灭邪魂。（4/560b、33/572c）元始符命，斩灭尸形。（33/805c）

该词乃斩除灭绝义（《词典》引宋无名氏《李师师外传》），在《后汉书》中有使用，如：又前云阳令同郡朱勃诣阙上书曰："又出征交址，土多瘴气，援与妻子生诀，无悔吝之心，遂斩灭征侧，克平一州。"（《后汉书·马援传》）东汉朱勃的书表乃为前时文献，故"斩灭"非六朝新质。再如"保负"。

大王咸保负某岳先生王甲，体真合仙。（34/3b—4a，5次①）

该词乃"保举"义，在《晋书》应詹所上奏疏中有用例，当为六朝新词。

詹将行，上疏曰："……今南北杂错，属托者无保负之累，而轻举所知，此博采所以未精，职理所以多阙。"（《晋书·应詹传》）

---

① 指在34/3b至4a共出现5次。下文同。

本书将《三国志》裴松之注所引王沈的《魏书》、吴国韦昭的《吴书》以及鱼豢的《魏略》一律看作前时材料，将裴松之自己的话看作同时材料。范晔修撰《后汉书》参考的东汉刘珍等奉命官修的《东观汉记》、三国时吴国人谢承《后汉书》、晋司马彪（？—约306）《续汉书》、华峤（？—293）《后汉书》都当为前时材料，故《后汉书》与以上各书相同或转录时部分相同的文字都当看作前时材料；而将谢沈（292—344）的《后汉书》、袁山松（？—401）的《后汉书》、薛莹的《后汉记》、张莹的《后汉南记》、张璠的《后汉记》、袁宏的《后汉纪》视为同时材料。《后汉书》与以上各书均不同的部分当为范晔改写创制的，当为本书的同时材料。另外，将《华阳国志》（成书于348—354年间）也视为同时材料。

有关六朝史书，南朝梁沈约所撰《宋书》、南朝梁萧子显所撰《南齐书》为本书的同时资料没有问题；而《魏书》除了后人增补的二十八卷[①]外，其余的也可为本书的同时语料。唐人所修的《晋书》、《南史》、《北史》、《北齐书》中的记言部分也当看作同时资料，其余的材料虽很有可能为唐人改写，但考虑到这种改写的幅度一般是有限的，故本书将经文中的新质在《晋书》等四部史书的也有使用的例子也罗列出来，以供参考。

根据以上所界定的研究对象，我们试图对语料中的新词穷尽搜索，但经文中符合标准的新质数量庞大（达2901个，详后），不可能将之逐一排列阐述，在处理时，考虑《汉语大词典》及学界其他研究成果是否有论及。例如经文中出现的"披卷、披览、披究、披省、披诵、披咏、披看、披睹、披朗、披寻"同为六朝新词，其中"披卷、披览、披究、披省"《词典》已收录，方一新、王云路（1992：299）也已论及，对这些词，我们合适时仅给予适当说明；"披诵"《词典》首引明代书证，其实也当为六朝新词，方、王论著也已论及，但所举为同期佛籍，出于广其例的目的，对该词也罗列词条，可说明佛道二教在诵读经典上用词的共通之处；而"披看、披睹、披朗、披寻、披咏"等词，《词典》及其他研究成果都不曾论及，理当是我们重点考察的对象。

[①] 它们是：卷十二、十三、十四、十五、十七、十八、十九上、二十、二十二、二十五、三十三、三十四、八十一、八十二、八十三上、八十三下、八十四、八十五、八十六、八十七、八十九、九十、一百零一、一百零二、一百零三、一百零四、一百零五之三、一百零五之四。参李丽（2006：6）。

本书以经文中行为词的新成分为研究对象,那些《词典》及其他研究成果都没论及的旧词,限于篇幅,本书也不专列词目讨论。如"哀原"。

小则奉道忏悔愆,启告洗城,以祈玄佑;大则启告解斋散座,须灾厄度,别更建之。其间存思、悔咎、乞恩,念念不绝,必荷哀原。(33/683c)

"哀"有怜悯义,《吕氏春秋·报更》"人主胡可以不务哀士"高诱注"哀,爱也";"原"在六朝也有宽恕义(江蓝生,1988:256)。"哀原"为近义连文,乃"宽恕"义,早见于三国:《三国志·吴书·顾雍》裴松之注引《吴书》:"须臾,驰诣阙陈启:'方今畜养士众以图北房,视此兵丁壮健儿,且所盗少,愚乞哀原。'"

另外,还有一些词语,《词典》及其他研究成果论及,但其首引书证除上清经外,还有更早用例,本书对这些词语一律不作讨论。如"映曜"。

华光交焕,映曜太空,紫烟重荫,文采洞鲜。(34/16a)玉童玉女面上皆有玉华金晨之光,映曜一形。(33/384b)光明映曜,威风万里。(33/141b)

"曜"同"耀",该词乃"辉映;照耀"义,《词典》首引瞿秋白《赤都心史》,实早见于西晋:司马相如《上林赋》"磷磷烂烂,采色浩汗",郭璞注"皆玉石符采映耀也"。

第四节 上清经行为词新质的研究价值

研究新词新义尽管已是老生常谈的问题,但不可否认的是,这项工作仍非常重要,因为新质素反映语言发展变化的事实要更为直接。作为传世文献,上清经中的用词无疑会记录汉语变化的某些痕迹,而这一定程度上又是通过它所记录的此时期或者其独有的新词新义表现出来的。我们所选定的东晋南朝上清经,在文献、宗教、历史方面海内外学者已进行了深入的研究,在文献上具有可靠性,我们从语言的角度对之进行发掘,可能具有以下价值。

第一,汉语史及历时词汇学方面的价值。

由于前人对此时期上清经关注较少,通过对文献中行为词的集中考察，或许是中古汉语研究在材料上深入开拓的表现，可能会发现一些在其他文献中难以看到的词汇现象，为中古汉语词汇研究及辞书编纂提供参考。如"参、参驾"：

月妃参驷，日华照容。(20/522b) 白虬启道，太极参轩。(6/667a、6/668b) 参龙下迈。(20/497a) 参晨络玄纪。(33/546a) 神龙启道，五帝参轩，飞行太空，遨宴丹霄。(33/641b) 参晨乘云驾浮。(33/764c)

"参"后多接能奔走的交通工具，当为驾驶义。"参"当通"骖"，后者在《楚辞》中即有驾驶义，经文中例甚多，兹不赘举。《词典》指出"参"同"骖"，但认为其意义乃"陪乘或陪乘的人"，并不全面。"参"还能组成"参驾"。

参驾丹舆。上升七元。(28/380a、33/454c) 参驾玉舆，素华郁霄。(33/455a) 参驾黄霞，周行四方。(33/455a)

"参驾"当为同义连文，也作驾驶讲。《词典》于该词下引《乐府诗集·相和歌辞四·王子乔》"王子乔，参驾白鹿云中遨"例，释为"配有副马的车"，未妥。该句中"参驾"当同"骖驾"，后者在汉代就可作驾驶讲，如汉焦赣《易林·干之否》"戴日精光，骖驾六龙"，《词典》所引例中的"参驾"也是驾驶义，说的是王子乔驾驶白鹿在云中遨游。"参驾"在后代也有使用，如：参驾六龙，游戏云端（《宋书·乐志·瑟调》）。

上清经中的"参驾"虽非新词，但这些用例有助于我们更清楚地了解词语的意义及用法。经文中还有"错手"一词，是修行者双手交叉的一种姿势。

若闻而鸣，错手掩耳。(2/899c) 其闻之者，错手掩耳而咒曰。(33/405c) 君曰：欲使心正，常以日出，错手著两肩上，以日当心，心中觉暖，则心正矣。(6/617a、20/519a)

《词典》收有该词，引明陈继儒《珍珠船》卷一"欲使心正，常以日出错手于两肩之上。以日当心，心中开暖，则心正矣"，该例即源自《真诰》(20/519a)，但《真诰》中"间"，陈误成"升"，而实当为《登真隐诀》(6/617a) 的"觉"。

再如，《词典》在一些词语下引宋张君房编纂《云笈七签》为首证，其实是不妥当的；《云笈七签》为类书，其所收典籍东晋南朝上清经占很大一部分，将其当作宋代语料则太晚，当作前时语料则依据不足，不如径用原经（如正文中"焕明"）。

我们对一些词义的分析表明，这些特殊文献的词义来源须结合文献实际来考察。如经文中表"照耀"与表"察知；监督保佑"的词汇相互交融是受到上清经宗教文献这一性质影响的，这要求我们在探求汉语词义时，在概括其机制、方式和途径的同时，还须充分考虑文献的具体特点。

我们力争用统计法考察新词在同时期文献中的使用情况和在经文中的语用地位，有关结果可为汉语词汇学研究提供参考。

第二，社会语言学、文化语言学方面的价值。

上清经是江东地区上清派这一宗教行业用语的记录，是社会方言的反映。通过对其中语词的考察和源流的追踪，或许可以看出这一行业用语对全民用语的渗透，如正文探讨的"拔解、解拔、超凌"等。文中对"豁落"即"豁落七元"这一道符名的解释，则当属于社会语言学（宗教语言学）的范畴；我们对"宴/晏"及相关语词的探讨则体现了宗教文化"安宁"思想对汉语词义的影响，这是传世其他文献所不能看到的，这体现了道经在文化语言学方面的价值。

第五节　研究方法及本书框架

一　总体思路

第一，历时与共时结合，追溯新质来源，考察它们在同期文献中的使用情况。

第二，数理统计法。我们将统计文献中新质的数量、在同期文献中的使用情况、各类语词的比例以及部分新旧质的词量和使用次数、频率。

第三，本书在写作中针对文献的特点和写作要求，尽量用词汇系统的观点，结合宗教文化和词义变化的相关理论，分析新质的来源，揭示新质的流变。

二　词义求证方法

在确定行为词新质后，对其准确释义是进一步分析的基础，因此，运用合理的词义求证法就非常重要。方一新（2002）对中古汉语研究中如何求证词义进行了系统深入的论述，极具指导意义。现结合上清经体现出来的一些特点，举例说明本书写作中的词义求证方法。

（一）校理异文求义

如上所述，今《道藏》所存上清经，多互相转抄，这势必产生不少异文；加上《道藏》在流传过程中，屡遭战乱，几经翻刻，鲁鱼亥豕，讹误在所难免。《真诰》即指出，上清经当时已"传写既广，枝叶繁杂，新旧浑淆，未易甄别。自非已见真经，实难证辨"，陶弘景在注中指出"其点缀手本，颇有漏出，即今犹存。……自灵期已前，上经已往舛杂"（20/604b）。笔者发现上清经文本中误字、缺漏、颠倒、羼入为数众多。举34/53c的一段祝词以见一斑，此段在34/40b、34/111c、6/702c—703a出现三次，互有不同（用"｛｝"标出）。

黄精启晖，元阴内章｛彰34/40b①｝。映观太玄，开洞万方。散蔚寒飚，七晨悬｛玄34/111c｝琅。回阴三合，天地吐光。（A）（B）紫曜｛晖34/40b｝旋结｛紫曜挺落34/111c、紫曜游落6/703a｝，浮华九空。圆明赋彩｛彩34/40b、采6/703a｝，六气化通。五帝夫人，蹑｛摄6/703a｝云把｛挹34/111c｝风。云岥郁罗，佩琼带珰。羽裙拂霄，逸灵｛虚34/40b、云6/703a｝扇东。骞树敷盖｛晨34/40b、6/703a｝，琼｛盖34/40b、6/703a｝条｛修34/111c｝秀蓬。云墓炼摩，扶养木王。洞根万里，荫蔼｛遏34/40b、34/111c｝吾｛五34/111c、6/703a｝躬。魂和神化，六玄灵｛虚34/40b、云34/111c｝充。还老归婴，玉映｛婴34/111c｝反童。帝君合化，并景桃康。时乘流铃，飞云十龙。上奔明宫｛明月34/40b、6/703a：月宫34/111c｝，位为保｛仙34/40b｝皇。

以上仅为字词的不同，而34/111c还有两处错位和两处缺漏：加下画线的一句于34/111c在A位置，加着重号的则在B处；34/111c没有"帝君合化，并景桃康"和"寿合二象，天地无穷"二句。

上例中形近而讹（挹与把、蔼与遏、条与修、保与仙）、同音代替（章与彰，玄与悬，映与婴）、义近互用（灵与虚②，曜与晖，明宫、明月与月宫）以及其他方面都有体现③，利用好这些异文（包括讹误）对正确求解词义非常重要，下面分三个方面举例说明。

---

① 指前面的"章"于34/40b作"彰"。下文均同。
② 如20/551a"精灵枯竭"在33/459a即作"精虚枯竭"。
③ 拙稿（2005、2007）就中华书局所出点校本《云笈七签》中的问题提出过商榷，并对道教典籍的整理谈过一点看法。

1. 审形

是故地官以水气相激，多作风痹。风痹之重者，举体不授，轻者半身，或失手足也①。(20/548c、钟来因1994：201)

手臂不授者，沉风毒气在脉中。(20/549a、钟来因1994：202)

昔唐览者，居林虑山中，为鬼所击，举身不授，似如绵囊。有道人教按摩此法，皆即除也。此北帝曲折之法，诸疾有曲折者，用此法皆佳，不但风痹不授而已也。(20/549b、钟来因1994：202)

昔初学时，正患两脚不授。(20/549b、钟来因1994：203)

钟来因(1994)、冯利华(2002)都引"不授"为词，认为"不授"指"(手足或身体)因受风寒而失去感知和运动功能"，即瘫痪。验之文意，通顺无误；但"授"并没有感知和运动的意思，且以上诸例"不授"不见于它处，仅在《真诰》中相次出现，"授"字让人生疑。

查考其他文献，前两例中的"不授"于33/463b、33/463c(《洞真西王母起居经》)均作"不援"。《真诰》乃陶弘景采集各类道书编著而成，这让我们怀疑陶在抄《洞真西王母起居经》时出现错误。"不援"也见于他书。

手臂不援者，先以一手按摩疾臂。(2/902b)

手臂不援，虽云手臂，诸有疾处亦可为之。(《云笈七签》卷五十七"诸家气法"②)

由此看来，"授"似当为"援"的形讹，"不援"可以说成"不能运动"之义，如《说文·手部》："援，引也。"《孟子·离娄上》："嫂溺，援之以手。""援"本为用手拉的意思，引申为受控制，如"手者，胆神之外援也"(33/406a)。"不援"即"不引"，指不受控制，因而不能动弹，文中与"半身(不遂)"并举，即现在的瘫痪病(参拙搞2005)。"不援"与"不遂"在经文中可通用，上引第一例也见于6/628a：

太虚真人曰：风病之所生，生于丘坟阴湿，三泉壅滞，是故地官以水气相激，多作风痹。风痹之重者，举体不遂，轻者半身不遂，或失手足也。

---

① 诸本《真诰》均作"轻者半身成失手足也"，"成"乃"或"的形讹字，故应点断为"轻者半身，或失手足也"，"半身"即"半身不遂"。

② 李永晟点校：《云笈七签》第三册，第1270页。

例中"不援"作"不遂",可见二者同义通用,①"不授"乃"不援"的形讹。笔者收集到这类形讹约二百例,要求我们在利用道典时要仔细甄辨字形。

我们在处理因字形不同而产生的异文时,能判断正讹的,则作出校改,并在括号中作说明。如33/423b有"栖心明霞之境,敖浪玉国之墟,执抗元皇之策,落景九域之丘,逍遥流昒"句,该句于34/294b有异文,其中"敖浪"作"教流"。从例中的语境看,该词表逍遥遨游义,故当以"敖浪"(参"敖浪"条)为是,"教"乃"敖"的形讹字。"流"有漫游义,与"浪"可同义互换,但经文及同期文献中没有"敖流"词,故排除"敖流"这种可能,只于"敖浪"后用括号说明其在34/294b作"教流"。有时须谨慎从事,若都可讲通,则分取二词,如33/789c"流浪九天"在33/599b作"任浪二天",从语义上讲,"流浪"、"任浪"都可讲通,此时我们在选定行为词时,分取"流浪"、"任浪"二词。

2. 辨音

上清经中"盛"字有时可用"净"代替,陶弘景在《真诰·叙录》中介绍全书的体例时说:"又鬼魔字皆作鬼摩,净洁皆作盛洁,盛贮皆作请贮。"(20/603a)并于"人卧室宇,当令洁盛。盛则受灵气,不盛则受故气"句下注:"盛字是净义。中国本无净字,故作盛也。诸经中通如此。"(20/547c)唐梁丘子注《上清黄庭内景经》"沐浴盛洁弃肥熏"时也说:"盛,古净字。"(《云笈七签》卷十二"三洞经教部"②)

上说内容有二:一、"盛"有净义;二、古无"净"字,"净"乃"盛"的后起字。下面分别讨论。仅从经文例句看,"盛"确有净义,能与"洁、鲜"组成并列复合词,冯利华(2002、2004:14—15)已发,笔者所收集到的"盛"与"净"相通的异文则可补充说明。

20/547c"人卧室宇,当令洁盛,洁盛则受灵气,不盛则受故气",前后三处"盛"在11/46b均作"净";20/551b"又八节之日,皆当斋盛"中的"斋盛"于33/459a作"斋净";33/465b"若履淹秽及诸不盛处,当洗澡浴盥,解形以除之"中的"盛"于2/903b、6/630a作"净",

---

① "援"也可能为"遂"的形讹字,但二字左侧相讹的理由不充分,也苦于尚未找到二者讹误的例子,加上"不援"在其他文献中尚有用例,故暂认为其与"不遂"为同义异文。

② 李永晟点校:《云笈七签》第一册,第279页。

于20/541a作“静”（与“净”音同）；33/656b“洒扫内外，每令精盛”中的“精盛”于3/435c作“精净”；6/657b“通令所住一室盛洁也”中的“盛洁”于33/465c作“净洁”；3/402b“勿秽慢不盛，秽慢不盛则清灵失真”中的两处“盛”于6/665b均作“净”。

第一例可证陶所说“盛字是净义”，第二例则说明“斋盛”即“斋净”，诸例中二字均可通用，加上“盛”可组成“盛洁、洁盛”诸词，其义甚明。

若“盛”字实有“净”义，那么上述异文则是同义替换的结果，这得说明“盛”字“净”义的来源。陶弘景所注“中国本无净字”及梁丘子所说“盛，古净字”，意在说明“净”（表干净义）乃“盛”的后起字，这关系到“盛”字“净”义的来源，须辨明。笔者以为，“盛”并非“净”的古字。《说文·水部》：“瀞，无垢秽也。”段注：“此今之净字也。古瀞今净，是之谓古今字。古籍少见。《韵会》云：《楚辞》收潦而水清，注作瀞，按今《文选》本作百川静，洪兴祖本作百川清，皆与黄氏所见异，古书多假清为瀞。”《方言》卷十三“溅，净也。”钱绎笺疏：“净，说文作瀞。”《广韵·劲韵》：“净，无垢也。”段玉裁于“净”字下注：“今俗用作瀞字，释为无垢秽。”查检历代文献，“盛”在先秦并无“干净”义，与“净”不能构成古今字。而从上面的论述可知，“净”的古字乃“瀞”，可见中国本有“净”字，《国语》与《墨子》中均有书证；“净”与“清”同源（王力，1982：335），故段注说“古书多假清为瀞”。古注中也有“清”乃“瀞”的省声的说法，如：《晏子春秋》卷三“人有酤酒者，为器甚洁清”孙星衍云：“‘洁’当为‘絜’；‘清’，‘瀞’省文，《说文》：‘无垢秽也。’”

从字形上看，“清”与“净”均可能为“瀞”的同源分化字，三者形音义皆有联系，“清”与“净”是否均为“瀞”的省声字，还有待证明，但可以肯定“盛”并非“净”的古字。那么上述经文中“盛”的“干净”义又从何而来呢？冯利华（2002、2004：14—15）认为该义是词义引申的结果。冯文论述如下：《广雅·释诂二》上：“昆，盛也。”王念孙疏证：“昆读为焜。《说文》：‘焜，煌也。’《昭三年左传》：‘焜耀寡人之望。’服虔注云：‘焜，明也，耀，照也。’”并认为“《广雅》以‘盛’释‘昆’（焜），则知‘盛’也有鲜亮之义”。上说可备一解，但“盛”在上例中主要形容光亮众多，从而“鲜亮”，此义并不常见，而要在它的基础上再引申出"干净"义则似乎较为困难，因为引申义的前提是所出之义要较常使用。愚意认为，"盛"即"净"的音近借字。"净"在《广韵》中为疾政切，"盛"为承正切，同属去声劲韵，韵相同；二者为从禅邻纽双声，声相近。"盛"与"净"的音近而通与经文中"请"与"盛"音近而通①所出相同，反映了当时齿头音与正齿音的混用现象。这样看来上述所引"盛"与"净"互代的诸多异文并不是因义同而产生的异文，而是由于音近而产生的异文。笔者收集到相关异文一百一十余条，处理好它们对我们求证词义大有好处，如经文中"斋盛、盛扫"的含义就与上述论证密切相关。

3. 同义、近义词互显求义

经文中，一些异文与形、音关系不大，它们主要是由于同义词、近义词的代换和义各有适的其他词语的替换造成的，这些异文对整理典籍、辨别词义非常重要。在处理这批上清经时，笔者收集到的此类异文最多，共计五百余例，其中许多异文在后文分析词语时会利用到，此仅举数例略作说明。

33/752b "三景各分，上招玄晖，布流四门，镇神保仙"中的"布流"于1/527b作"流布"；34/48b、33/792c "犯违天地水三官者"中的"犯违"于6/636c作"违犯"；6/658b "其夕皆弃身遨游，飙逝本室"中的"遨游"于34/305c、32/563b作"游遨"；33/835b "遨迈戏凤城"中的"遨迈"于33/554a作"遨游"；34/113a "出元入玄，翔遨五城"中的"翔遨"于6/652a作"翱翔"。

下述6/664c的文句在32/569c的异文也能作说明（"/"后为32/569c的）。

第四之伤，行不弘洁/物，责人宗敬/宗仰，心忿口骂/形，好为斗竞/骂詈无常，嗔喜失节，性不安定/意行乖恒，气激神散，内真飞迸/飞扬，魄离魂游，自致灾病，年寿颓尽，皆由于性，真仙高游/高逝。（6/664c）

研究表明，上例中的异文对确定"宗敬"、"形"、"飞迸"、"高逝"

---

① 陶弘景于《真诰·叙录》阐述全书体例时说"自盛贮皆作请贮"。(20/603a) "请"与"盛"相通在经文中多有用例：33/494b "子时露于坛场之上，以绛纹之巾，请羊著东；白纹之巾请盛雁，著西"中的两处"请"于5/880b均作"盛"；33/495b "以丹锦为囊请文当心"中的"请"于5/880c也作"盛"；33/570c、33/572c "请以紫锦囊"中的"请"于4/560a作"盛"；6/660a "请瓮水以灌死人之尸"中的"请"于32/565a作"盛"。

的词义是大有帮助的（见第 282 页 "形论" 条）。

（二）利用古注求义

道教经典产生后，为了更好地流通，扩大自己的影响，教门中人就开始对有些经典进行注释，虽然这种注释大多是从宗教修行的角度开展的，但也离不开对原文意义的疏理。由于这些注释者离经文的产生时代相去不远，且熟谙教派思想，故有些注释对我们正确理解词义有积极作用。如 "上朝"。

却遏万邪，祸害灭平，上朝天皇，还老返婴。（1/518c）上朝上清皇，寝兴幸正扶。（1/542c、33/757a）策御九龙辔，上朝玉皇庭。（28/407c）得升帝晨，上朝玉晨。（33/432b）巢父步纲，上朝天皇。（33/444b）飞升太素之宫，上朝三元君。（34/68b）上朝上真，永享不衰。（34/216b）

诸例中的 "上朝" 意义显然不同于 "臣子到朝廷觐见君王，奏事议政"（《词典》所释），由于其后多带神仙及仙庭等对象宾语，其意义当为 "参拜"，这个意义道典中有古注可以利用。《太上玄灵北斗本命延生真经》 "上朝金阙" 元徐道龄注：" 上朝者，谒也，瞻仰也。"（17/25a）《登真隐诀》 "七玄披散，上朝帝庐"，梁陶弘景注：" 诵大洞万遍，七祖方得九宫之仙，今咏《黄庭》十遍而便乞朝宴帝庐，不亦过乎。"（6/617c）（用 "朝宴" 释 "上朝"，前者即为朝拜义。）其实这一意义《史传》中早有使用。如：上朝太后，太后以丞相言告上。（《史记·韩长孺列传》）于是上朝东宫。（《汉书·爰盎传》）

再如，经文中有一些 "扉" 的用例。

常数自手扉九罗，足蹑玄房，霄形灵虚，仰歠日根。（20/497a）妙激重理，扉洞万千，舞景扇虚，乘空抱烟。（34/146b）八景出落，凤扉云关，仰漱金髓，咏歌玉玄。（20/496b）绛阙扉广霄，披丹登景房。（20/502b）

"扉" 当为行为词，在经文中出现 10 余次。"扉" 字费解，陶弘景的注释给我们提供了线索，陶于 "口言吉凶之会，身扉得失之门"（20/503b）的 "扉" 字下注曰 "凡作扉字者，皆是排音。非扉扇之扉也"，今天看来，并不仅仅是 "排" 音，"排" 当是本字。上举诸例中的前二例当为 "疏通；推开" 义，后两例当为 "排列" 义。"排" 在经文中也有用例。

吾昔游于北天，策驾广寒，足践华盖，手排九元，逸景云宫，遨戏北玄。（6/667c）于是足排七度，手秉天机。（33/598c、33/789b）

道籍中用"扉"字而少用"排"除了二者语音相同而相通外，还可能与道徒追求用字独特的心理有关。

（三）结合宗教文化求义

宗教文献记录的是一种行业语，其语言无不打上宗教文化的烙印，因而在理解词义时就应该紧密结合宗教文化。以"贶"为例。

其受度者，皆对斋七日，贶香信于有经之师。（2/177a、34/168c）受开明阴生及天皇象符及拘魂制魄上经，贶有经之师白绢四十尺，银镮二双……受琅玄轩华丹神真上经，法当贶有经之师金龙玉鱼。（4/557b）

学道者在受经时，都须向经师或神仙奉送信物，以表诚心，经文中多用"贶"字来表示（在经文中出现达30余次），可以看出其含义即为"向……敬奉信物"。

"贶"与"货"同义，后者本为财物义，在六朝引申有赠以财物义（参江蓝生，1988：85—86）。"货"字古文作"赅"，《说文·贝部》："赅，资也。从贝为声。或曰此古货字。""贶"又为"赅"的异体字，《玉篇·贝部》："赅，居伪切，赌也。亦古货字。贶同上。"《集韵·马韵》："赅、贶，财也，或从危。"上列文句中的"贶"受宗教文化的影响，虽不能释为赠以财物，但仍是这一含义在经文中的体现。清人黄生在《义府》卷下已对道教经典《周氏冥通记》中的"贶"有论述："卿姨屡有贶请。后云：姨母乃密营贶，为条疏，作辞牒，令周共奏请。《字书》：贶，古胃切，与赅同。赌也，资也。此云贶请，当是以财物事神求福之义，详其义亦当即贿字尔。"①或许黄先生所依版本与现在有异，上面第二例"密营贶"在5/531c作"密营贶信"，江蓝生（1988：86）在论及《冥通记》上述两条例句时也如是引，但江先生认为："上二例之'贶'显非赌义，作'货'解义甚通，'贶请'即贿请；'密营贶信'即私下贿赂使者。"与黄生持论不同。愚意认为，黄说其确，"贶"作贿赂讲不符合道教文献中该词的使用情况，"贶请"已如黄说，"密营贶信"

---

① （清）黄生：《字诂》，见《字诂义府合按》（黄承吉按），第254页，中华书局1984年版。

即暗自准备奉送神仙的信物（"信"在此不作使者讲），"赇信"为名词，见于道经，还可作"诡信、信赇"。

昔约道成，当还诡信。（20/598b）谋图不轨，幻术惑众，杂糅真经，改易前后，空中妄造，乖理失宗，苟以为是，讬真传行，多取信赇。（33/680a）

陈国符（1963：15）在"乃窃加损益，盛其藻丽，依王魏诸传题目，张开造制，以备其录，并增重诡信，崇贵其道，凡五十余篇"（20/604b）下说："按，诡当作赇，赇信指传授经所用信物"，释义甚确，关于此点，叶贵良（2005：267）已有说明。"赇"的行为义当是其名物义"财物"的引申，在道经中，这种财物特指修行者启盟发誓时向神仙及经师献奉的信物。如：

按四极明科，传上清内书者，皆列盟奉赇，启誓乃宣之。（2/177a）龙鱼，世无其物，亦不得闭经而待难得之赇也。（33/447a）

"赇"也作"诡"，陶弘景所编《真诰》全书均用"诡"（5次）而不用"赇"。

通梦而犹不悟，可谓信之不笃，或悟而忘其诡，可谓笃而不思。（20/529c）有用力于百鬼，骋帅御于天威者，宜需此诡。（20/529c）

搞清楚"赇/诡"的含义后，我们才能理解经文中"赇/诡誓、诡谢/谢诡"等词。"赇/诡誓"即奉送信物发誓。

其受步七元行星之诀，赇誓：素帛三十二尺，以合一五七之数也。（33/447a）五色锦各五十尺，以请五帝仙官，紫金五两，赇誓五方之信。（33/558c）清斋长宫，金青盟天，赇誓告虔，奉受灵文。（34/63a）

夫诡誓者，悉皆受命密交，慎不可令人知。（20/529c）

对修行者来说奉送信物时要发誓，发誓时也须奉送信物，故"赇誓"也即"发誓"，经文中有异文，33/615b、33/837a"其道妙大，赇誓用珠帛，结盟乃能付之"中的"赇誓"在33/405a即作"发誓"。

"诡谢、谢诡"均即献财物谢恩义，"牙诣夫人，诡当用双金环，汝无，吾当具交以谢恩也"（20/597b）可表明"诡谢"的含义。"诡谢"在文中还有使用。

我二人吏兵恐宜诡谢，献以体上之密宝。不尔，小子后不肯复为尔用力也。（20/529a）许厚当谢诡，南真夫人吏兵告大章如此。（20/530a）

经文中还见"酬赇"一词，即谢恩的信物，"使令夫妇明输此四种诡以酬四帅之禽鬼者"（20/529c）可说明其义。"酬贶"的其他用例如：

若应有酬贶，金青油纸等物，皆条牒多少。（6/621b）既有酬诡，后长为己用心也。（20/529c）

三 行为词的分类及本书框架

调查表明，文献中行为词新质的数量不小，要把它们描写清楚并不容易，本书引入"生命度"的概念，以方便对这些行为词进行分类讨论。

客观世界存在"生命"与"非生命"的对立，这种对立在语言中往往有所反映。如有些语言的自主动词，大都仅适用于人类和动物，而不适用于无生物。语言学界早就注意到这种现象。斯米尔尼茨基（1956：179）提出了одушёвлённые（转引自张志毅、张庆云，2001：213）概念，李友鸿（1958）将其分别译作"有灵"和"无灵"，区别在于是否与人有关。Hopper & Thompson（1980）提出 animacy 这一概念，意在说明这种对立突出表现在组合时施事与动作的一致性，国内将其译作"有生命"、"有生"、"生命度"（王珏，2003a）。国内学者有意识从生命角度进行研究已有不少论述（参王珏，1998、2003a、2003b、2004）。张今、陈云清（1981：299）说："汉语中动词按其所表示的行为或动作的性质和与主语的关系可分为有灵动词和无灵动词。有灵动词表示人和人类社会组织才有的行为或动作，如：看、讲、说等等。无灵动词表示无生命事物的一些无意志的运动、作用或变化。如：倒、变、吸引、排斥等等。在中国人的思维中，只有人和人类社会组织才会有上述有灵动词表示的行为和动作，无生命的事物和现象只能有无灵动词表示的动作，所以汉语中有灵动词和无灵动词界限比较分明。有灵动词一般要以表示人或人类组织的名词作主语（在使用比喻时，也可用人格化的动植物和自然现象的名词作主语，这是一种特殊情况），无灵动词可以用无生物名词作主语。"可见，语法学界提出上述"有灵"、"有生"等概念的目的是说明施项（施动者）与动作组合时事理上的理据性，具有语义和语用的可接受性。

从语义上讲，"生命"就是生物体所具有的特有现象，作为生命体活动能力的反映，可以记作［＋生物体＋活动］；其中[＋生物体]语义特征宏观上可细化为[＋动物＋植物＋微生物]，[＋活动]也可根据需要细化为[＋繁殖]、[＋遗传]、[＋生长]、[＋肢体活动]等（王珏，2003）。我们引进"生命度"这一概念，意在通过语义特征对词语进行分类。我们认为，从行为发出者的角度看，行为词可分为两类：有生行为词和无生行为词。有生行为包括外部行为和内部行为，前者主要是外在形体（四肢、躯干）所发出的较为具体的行为（动物/植物/微生物都具有）；后者是大脑（心）所发出的抽象的难以具象捕捉的行为（感知、思考等，人类才具有）。无生行为则由于文献的记录内容不同而类别各异。

人是社会活动的主体，凡是记录人类活动的文献，其中与人有关的行为词无疑最多。认知语言学的研究成果表明，人往往通过认识自身来认识世界，人的行为是行为的中心，反映到语言上，众多行为词也是以人体行为词为中心构建起来的。

人体由器官组成，五官（眼、鼻、耳、嘴、舌）、四肢等局部器官都可能是行为的发出者，从这个角度看，"说话、吃饭、观看、行走"等可视为局部行为词。但还有很多行为的发出者其实是整个人身，如"总领控制、除掉、护卫、奖惩、侵犯、违反"等，表达这些行为的语词即为整体行为词。

综合以上分析，结合文献的特点，我们将"有生行为词"分为与五官、四肢、躯干有关的外部行为词（基本上是局部行为）、整体行为词、内部行为词（感观思考）几大类。由于整体行为词的行为发出者没有区别，我们按语义类别进行主题分类。在"无生行为词"下结合文献的实际情况也作主题分类。

以上是本书分类的总体考虑，在具体操作时，我们还考虑到以下因素。

一、上清经是记录修行者及神仙活动的文献，叙述的是修行者通过"斋戒修习"等行为乞请神灵"感通佑助"及神物帮助（如经文中日月的照耀）而达到"长生成仙"的活动过程。修行者和神魔是经文活动的主体。故经文中有生行为词的发出者多为修行者（包括传授经典的老师）、神仙、魔鬼，这对于我们理解相关行为词的含义非常重要。

二、在局部行为中，有些行为严格来讲是两个器官发出的，比如"游览"类下的不少词，至少既与脚有关，又与眼睛有关，在这种情况下，我们不单列"与眼睛、脚"有关一类，而是对其作这样的处理："游览"的目的或者说重心是在"眼睛看"，故将有关词语置于与"眼睛"有关的行为词下。

三、我们以经文中词语的实际含义进行归类。如经文中有"斩馘、馘斩"词，其原义表示在战场上割下敌人耳朵，应为手的行为，但二词在经文中乃"斩除；除掉"义，属整体行为，故将其置于整体行为词中的相关词群下。

四、在排列语词时，考虑行为发出者的同时，也考虑相关语词的语义关联，从词汇系统性着眼进行个别调整。如经文中有"束络"，作"捆缚"讲，乃手的行为，本应放于"与手有关"下，但相近词语较少，该词显得孤零；而经文却有一批表缠绕的词，行为发出者多是云雾烟气，虽属无生行为，但从词汇意义看，"束络"与之义近，因此，将"束络"放在无生行为词下的"缠绕"类讨论。

五、在文献征引上，由于经文辗转传抄，同一段话往往重复出现，文字因形音相近而多有不同，若出现的文字差异与所讨论的语词有关，则作脚注说明，其他的则一律不作交代。由于道经经名大多冗长，用简名虽符合规范，但对读者了解道经仍非常有限，考虑到篇幅有限，故文中一律省略经名；行文时在同一词条下，按位置先后排列经书用例，该词在同期文献中的证，酌举缀后，为了节省篇幅，一律不另提行。在文末附有本书所涉道经的目录，为方便读者查阅，也按其在《道藏》中出现的先后次序排列，并标明每部经的起止页栏及学界认定的写作时代，读者可从中迅速查到正文相关语句的所出经书。

第二章　有生行为词（一）
——人体的局部器官行为

人体的局部器官如五官、四肢、头、躯干等都可发出行为，本章主要讨论经文中的局部器官行为词。主要有五官行为词、四肢行为词、躯干行为词等。

第一节　五官行为词

人体面部分布着眼、鼻、耳、嘴、舌五官，与五官有关的行为词在经文中均有见，但其表现并不均衡，经文中与嘴①、眼有关的行为词较多，耳、鼻次之。

一　与嘴（含舌齿）有关的

《说文·口部》："口，人所以言食也。"说明嘴的主要功能是言语和进食。在上清经中，言语主要体现为诵经念咒、啸唱禀报等，进食主要表现为服食导引等。表言语的行为词又可按语义关系分为两大类，第一类是口作为施事的言语谈说行为，不直接对第三方产生影响，如表诵经、念咒及啸唱、谈论的词语均属此类；第二类是行为涉及尊卑关系的，位卑对位尊的如表启禀、请求、问询等行为的词，位尊对位卑的如表命令、教悟、传授等行为的词语。下面逐一论述。

（一）诵咏赞颂

诵读经书是道徒重要的修行内容，对其诵读方式、专一程度都有严格

---

① 说话是口腔各个共鸣器相互配合的结果，舌齿都发挥作用，进食更离不开舌齿，故将与舌、齿有关的行为词也列于"嘴"类下。

要求，故经文中有不少表诵读、吟咏经文的词语。

唱诵 1①：有节奏地吟诵。《词典》引《坛经·行由品》。｜亦可日日讽习，振响唱诵，坐卧随意。(6/663a)

句中"唱诵"于33/769a作"诵念"。"唱"也表诵读经文（《词典》引唐王勃《秋日登洪府滕王阁饯别序》），如：次咏大愿，十二相连，又唱八门，玄母之间，次读太丹洞房隐玄。(33/382b)

唱咏 1：高声诵读。｜于是司命齐飙，公子同辂，徊辔八途，流神九精，五帝下迎，上造上清，北谒五帝，唱咏洞经。(34/150b)

礼唱 1：礼拜咏唱。｜诵咏此篇，玉响辽朗，声表九天，通神致灵，反华回年，游行礼唱，妙冠洞真。(33/628a)

礼颂 1：礼拜诵读。"颂"通"诵"。｜跪颂曰：五帝总玄一，中元御十方。摄正辅大冥，幽烛朗空同。气散无崖际，同度及神宗。礼颂太真章，诜诜步虚空。(33/559c)

披诵 6：翻阅诵读。《词典》引明李东阳《与蒋宗谊书》，释为"展卷诵读"。｜披诵太霄章，三关自当明。(1/890c)曲寝琼瑶之内，金花之房，清斋三年，披诵高上高玄真文，神奇出于自然，妙旨朗于十方。(33/748c)

"披"有"翻开；翻阅"义（方一新、王云路，1992：299），如汉班固《东都赋》"握干符，阐坤珍，披皇图，稽帝文"、"于是披琅书于无崖，诵帝章于碧云"(1/887a)，故直接释"披诵"为"翻阅诵读"似更好。该词也见于同期文献《高僧传》，方、王论著已举。

披咏 3：翻阅吟咏。｜今入室焚香，披咏上清大洞真经三十九章。(1/514b)某甲今入室披咏玉经。(3/434c)披咏黄庭玉景万遍之根。(33/424a)

咏诵 3：诵读吟咏。｜审存口咏诵灵文，十读一遍义理分。(33/629a)四天王常以八节月朔之日……咏诵四天之音，飞玄之章。(34/20a)汝能以微妙音声，咏诵妙法。(十六国浮陀跋摩共道泰《阿毗昙毗婆沙论》卷十六)②

咏讽 1：吟咏诵读。｜故三十九章，不可得而妄动，有得此经，宜加

---

① 数字指该词在经文中的出现次数。
② 文章所引佛经均据《大正新修大藏经》，具体册数从略。

礼拜，清斋修奉，不妄咏讽，久久自然当得金简玉篇也。(33/433c)

吟诵1：有节奏地诵读。《词典》引《隋书》。| 玄师太元真人临授许常侍掾太洞玄经玉京山诀，作颂三首，同夕，右英夫人亦吟诵之。(34/627b) 法师服膺法门，深同此庆，谨当赞味吟诵，始终无斁。(《弘明集》卷十)

研咏3：仔细诵读。| 夫人于时已就研咏洞经。(6/618c) 又于露坛研咏，俄顷骤雨，纸墨沾坏，遍数遂不得毕。(20/604b)

看咏1：披阅吟诵。| 侍金阙紫文有玉女十人，每当看咏施行，皆宜拜而恭之。(6/746a)

执咏6：持经诵读。| 玉真巍峨，坐镇明堂。手挥紫霞，头建晨光。执咏洞经三十九章。(2/904c、6/613a、6/627c、20/547c、33/463a、33/795a)

清咏3：清越地吟咏。| 养神续命，清咏长斋。(33/469b) 太上震响法鼓，延宾琼堂，安坐莲花，讲道静真，清咏洞经，敷释玄文，远味希夷，喜动群仙。(34/625b) 楷善能讽诵，音声朗畅，执刑书穆若清咏焉。(《晋诸公别传·裴楷》)

清诵1：清越地诵读。| 金玄朗玉慧，清诵消魔篇。催检摄北帝，上对玉清君。(33/777b)

耽诵1：专心诵读。| 太极真人之辞，众仙常所耽诵，不宣于下俗之人。(34/627b)

斋诵3：斋戒诵经。表诵读经典的庄敬和虔诚。| 亦宜先暂省，令谙识条例，然后乃斋诵之。(33/597c) 斋诵万遍，得真人降房，克日成仙。(34/55c)

斋读2：同"斋诵"。| 第六科曰：斋读经戒，谙练诵习，讲说宣明。(2/867c、33/671a)

修诵2：修习诵读。| 臣某吉日入靖，修诵上清大洞三十九章。(1/554b) 今有某岳先生王甲……被蒙太上，书名帝简，得参人法，修诵玉经。(33/488a)

诵念4：诵读。《词典》引《西游补》。| 然灯行道，诵念真文神咒。(34/443a) 亦可日日诵习，振响诵念，坐卧随意，以塞百邪之来试，闭奸鬼之凶迹。(33/769a)

说吟2：诵读讲解。| 太上道君……乃左带神虎，右佩金真，说吟智

慧上经及灵药消魔上章。(33/598c、33/789a)

讽明2：清楚地诵读。｜或子弟善行，庸播祖祢；或讽明洞玄，化流昆祖。(20/565b) 玉华诣房，天真游旋。讽明灵音，上朝三元。(33/603b)

赞诵3：诵咏；颂扬。《词典》引明陆延枝《说听》。｜召九天魔鬼邪精天帝，俱侍座侧……罗列帝前，诸天和唱，同赞诵焉。十二天尊、众仙正官，各诵赞洞灵琼宝三元章句。(34/115b、34/196b)

诵赞2：同"赞诵"。｜群真庆轩于琼房，众仙诵赞而礼经。(33/401b)

"赞"有颂扬义，如汉马融《长笛赋》"况笛生乎大汉，而学者不识，其可神助盛美，忽而不赞，悲夫"。信徒带着崇敬的感情诵咏经文即为对经典的颂扬，故"赞诵"与"诵咏"可构成异文，如25/157b"礼四天帝王，听诸天诵咏赞诵，霄绝雅妙"中的"赞诵"于33/802a即作"诵咏"。

吟赞1：吟咏；吟颂。｜十二月十七日夜，太元真人司命君书出此诗，云是青童宫中内房曲。恒吟赞此，和神。(20/509b)

赞言1：赞颂；赞叹。｜二真即奉命散施，莫不周遍。于是荷恩者，叉手赞言曰：善哉二真人，功德实希有；巍巍登道场，兹德流不朽。(33/590c—591a)

赞唱2：唱诵；赞颂。《词典》引唐刘知几《史通·书事》。｜飞琼云车，千二百玄龙之舆，雷电霹雳，光耀十方，来降我室，拜跪赞唱，诸天香花，百籁同鸣。(34/115b、34/196b)

唱赞2：同"赞唱"。｜同欢舞云华，众真欣谁喻。玉龟七宝林，唱赞愿同舟。(34/196b) 临时自当有侍者唱赞，听唱，便起再拜。(33/435a)

摅赞2：赞颂；诵读。｜凡读大洞真经三十九章，能通释微音，谈无畅玄，穷究幽深，摅赞灵章，弘音震响。(34/73b) 子既司帝位……遐眄空山，领括天岳，应和绝唱，摅赞妙慧，诚亦极观幽文，冲契上法，高会秀感，其勉之乎！(33/770a)

"摅"有抒发义，如汉班固《西都赋》"愿宾摅怀旧之蓄念，发思古之幽情"。

隐诵3：小声诵读。｜然后烧香隐诵，祝请如法。(33/772b) 若但有

此经，不学之者，又不隐诵，亦得为太上主者之任及鬼神之师君也。(34/73b)

阴诵 5：暗自诵读。｜叩齿九通，阴诵太帝君素语内咒。(1/516c)

微言 20：轻声诵读。｜毕，师左手执经，弟子右手执信，对向天而微言曰。(3/444a、33/488a) 按文微言而读之。(33/396a) 咒当微言。(34/46c)

默念 3：不出声地读或背。《词典》引夏丏尊、叶圣陶《文心》。｜便诵灭魔神慧隐书一篇。诵毕，又闭眼默念，心拜四方。(1/516c、33/750c) 若在人中，天阴无光，当于室内默念内思。(34/178b)

暗讽 3：默念；背诵。｜若不能暗讽，可白日按文而修之。(33/394c、33/536c) 常当暗讽之，每至朔望旦及夜半，吟咏三过。(34/36b)

（二）念咒

通过念咒语、祝词向神灵谢过祈福是道徒修行的重要内容，相关语词多与"祝"、"咒"有关。"祝"、"咒"在经文中作动词及名词时均可通用，前者如 34/52c "于是叩齿九通，咽液九过，微祝曰"中的"祝"于 34/40a、34/110c 均作"咒"；后者如 33/577a "神威吐祝"于 33/558a 作"神威吐咒"。

念祝/咒 3：念咒语。《词典》引唐段成式《酉阳杂俎·贝编》。｜平旦日中夜半三时，恒存二十四神，以次念祝，呼如上法。(6/547c) 转经念咒，存思吐纳，三时行道，转念真诠。(34/444a)

陈咒 1：陈说咒语。｜凡是其日，欲行礼愿陈咒之时，当先叩齿七通，心拜四方。(34/79b)

吐咒 5：陈说咒语。｜世人之学，唯知朝求而暮获，一念而希降，吐咒而望应，而不知登栖歧之岭，起于山迹，千丈之木，出于毫末。(33/457a) 神虎放毒，鹹灭雷震。神公吐咒，所戮无亲。太微有命，摄录山川。(1/515c、34/77b)

"吐"有"口说；陈说"义，如《汉书·刘向传》"宜发明诏，吐德音，援近宗室，亲而纳信"。

启祝 3：念诵咒语。｜于是回行三匝，登星启祝，使魂魄二神，俱过灵关。(6/676a、33/440c)

拜祝 10：礼拜而祝；拜是祝的方式。｜又闭而拜祝四方。(6/619a) 欲为之，向日拜祝。(19/927c) 其时太微天帝君乘八景之辇，上诣高上

玉皇也，见者心存拜祝如上法。（34/37a）

礼祝/咒13：同"拜祝"。｜读竟，礼祝毕，正坐东向。（6/618a）凡存修上法，礼祝之时，皆先叩齿，上下相叩，勿左右也。（6/663b、20/552b、33/460a）凡修受上法及行雌一太一之事，兆所有经文，皆当烧香礼咒，以奉神明。（34/75c）

密咒3：不出声地念咒。｜习诵要戒，密咒微吟，谘询经典，解滞释疑。（33/492c）凡道士礼愿神明、精思上法、行诸隐咒之时，皆当烧香心拜，密咒而已。（34/79b）

默咒3：同"密咒"。｜真思太微小童干景精，真气赤云之色，罩于顶上，默咒曰。（1/520a）真思……默咒曰。（1/523b）

咒读1：念诵咒语。｜咒读再过，都毕。当和心下气，勿令音啜而塞也。（33/542b）

咒言1：祷告；祝告。｜忧除疾愈，便可止息，无他咒言，唯存九讳，勤立善功。（33/822b、34/247b）

祝/咒说25：祝诵；念咒语。｜告盟而传，依太真科盟，祝说之法，轻传无盟。（1/904c）但按别诀祝说，适意所求尔。（33/787b）毕，闭气一息止。还并足上天枢星上，单步往反三周，不须复存思咒说也。（6/671b）右帝君九星宫中隐妃九阴名字，若咒说之时，但祝位号名字耳，勿道著衣帔及头以下也。（34/50b）至来岁秋，马肥复相率候于震所，埋羖羊，然火，拔刀，女巫祝说，似如中国祓除。（《魏书·高车传》）

祝念2：祝诵；祝读。｜又临卧，常叩齿二七过，并祝念神名。（4/559a）明神烛于五帝，礼愿修行，按篇祝念精思，九百日中，神感灵应。（33/559a）

祝识3：祝说；记诵。｜右日中五帝君讳字服色，欲行奔日道，当祝识名字，存帝服色在我之左右前后。（34/39b，2次、34/52b）

祈祝1：念咒祈福。｜今日有幸，遇三元君出游，乞得侍给轮毂，任意祈祝矣。（34/36c）

咒/祝漱6：念漱口咒。｜天人下游既反，未曾不用此水以白荡也。至于世间符水，咒漱外舍之近术，皆莫比于此方也。（2/903b、6/612a、6/630a、20/541b、33/465b，"咒漱"于33/796b作"祝漱"）

漱咒2：同"祝漱"。｜然烛连灯，三十二人出，漱咒，一如常法。（33/671c）或自为为人，乞愿请恩，并存神竟，叩齿发炉，若入坛堂，

漱咒如法。(33/827b)

道徒修道结束或进入斋室往往念漱口咒吐洗污秽,以表对神灵的虔诚。

(三)言语、谈论、啸唱等行为

除了诵经、念咒等口发出言辞的行为词外,还有一些表言语、谈论及啸唱等行为的词。

谈放1:畅谈;侃侃而谈。| 若俗儒谈放,自得于胸衿而已,乃精炼乎三宝洞文也。(33/698a)

语话1:谈话;说话。《词典》引唐张鷟《游仙窟》。| 行之五年,太玄玉女将下降于子,与之语话。(1/904a)

共言44:交谈;一起说话。| 行此道八年,夫人现形,与兆共言。(1/826c)行之七百日内,克见九天真王,对面共言。(6/221c)此人来多论金庭山中事,与众真共言,又有不可得解者。(20/495c)日中童子,与兆共言。(33/478b)林宗行见之而奇其异,遂与共言,因请寓宿。(《后汉书·郭太传》)

交言24:交谈。《词典》引《旧五代史·晋书·康福传》。| 八年,与真人交言。(1/829c)不得临经住音,与外人交言,失略言句。(3/435a)不出百日,天真克降,与神交言也。(6/222b)九年自然得游呵罗提之国,与胡老交言。(34/10a)通灵察微,与神交言。(34/10b)掾有宋章者,贪奢不法,仁终不与交言同席,时人畏其节。(《后汉书·儒林传·杨仁》)

对言3:面谈;相对而谈。| 三月不倦,三一便见真形对言。(33/413b)身入万丈之渊,与水帝对言玄妙之道。(33/526b)谛存不忘,则凶消吉至,久必对言。(33/819c)

说言1:说话。《词典》引《京本通俗小说·西山一窟鬼》。| 小君说言:"郗鉴今在三官,为刘季姜所讼,争三德事。"(20/534c)

传说1:辗转述说。《词典》引唐司空图《商山》。| 佩之,神真通达,给玉童十二人,传说所诵,上闻九天也。(6/218c)阮步兵啸,闻数百步。苏门山中,忽有真人,樵伐者咸共传说。(《世说新语·栖逸》)

称宣1:用言语表达;形容。| 太上道君、元始天王同还大有之宫……敷丹霞,列之台,众华璀璨,光烂玉虚,彻映诸天,香溢十方,焕烂朗馥,不可称宣。(33/588a)

第二章 有生行为词（一）

鬼语1：说鬼话。｜或积雪凝冰，大风折木，邪人鬼语，童谣炫时，奇服异装。（33/680a）僧明便瘥。而欣宗鬼语如夬平生，并怒家人，皆得其罪，又发摘阴私窃盗，咸有次绪。（《北史·夏侯道迁传》）

隐嘿1：沉默不语。《词典》引明袁宏道《送京兆诸君升刑部员外郎序》。｜琼刃应数，精心高栖，隐嘿沉闲，正气不亏，术散除疾。（20/501a）

检口5：闭口；沉默。｜检口以议，无复恶声。（33/662c）当检口慎过，当发口念善。（34/354a）

吱咽1：胡说；乱说。｜又有水火左右二官，左水官，治妄语诽谤、吱咽口舌、妒贤害能、不信天真……辱毁二象、触犯三辰者。（3/416b）

夸谈1：夸赞谈论。《词典》引唐柳宗元《乞巧文》。｜第三科曰：信素证心，炳发妙义，必令精好，以理得之，正分所辨，撰蓄密营，不可夸谈，勿生吝惜，慎莫邪求。（33/670c）

夸耀1：矜夸炫耀。《词典》引唐卢照邻《五悲·悲人生》。｜受者礼道，启告蒙遗，然后著之，惭荷在心，不得夸耀。（33/665b）

下面的词语则多表高声啸唱、喧闹等义。

鸣嚏2：大声打喷嚏。｜不得嚏，以软物向日引导，鼻中亦即嚏也。嚏即祝曰：……三魂守神，七魄不亡。承日鸣嚏，与日同光。（6/657b、33/466a）

啸唱1：撮口高声咏唱，啸为唱的方式。｜其人好慈和笃，又心爱啸音凤响及玄弦之弹，是故虚唱凝神，徽声感魂，神不遂落，由好啸唱，愿凤鸣之故矣。（20/508b）

像凤鸣一样长声歌唱是道徒修行的内容和成仙的本领，故称。

唱啸4：同"啸唱"。｜宴咏三辰宫，唱啸呼我俦。（20/507b）九凤延颈而唱啸，百龙衔津而同响。（33/603b）三云焕华于北罗，万龙骋腾以唱啸。（34/147a）

吟唱1：吟咏歌唱。《词典》引金元好问《和党承旨〈雪〉诗》。｜十焉抚空仰玄吟唱而言曰：子欲为真，当存口中君。（34/147a）

朗啸1：高声啸咏。《词典》引唐王绩《答刺史杜之松书》。｜驾欻敖八虚，徊宴东华房。阿母延轩观，朗啸蹑灵风。（20/504c）

啸朗2：同"朗啸"。｜风鼓玄旌，回舞纷蔼，啸朗太无，玉音激籁，虚唱飞歌，八响应会。（33/544c）五老八景，上合牢张。神昌玉慧，啸

朗发空。(33/777a)

洞啸2：同"朗啸"。｜华光交焕，三烛合明，凝真上契，咀嚼日根，餐玄注虚，披朗金章，洞啸九微，灵畅巑轩。(2/167b) 到石室前方，见成子偃据洞啸。(34/297c)

傲啸1：豪迈地啸咏。｜但得读此经，止可乘云驾龙，位为真公卿，晏寝九玄，傲啸八方，扬羽广寒，舞轮空同，故是真人而已，不得称后圣也。(33/385a)

"傲"形容成仙后"啸咏"的洒脱与豪放，故可释为"豪迈地啸咏"。

宴咏1：因喜庆而歌咏。｜九音朗紫空，玉璈洞太无。宴咏三辰宫，唱啸呼我俦。(20/507b)

逸奏1：高唱。《词典》引清方履篯《〈周伯恬诗集〉序》。｜灵音上激，志画介福，殊响逸奏，洞金朗玉。(33/598c、33/789a)

合唱9：齐唱。｜鸾舞凤翔，龙华四折，合唱齐声，云璈激朗，倾骇玉清。(1/896c) 众吹云歌，凤鸣青泰，神妃合唱，鹏舞鸾迈。(11/380c) 神妃合唱而奏音，玉女鸣弦而拊弹。(33/556b、33/574b)

和唱4：同"合唱"。｜于是玉凤延颈，金鸾整气，龙吟碧波，虎跃神州，九啸和唱，玄钧洞无。(33/602c) 诸天和唱，同赞诵焉。(34/115b、34/196b)

遥唱1：隔空而唱。｜灵化威乎天地，文翰焕乎上清，发口则声参太微，高上遥唱，诵之一遍，则九天骇听，玉帝礼音，万真监庭，群雄灭景，天魔摧倾。(33/749c)

嗥唤1：嗥叫；吼叫。｜百音激馆，威扬广庭，狮子嗥唤，众吹灵歌。(33/556b、33/574b) 有一狐当门，向之嗥唤。(王隐《晋书》卷十)

响沸2：喧嚣；吼叫。｜林卉停偃，百川开塞，洪电纵横而响沸，雷震东西而折裂。(20/521c) 雷公磕捺，六昀营瞻，五虎响沸，衔刀逐邪，猛兽驱秽，奔气雷精。(33/599a)

该词为同义连文。"响"有"吼叫；轰鸣"等义，如汉董仲舒《春秋繁露·五行顺逆》"水为民害，咎及介虫，则龟深藏，鼋鼍响"；"沸"也有"喧腾；喧嚣"义，如《荀子·正名》"故愚者之言，芴（忽）然而粗，啧然而不类，諮諮然而沸"。

唱叫1：大声呼叫。《词典》引宋苏轼《奏劾巡铺内臣陈恼》。｜若

事有损，且勿嗟叹，勿唱叫奈何，○[①]日请祸。(34/470c)

王锳（2001：16）在论述该词时所举例证为《太平广记》卷三六一《齐后主》例，道经中的用例表明该词在六朝已露端倪。

喧闹1：喧哗吵闹。《词典》引唐杜甫《雨过苏端》。｜同志三五人，不可多，相引喧闹泄漏，考不可解。(33/490c)

扰唤2：呼叫喧闹。｜月三日、月十三日、月二十三日夕，是此时也，三魂不定浮游，胎光放形，幽精扰唤。其爽灵、胎光、幽精三君，是三魂之神名也。(6/658b、34/305c)

沸骇2：喧嚣；喧闹。｜于是金华彻目，圆明沸骇，以洞一身。(18/724c) 歌紫虚之邕邕，广听嘈嗽于玉台，击石沸骇于金堂。五云缠盖，八素朗章。(34/148a)

啼吟1：哭泣。｜淫酒伤气，乱酒流荡，作酒啼吟，迷酒恍惚。(34/353c)

（四）禀请问询

修行者祈福禳灾、赎过发愿，或口陈言辞，或将言辞书写在木札上埋投山河，以启禀神仙从而获得感应，我们将相关词语都于此处讨论。从施受双方的地位看，问询也多为卑者对尊者发出，故也于此一并讨论。

呈启2：呈报；呈送。｜章中无的赇奉，若口启亦然，其悬赇者，须事效即送，登即呈启所赇之物，皆分奉所禀天师及施散山栖学士。(6/621b) 又当先呈启司命，司命令答，道宫室之委曲者，吾乃敢言之耳。(20/561b)（桓温）行数里，问（袁）宏曰："闻君作《东征赋》，多称先贤，何国外不及家君？"宏答曰："尊公称谓，非下官所敢专，故未呈启，不敢显之耳。"（南朝宋檀道鸾《续晋阳秋》）

呈御1：呈报御览。｜汝曹徒受中外大事真一之妙，不受法难，不慎五戒，则仙都无位，玉历无名，身受祭酒藏秽之罪，五岳四渎、三官鬼神所不敬畏，章奏寝榻不被呈御，坐其好走里巷，贪浊毁辱，不知改忤。(33/471b)

该词为同义连文。"御"有进呈御览义，如《后汉书·王纲传》"书御，京师震悚"，不同在于，世俗文献中"御"指皇帝的行为，道经中指天帝的行为。

[①] 这一符号表示原经残缺或字迹模糊。

启御 1：同"呈御"。｜收魔束形，万帝所明。启御上天，通真达灵。(2/863c)

腾启 1：烟雾升腾而启禀。｜尊神威严，非微臣之所宜行，愚欸之所表。至某今刷贫，依法供办酒脯盐豉等味，然灯照耀，以秉发皇灵，烧香腾启，以仰期感应。(33/825b)

香气是信徒获得天神感应的灵物，烟雾腾旋而上，启禀神仙，故云"腾启"。

朝启 3：朝拜启禀。｜四向叩头者，当先朝启一方，竟，仍叩头，又自搏，当言今所乞。(6/620a) 时乘碧霞九灵流景云舆、飞青羽盖，从桑林千真，上诸（按：疑为"谒"字）太上灵都之宫，朝启真父，游宴玉庭。(28/407b)

列 36：陈告；报告。｜列金青以誓灵，告丹盟乎上真。(1/897a) 谨关九府，五岳司灵。记我所列，上闻玉清。(3/437b) 水帝结书，列罪帝君也。(33/518b)

"列"在六朝有"陈告；报告"义，江蓝生（1988：130）、方一新（1997：100）均已指出。方先生在论述时还指出"列"在六朝史书中能组成系列复合词，如"列上、上列、列言（刘百顺 1993：68—69 也论述了以上三词）、言列、列云、列奏、列启、启列、告列、表列"等，多为六朝新词，各大辞书多未收录或不及其义。其中，"列奏、上列、列上、列言"也见于上清经（详下）。

列奏 22：报告；禀报。｜若有金名玉字，列奏玄图，应得此文。(1/831a) 四司五帝，列奏上言。(2/862c) 玉司列奏，注上三清。(3/442c) 谨登高岳，列奏丹青。(6/222c)

上列 6：同"列奏"。｜录刊太玄，上列玉皇。(6/637a、6/551a、33/793a、34/48c) 如此真女感悦，神妃含欢，上列玉帝，奉兆玉名。(33/427a)

列上 2：同"列奏"。｜封简神岳，录奏三清，列上东华，著我玉名。(33/433b)

列言 4：同"列奏"。｜赤文捕非，列言九天。(2/864a) 注我玉篇，列言上清玉皇帝前。(33/527c)

列告①2：同"列奏"。｜受八素内名，襟文三十尺，以列告宝真之誓。(33/485a) 紫纹八十尺，金钮八双，以代列告之盟。(33/785b)

言奏6：禀报；上奏。｜其考结于太阴，为四司所执，言奏玉清。(33/420a) 其有金简玉名者，即言奏三元。(33/431b) 次入静，东向再拜，夜即北向言奏。(34/143b)

该词乃同义复合词。"言"有"告知；告诉"义，如《礼记·哀公问》"其顺之，然后言其丧筹"郑玄注："言，语也。"

奏知1：启奏使……知晓。｜玉女百人感应，玉女二十四万人，与人奏知吉凶。(34/244b) 向暮，更有使至，云平阳城已陷贼，方乃奏知。(《北史·恩幸传·高阿那肱》)

关告2：禀告；禀报。｜度事讫，读札，埋于绝岩之下，可谓亿劫之信，关告万灵之誓也。(3/444a) 或遇经不盟，窃看秘隐，轻减灵密，以示非类，传不关告，五岳无盟。(34/71c)

该词也为同义复合词。"关"有禀告义，如《周礼·秋官·条狼氏》"誓大夫曰敢不关，鞭五百"孙诒让正义："此不关亦谓不通告于君也。"

关奏7：禀告。《词典》引前蜀杜光庭《果州宗寿司空因斋修醮词》。｜玉童玉女，侍卫香烟，关奏臣向来所启所愿，径达高真玉皇上道万圣御前。(1/554b) 又云可上冢讼章，我当为关奏之。(6/621b、20/549c) 度籍太极，刻名东华，关奏太上，录封龟台。(33/384c)

关达1：禀报；上告。｜佳事不可忘也，恶事不可忘也，又为宝密，关达机密。(20/529a)

"关"与"达"近义复合成词；"达"有表达、表露义，如《孟子·滕文公上》"夫泄也，非为人泄，中心达于面目，盖归反虆梩而掩之"。

奏谒1：禀报；上奏。｜青帝之君，降我碧霞飞青羽裙，与帝合景，奏谒玉晨。(33/520a)

"谒"有禀告、陈说义，如《礼记·月令》"先立春三日，太史谒之天子曰：'某日立春'"郑玄注："谒，告也。"

斋奏1：斋戒启禀；斋为奏的方式。｜毕，乃登坛，师从西北入坛之上，向西北九拜朝九天王，叩齿九通：今传弟子王甲九天宝经、上王玉

---

① "列告"与"告列"同素逆序，道经中仅见前者，六朝史书中仅见后者（方一新，1997：100），这反映了语言的随机性。

讳，清宿斋奏。(33/486b)

启陈 2：启禀；陈述。《词典》引清陈梦雷《绝交书》。｜万仙来朝，五岳启陈，玄愆沉散。(1/538b、33/756a) 上初即位，祖思启陈政事曰……(《南齐书·崔祖思传》)

启奏 2：启禀；上奏。《词典》引《敦煌变文集·降魔变文》。｜既不受戒，又不精苦，仙都无有功名，表章启奏，悉备停奏。(33/471a) 七真启奏，上闻无极大道至真玉皇御前。(34/142a) 且时有启奏，必协奸私，宣示亲朋，动作群小。(《宋书·颜竣传》)

祝启 1：念咒启禀；祝为启的方式。｜列于别静，祝启上皇，法用金镮三枚。(33/543b)

神咒被道徒视为灵言，道徒念咒上启神真，以期感应，故名"祝启"。

谨辞 4：敬谨献词。《词典》引唐崔致远《上元黄箓斋词》。｜举家端等受恩，是永睹三光，受命更生，谨辞。(20/530c) 有违之日，自分风刀，不敢有怨，一依明科，谨辞。(2/866a、33/669a)

下列词语多表陈述、问询等义，多是位卑者为施事，位尊者为受事，与禀报类似，故也于此讨论。

披陈 3：表白；陈述。《词典》引唐张鹭《游仙窟》。｜度我生籍，名迁玉门，扶翼五老，慎护披陈。(1/525b) 王问曰："子是葛洪乎？何为而希长存？"洪稽首披陈，长跪执礼。(3/269a)

馨沥 1：倾吐。《词典》引宋岳飞《乞终制第三札子》。｜方勤洁己之忱，敬俟妙门之应，馨沥丹志，恭验神效。(33/823b)

保奏 1：保举。《词典》引明汤显祖《牡丹亭·围释》释为"向朝廷推荐人并予担保"。｜若未经参染，必无前师，手辞保奏，依法传之。(33/691c)

保言 1：同"保奏"。｜眇眇任玄肆，自然录我神。天尊常拥护，魔王为保言。(33/797a)

祝请 1：念咒请求；祝为请的方式。｜求得上解某愆及七祖之罪，济生十方，身勉（笔者按：当为"免"）八难，然后烧香隐诵，祝请如法，大福皆应身。(33/772b)

咨请 2：具文呈请。《词典》引《元典章·台纲二·体察》。｜长史年出六十，耳目欲衰，故有咨请。(20/492c、20/539c)

启问 2：启禀询问。《词典》引唐韩愈《送郑书序》释为"动问；请问"。｜诸仙神王，祈请长跪，启问九天玄帝。(34/196a、34/115a)

陈谘 1：请问；询问。｜真人所传，慎勿改易，至于其中疾厄缓急，随缘陈谘。(33/678b)

谘诀 1：咨询求解。｜未办斋堂，法物尚阙，讲习随时，或床或地，男女隐显，贵知妙方，净心秉卷，谘诀法师，法师申通，不假都讲，或倚或坐，唯谛受持。(33/687c)

"诀"当同"决"，乃解答义，"咨决法师"乃咨询法师以求得到解答。

启审 1：启禀（位尊者）审察。｜第九科曰：弟子恭慎，事师无二，寡动少言，沉懿静笃，伺候师颜，谘禀妙诀，思树效绩，辅赞三宝，专心竭力，奉命便行，水火不避，远近弗辞，疑即启审，许革则悛，不许仍从，有殒无避。(2/868a、33/671b) 普通六年，（徐勉）上修五礼表曰：……天监元年，佟之启审省置之宜，敕使外详。(《梁书·徐勉传》)

希请 1：企盼请求。｜故今日忧惶深重，肝胆破碎。唯（暂）（陶弘景注：谓应作折字）骨思愆，无补往过，连陈启烦多，希请非所，兼以愧怖。(20/530c)

奉请 15：恭请。《词典》引《儒林外史》释为"恭请，多作邀人宴饮之辞"。｜北向再拜，叩齿十二通，奉请九微八道上皇。(28/408b) 金珠七枚，以奉请七元之精。(33/558c、33/576a) 谨以上吉之日，奉请高晨之气。(34/5c)

斋请 3：设斋启请；斋是请的方式。｜付物生资，约敕子孙，爰及弟子，货营斋请，五炼镇尸，尸后更生。……万死万生，子子孙孙，为之斋请，布惠行仁，常存拔度矣。……或剑杖代留，有隐有显，垂轨立誉，出经制法，广济后生，不假令人，为其斋请也。(33/692b)

叩请 2：叩头请求。《词典》释为"诚恳地请求"。｜天尊命使就座，论叙清妙，言笑甚欢，一切唱言，唯赞叹希有，而无的叩请。(33/587c) 于是真童玉女，至诚弥欸，五体顿地，叩请不已。(33/589b) 息始均、仲瑀等叩请流血，乞代臣死，始均即陷涂炭，仲瑀经宿方苏。(《魏书·张彝传》)

凭请 1：请……作证。｜若受道之后，百日之内，有诸厄病，皆宿新多罪，非合仙之人，急应首谢，誓革心行，改往修来，凭请师友，洗悔恨

之情，笃慊欿之志。（33/493a）

"凭"有凭证义，"凭请师友"乃请师友作证之义，表达改悔罪过的决心。

启愿 3：发愿；许愿。｜四月十八日拜疏，玉斧言，昨徐沉启愿即至。（20/600a）或某年月日某事，因某道士处于某处，启愿蒙恩，果遂解了。（33/680c）

愿念 8：发愿；愿请。｜不得饮酒，醉乱溢盈，翻倒藏府，五神飞惊，愿念不洁，所修不成。（3/438a、33/657a）子若能暮明灯于本命，朝明灯于行年，常明灯于太岁，上三处愿念，即体澄气正。（33/455b）行礼烧香，愿念存祝，上感神真。（34/66a）

礼愿 16：向神佛许愿。《词典》引《云笈七签》。｜请施礼愿，仰希玄恩。（1/903b）存此二君，礼愿如左。（2/866a）此太极真人隐朝三元，夜礼愿之道也。（6/226b）礼愿修行，按篇祝念精思。（33/559a）行礼愿之时，但心存而已，不形屈也。（34/76c）

乞愿①18：乞请；祈求。｜先应呼位号，如朝法，云粪土小兆某甲，乞愿云云也。（2/901a）躬登弼魁，朝拜灵君；乞愿丹书，为生之缘。（6/677c）朝拜灵君，乞愿丹书，为生之先，得治三天，飞行八玄。（33/442c、34/108b）赐某隐书，得行天关。乞愿飞仙，役使万神。万向皆会，福德如山。（2/897b、34/109b）太兴遂佛前乞愿，向者之师当非俗人，若此病得差，即舍王爵入道。未几，便愈。（《魏书·京兆王子推传》）

申论 1：具文上呈辩解；申诉。《词典》引《旧唐书·李绛传》。｜身被灾咎，不求申论，曲辱不利，欢心颐颐，不以为否。（33/472b）谌恃勋重，干豫朝政，诸有选用，辄命议尚书使为申论。（《南齐书·萧谌传》）

漫陈 1：遍陈；事事都陈述。｜九事之中，知与不知，犯与不犯，谛自思之，知犯的谢，慊怒即洗；不知漫陈，亦自被原，不犯而谢，亦无慊也。（33/660b）

"漫"有周遍义，《公羊传·定公十五年》"鼷鼠食郊牛，牛死，改卜

---

① 该词为同义连文，其逆序词"愿乞"（《词典》未收）早见于《晏子春秋》、《风俗通义》、《说苑》，在经文中也有用例。如：当叩齿三通，心言今日上吉，良辰应真，玄愿普降，竟天纳新，愿乞道君，值回上仙，飞轮羽盖，下降我身。（33/522a）

牛。曷为不言其所食？漫也"何休注："漫者，遍食其身。"文意是说信徒在谢罪时若确知所犯过错则陈述其错，若不知所犯何错，则把可能犯的罪过都陈述一遍①。

告感 6：发感应；启报感应。｜于明霞之馆，清斋玉轩，灵瑞告感。（1/887a）勤心苦行，远寻幽山，丹情告感，自遇此经。（3/440a）灵瑞告感，项负圆光。（33/696a）

"灵瑞"即沟通人神的灵物，"告"即上报义，告感即发感应、上报感应义。

感激 10：感启；使……有感应而激发。｜于是感激灵根，天兽来卫，千精震伏，莫不干我气。（6/613a、6/628a、20/548a、33/463b、33/795a）三元极元初，至德理上玄。感激但恍惚，妙觉道自然。（19/929b）兆意当有感激熏结之状。（20/11c）

感启 1：感通；感动。｜此是天之六会日，高上值合之时也。玉帝常以其日，使侍仙玉郎校定东华青宫金格玉名学仙之录；是其日，有勤志上彻，感启玉皇者，即命北帝丰都六宫，断绝死录之根，记生录于人门。（33/450b）

感畅 6：感通。《词典》引宋欧阳修《国学试策第二道》。｜云务子不修他道，受虚皇帝君太霄琅书琼文帝章于九霄之上，歌咏妙篇，游娱适肆，感畅神真。（1/887b）子若能守之弥固，则精应感畅，精应感畅则三元可见。三一可见，则千乘万骑见矣。（4/549a、33/409b、34/293a）

禀请的另一种方式是将文辞写于文牒之上，后或埋于山岳，或投诸江河，或奏表上书，以禀告神真，这些词语虽与口没直接关系，但仍可视为变相的启禀。

投辞 13：向神灵呈递文辞。｜结斋之始，投辞之初，便应备办，咨启师尊。（2/866c、33/669c）凡受河图，先请九皇内讳，对斋九日、七日、三日、一日，随时施行，投辞启告。（33/822b、34/247b）臣清斋七日，投辞启誓，求乞成就。（33/488a）

"投"本有投赠义，经文中作呈递讲（《词典》、《字典》在该义项下均引唐宋例），"投辞"即向神灵呈递表诚心的文辞。

---

① 如：高上玉皇帝君，乞丐原除我七祖以来，下及某身所行阴恶无道、杀生淫慢、妒害正法、千条万犯、阳罪阴过，名奏北帝者。（28/379a、33/454a）

刺3：上表文；奏表。｜……各三十二人，并司有书者之过，记有书之功勤，纤芥毫厘，辄刺上宫。（6/656c）若上刺，当言以时刺；若付度，即言以某时付度。（34/142c）依科署某等，天官列位，如前事状，逆刺表章，上御道前。（34/143a）

"刺"原为名词，是奏表的工具，《释名·释书契》："书姓字于奏上曰书刺……下官刺曰长刺，长书中央，一行而下之也；又曰爵里刺，书其官爵及郡县乡里也。"经文中也有用例，如"八节投刺法：当以八节之日，投刺灵山本命之岳，列奏玉清，三年勿失"（33/499a）。"刺"又转类引申出行为义，例中"辄刺上宫"、"当言以时刺"中的"刺"均应为行为词，乃"用刺表奏"义。

刺闻1：奏表禀报。｜太上以其日遣玉童玉女密察学道之诚，子未言之意、意有善恶之心，皆已知，当刺闻于上皇。（6/655c）

刺言1：同"刺闻"。｜上灵真官玉女玉童各十人，将监察得失，刺言功过。（4/557b）

上刺11：上呈；上报。｜思见二真为我记名于简之上，结录于青云之编，以我简录付监真使者、定录左仙，上刺九天帝王七圣几下，简录定名。（34/64b、34/64c、34/65a、34/65b）九真七圣，齐灵琼堂。上刺玄简，结录西音。刻书正音，明达四通。（34/65a）若上刺，当言以时刺；若付度，即言以某时付度。（34/142c）

"上"有上报、呈报义，《书·吕刑》"其刑上备，有并两刑"孔安国传："其断刑文书上王府，皆当备具，有并两刑，亦具上之。"上举第二例"上刺"后还可带宾语"玄简"，最后一例"上刺"与"付度"相对为文，上呈义甚明。

白刺1：陈述禀告。｜金明七真稽首再拜，白刺上诣太无上九天金阙玉帝，考召清真正气，太岁某月日子时，金明七真于某郡县乡里白刺。（34/143a）

拜表2：对神拜献祈祷文。《词典》引《京本通俗小说·拗相公》。｜其为道士、祭酒，不受法戒，不慎道行，犯诸法禁，拜表上章，既自不闻，至于救解，往往无验。（33/470a）臣拜表授经，叩，事竟。（33/683a）

表章2：上奏章；启事。｜凡为道士祭酒男女官，受真法，请求仙度，延续生命，并行戒法，立功补过，医治百姓，表章旨御者，当由修炼

斋直，奉受法戒，不违科制。(33/471a) 既不受戒，又不精苦，仙都无有功名，表章启奏，悉备停奏。(33/471a)

经文中的"表章"当为行为词，为上奏章义。"表章"在六朝可作奏章讲，如南朝梁刘勰《文心雕龙·章表》"所以魏初表章，指事造实，求其靡丽，则未足美矣"，行为义当是其名物义的转类引申。

奉酬2：酬答。《词典》引唐裴铏《传奇·崔炜》。｜事若大者，皆应乞悬贶某物，须如愿，便即奉酬，具如前注之法。(6/624c) 今唯有后答，亦随条奉酬，次第如左。(20/559a) 一则应对殿堂，奉酬顾问。(《宋书·礼志》)

奏章4：位低者向位尊者进言陈事。见第290页。

奏名18：上报姓名（登入仙籍）。见第290页。

（五）结盟发誓

登盟13：登坛发誓。信徒登坛告天，结盟发誓，故称"登盟"。｜其法秘重，不得妄宣，自不登盟告灵，誓信九天，不得示以宝名。(1/899a) 奉受上经，诣师登盟，上告九天，下誓万灵，约当宝秘。(3/436c) 若运遇灵师，登盟启授，而不依年限，妄以示人，考及九祖种根，身负风刀之罚。(6/220b) 登盟度真，记录青宫。(33/489b) 敢上告九天，元始太真，普开万维，登盟灵山，四方五帝，悉监盟文。(34/132a)

告盟74：结盟发誓。｜师当依盟对斋九十日，或二十七日，或三日，弟子赍上金七两，黄纹四十尺，青缯三十二尺，告盟而传。(1/831a) 第二右刀考官，治伏誓告盟、背违师友、去彼适此、评论善恶、攻伐根本，莫逆之罪。(3/416b) 凡学者受上清宝经三洞秘文……不得不告盟而妄披宝文。(33/419a) 于是九天丈人即临玄台之上……告盟四明，启付众真。(34/54b)

盟告1：同"告盟"。｜临授，师与弟子对斋七日或四日，然后而盟告也。(2/164c)

二词乃结盟发誓义，经师与学道者在传授经书时都要订下盟约誓言。

启盟7：启誓；发誓。｜奉受宝经，诣师启盟之后，当供养师宗。(3/436c) 皆当先对告斋，依日启盟而传，若未得启盟，亦当告斋而起经。(3/438c、33/657b)

列盟3：发誓；陈述誓言。｜传上清内书者，皆列盟奉贶，启誓乃宣之。(2/177a) 谨登皇坛，披形赤心，清斋请瑞，列盟于上天。(5/880c、

33/494b)

"列"有陈述义,已如前述,"盟"即盟誓,列盟即发誓义。

列誓 8:同"列盟"。|白绢四十尺、青襟二十尺、金镮三双、香一斤,以代列誓通神之盟。(3/430a)今以紫纹五十尺、金二两、金镮二双,以准列誓之盟。(3/433a)

发誓 1:庄严地表示决心或提出保证。《词典》引《法苑珠林》。|其道妙大,发誓用珠帛,结盟乃能付之。(33/405a)

启誓 11:发誓。|启誓告灵,清斋霄庭。(1/896b)皆列盟奉贽,启誓乃宣之。(2/177a)今心期高上,启誓告灵。(6/220a)真官玄法,启誓乃传。(6/698c、34/39a)

诉誓 1:同"启誓"。"诉"为"告诉;诉说"义。|初不悟有色气不平之累,于今九十八年矣,乃知鉴纲玄壁,无细不书也。乃更克复往愆,诉誓上真,始得补帝皇之卿耳。(33/446a)

立誓 1:发誓。《词典》引清袁枚《随园诗话》。|臣妾与某同值季运……虽立誓无退,而升进靡阶,睇景灼心。(33/682b)孝妇名周青,青将死,车载十丈竹竿,以悬五幡,立誓于众。(《搜神记》卷十一)

立盟 7:同"立誓"。|授之皆斋乃度,立盟结誓,保无泄露。(33/445b)传授之时,皆对斋思神,审可付与,立盟为誓,约无宣泄。(34/43c)普泰初,天光在关西,遣侃子妇父韦义远招慰之,立盟许恕其罪。(《魏书·杨播传》)

立愿 1:立誓发愿。《词典》引《二刻拍案惊奇》释为"立定志向"。|故得道仙真,未极大圣者,后皆发心立愿,缘运垂感,更生人中,赞扬妙法,积德累功,乃登大圣。(33/474a)

歃誓 1:歃血发誓。|子既有之,不得妄传,必须歃誓,审人乃宣。(33/531c)

歃割 1:歃血割发而发誓。|今代用白绢九丈,准盟歃割之伤。(34/38c)

开矜 2:发善心;立善愿。|唯当去暗就明,明须莹发,由乎圣神,玄奖既应,圣许祀谢,神许开矜,开矜由于诚欵,祀谢关于洗心,心尽则应,首悔无量之罪。(33/825a)

"矜"乃同情怜悯义,"开矜"当作发善心讲。"开矜由于诚欵,祀谢关于洗心"是说发善心关键在于诚恳,礼拜谢罪关键在于涤除邪念。

第二章 有生行为词（一）

誓信 5：用信物发誓；启誓。《词典》引宋叶适《始议一》释为"盟誓；盟约"。｜自不登盟告灵，誓信九天，不得示以宝名。（1/899a）子有玉骨，得见此文，密告明誓，誓信九天，潜修其道，慎勿妄宣。（33/497a）上元有真一气玄，守之者何月中人。了不学他遇一贤，誓信奉受受要言。（34/67a）

"誓信"本表启誓的信物；如"金镮五双，以效天人誓信"（6/640b、34/301a）、"金真玉光，玉佩金珰，玉清隐书，皆金鱼玉龙各一枚，以为誓信"（33/417b），信物即用来发誓的，故转类引申出行为义。

信誓 2：词"誓言"。《词典》释"信誓"为"诚信的誓言"。｜有宿命应得此文者，皆当盟授，割血为约，信誓九天，然后传之。（4/557c）

隐盟 4：秘密发誓。《词典》引元黄庚《秋晚山行》释为"隐居的约言"。｜弘农杨洗，隆安和四年庚子岁，于海陵再遇，隐盟上经二十余篇，有数卷非真。（20/604c）若于因缘得经，世无经师，得依科赍信诣绝岩之峰，隐盟而受。（33/553b）依太上黄素四十四方，听得隐盟，玄誓神科也。（34/74b）

重誓 1：庄重地发誓。《词典》引宋叶适《取燕一》释为"大誓，庄重的誓言"。｜盟用青锦三十尺，金镮两双，所以重誓冥科，崇约帝君。（33/770b）

誓身 5：以身发誓。｜某甲赍仪信，誓身求受高上玉真众道综监宝讳。（6/750b）当如明文，誓身九天。（3/443c、33/658b）师赆青录香，誓身师名。（34/4c）

《词典》收有"誓心、誓志"等词，"誓身"与之意义相仿，也可收入。

咒/呪誓 2：赌咒，发誓。《词典》引《敦煌变文集·目连缘起变文》。｜第一左官，主阳过刑杀伐逆、盗窃天宝、宣露灵文、口舌咒誓之罪。（3/416a）乞丐原赦有识以来，所行所犯嫉妒贤能、轻泄经文、履秽染尘、污慢三光、呪誓悲泪、上触帝君、宿对结在太阴、罪名系于鬼官者。（33/454c）

赆 30：向神敬献信物。见第 31 页。

赆/诡誓 5：奉送信物发誓。见第 32 页。

诡谢 1：敬献信物谢恩。见第 32 页。

谢诡 1：同"诡谢"。见第 32 页。

（六）命令召唤

上列"启禀请问"类词语是位卑者向位尊者发出，而表"命令、告诉、召唤"等意义的词语多为位尊者向位卑者发出，多表达神仙命令召唤天地众生。

檄命 7：征召命令。｜七神秉钺，天锋右征。挥剑前驱，焕掷火铃。檄命甲骀，武卒天丁。风火齐战，伐邪校精。（6/663a、32/568a、33/769a）檄命甲骀，族摄天丁，毒龙吐锋，神虎出兵。（33/599b、33/769a、33/789c）于是八素同期，俱朝玉清，檄命太微，征召万灵，三元奏简。（33/770c）洪见天下已乱，欲避地南土，乃参广州刺史嵇含军事。及含遇害，遂停南土多年，征镇檄命，一无所就。（《晋书·葛洪传》）

该词与"征召"对举，意义也相同。"檄"原为名词，是古官府用以征召、晓喻、声讨的文书，在六朝转类引申有征召义，习见于上清经，如：诵帝章于碧云，理宿根于玉诀，檄威灵于琼文，唱妙曲于空洞。（1/887b）符五岳以伺驾，檄威章以振灵。（33/544c）

檄召 1：征召。｜仙童玉女，各三十人，执巾散香……于是命驾，檄召五灵。（1/887a）

檄摄 1：命令。｜太上大道君，玄灵秀虚，维任上化，理会千真，参谒十方，乃檄摄八帝，隐浪晨征，诫灭六天，正立三道。（34/73a）

施檄 1：施令；命令。｜携契五老上真……太素三元君，上登上上、上紫琼宫、玉宝台、七暎朱房，施檄五帝，四方司官、灵都神兵，辅卫上元，命上仙太和玉女。（34/54b）景又擅使乘驿施檄缘边诸郡，发突骑及善骑射有才力者，渔阳、雁门、上谷三郡各遣吏将送诣景第。（《后汉书·袁安传》）

檄落 1：命令。｜大师仗幡，罗骑亿千，检魔摄邪，檄落万灵。（33/748c）清斋三年，乃命太素三元上皇五贤之宾，檄落万灵，理召千真。（33/769b）于是乃命八帝，檄落万灵，告水源之阴甲，召五星之守君。（34/149b）

理召 1：统领；召唤。｜清斋三年，乃命太素三元上皇五贤之宾，檄落万灵，理召千真，九天齐陈，八帝停轮，披朱见于玉户。（33/769b）

"理"为治理、统领义，"理召"与"檄落"相对为文，意义也当与之相类。

理命 5：统领；命令。《词典》释有"敬事天命"等义。｜理命真君，北摅定慧，养光神庭，丹皇栖憩。（33/636b）李山渊德合七圣，为金阙之主，方当参谒十天，理命亿兆，定中元于玄机，制阴阳以齐首。（33/603c）

制敕3：命令控制。《词典》引《旧唐书》释为"皇帝的诏令"。｜又当助君，总括三霍，综御万神。对命北帝，制敕丰山。（20/499b）宜以此日诣斗墓，叱摄焕等，制敕左官，使更求考代，震灭争源也。（20/528b）

"勅"与"敕"同，"制勅"与其逆序词"敕制"（《词典》没收）在经文中可通用，如2/167a"紫房有令，制勅百神"中的"制勅"于33/540a即作"勅制"，后者在经文及稍早的史书中还有用例：太一帝君，上勅三元，又为我勅制百神，百神按次，相次留我一身，不得妄出入金门牢玉关。（33/537c）后年七岁，干治家事，敕制僮御，出入授计，一以贯之。（司马彪《续汉书》卷一）

勒命2：控制；命令。｜当此之时，皆五星宿帝晨部司勒命太阴，齐兵卫灵。（33/428a）三入北清，二谒上宫。勒命北帝，检摄魔王。斩灭六天，严敕北丰。（33/777a）

"勒"本为带嚼子的马络头，转类引申有"拉紧缰绳以止住牲口"义，又衍生出"约束，抑制"义，如《后汉书·马廖传》"廖性宽缓，不能教勒子孙"。"勒命"当为近义连文，即"控制，命令"义。

敕勒1：命令。｜伏愿玄上大慈垂哀，班下所由，敕勒三界、四司五帝、内外真官……一切善神，同赐鉴照，卫护臣妾及某。（33/682b）

勅摄1：命令；统领。｜九天符命，金马驿传。勅摄北帝，遏塞鬼门。（2/857a）

摄召12：（用法术）召唤；召回。《词典》引宋储泳《祛疑说·移景法》。｜正一履昌灵，摄召万神归。（1/516a、33/750a）东山神咒，摄召九天。（2/856b）封掌名山，摄召水神。（33/518a）太玄真符，摄召神王。（34/141c）

召/招[①]摄4：同"摄召"。｜五帝流铃五符，威制极天之魔，召摄五方神灵。（33/557c、33/576c）道士无此文……又无以召摄六天之鬼者

[①] "召"与"招"同源（王力，1982：212），在经文中可通用，例如33/756"太一锦旌，召束三官"中的"召束"于1/542a作"招束"。

也。(34/4b,"召"于 34/169b 作"招")

"摄"有召回义（蔡镜浩，1990：292），"摄召"指"用法术或幻术招致"。

召/招役 2：召呼役使。｜引气成涛，吐气成流，制御蛟龙，召役水侯，万丈之渊，可得入游。(33/549b) 紫文丹书，表明九天。制命万灵，招役群仙。(33/762b) 自今擅有召役，逼雇不程，皆论同枉法。(《魏书·高宗文成帝纪》)

役召 10：同"召役"。｜贤哉对帝宾，役召伯幽车。(1/522a、1/559b、33/751c) 役召万魔。(2/169c、34/161b) 驱策六甲，役召六丁。(34/228a)

召制 2：召唤统领。｜乘云驾龙，游宴玉宫。以封掌名山，召制五岳。(33/408b) 行之九年，面生金容，目有流光，役使六甲，召制六丁。(33/830c)

制召 2：同"召制"。｜总摄群仙，制召河源。(2/857a) 主校九天，检定图录，制召上仙。(2/857a)

召引 3：招引；招致。《词典》引清黄钧宰《金壶浪墨·王九》。｜天真保卫，召引六丁。神仙同符，乘烟三清。(34/308b) 三年，祖珽奏立文林馆，于是更召引学士，谓之待诏文林馆焉。(《北齐书·文苑传》)

引唤 2：呼唤；招引。｜不得忿怒愤激，结气烦冤，骂詈呪诅，引唤鬼神。(3/437c、33/657a)

延合 1：招引；聚集。｜紫微夫人喻曰：披华盖之侧，延合天真；入山涧之谷，填天山之源。则虚灵可见，万鬼灭身，所谓仰和天真，俯按山源也。(20/540a)

"延"有招揽义，如《史记·赵世家》"简子问其姓而延之以官"。

啸 6：招引；聚集。《词典》引《新唐书·刘仁轨传》。｜道妙极真，神衷五灵，左啸玄童，右摄金晨。(4/560a、33/572c) 右命玉华，左啸金晨。命我神仙，役灵使神。(20/551c、33/459b) 玉玄逸霄，提诃激钟。琼响琅轩，啸神命童。八景齐真，九帝同朋。(34/19c)

啸摄 1：招引；招领。｜左佩玉珰，右腰金铃；虎带龙裙，啸摄天兵。(6/676b、33/441b)

啸御 1：同"啸摄"。｜则画地为江，唾地成渊，身入海底，啸御蛟

龙，乘涛运流。(33/549c)

咳嘯 1：呼引召唤。| 久则目流紫电，首摇九光，咳嘯风云，与天合化。(20/11b)

嘯咤 7：呼引；命令。| 山岳稽精，河海伏源，嘯咤十方，役命神仙。(4/558a) 流铃交落，身佩虎文，嘯咤五帝，策驾景云。(6/671b) 召风降云，嘯咤群灵。(33/550c) 微天帝君凝化精气，操真策虚，嘯咤万神。(33/603b)

《词典》在"嘯咤"下引晋袁宏《后汉纪·光武帝纪论》例，释为"大声呼吼；形容令人敬畏的声威"，经文中用于神仙呼风唤雨、驱使群灵，故其真正含义应为"呼引；命令"，是辞书所释意义的引申。

传招 1：传唤；召唤。| 太一务猷，传招北司，玄一老子，握节往来。(1/541a、1/567c)

召告 1：命令；召唤。| 凡服符，以召告身神者，并须拜，若告外三神，乃不拜。(6/606c)

告命 15：命令。| 各反其位，无使亏盈。玉帝告命，靡不敬停。(33/428a) 九天告命东岳青灵万仙官属卫扞先生某甲之身。(33/489b) 九天告命，万神敬听。(33/769a) 上皇玉帝告命诸天十方众圣、五岳灵仙，悉来护兆身。(34/58a)

以上诸例中的施行者为天神，"告命"当作"命令"讲，与其他传世文献中的行为义"请命"[①] 不同。

告下 19：告知；交付。| 跪祝曰：姓名小兆谨稽首再拜太上高圣君琼阙下，乞得告下司命，记籍长生。(2/909b) 若劝度三人合真，其功感天，玉帝右别，告下四司，削其罪名。(3/439a) 有犯上科，奏于玉帝，告下五帝神兵罚子之身，七祖被拷，长闭河源，奉者慎焉。(33/430b) 自是之后，依俯仰书曲，告下魔王，保举上真。(34/5b)

"下"即下付义，即交给负责惩治的人员或机构，如《汉书·武帝纪》"将军已下廷尉，使理正之，而又加法于士卒，二者并行，非仁圣之

[①] 经文中也有"请命"义。如：投誓信于太空，告命于九玄。(32/734c) 翱翔九空，宴景三元，上告之日，八愿开陈，诸所告命，靡不如言。(34/132a) 登于玄坛，告命九天。(33/487c) 投书告命，埋简灵山。(34/5a) 弟子赍上金七两、紫纹七十丈、上朱七两诣师，北向告命高圣，盟天而传。(34/72c) 表"请命"时的行为发出者为信徒、经师，而表命令时的发出者多为天神上帝。

心"颜师古注:"下谓以身付廷尉也。"经文中也见其例:有犯得经而泄之人,即下女青,收其七祖。(3/438c) 上告元始,普下名山,咸令万灵,来卫我轩。(6/222a)

祝命1:念咒以施令;祝是命的方式。| 黄素品格四十四方、曲素诀辞,五行招魂,策虚驾无;紫度炎光飞行羽经,蹑行七元;三九素语,祝命五方。(33/552c)

祝文有驱魔逐邪召唤的功用,信徒念诵之即可施令,故名"祝命"。

符10:命令;宣告。见第16页。

符命3:命令;下令。见第16页。

符摄1:同"符命"。见第16页。

(七) 宣讲诫告

经文中表"宣讲;宣传"的词语,主要指神仙及信徒宣扬道法,在宣讲过程中又常伴随着神仙对修行者的告诫和启悟,我们将它们放在一起讨论;从施受关系来看,该组也多为尊者对卑者的行为。

说喻2:解说开导。| 此是授长史,今说喻杨君,勿疑九华之事也。(20/527a) 念与仇对,解释因缘,不生恶意,强梁加之,然其初来,轻重未测,先设方法,说喻咒愿,种种释之,务令两不相伤。(33/611c)

说解1:说明解释。《词典》引清皮锡瑞《经学历史》。| 凡能精进三经、说解奇文、萧浪上契、耽味玄远者,其人皆必琼书秀简,金籍玉名。(34/73c) 每旦入授,日暮始归。缁素请业者,同轨夜为说解,四时恒尔,不以为倦。(《魏书·儒林传·李同轨》)

敷说2:陈说;讲述。《词典》引元刘祁《归潜志》。| 太清玄老九天正文,自然虚无洞真玉帝君,于玄霞翠羽玉京华山洞室之中,敷说正文。(34/115a、34/196a) 学徒皆至,三乘竞集,敷说正法,云布雨润。(《梁书·诸夷传·海南诸国》)

敷诱1:宣讲教导。| 玉响八维,金音振庭,开陈太素,敷诱隐冥,众藻扶疏,微言续呈。(34/148a)

"诱"有诱导义,如《书·大诰》"诱我友邦君",孔传:"故大化天下,道我友国诸侯。""隐冥"指玄秘道法,该词与"开陈"(陈述;解说)对举义近。

诱近2:教导;诱导。| 化令闻见,福缘欢喜,相顺和而成功,不得呵责,忿激增怨,譬喻诱近,弗可强牵,将护节量,刚柔取衷,一与一

夺，种种润之。(2/868a、33/671a)

演述2：讲述。《词典》引清顾炎武《〈下学指南〉序》。｜上圣哀愍，演述妙气，标写自然灵文，题勒修善要法。(33/583c) 玄素黄帝、容成彭铿、巫咸陈赦，习学七经，演述阴阳。(33/695a)

演议1：讲评；讲解。｜慎勿空言，言依经诰，演议明法，幽显令通，彼我无感。(33/666a)

指说1：解说。《词典》引唐李绰《尚书故实》。｜此中经一篇，指说太一之名事，故记出焉。(33/532a) 亦不称赞行头陀者，或指说其事，或恶口横加，或忆想妄说。(鸠摩罗什译《佛藏经》卷中)

宣教2：宣扬教化。《词典》引唐柳宗元《涂山铭》。｜未得聪明智慧，才无分表，可以酬时，宣教无方，愆多功少，上负玄都，承骄恃慢，实有万没。(33/677a) 或暂出民间，宣教医治，建功上府。(33/678a) 遣弟子宣教。(《魏书·释老志》)

赞宣1：宣扬；宣传。｜又君王赏德，搜贤访美，举其宗乡，拔其萃类，爵禄光厚，宴集绸缪，不能竭力尽忠，赞宣圣化，贪荣慕势，阿谀面从，佞媚自进。(33/586a)

该词为近义连文。"赞"有"赞礼；唱赞"义，如《国语·周语上》"太宰以王命命冕服，内史赞之，三命而后即冕服"。

赞明1：宣扬阐明。｜吾今为子奉请元始天尊太上道君……无极精祇，一切正神，赞明子德，如此可乎？(33/589b)

辅明1：辅佐阐明。｜今抄立用要诀，以付后圣，辅明三奇，标于大有素灵之经。(33/421a) 黄上观真，辅明玉书。天魂检气，神升紫虚。(34/195a)

例中"三奇"在上清经中指《大洞真经》、《雌一玉检五老宝经》、《洞玄素灵大有妙经》三部宝书，"辅明三奇"是说"黄上"(道教神仙)和"后圣"辅佐阐明大道，"玉书"是道徒对经书的美称。

教悟1：教导使觉悟。｜临事施行，亦当召神人灵感，以教悟子之中心者也。(33/386a)

王羲之《笔势论》有"教悟章"，可作旁证。

启训1：启发教导。｜某乃称名答曰："沉湎下俗，尘染其质，高卑云邈，无缘禀敬，狠亏灵降，欣踊罔极，唯蒙启训，以祛其暗，济某元元，宿夜所愿也。"(20/495a) 每览兹卷，特深远情，充以管昧，尝厕玄

肆，预遭先匠，启训音轨，参听儒纬，髣髴文意。(释僧佑《出三藏记集序》卷七)

启示1：启发指示。《词典》引李烈钧《辛亥革命及督赣时期》。| 或久远尘蔼，或天真受书，高仙传告，或感动五神，三元启示，潜求密悟。(33/385b) 东命劲吴锐卒之富，北有幽并率义之旅，宣喻青、徐，启示群王，旁收雄俊，广延秀杰。(《晋书·孙惠传》)

指的4：确切明晰①。《词典》引《敦煌变文集·大目乾连冥间救母变文》。| 按而祝，祝毕，又作数按乃止，此痛处亦当无指的所在也。(2/902b) 乃更论怖畏疾病及遇秽之法，而了不及此，神王王君宁当不欲分明指的垂告耶？(6/618a) 陵之西有源汧名阳谷。(《真诰》卷十一)陶弘景注："但今之所云二谷，不知即是昔号不？虽有耆相承，传译渐失，兼汧源回异，不必可指的为处也。"(20/555a) 此山正东面，有古时越嶲王冢。(《真诰》卷十三)陶弘景注："今寻视，未见指的坟冢，而如有兆域处者。"(20/570c) 吾今亦行密纂集，须有分明指的，便当有大处分。(《南齐书·晋安王子懋传》)

奖诱1：勉励诱导。《词典》引宋曾巩《杜常兵部郎中制》。| 应得主司命录者，皆先受行此道，杨君为吴越神司，长史当封收种邑，故并得受之，不必皆总真弟子，此当盖会事奖诱之言耳。(6/638c)

讽诱1：用委婉的语言晓喻；告诫。| 此数人是绝洞诸山之主耳，此绝洞仙人，亦思得学道者，欲与之共处于洞室，困时无其人耳。(《真诰》卷十三)陶弘景注："此洞既无所通达，正是地仙栖处，必非三十六天之限也。管者谓人贪仕宦衣冠，坐此不得务道，家室本寄寓耳。此洞中乃是永宅，为恋恋不去，实足辱败人矣。此亦讽诱于长史耳。"(20/573b) 时路永、匡术、贾宁并说峻，令杀导，尽诛大臣，更树腹心。峻敬导，不纳，故永等贰于峻。导使参军袁耽潜讽诱永等，谋奉帝出奔义军。(《晋书·王导传》)

奖戒1：勉励告诫。| 苟能心研内镜者，是为感发乎神，将有灵人发子之蒙，携晨景之舆矣。(《真诰》卷九)陶弘景注："此答咨步五星法也。经图唯言随网往还，又有一法云，越网蹈星，今即是诀此事也，奖戒之言，实为切至。"(20/537b)

戒悟1：告诫开导。| 朗然达观，真灵清秀，并垂戒悟，猥辱文翰，华藻成林。(20/507c)

---

① 该词为"确切明晰"义，《词典》释为"确切指明"，不妥。本为性状词，不当列于此。

第二章　有生行为词（一）

诚喻1：告诫晓喻。《词典》引《旧唐书·刘仁轨传》。｜或恐灵旨高远，诚喻几微，玉斧顽暗，不能该悟。（20/530b）尔后又遣申宣旨诚喻曰："知比哀毁过礼，甚用为忧，卿迥然一身，宗奠是寄，毁而灭性，圣教所不许。"（《陈书·姚察传》）

指戒1：告诫；斥责。｜又告云：道士耳重者，行黄赤气失节度也。不可不慎。（《真诰》卷九）陶弘景注："此盖指戒长史也。"（20/539c）

"指"有斥责义，如《吕氏春秋·尊师》"高何、县子石，齐国之暴者也，指于乡曲"，故"指戒"即告诫斥责义。文中叙述许谧在修行时仍耽于黄赤［朱越利（2001a）认为即"淫乱"］，故用耳聋的严重后果来斥责告诫之。

鉴诫1：引以为戒。｜今以相授，都有十八符，并经序，按而修之，策龙步玄，举形阶渐矣。可秘而宝之。太微石景之黄文，故非黄赤之小术，累相鉴诫矣。(2/165b)

告诲1：教诲；训导。｜天人惶怖，四座不宁，不审何故所缘如是？愿垂告诲，令众见明饶益，一起普得安全。（33/631b）《庄子·秋水》"然则我何为乎，何不为乎？吾辞受趣舍，吾终奈何"成玄英疏："……及辞让受纳，进趣退舍，众诸物务，其事云何？愿垂告诲，终身奉遵。"

冥告3：暗告；隐秘相告。｜若神真冥告，有宜授者，传之也。（6/698b、34/38b、34/51c）

垂告1：赐予告示。｜若此二事不知修者，便无感效，则兼应说之，乃更论怖畏疾病及遇秽之法，而了不及此神王，王君宁当不欲分明指的垂告耶？（6/618a）

酬告1：回告；答复。｜因华氏累白书，敬灵道高邈，音响冥绝，仰瞻九霄，注心罔坠，矜逮不遗，特蒙酬告。（20/528a）

"酬"有"应对；对答"义，如汉张衡《思玄赋》"有无言而不酬兮，又何往而不复"。例中"酬告"前有"蒙"字，"酬告"即尊者对卑者的回答。

降告1：降临相告；降是告的方式。｜既究之后，自得其妙，其时灵人，将有降告，能解其旨，亦飞行太虚，太虚，真人是也。（33/597c）

嘱付1：托付。《词典》引唐戎昱《听杜山人弹胡笳歌》。｜若师识彼师，为其告请，嘱付成就，心无猜分。（33/691b）

属寄1：嘱咐；托付。｜不得自聚徒众，辄为法师，当须师命，属寄

高明，高明未许。(33/691c)

"属"有"委托；嘱咐"义，如《左传·隐公三年》"宋穆公疾，召大司马孔父而属殇公焉"；"寄"也有"委托，托付"义，如《论语·泰伯》"可以托六尺之孤，可以寄百里之命，临大节而不可夺也——君子人与？君子人也"。

嘱劝1：叮嘱劝导。｜伏愿某皇君夫人，咸共哀某丹心，飨某今设此微礼，共垂证盟，仰希众灵，嘱劝所属某皇君夫人，特赐以慈恩，降以应感。(33/825a)

促催①1：催促；推动从速去做。｜促催进散，不可令河上有事。(《真诰》卷六)陶弘景注："散似是术散。河上，水官也。"(20/525c)

操促1：催促。｜玄晖昏八荒，秽气翳天精。三官相操促，五岳不固灵。万疠交横驰，北帝勇魔兵。(34/2a)

（八）授受泄漏

道教认为神书高贵不可妄传，口口相传，故传授这一通常由手完成的行为，在经文中却多与口有关（部分词也与手有关，也置于词），因此，我们放在于口有关的行为下讨论。传授有合理而传，也有不当而传（泄漏），而且有传授就有接受，我们将经文中表泄漏、接受的相关语词也一并置于该组。

口口相传8：口头传布或传授。《词典》引宋洪迈《夷坚丙志·黄十翁》。｜此八素行真宴景云京上会之道，高灵玉名，口口相传，自无金书录字，列名玄图，不得参闻。(33/485a)其法极妙，口口相传，不形于文。(33/554b)高上重秘，故口口相传。(34/9b)

该词在《抱朴子内篇》即有用例，成妍（2005：30）有述。

列付1：按次相授。｜各三十六人出，严庄整服，列侍天仪，盖天弥地，方位左右，依法领押监察，列付某等，所受上元真灵三百六十五部将军兵士天官将吏，付度某等身中，安镇三百六十五关节官府。(34/141c)

盟传6：结盟发誓而传。结盟是传经的前揲和方式。｜依科清斋九十日，或九日，赍上金九两、紫文九十尺，以誓九天之信，师然后而盟传。

---

① 该词为"催促"的逆序词，后者早见于《太平经》(《词典》引《后汉书·杨伦传》)，如"懈惰不时送者，司农辄上明堂大神，上白天君，出教下，司农令郡国催促，不失后书"(《太平经钞·壬部》)，在经文中也有用例，如"疏到催促，如律令……不得稽留。疏催促如律令……急急就，不稽留"(2/856a—b)。

(1/890c)有金骨玉藏，玄图紫简，名标上清，依科盟传。(3/415a)凡有金名，得受宝经，依科盟传。(33/656c)若有玄名帝简、玉字紫清、金藏玉骨、合真之人，听得盟传。(34/55a)

盟授 2：同"盟传"。｜凡有宿命应得此文者，皆当盟授，割血为约，信誓九天，然后传之。(4/557c)甲昔蒙真师，盟授真经，今奏玉札，记名三清。(33/432c)

启授/受 9：授予；传授。｜若遭遇师匠，启授之后，长斋苦寂。(4/557c)今登玄坛，告天启授某岳先生某甲。(6/219b)或运遇灵师，启授神文。(6/664c、34/72a)师详其人，随宜启授也。(33/579a)太上大道君还登陵层之台……依盟启受于二君。(34/54c)

"启授/受"即授予义，上引最后一例中的"启受"于敦煌道经即作"授"①。该词也见于六朝史书、佛典。如：大昌初，加侍中、开府仪同三司、巨鹿县侯，启授兄子周达。(《北史·魏兰根传》)

启付 6：同"启授"。｜惟乞启付，降授真灵。(3/443c、33/658c)告盟四明，启付众真。(34/54b)歃丹盟约，依法启付。(34/131c)僧达文旨抑扬，诏付门下。侍中何偃以其词不逊，启付南台，又坐免官。(《宋书·王僧达传》)

奉传 2：传授；授与。｜别受之日，听得单盟，信用上金二两、紫纹四十尺，以誓九天，告斋如具，跪而奉传。(3/440b)依明科，皆赍金鱼玉龙青纹四十尺，金钮九双，本命之缯百尺，以誓九天之信，告盟誓诸天，清斋幽室，然后奉传。(33/501c)

该词为同义连文。"奉"有"给予；赠予"义，如《左传·僖公三十三年》"秦违蹇叔而以贪勤民，天奉我也。奉不可失，敌不可纵"杜预注："奉，与也。"

奉付 1：同"奉传"。｜过限年满，皆不得复出，传授之时，对斋七日而后奉付之焉。(4/557a)

录传 2：按仙册传授。｜臣妾以凡下质乖高上，误以枇柠之识，叨揽龙凤之章，忝籍余庆之荣，陶染大乘之法，录传玄授，遇师曲躬叩前后。(33/682b)若但悟吾经，驰骋世业，则不堪任录传，可悉付名山五岳。

---

① 李德范辑：《敦煌道藏》，第1981页，中华全国图书馆文献缩微复制中心1999年12月版。

(34/628b)

"录"指记录成仙姓名的簿册，如33/751a"五老刻名于帝录"中的"帝录"即神仙所掌握的仙册（参连登岗，1999），"录传"即按仙册传授。

诫受1：嘱告授与。｜昔缘真师，诫受宝经，敢告三元，上奏玉清。(33/433b)

广告1：广泛地宣告。《词典》引《辛亥革命·武昌起义清方档案》。｜猥以女弱，备经上业，微音绝响，不可广告，聊叙其妙，以宣同志，苟修德之不逮者，庶不足以咎毁之矣。(34/302a)

道教戒律要求经师及拥有真经者不胡乱传授经文，故有一批表"乱传妄传"的词，也是口的行为。

泄告1：泄漏。｜诸子勤而慎焉，勿以泄告不信之尸。(6/746b)

泄言1：同"泄告"。｜若泄言，妄说篇目，皆受考于三官。(34/304a)

泄语3：同"泄告"。｜泄语三人，传付非真，道则远也，祸灭兆身。(34/59a，2次) 泄语三人，传不得真，七祖父母下及兆身，并充刀山三途之中。(34/61b)

"语"有告诉义，如《左传·隐公元年》"公语之故，且告之悔"。

泄扬1：宣扬泄漏。｜帝皇之章，慎勿泄扬，秘而奉修，七年飞仙。(34/60a)

"扬"有宣扬义，如《易·夬》"扬于王庭"孔颖达疏："显然发扬决断之事于王者之庭，示公正而无私隐也。"

形泄3：宣扬泄漏。｜后学如林，无一人得仙，何意？皆由形泄道文，流放天真，道既不降，天罚潜彰。(33/477a) 第五之伤，或玄图表见，得受宝经，或运遇灵师，启授神文，而不依科盟，形泄天真。(6/664c、34/72a)

"形"有流露、显示义，如《公羊传·桓公二年》"孔父可谓义形于色矣"；经文中也有用例，如"虽尔奸丑之气不形于外，非恶之言不发于口，故为得过也"(33/445c)、"其法极妙，口口相传，不形于文"(33/554b)。"形"由"流露；显示"引申出泄漏义，遂与"泄"同义复合成词。

形露1：同"形泄"。｜或毁谤神文，疑惑不真；或泄漏宝诀，形露

世间，此皆由东华无有金名，不为三界称善，而为众魔所乘，万试所败，死之征也。(33/433c)

敞露1：泄漏；显露。｜或玄盟不洗，信物不输。初欲修行，俄便废弃，或更狐疑，訾毁敞露，形言丑恶，秽辱万端。(33/476a)

"敞"有"张开；露出"义，《类篇·支部》："敞，开也，露也。"经文中也有用例，如"慎莫出口敞灵，智慧有所无奈何，正是此等"(33/609b)。

唱露1：宣扬泄漏。｜誓依奉修，不敢轻泄，唱露真文，一旦违科，自受考责。(34/104a)

放露1：泄漏。｜禀受天文，敢违盟言。轻泄放露，疑贰天真。生死父母，九祖种根。及身长没，同负河源。三途五苦，万劫敢怨。(6/220a)

"放"有发放义，如《文子·道原》"礼宣不足以放爱，诚心可以怀远"。不合理的"放"即为泄漏。例中"放露"与"轻泄"对举，意义相近。

流放5：泄漏。｜行负道源，窃盗经书，不盟而宣，泄露秘诀，流放非真，违科犯忌，身入罪门。(3/417a) 宝而施行，以载兆身，慎勿流放，轻示常人。(3/443a) 后学如林，无一人得仙，何意？皆由形泄道文，流放天真。(33/477a)

"流"有显露义，如南朝宋鲍照《代出自蓟北门行》"箫鼓流汉思，旌甲被胡霜"；不合理的显露即成泄漏。"流放"即泄漏义（与传世文献中的"流放"义有别），"流放非真"即泄漏（给）不能成神仙的信徒，"流放天真"指泄漏宝文神道（"天真"乃对神书神道的美称）。

说语1：告诉。｜不得身犯污慢，并妄说经法，以语不同志之人，有此愆者，则侍经玉童玉女记子之过，上白帝君。说语一人，则损一玉童玉女，还于三素之房，过语三人，则玉童玉女都去子矣。(34/75c)

轻付2：轻率传授。｜不依玄科而轻付非真，秽慢灵文，皆七祖受殃，考及先师，同充鬼官。(33/556a) 不得轻付非真，宣露玄文，不依科旨，身没鬼官。(33/421c)

轻告3：轻率告诉。｜不得冒秽入殗，触忤天真，轻告宣露，七祖充责，身亡失仙。(6/217b) 未经施用，轻告于人，七祖父母，长闭鬼官。(33/430a)

轻宣 7：轻率宣扬；泄漏。| 此高上秘道，轻宣灵文，七祖充责，己身谢殃矣。(1/901a) 秘固灵篇，不敢轻宣。(6/220a) 慎勿轻宣。(33/427a) 唯宝唯秘，不可轻宣。(34/58b) 因求看沙门戒，会以戒文秘禁，不可轻宣。(梁释慧皎《高僧传》卷一)

妄示 5：胡乱宣示；泄漏。| 宣传非所，泄露道源，妄示世人，殃及七祖。(3/417b、33/655a) 不得身染殗秽，轻慢天真，宣告泄露，妄示常人，犯禁，考属三官。(3/419c) 若有知畔齐，应示处所，若不知勿妄示也。(萧齐僧伽跋陀罗《善见律毗婆沙》卷十五)

妄宣 23：胡乱宣扬；泄漏。| 得者宝密，妄宣非人，死入九幽。(1/889c) 其道秘妙，不得妄宣，轻泄灵音，身没河源。(33/749c) 真道高妙，不得妄宣。(34/17c)

显出 11：显示；显现。《词典》引鲁迅《呐喊·白光》。| 山已得为太和真人，则应居在南阳太和山矣。余三人不见别显出也。(20/573c) 遂得不死，过度壬辰，必是度世之限，其余无迹显出。(20/610a) 此题本应是三元八会之书，杨君既究识真字，今作隶字显出之耳。(20/499a) 陆既敷述真文赤书、人鸟五符等，教授施行已广，不欲复显出奇迹。(20/606b)

表见 6：出现；显现。《词典》引宋陆游《通判夔州谢政府启》。| 或玄图表见，得受宝经。(6/664c) 紫文丹章绿字隐文，一百二十言，乃九天之上气，凝紫晖之精，结成自然之章，表见玉清宫中。(33/761) 三素启运，九度推迁，灵文表见。(34/17a) 上清宝书，以九天建立之始，皆自然而生，与气同存，三景齐明，表见九天之上、太空之中。(34/177a)

有传授就有接受，口口相传则口口而受，我们将经文中表接受的词语也放在此处讨论。

盟受 4：结盟发誓而受。与前述"盟授"相对。| 受书毕，乃得施用耳，不盟受而窃行之者，案女青诏书，失两明也。(33/543c) 若有经师，便诣师盟度，得经而不盟受，轻妄修行，触忤天灵，妄说经目，语于凡学之人者，此考甚重。(33/553b)

受法 34：接受道法。《词典》引宋洪迈《夷坚丙志·江安世》。| 凡能受法，皆愿遵科。(33/659c) 受法多而久者，常为法师。(33/683c)

付度 17：传授；授予。见第 285 页。

授度 2：见第 286 页。

传度 4：见第 286 页。

列度 1：按次相授。见第 286 页。

盟度 2：结盟而传。见第 286 页。

玄授 19：隐秘而授。见第 311 页。

（九）讥笑毁辱

经文中表呵斥、讥笑及辱骂的词语意义相近（施受关系不一致，表斥责的多为上对下，表讥笑、诋毁的上下都有），本书将它们归并在一起讨论。

呵斥 1：厉声斥责。《词典》引宋文天祥《〈纪事诗〉序》。｜佩此符者，威制天地，呵斥群灵，控驾景龙，位司高仙。（4/559c）

"呵斥"与"呵叱"义同，句中的"呵斥"于 33/572b 即作"呵叱"。

叱咤 4：呵斥。《词典》引清蒲松龄《聊斋志异·姊妹易嫁》。｜收束虎豹，叱咤幽冥。役使鬼神，摄伏千精。（2/170a、34/161c）乃叱咤曰：庙中鬼神速来，使百邪诣赤灵丈人受斩死。（2/906a、20/552c）

叱叱 1：呵斥；斥骂。｜凡欲求畏恐，常鸣天钟于左齿三十六通，先闭气左嘘之，叱叱五通，常辟邪精、恶物、不祥之气。（34/76a）

其后接动量词"五通"，"叱叱"当为行为词，作"呵斥；斥骂"讲，与《词典》所释"驱使牲畜声（引宋陆游《致仕后述怀》诗），象声词"等义有别。

鄙笑 1：轻视讥笑。《词典》引《新唐书·杨再思传》。｜事有未明，虽得其法，未保其生，而自知可鄙笑他人，他人所能，愚人所解，谓为无奇，而不留意。（33/608a）遇诸父兄弟有如仆隶，夫妻并坐共食，而令诸父馂余。其自矜无礼如此，为时人所鄙笑。（《魏书·穆崇传》）

嘲调 1：嘲弄调笑。《词典》引宋胡仔《苕溪渔隐丛话后集·秦太虚》。｜或戏谑胜负，罔蒉厄微，诳惑朝野，嘲调闺帏。（33/826a）《列子·仲尼》"为若舞。彼来者奚若"东晋张湛注："世或谓相嘲调为舞弄也。"

诮讥 1：讽刺讥笑。《词典》引明金銮《方竹轩赋》。｜凡为大师，容纳一切……赏善罚恶，不滥不侵，往反眷属，无亲无疏，慎言少语，无分诮讥，彼丑见加，以美相报。（33/667a）

哂笑1：嘲笑。《词典》引辛弃疾《洞仙歌·赵晋臣和李能伯韵属余同和》。｜毁废靖祠，烧败圣文，诛伐神灵，哂笑真仙。(34/354c)

嗔责1：对人不满而加以责怪。《词典》引元曾瑞《留鞋记》。｜道学不得嗔恚弟子，道学不得嗔责世人。(33/799a) 夬从兄欣宗云："今是节日，诸人忆弟畴昔之言，故来共饮，僧明何罪而被嗔责？"（《魏书·夏侯道迁传》）

唾骂1：鄙弃辱骂。《词典》引宋徐铉《稽神录·清源都将》。｜勿北向理发，解脱衣裳，勿北向唾骂，犯破毁王。(3/402c、6/665c)

诅佞1：诅咒；咒骂。｜第五戒，不得诅佞嫉毒，妒姤无道，谗害善人，燔烧人舍，又不得教令人诅佞嫉毒，妒姤无道，谗害善人。(33/470a)

谗譖1：毁谤。｜形膻骨臭，魍魉翻覆。腥臊秽贱，心形谗譖。(6/632a)

譖毁2：同"谗譖"。｜是以道数不可乖错，术法不可杂乱，乖错则有暗昧之败，杂乱则有譖毁之祸，非冥冥之无贯也，行冥冥之无序耳。(6/548a、34/774c)

谗击1：毁谤；污蔑。｜谗击无端，说人得失。嫉人称己，斗乱天人。(34/354a)

谗讪3：毁谤；讥讽。｜受此法者，有亏损正气，心生爱欲，混浊不节，嫉妒疑贰，攻伐师本，更相谗讪，其禁尤重。(3/418b) 不得更相攻伐，斗乱同学，口舌喧哗，谗讪无端，师盟既同，形色不欢。(3/437b、33/656c)

攻毁2：用言语攻击污蔑。｜第六：凡受上清，不得心怀贼害，手行暴杀，杀生行凶，功掠奸究，嫉贤妒能，攻毁同气，伐败经师。(33/418c、33/659b)

辱毁①1：诋毁污辱。同"毁辱"。｜又有水火左右二官，左水官，治妄语诽谤、吱咽口舌、妒贤害能……妄说天地、宣泄秘篇、辱毁二象、触犯三辰者。(3/416b)

反毁1：诋毁；攻击。｜生世不良，怀恶抱奸，攻伐师本，反毁圣文，不崇灵章。(3/417a)

---

① 该词乃"毁辱"的逆序词，"毁辱"早见于《战国策》。

嫉谤1：妒忌毁谤。｜恭敬一切，避陵辱也；不敢为先，免嫉谤也。（33/586b）凡甚者，乃危亡不相知，饥寒不相恤，又嫉谤谗害，其间不可称数。（《宋书·周朗传》）

伐败2：抨击诋毁。｜而心怀贼害，手行暴虐，杀生行凶，功掠奸宄，嫉贤妒能，攻毁同气，伐败经师，一犯至五，听得罚信，谢责九阴。（33/418c、33/659b）

"伐"有抨击义，如汉王充《论衡·问孔》"诚有传圣业之知，伐孔子之说，何逆于理"。"伐败"与"攻毁"对举，当为诋毁义（该词在传世文献中还有"讨伐打败"义，是打败对方的一种方式，与经文中的含义不同）。

背伐1：冒犯攻击。｜守一存三，行五体七，备九宝十精，遣姐妒之垢，洗阴云之尘，不抑绝贤良，不背伐师道，不骂辱一切，泄漏要言。（33/823a）

乖伐1：同"背伐"。｜不得舍己逐物，不得制物顺身，不得负违二象，不得乖伐三尊。（33/467b）

取诮2：招致讥讽。《词典》引明唐顺之《与胡默林总督》。｜师受善用，三分之……不得私散，散之依法，无起悭心，不可贪聚，招祸累身，损道辱法，取诮人神。（2/867b、33/670c）是以深识之士，悠尔忘怀。东门归无之旨，见称往哲；西河丧明之过，取诮友朋。（《梁书·徐勉传》）

形论3：毁谤；侮辱。见第281页。

（十）吐纳吞服

吞服日月光芒、气液（道教吐纳术）以及服食仙丹神药是上清派重要的修行方法，故经文中有不少表达相关主题的词语。

服8：吞服；道教吐纳术语。《词典》引明陈继儒《珍珠船》即下首例。｜男服日象，女服月象，日一不废，使人聪明朗彻，五藏生华。（2/904a、6/614c、20/543a）凡上学之士，服日月之道。（1/824a）

服咽2：吞咽；吞服。｜服咽八气，吐纳六魁。神真充内，外欲豁消。（33/783b）又当闭气，须存想竟，乃通气开齿，漱满口中津液，乃服咽之，存液亦作赤色。（6/615b）

咽服3：同"服咽"。｜夜存月，令大如环，日赤色，有紫光九芒，月黄色，有白光十芒，存咽服光芒之液，常密行之无数。（6/640a、20/

542c、34/302b)

服挹 1：饮服；吞服。｜大项步纲，河出灵鱼；服挹玉液，遂升玄洲。(33/444b)

"挹"有吸取义，如《庄子·山木》"徐行翔佯而归，绝学捐书，弟子无挹于前，其爱益加进"；"玉液"指仙液。"服挹"即饮服义。

服吸 1：服用；（用口）吸用。｜面有玉泽，眼生明光，齿含紫气，坚肠华藏，长生久视，服吸朝液，悬粮绝粒，道要于金液，事妙于水玉，所为谓吐纳自然之太和。(33/790c)

服引 1：吞服引纳。｜或服引呼吸，不得其理；或为他物所惑，将成而败。(33/601c)

服御 33：服纳；吞服。｜服御灵晖，口啜皇花，仰餐飞根。(1/822b) 服御上真宝符。(3/440a) 右前至此凡九事，并服御吐纳、存注烟霞之道也。(6/617a) 服御之，致合神，吉凶之用顿显也。(20/522b) 服御皇华，灵降我躯。(33/426a) 服御灵音，洞睹八方。(34/71b)

咽御 1：同"服御"。｜服日月皇华，咽御飞根，则日精不为下降，流霞不为散根。(1/903a)

吞服 3：咽吞；服食。｜每旦对太阳，存五神，引真气，吞服，体生玉光。(33/399c) 凡吞服星光芒时，当存星真上皇，上皇夫人乘光中来，入口咽之。(34/112b) 謇常有药饵及吞服道符，年垂八十，鬓发不白，力未多衰。(《魏书·徐謇传》)

咽味 4：吞吸；领会。｜运度玄中人，咽味生五方。(1/539a) 是以真人道士，常吐纳咽味，以和六液。(6/658b、20/551c、33/459b)

"味"有吃、进食义，如《韩非子·难四》："屈到嗜芰，文王嗜菖蒲菹……所味不必美"，经文中"咽味"的对象仍为光气液等。该词还引申有"掌握；领会"义，这与"咀嚼"既可表吃食，又可表领会相似。

兆读是经，咽味至真，道自成矣。(34/626a)

餐味 3：同"咽味"。｜受粮三宫，灌溉脾灵。上飨太和，餐味五馨。(6/662b、34/77c) 隐芝结秀，宝光夜生，餐味华元[①]，上注晨精。(33/400c)

[①] "华元"为一种神光，如：明真纪魂，华元理魄。(33/636a) 流形遁变，爱养华元，导引八灵，上冲洞门。(6/618b、33/831a)

引味1：吸引；吞服。｜下瞩洞海，引味流精，结养华童，日阙万里。(19/927b)

吸引3：（用口、鼻）吸纳；吞服。｜口常吐四时死浊之气，鼻吸引丹霞之精。(6/617a) 好事神仙，恒吸引二景餐霞之法。(20/551a) 咀嚼元气，吸引二景。(33/599c)

引吸1：同"吸引"。｜引日之丹，重镮耀明，引吸至精，以升月中。(19/929a)

吸取7：用口吸纳。《词典》引清陈维崧《念奴娇》。｜夜临目向火，口吸取火光，咽之无数，觉身匝体洞然，如火。(2/900c) 此当存口吐赤气于守寸中，郁郁然下入我口，口乃吸取，吞咽无数。(6/609a) 三素元君并赢身，各吸取五色气，以自饱满。(33/396c)

纳取1：同"吸取"。｜九吐去故气，亦名死气。纳者，纳取新气，亦名生气。(34/472c)

呼引7：张口引纳；吞服。｜且玉体已标高运，味玄咀真，呼引景曜，凝静六神。(2/165b、20/526c) 混合三五，游息天庭。呼引日月，变化雌雄。(33/393b、33/535b)

修服2：修炼服气。《词典》引明徐渭《蒋扶沟公诗》。｜子若修服之者，先烧香于左右，玉童玉女，各四十人卫之。(2/164c) 次当修服之时，而出庭中，坐胜于立，可于庭坛，向星敷席施桉。(34/112a)

采服2：摘取服用。｜上清金阙灵书紫文，采服飞根，吞日气之法，昔受之于太微天帝君。(34/304b) 上清金阙灵书紫文，采服阴华，吞月精之法。(34/305a) 有道之士，登之不衰，采服黄精，以致天飞。(《抱朴子内篇·微旨》)

采吸1：同"采服"。｜于是散发高岫，经纬我生，晖晖景曜，采吸五灵。(20/501c)

食噉1：吃。《词典》引唐寒山《诗》。｜鱼鸟虫兽，魔邪精魅，穷粗精丑，更相食噉，仇报未终。(33/825b)

服食10：吃；服用。｜北方黑牙，服食玄滋。(33/563c) 玉清上清太极药名，犹足以却百鬼，况服食其物乎？(33/597a) 服食五芝，骨圣神安。(34/202c) 惟服食大药，则身轻力劲，劳而不疲矣。(《抱朴子内篇·杂应》)

闭息3：闭气。《词典》引宋苏轼《养生诀上张安道》。｜两手掌心掩两耳，指端相接，交项中，闭息七通。（2/899a、6/659a、11/383c、34/306b）进左足前与并，乃通息，大祝之，一闭息。（6/676b）

有纳气就有吐气，下述几词重在吐气、通气。

通息 12：通气；呼气。｜依八数所呼法也，通息，更闭。（2/898a）乃通息，大祝之，一闭息。（6/676b）次左足蹑天关，进左足，前与右足并，乃通息。（33/441b）

吐息 3：吐气；出气。｜坐，顺时吐息。（1/517a）良久，叩齿，用嘻字吐息。（1/518c）

（十一）叩齿舐舐

齿、舌属于嘴内的器官，经文中主要有表叩齿、舐舐、搅漱等行为的词。

啄齿 54：叩齿。《词典》引唐韩愈《送僧澄观》。｜存毕，啄齿三通，祝曰。（6/658b）若修道精勤，如鲍助啄齿，何容不得永年。（20/582b）乃开目啄齿五过。（33/537a）

"啄"即叩击义，"啄齿"在经文中出现 54 次，较"叩齿"（也为六朝新词，《词典》收，在经文中出现达 906 次）要少得多。

舐接 7：以舌舐擦。｜祝毕，以舌舐接上唇之外。（2/909a、6/640c、34/301a）

荡舐 1：用舌舐洗。｜叩齿二十四通，以舌荡舐口内，上下周匝，令芝液并生。（33/554b）

漱荡 1：含水冲洗。｜平旦入室，以内观开明玉符清华之水，东向洗眼，并漱荡口腹，令内外清虚，口无余味，腹无余熏，眼无余视，体无余尘。（33/424b）

搅漱 1：用舌搅拌舐刷。｜次则以舌搅漱口中，津液满口，咽之三过，止。（18/482c）

漱挹 5：用舌饮吸。｜逍遥摄生，采真食精，飞玄扬羽，漱挹泰明。（34/145c）金节命羽灵，征兵催万魔。漱挹圆晨晖，千椿方婴牙。（20/507b、33/791a、34/29b）

"漱"有吮吸义，如《楚辞·九章·悲回风》"吸湛露之浮源兮，漱凝霜之雰雰"王逸注："言己虽升青冥，犹能食霜露之精以自洁也。"

漱饮 1：同"漱挹"。｜手把七星，漱饮神瓶。隐身太微，二景齐晖。（33/396a）

含漱 2：吮吸（精、气、液）含口。｜天女吐精以观真，玉童掷华以却秽，神妃散香以攘尘，含漱以胎息。(33/423b) 吐纳餐童阳，含漱引日葩。(34/189b)

漱满 12：吮吸满口。｜毕，存玉女之口津液，令注我口中，我又漱满而随咽之，又九十过止。(1/904a—b) 存玉女口津液注我口，漱满咽之，九十过，止。(2/908c) 先啄齿二七，闭目握固，漱满唾，三咽气，寻闭不息自极。(18/481b) 常漱满口中内外上下，以舌回吸日气五色液，满口吞之。(33/790c) 祝毕，以舌漱满一口之中、玄膺内外及齿舌之间。(6/641a、34/301b)

二　与眼睛有关的

经文中与眼睛有关的语词多数都与其主要功能"察视；观览；监督"有关，或形容修行者的透视自身、遍览天下，或表神仙们俯视寰宇、监督信徒。有些词除表眼睛的观察外，还可引申出"知晓"义，也一并说明。

（一）观看察视。

对颜 4：面对面，近距离地看。｜九年克能洞睹幽冥，逆究未然，坐在立亡，与神对颜。(1/898a) 存思分明，令如对颜。(33/426b) 徒闭眼于莽莽，空咽而无想，神真何由得降，气液何由得充也？对颜瞻目，由有晻暖。(34/180a)

"颜"指神的形貌，"对颜"即与神仙相对，意在看到神仙。

接颜 1：接触形貌（看见）。｜得睹上灵，接颜仙王。永享罔极，仰飞太空。(34/214b)《世说新语·文学》"或言（郑）玄能者，融召令算，一转便决，众咸骇服"刘孝标注引《玄别传》曰："周流博观，每经历山川，及接颜一见，皆终身不忘。"

披颜 1：看到面目。《词典》引唐杜甫《风疾舟中伏枕书怀三十六韵奉呈湖南亲友》，释为"开颜"。｜得见其篇者，则九天逆书于仙籍，方诸刻名于丹台，加其精思，无出九年，克得与真披颜寝房，随四时变化，飞腾九天也。(34/179c)

"披"有翻阅义，由此引申为一般的观看，例中的"披颜"即看到神真面容。

洞披 2：遍览；看遍。｜拔出五苦厄，超登白元匹。洞披朱妃户，逍遥入玄莘。(33/546c) 皇崖晏轸，玉仙策辇。游眄四天，洞披三清。

(34/20b)

瞩目3：注视。《词典》引《隋书·外戚传·萧岿》。｜乘车马念一，有急念一，人之念一，举止瞩目，念亦多矣。（4/549b、33/410b）道士坐卧，行步饮食，忧乐瞩目，皆当存一也。（34/307c）举哀毕，改服，著黄韦绔褶，出射堂简人，音姿容止，莫不瞩目，见之者皆愿为尽命。（《宋书·张畅传》）

眄目8：注视；看见。｜洪曰：此事玄远，非凡学所知，吾以庸才，幸遭上圣眄目，论天地之奥藏，畅至妙之源本。（3/269c）八台可眄目，北看乃飞元。（20/506a）闲居无尘累，眄目霄中宾。（33/749a）此大洞之妙格，俯仰之仪，使痒序得法，则高上眄目，三元降席。（33/751a）协晨则二绝交和，眄目则万冥自开。（33/598c、33/789a）

"眄"有看、望义，如三国魏曹植《与吴季重书》："左顾右眄，谓若无人，岂非吾子壮志哉！""眄目"即"眄"，"目"仅起到凑足音节的作用。

眄眸1：同"眄目"。｜迁延内咏，心和魂畅，眄眸既周，一至永长矣。（34/148a）

傍观3：向四周观看。｜徘徊华晨，傍观八冥，回津下降，入我肾庭。（34/105a）四气徘徊，合注中元，仰望九极，傍观四门。（6/654b、34/114a）

傍视1：同"傍观"。｜毕，左取三十六咽之，东之太山之阿，形化身隐，傍视如无。（33/786b）

坦观2：放眼观看。｜夫晨齐浩元，洞冥幽始，八气靡浑，灵关未理者，则独坦观于空漠，任天适以虚峙。（20/521c）周眄广虚，目朗八外……岂容默然三清，任六气以假适乎，遂拂心坦观，熙灵十阿。（34/149b）

"坦"有"平直；广阔"义，如汉张衡《西京赋》"虽斯宇之既坦，心犹凭而未摅"，"坦观"即纵目观看。

竦眄1：肃敬地观看。｜丹云浮高晨，逍遥任灵风。鼓翮乘素飙，竦眄琼台中。（20/506b）左把玉华盖，飞晨蹑七元。三辰焕紫晖，竦眄抚明真。（20/507b、34/627b）

"竦"有肃敬义，如《后汉书·黄宪传》"颍川荀淑至慎阳，遇宪于逆旅，时年十四，淑竦然异之，揖与语，移日不能去"。"竦眄"即肃敬地观看，"竦"表达了信徒目睹仙境的崇敬和肃穆。

俯眄6：俯看；俯察。｜泛景鼓长扇，合虚庆霄峰。俯眄四谢飞，天劫永难终。（1/516b、1/557b、33/750b）偃息东华静，扬軿运八方。俯眄丘垤间，莫觉五岳崇。（20/505b）从容霄杪，俯眄崇阜。萧条万谷，总辔空宙。（34/146c）

游眺1：游览。《词典》引《资治通鉴·梁武帝普通四年》。｜时分形散景，假适尘浊，游眺嚣秽，招迎真会也。（33/461a）羁心积秋晨，晨积展游眺。（谢灵运《七里濑》）

观眄2：观看；察览。｜我与帝君，同飙上清。观眄北玄，解带玉庭。（33/387c）皇初紫灵道君，常内镇洞房，观眄九天，偃息华辰之下，寝晏九精之内。（34/38c）其行安隐，尽行安详，视眄观眄，不失仪范，屈伸进止，依法从宜。（东晋竺昙无兰《佛说寂志果经》）

眄观5：同"观眄"。｜当寂心幽房，不关风尘，独立对景，眄观霄晨。（33/450b）飞轮蔼空洞，眄观千百仞。（33/835a）眄观玉清阙，嵯峨临绛津。（34/30a）

视眄3：仔细察看。｜帝一固泥丸，九真保黄宁。视眄万劫外，齐此九天倾。（6/224b、33/390b）俯仰四运，日得成真。视眄所涯，皆已合神矣。（20/526c）

该词与"观眄"义稍别，"观眄"重在远观，"视眄"重在仔细看。上条所引佛典用例中"视眄"、"观眄"并举，说明二者意近，但不完全相同。

眄看1：同"观眄"。｜六甲之神，时乘六龙，以宴庆云，眄看六合。（2/169c、34/161b）

观落4：观察。｜五帝肇霞，映洞万生。观落上真，空洞条平。运气炼彩，流荡五形。使我神化，六府敷灵。（6/700c、34/40a、34/52c、34/110c）

内观28：内视；道教透视己身的修行方法。｜存其神，可以渺乎内观，废其道，所以致乎朽烂。（6/628a、20/548a、33/463b、33/795b）大处无用于嚣途，乃得真之挺朴，任凡庸以内观，乃灵仙之根始也。（20/499c）徐徐定心，作内观之法。（34/472c）

"内视"指信徒集中精力透视己身，它一方面有利于使学道者心神专一，另一方面也是其存想神仙的所必需的。道教认为，人身中有三十六神仙居住于身体各关节，要想得道成仙，就必须内视存神。

凝观 2：集中注意力观看。｜妾将挺命凝观，凭华而生。（20/499b）凡诵曲素诀辞玉景内真金章之时，皆帝一凝观，司命卫真，五神仗钺，公子守阙。（33/637b）

"凝"谓精力专注或注意力集中，如《庄子·逍遥游》"藐姑射之山，有神人居焉……其神凝，使物不疵疠，而年谷熟"。

彻见 18：透视；清楚看到。｜二气交通，四朗八会，彻见无方，万神自泰。（1/542b）久为之，彻见百灵。（2/909c）拂童之道，使彻见帝君五神及二十四神之法。（6/612b、6/549a、34/46c）灌身匝体，彻见五藏六府、九宫十二室、四支五体关节、筋脉孔窍、营卫表里，一切莫不朗然。（32/735c）

洞观 43：遍览；透彻了解。《词典》引明方孝孺《畸亭记》。｜白光奕奕，洞观上清。（1/901c、34/294b）恒行之，眼能洞观也。（6/626c）玉仪九尺，洞观十方。（19/928b）目明彻视，洞观九天。（33/424c）

朗睹 6：同"洞观"。｜朗睹九天，上戏三清。（33/448c）若能弃累，不拘世尘，静心夷意，朗睹虚房，眄想内视。（33/832a）洞得幽微，朗睹无穷。（34/70c）

洞眄 1：洞察；洞晓。｜变化八景，洞眄幽微。长享天灵，福祚巍巍。（34/212c）

朗眄 1：同"洞眄"。｜变鳞蔚于霄峰，朗眄九晨，身登华轺，巍巍深哉。（33/382a）

眄朗 1：同"洞眄"。｜蹈空栖真，沉朱华璋，解冠九天，眄朗五岳，极洞万峰。（34/145c）

周鉴 1：周察；遍知。｜朗朗高清之馆，眇眇太漠之中，洞虚入微，周鉴无穷。（34/17c）虽经圣哲，无以易也。故忠弊质野，敬失多仪，周鉴二王之弊，崇文以辩等差。（臧荣绪《晋书·纪瞻》）

眄顾 1：观看；观察。｜三元留营室，日瞳朗然明。眄顾亿万椿，俯仰伯吏庭。（33/397a）

"顾"有视看义。《韩非子·外储说左上》"乘白马而过关，则顾白马之赋"王先慎集解："顾，视也。""椿"为时间名词（参周作明，2003），"眄顾亿万椿"即能观察到很多年以后的事情。

察看 1：观察；细察。《词典》引《清会典事例·刑律断狱·妇人犯

罪》。┃受经，布贶每令精上，玉童玉女皆察看取与处所。(6/657b)

照观 1：察知；知晓。┃天灵七君，道德大神，自照观荣辱，报以介福，且勿忧也。(33/445b) 往者二贤，名垂千秋。饮酒歌舞，不乐何须。善哉！照观日月，日月驰驱。(《宋书·乐志·为乐》)

照眄 1：观察；考察。┃星中央有中黄真皇道君……朗映中元，照眄学真者。(6/654b)

察睹 1：察知。┃行此九年，太清刻书玉籍绛名，九孔洞达，察睹幽冥。(34/70b)

察眄 1：察看；监督。┃二君皆逆已察眄万兆宿命善恶，飞揽虚玄。(18/744b)

下眄 3：（神仙）降世体察。┃策空蹑虚，徘徊霄庭，流真下眄，骋盖华精。(6/224c) 玉皇下眄游生，见有得此书者，即告太上。(6/649b) 圣君虽封掌兆民，下眄万生，故自逍遥金阙，宫馆上清，栖形太虚，遨游五城。(6/745c)

告察 3：纠察。┃所召促到，混离对陈，无令上帝，告察凶奸。(1/545a) 诸如此忌，天人大禁，三官告察，以是为重罪矣。(3/402c、6/665c)

司视 1：监视；监督。┃玉童玉女司视功过，察人诚向，有违有善，径闻太上。(6/649b)

浮眄 1：漫游观览。见第 300 页。

浮观 1：见第 300 页。

总映 2：遍察；遍晓。见第 308 页。

映观 5：照耀观察。见第 305 页。

观映 1：见第 305 页。

临映 3：察视；监督。见第 307 页。

宴观 1：遨游；观览。见第 319 页。

宴眄 6：见第 319 页。

（二）阅读披览

道徒要披览经文，故有一批表阅览的词语；有合科律的地看，也有违科律窥看、乱看、误看，我们将相关词语放在一起讨论。

开看 1：开卷阅读。┃如可修斋之日，尽诵此一卷，乃佳；穷人自不能尔也，在世间俗中，开看神文，自听读之。(33/597c)

看省2：阅览。｜若宜诵习、施行、看省者，别写一通，以谨案之。(33/531b) 凡道士修受上法，欲有所看省，诵读经文，发箧之时，皆当烧香左右。(34/75a)

省按1：披阅考核。｜有书皆盛以别笈，开发省按，皆向书再拜，烧香左右。(6/649b)

披看2：翻阅；观看。｜甲昔有因缘，福庆所种，得受神经，未敢披看。(33/432b) 自无金书东华，玄格玉名，莫得披看高帝之篇。(33/832c) 当知此衣不得妄解披看，亦莫示人，若白时到，当著此衣在比丘尼僧后行。(姚秦佛驮耶舍等译《四分律》卷十三)

披睹3：同"披看"。｜既得瞻眄洞门，披睹玉篇，不犯七伤之禁。(6/665a、34/72b) 三十九章，万遍胎生。保魂招神，披睹洞门。玉符已毕，身乘紫云。(33/582b)

第二例的"披睹洞门"当为于洞门披览玉符（后文有"玉符已毕"字句）。

披朗2：阅览领悟。｜凝真上契，咀嚼日根，餐玄注虚，披朗金章。(2/167b) 披朗无上道，心注玉帝庐。洞达空洞内，神睹形自舒。(33/456a)

"朗"有"明了，解悟"义，如《方言》"楚谓之党"晋郭璞注："党，朗也。解寤貌。""披朗（金章、无上道）"即翻阅领悟经书道法。

披寻1：披阅寻讨。｜道德章句、五老赤书、神真宝诀、守一玄文，并囊佩带……亦可悬于屋上，对头首间，披寻开化，随时屈伸，罪愆去失，悔责依科。(33/687c) 喜报书曰："前驱之人，忽获来翰，披寻狂惑，良深怅骇。"(《宋书·吴喜传》)

洞览2：遍读；遍览。｜但当依法佩身，以却万灵，道满气澄，必得洞览隐音，游行玉清也。(33/765a) 三界携轮，九象提魔。维结洞览，荣秀垂柯。(34/18c) 劭使浚与世祖书曰："……古来陵上内侮，谁不夷灭，弟洞览坟籍，岂不斯见。"(《宋书·元凶劭传》)

参染2：不当或不合理地参看。｜后生皆不得以余殃之身，参染真经，窃受宝文。(33/418a) 若未经参染，必无前师，手辞保奏，依法传之。(33/691c)

"染"义为"染指；插手"，如《后汉书·宦者传论》"推情未鉴其敝，即事易以取信，加渐染朝事，颇识典物"；"参染"即不当地参阅。

妄披6：非分披阅。｜自非刻书玄图，记录于末年，不得妄披灵文。（6/211a）不得不告盟而妄披宝文。（33/419a、33/659b）灵篇不可得而妄披。（33/558c、34/72c）

窥闻1：窥探偷看。｜此道遐眇，非以常学所可窥闻，奉者宝秘，慎勿妄宣。（34/63c）

窃看2：偷看；窥探。｜此是太上之隐道，所谓隐书者也，隐而复隐，犹恐鬼神窃看其篇题，何可令世之臭骸轻传授者。（6/653b）或遇经不盟，窃看秘隐，轻减，传不关告，五岳无盟，皆为宣泄，犯考四明。（34/71c）

窃览1：同"窃看"。｜施置非所，轻慢灵文，苟存我有，或夺或乞，窃览妄行。（33/476a）

越略9：跳跃式地看；漏看。｜诵经当令心目相应，不得杂念异想，错乱真神，当使遍句毕了，不得中住，越略言句。（3/420a）入室诵经，当令言句相属，不得越略天音，失一句，更却百言而读，失二句，却还二百言。（3/435a、33/656b）如高上之道，易为神仙，而患为学，越略天文。（6/220b）按次而修，不得越略。（33/414c）

失略1：漏读，少看。｜学士入室诵经，皆五帝束带，四司扶位，不得临经住音，与外人交言，失略言句，稽诞天真，想念不专。（3/435a）

（三）寻求等行为

看寻1：找寻；钻营。｜许朝者，暴杀新野郡功曹张焕之，又柱煞求龙马，此人皆看寻际会，比告诉水官，水官逼许斗，使还其丘坟，伺察家门。（20/528b）

"看寻"在梁《高僧传》中有"披寻阅览"义（王小莘，1999：137），例中其宾语为"际会"（机遇、时机），当是"披寻阅览"的引申，乃找寻、钻营义。

求寻1：寻求；找寻。｜学者亿万，至于合真无一，勤苦求寻，而鲜不中败。（33/433c）求寻光锡之诏，并诸条格，所夺所请，事事穷审。（《魏书·孙绍传》）

访搜1：搜寻；搜查。｜非不能采择上室，访搜紫童，求王宫之良俦，偶高灵而为双。（20/497a）八月丁巳，诏雍州将士与虏战死者，复除有差。又诏辨括选序，访搜贫屈。（《南齐书·东昏侯本纪》）

盲烂1：瞎眼失明。｜鬼有三被此祝，眼睛盲烂而身即死。（《登真隐诀》）陶弘景注："此谓诸杀、鬼邪鬼及天地间自有恶强鬼辈，闻此而死耳，非人死之魂爽为鬼者也。如是，鬼眼亦是有睛，故盲烂则便死矣。"（6/613b）

临目 104：眼睛半开半闭。｜先于室外秉简，当心临目，扣齿三通。（1/513b）前篇开目，后章临目。（6/617c）白日而行之，初亦宜熟读预习之，于临目存思为易也。（33/412a）安体净心，宽气调神，临目内视。（34/47a）临目仿佛，如有其形也。（34/112b）

"临目"取义于"目上下眼皮靠近"，指修行者眼睛欲闭还开、半开半合的状态；经文对这种状态有描述，如"坐卧任意，坐则接手临目；临目者，常闭而不闭也。"（33/538c）这种状态能帮助学道者形成模糊仿佛、虚无缥缈的状态，从而想象神仙降临以及自己与神仙交通，是学道者存思修行的重要步骤。

临闭 7：同"临目"。｜言毕，乃临闭目于手下，向星微祝曰。（6/651c）其平旦中时存神，自平坐而行之，勿令有见之者矣，皆内视临闭而存也。（6/549a、34/46c）

"临闭"当是临目与闭目的并合，也即半开半合的动作

三 与耳朵有关的行为

御闻 1：听闻；知晓。御为敬词。｜某伏愿明灵大神，一切真官，同垂慈恩，共赐开导，与善相因，神灵奖悦，所启所愿，即蒙御闻。（33/827a）

纳听 2：听闻采纳。｜不先存念通真而径造入室，礼拜烧香，皆惊忤神真，徒劳行事，帝不纳听。（3/434c）三景应期，是日敷陈。上帝纳听，告命灵山。（33/489b）

听思 1：用耳朵听；用心思考。｜神散气离毕，拱静听思，闻太上云璈之音、天钧之乐，延集师友，察讲诵之声。（33/492c）

瞻听 1：视听。《词典》引唐韩愈《答张彻》。｜违则失定，守定不失，当侍师尊，瞻听声色，伏勤无休。（33/586b）

旁听 1：在旁边听。《词典》引鲁迅《坟·论照相之类》。｜此自是旁听小君之言语耳。（20/534c）

骇听 4：骇然听闻。｜皆九天太真万神之隐名，诵之则九天骇听，万仙束带。（6/217b）诵之一遍，则九天骇听，玉帝礼音，万真监庭。（33/

749c)咏此一句,上响九天,中彻无间,外朗洞元,玉帝骇听,群魔束身。(34/58b)殷(浩)未过有所通,为谢(镇西)标榜诸义,作数百语。既有佳致,兼辞条丰蔚,甚足以动心骇听。(《世说新语·文学》)

第二节 四肢行为词

一 与手有关的

（一）登记记载

学道者或前生有功德,生而有仙相,或后天精苦修行,精诚感动神仙,神仙遂将其姓名登记于簿籍;除此之外,这种册籍还记录着修行者的基本情况及其学道时的功行罪过(连登岗,1999)。故有不少表"登记;抄撰"义的词语。

上21:登记;记载。《词典》引《儿女英雄传》。| 太张上五符,安来上玉名(笔者注:太张、安来是两仙)。(1/542c)北帝落死,南斗注生,东华金阁,得上我名。(33/456c)求上名仙都玉历。(33/470c)求削水帝之简,上名玉札之篇。(33/519c)除死上生。(33/535a)用此日步纲,方诸宫那仙台削死书上生字也。(33/445a)愿得除某九世祖父母以来,下逮某身者,丘山水源、大小罪过、名上死籍者。(6/552a、6/638a、33/793c、34/49b)上我帝简,赐我神仙。(34/56a)

"上"后的宾语多为"籍、简、篇"等仙册,表神仙将学道者的功行罪目、仙名死名登记于仙簿,"上"当为登记、登载义。

注上13:登记;记载。| 则四明除过,女青落名,玉司列奏,注上三清。(3/442c)天真下降,得见灵颜,即命青宫注上玉名。(33/427a)即记北帝,落子死名,注上清宫玉篇。(33/428b)毕,思泰山君(衡山君、华山君、恒山君、嵩山君)……手执青(赤、白、紫、黄)简,注上我名于青(赤、白、紫、黄)简之篇。(33/522a—525c,5次)

"注"有登记义,早见于东汉(《词典》引唐无名氏《南岳魏夫人传》),如《太平经》卷一二〇"行不善,自勿怨,他人辄有注录之者,无所复怨"句中的"注录"即为"名登仙真录籍"之义[①]。经文中也习

---

① 俞理明释,见《〈太平经〉正读》,巴蜀书社2001年版,第419页。

见，如：上告玉司，注我名真，青录紫简，得道之篇。(3/443a) 其数得六千简，辄注一人无死地。(6/748a) 即命领仙注子金名。(33/426b) 故"注上"为同义复合词，"注上三清"也即将仙名登记到三清（太清、上清、玉清）簿册。

上注 1：同"注上"。| 得服此符，超过八难，玉司削名，上注青宫。(3/440a)

上勒 1：登记；记录。| 既受此戒，仙都正位，丹简有录，功勤三年，标名上勒玉历。(33/471b)

勒上 1：同"上勒"。| 回真曲映，来降我庐，削我罪简，勒上天书，道发自然。(33/527b)

"勒"在先秦即有雕刻义，引申可作登记讲，经文中有用例，如"圆光奏命籍，太一勒九天"（1/532a、1/563c、33/754b）、"九垒削死，司命勒年"（34/23c）。

勒注 4：登记；载录。| 夫学不见九赤白羽中林飞天九符，则五岳不领玄名，四海水神不为兆削灭罪简，勒注三清也。(33/518b) 修行灵文，为五帝所举，即勒注白简，青录记名。(34/64a) 上校玄记，白简之名。勒注元录，落死刻生。(34/64b)

列书 2：记录；记载。| 必当封牧种邑，守伯仙京，傅佐上德，列书绛名。(20/514b) 元景理命，记录天王，列书帝简，上奏青宫。(34/24a)

"书"有"书写；记录，记载"义；"列"在六朝有登记义（参方一新，1997：102），经文中也有用例，如：有金名帝图，列字玉清，得授此诀。(1/899a) 凡有四极明科之身，玉司五帝列兆之名，上言青宫。(3/443b)

列名 30：登记姓名（仙名）。| 则羽仙使者奏子于太明真王，列名于东华宫。(1/889b) 交当同编云札，列名灵简。(20/508b) 列名圣皇，飞仙九天。(2/897b、6/678b、33/443b) 凡有玉骨丹文，列名帝图，得见七圣玄纪。(34/72b)

记名 59：记录姓名（仙名）。《词典》引唐张籍《旧宫人》。| 于是天王仍记名焉，铸金为简，刻玉结篇。(1/887b) 则玉晨使者奏子于天王，记名于青宫。(1/888a) 奏金简玉札，记名玉清。(33/431a) 乞白高上，记名三元。(33/431c) 上奏金简，记名东华。(33/432a)

列图 15：登记（肖像）。｜列图玉皇，併襟帝晨。（1/538b、33/756a）太素列图，寿亦不倾。（6/631c、34/147c）有金名玉字，列图九天，得见此文。（33/762a）若无仙名玉籍，列图紫宫，幽冥亦不可以此经启悟兆心。（34/58a）

"图"为学道者的肖像，与"名"相类，如"百年之内，有金名帝图，录字紫清，得传一人"（1/827c）、"自无玄名帝图，刻简来生，金骨玉髓，挺命合仙，不得参闻"（33/749b），"帝图"与"玄名"对举，乃成仙之肖像；若能将肖像登记于"帝籍"，则得道有期也。

记籍 4：记于簿籍。《词典》引清陈仪《题朱奕韩小照》。｜乞得告下司命，记籍长生，所向所愿，万物自成。（2/909b、6/625b）子得之者，位加仙公，北辰书名，南宫记籍。（5/880a）

结录 12：登记；记录。｜其人则骨结玉霜，气参神宫，丹台刻简，结录紫篇。（33/518c）有得其文，天王书名，刻字紫札，结录玉晨。（34/22a）思见二真为我记名于简之上，结录于青云之编。（34/64b、34/64c）上刺玄简，结录西音。（34/65a）

"录"在经文中可作名词，乃仙册，也可作行为词，表登记，我们可从其后是否有表登记处所的词语来区别。例中"结录"后还有"紫编、紫札、青云之编"等表仙册的词语，故我们认为"录"当行为词，"结录"即作登记讲。

列录 2：同"结录"。｜三元君各有千乘万骑，云车羽盖，常以内入紫宫，以登上清，列录元图，位为真人，飞行九霄。（4/548c）为千乘万骑，云车羽盖，常以内入紫宫，以登玉清，列录元图，伐胞保胎。三一养身，得为真人。（33/409a）

列编 1：登记；列入。｜子其慎罪，务为功德，名可上真，列编太极。（6/634b）

"列编太极"即登记到仙界。"编"有收列义，如《韩诗外传》卷二"夫嫁娶者非己所自亲也，卫女何以编于《诗》也"；"太极"指天宫、仙界。

录刊 3：登记；记载。｜愿得除某七世以来逮某身、无恩无德、不仁不孝、阴恶之罪，数千万计，皆令消灭，服食纳精，日以进益，飞登七元，录刊太玄，上列玉皇。（6/637a、6/551a、34/48c）

"太玄"即深奥的道法，"录刊太玄，上列玉皇"即登记道法，然后上报玉皇天神。上例中的"录刊"于33/793a作"刊录",为词形尚不固定的逆序词。

刊书4:记录;刊录。｜九节万灵,受录玉晨,刊书玉城。(2/902b、6/628b、20/549a、33/463c)

缕载1:逐条登载。｜幽关万徒,天理旁出,非复简札翰墨所能缕载,粗书千分之一。(6/746a)

疏记2:记录,记载。《词典》引《史记·匈奴列传》释为"分条记载"。｜近即疏记所梦,密呈。(20/592a)右七条并掾自疏记梦事。(20/599c)

"疏"在六朝有"记录"义(江蓝生,1988:182;蔡镜浩,1990:305),"疏记"当为同义连文,作"记录;记载"讲,六朝文献多见(蔡镜浩,1990:304)。

疏识(zhì)2:同"疏记"。｜灵尊万万,并会于寥阳之殿,共集议定天下万民之罪福,纪录学道求仙者之勤懈,疏识犯过日月、修行善恶、刑罚之科、生死之状。(6/633c)此自是旁听小君之言语耳,不令书之,为自疏识以示耳。(20/534c)

疏说2:记述;叙述。｜此乃为杨君所书者,当以其同姓,亦可杨权相问,因答其事而疏说之耳。(20/491b)此条重出而小异者,前所书是杨君自记九华降事,隐之不出。从此后是更疏说长史事,以示长史,故此一片两本也。(20/497c)

记契1:刻写记录。｜奏札上闻,记契玉庭。五岳三司,咸定我生。(33/499c)

"契"有雕刻义,"记契玉庭"即登记(姓名、肖像)至仙庭。

刻注2:刻写;登记。｜则罪籍灭落于九府,生录刻注于三清。(33/518b)有奏简三元、奉录青宫、一年七拣、列名上清者,皆刻注于玄图,得为太平之上真。(34/62c)

刻书60:刻写;记录①。｜若未得刻书隐文,亦可以雌黄书青碧上。(1/895b)自无玄图帝简,刻书丹文。(6/217b)皆刻书金简,结以紫篇。(33/518a)元始之初,金饼刻书其文。(34/13b)

刻定2:写定。｜至冬至之日日中,天真众仙皆诣方诸东华太宫,诣

---

① 《词典》引清赵翼《陔馀丛考·刻书书册》释有"刻版印书"义,当别为一词。

东海青童君，刻定众仙籍。(6/633b) 玄中刻定金书，得为高真，掌镇仙文。(34/383b)

刻题9：雕刻；刻写。| 昔上开元年九月一日，有青鸟衔其文，以玄授西王母，今刻题玄圃之上，玉童典香侍卫之。(1/901b) 封以云蕊之函，印以三光之章，以付西岳华阴山素石笥之内，又刻题笥上。(6/655c—656a，4次) 上生金银之树、琼柯丹宝之林……其树悉刻题三十六国音、诸天内文。(34/28b) 按此石户上刻题如此，前世必已有得之者也。(《抱朴子内篇·仙药》)

题勒1：铭刻；刻写。| 上圣哀愍，演述妙气，标写自然灵文，题勒修善要法。(33/583c) 《左传·襄公十九年》"而铭鲁功焉"洪亮吉诂引《字林》："铭，题勒也。"

标题4：题写；记录①。| 其后并众真杂说，标题有前后之异，犹是真诰之例，今人皆别呼宝神经。(20/538c) 六品放位，标题元精。玉音彻微，玄响朗琼。(34/12c) 又聪识过人，一闻必记，尝所暂遇，终身不忘。稠人广坐，每标题所忆，以示聪明，物议益以此推服之。(《金楼子·说蕃》)

标写1：撰述；撰写。《词典》引元无名氏《碧桃花》。| 上圣哀愍，演述妙气，标写自然灵文，题勒修善要法，佩之服之，存之诵之，施行如科，念念不息，不过九年，必升三清也。(33/583c)

铭镂1：镌刻；铭记。《词典》引唐康骈《剧谈录·浑令公李西平蓺朱泚云梯》，释为"在器物上镌刻文字或图案"。| 道业广被，幽显荷恩，蒙如所请，铭镂玄慈，干渎罔极。(33/823b)

镂写1：刻写。| 今之所得与者，同悉金玉简札，镂写秘藏，谙忆究解。(33/819a)

连条1：连缀记录。| 当以八节之日，送金镮一双、青缯九尺，以奉于经师，师得此信，当连条上学弟子郡县、乡里、姓名、年纪、生月于九尺青缯之上。(3/437b)

例中的"连条"是说将信徒的籍贯等个人信息连缀记录到缯帛之上。"连"有"连缀；串联"义；"条"有"逐一登录"义，如《汉书·丙吉

---

① 《词典》所释"标识于器物或字画上的题记文字；标明著作及其篇章的题目"（均引唐宋后例证）当别为词。

传》"于是上遣使者分条中都官诏狱系者，亡轻重皆杀之"。

　　缮书2：缮写；书写。｜九年，道未降，当缮书二通，如法登岳更祭天。(6/216b) 清斋云宫，宴景龙山，仍刻金简，缮书玄文，解其宿滞，演其灵音。(34/177b) 文姬曰："妾闻男女之别，礼不亲授。乞给纸笔，真草唯命。"于是缮书送之，文无遗误。(《后汉书·列女传·董祀妻》)

　　(二) 撰著删校

　　经文中还有一些表撰述删订、改写校理等义的词，一并归于此处讨论。

　　抄出15：抄写出世。｜小有王君抄出此符及威神内文之法，以制天地群灵，有一百言耳。(4/559c、33/572b) 凡辟鬼符，皆自宜尔，此书符法，本在救卒符后，今抄出与章事相随耳，非本次第也。(6/621c) 玄白事已重抄出，在第三篇修用中。(20/570a) 今故抄出，以示后学佩者习焉。(28/409c) 作金皆在神仙集中，淮南王抄出，以作鸿宝枕中书。(《抱朴子内篇·论仙》)

　　"出"在上清经中指"出世，在世间流传"(参杨立华，1999)，《真诰》陶弘景注对有些经典的流传情况有详细说明，多用"出世"，如"右一条出《丹景经》中卷"陶弘景注"此经未出世"(20/537c)、"右一条出《大洞精景经》上卷"陶弘景注"亦未出世，非三品目"(20/538a)。"抄出"乃抄写仙经出世流传义。

　　标出3：题写出世。｜今故标出三品篇目，以称扬三奇素灵妙经，可诫于后学，使勤尚之人，告慎于宝科也。(33/415c) 今故标出九真三品明科，自可授于后学应为真人者。(33/416a) 今故标出告盟之仪，谛传其人，慎勿轻泄。(33/485c)

　　演出2：推演传世。｜此既是天师所掌任，夫人又下教之限，故使演出示世，以训正一之官。(6/618c) 此太上真人契令，张天师演出于丹景经中。(33/543b)

　　"演"乃"推演；阐发"义，如《后汉书·孔融传》"融闻人之善，若出诸己，言有可采，必演而成之"；"演出"即推演传世，其义与其他传世文献中的"演变而出，演变而来"等意义不同。

　　撰出4：撰著传世。｜此道高妙而与三元同卷者，是苏君最末所行以得真卿，故紫阳撰出其事而载传后耳。(6/607b) 右上清紫素元君上真撰出真文。(33/634a) 九玄真仙命北牖入室弟子，撰出灵章，以付玉晨高

圣君。(33/782a、33/788a)

启撰1：撰述；创制。｜方诸东宫青童君启撰《后圣道君列纪》，以上呈圣君。(6/746a)

奉制1：制定；奉为敬词。《词典》释为"接受天子的命令"。｜于是二君对斋高天，奉制真文，记曰玉佩金珰太极金书。(1/896b)

落笔1：下笔。《词典》引唐李白《江上吟》。｜清谈动天，敷文曜日，落笔成章，序赞玄极。(33/612a)夫斫戈之法，落笔峨峨如长松之倚溪谷，似欲倒也，似百钧之弩初张。(《笔势论·处戈章第五》)

生造1：伪造；凭空造制。《词典》引清纪昀《阅微草堂笔记·姑妄听》。｜云篆明光之章，今所见神灵符书之字是也。尔乃见华季之世，生造乱真，共作巧末，趣径下书，皆流尸浊文淫僻之字。(20/493c)

下面的词语表集校、整理等意义。

录校1：辑录校订。｜道君以中皇元年九月一日于玉天琼房，金阙上宫，命东华青宫寻俯仰之格，录校古文，改定撰集灵篇，集为宝经三百卷。(1/890b)

科集2：征集。《词典》引《旧唐书·黄巢传》。｜玉帝命高上值真众仙君，科集宝目，合为众经，以紫笔缯文，金简为篇，皆出上皇玄古之道。(33/424a)是以太上道君命上清高仙、太极真人，科集品目，陈其次序，合为黄素四十四首。(34/73a)

治写5：删改誊写。｜道君曰：初学之俦，奉经治写，别室几案，晨夜香灯，供养存神。(33/468c)中宫二十四条。(《洞真太上太霄琅书》)原注："七条于世供养奉师投礼诀……八条受经、对斋、治写、传授、信物三分，不得游邀。"(33/654c)受道心定，治写经书，便办法物，勿使有亏，不得假借，牵挽一时。(33/662a)

写治2：同"治写"。｜先者为镇，供养而已；今所写治，精加校定。(2/865b、33/668b)

拘省1：改写；删订(字形)。｜其后逮二皇之世，演八会之文，为龙凤之章，拘省云篆之迹，以为顺形梵书，分破二道，壤真从易，配别本支。(20/493b)

"拘"乃约束、限制义，"拘省"即改写"云篆"字形。

染剪2：按照所染的印记剪除。｜洗治一纸，不过三处，简素一纸，亦不过三过，三皆易火，净所误连，染剪齐首，轴带袯囊，蕴巾帊厨箱，

令坚完净而已。(2/865b、33/668b)

贴拭 2：贴补擦拭。∣不得增损天文，破坏道经，贴拭字体，亏忽灵文。(33/655b，"拭"于 3/420c 作"式")

增减 2：改动。∣或虚解诈知，喷嚆误众，破坏文句，增减篇章，妄造邪议。(2/867c) 道学不得笑人顽暗贫穷，道学不得以意增减经戒。(33/671a、33/800a)

儳益 2：错增，误增。∣体（已）（陶弘景注：此一字后人儳益）标高运。(20/526c)（卿）（自）（陶弘景注：此二字后人儳益，非真）更量之。(20/533b)

儳黵 2：乱涂；错杂涂掉。∣右五条杨书，又掾写杨书，北帝祝是口授时书，极多儳黵改易。(20/548c) 又按杨书中有草行多儳黵者，皆是受旨时书。(20/602b)

"黵"指用笔墨涂掉文字，如南朝齐王琰《冥祥记·袁廓》"主人就案上取一卷文书拘黵之"、"此一字被墨浓黵，不复可识"(20/491a)。

黵除 2：涂抹掉。∣郗（厶）（陶弘景注：黵除此名，不可识）与殷武姬被考。(20/534b)

篆画 1：用篆书画符。∣上清豁落七元符：右此一条，篆画自佩，本以日月五星为七元，其外复六符，应是消魔经中符。(6/375b)

道徒将符录用篆书画成字符，然后佩身，故名"篆画"。

郭 5：用墨涂画字符的四周。∣书符之法，先以青墨郭外四周，乃以丹书符文于内，若无青墨，丹亦可用。(6/621c) 又以雌黄书碧缯，长三尺，广一尺二寸，可都方圆一尺二寸也。以朱四郭其外，并以丹锦绿厕其里，带于腰中之右面也。(4/560b、33/570c) 经正起隐居手尔。亦不必皆须郭填，但一笔就画，势力殆不异真。至于符无大小，故宜皆应郭填也。(20/606a) 下以次计一寸三字，朱分，书阑头，各出五分，以朱郭周阑中，九寸二十七字为则。(33/823c)

从用例可以看出，"郭"为行为词，乃"用墨涂画字符的四周"义。"郭"可指物体的外框、周边，在经文中用作动词，是对那些神秘符录、字符进行处理的一种书画手段。

（三）梳洗打扮

注意清洁卫生、按道教科仪着装是道徒生活起居的重要内容，这些内容极富生活气息，口语性较强，是语言研究难得的资料。

洗荡4：洗涤；消灭。《词典》引隋江总《钟铭》。｜或饮食余气，不可以启对真灵，故宜洗荡盥漱也。(6/625c)

"荡"有洗涤义（《词典》引《西游记》），早见于汉代，如《汉书·元后传》"且羌胡尚杀首子以荡肠正世"颜师古曰："荡，洗涤也。"经文中也多见：灵风迅其躯，回香荡其尘。(1/887a) 神火散景，荡秽炼烟。(2/902a) 荡秽清炼。(18/724c、20/550a) "洗荡"还引申出"清除；消灭"义。

上告万神，记别我名。洗荡千妖，后升玉清。(28/408b) 断绝恶根，积衅累愆，悉蒙洗荡，辅导信心，开通善路。(33/826c) 年十八九，少知砥砺，习若自然，卒难洗荡。(《颜氏家训·序致》)

荡洗1：同"洗荡"。｜仰餐玄润，芳华来臻，宫宅开张，荡洗器尘。(33/478b)

洗澡10：用水洗除身上污垢。《词典》引唐于鹄《过凌霄洞天谒张先生祠》。｜若履淹秽及诸不净处，当洗澡浴盥，解形以除之。(2/903b、6/630a、20/541b、33/465b、33/796b) 临食上勿道死事，洗澡时常存六丁。(20/540c)

其逆序词"澡洗"也见于稍早的《山海经》郭璞注（例略）。上引后两例中的"洗澡"分别于6/611b、33/465c即作"澡洗"。可能一开始就并存有"澡洗"与"洗澡"，后来由于"洗澡"在语音上更符合汉语双音节词的调序排列，逐渐战胜"澡洗"而留存下来。

澡洁3：洗浴；洗涤。｜当数洗沐澡洁，不尔无冀。(2/903c、20/547c、20/581c)

浴盥5：同"洗澡"。｜太上九变十化易新经曰：若履淹秽及诸不净处，当洗澡浴盥，解形以除之。(2/903b、6/630a、33/465b、20/541b、33/796b)

瀚浴1：同"洗澡"。｜毕，服符，止。行此道，慎殃秽，若犯此禁，当以真朱一铢，投水中以自瀚浴，然后行事。(33/482a)

浣洗1：洗浴；洗涤。｜常能数以浣洗，则神明洞达，九年自仙也。(33/808a)

盥沐1：沐浴；洗涤。《词典》引宋郭彖《睽车志》。｜诀曰：前中秋斋戒盥沐，中秋之夕，新衣冠。(20/11b)

盥澡1：洗浴。《词典》引清李渔《奈何天·伙醋》。｜先盥澡束带，

刷头理发，裙褐整净，巾履齐洁，两手执笏。(6/619b)

盥洁 1：清洗；洗净。｜书符当盥洁，乃后就事，向月建闭气书之。(6/621c)

洗刷 1：冲洗。《词典》引唐白居易《双石》。｜沐者，既以浴竟，复宜依常法沐头，非用此水以沐也。若沐竟，以此水少少洗刷，亦当无嫌。(6/612b)

漱濯 2：洗涤。《词典》引唐李华《隐者赞·严子陵》。｜遂肥遯长林，栖景名山。咀嚼和气，漱濯清川。(20/500a) 游观奇山峙，漱濯沧流清。遥观蓬莱间，巚巚冲霄冥。(20/591a)

濯漱 1：同"漱濯"。《词典》引宋苏辙《题王诜都尉画山水横卷》。｜偃宴太帝馆，敖曹阿母庭。濯漱碧濑波，提契玉醴瓮。(33/528c)

濯浣 1：洗涤。《词典》引唐刘恂《岭表录异》。｜是以濯浣身神，投命玄极，竭其归仰之丹心。(33/825b)

洗净 1：洗除；洗干净。｜观星之时，洗净身气，垢则沐浴，秽则易衣。(33/827c) 以热汤数斗著瓮中，涤荡疏洗之，泻却；满盛冷水。数日，便中用。用时更洗净，日曝令干。(《齐民要术》卷七)

洁明 1：洗干净。｜所以导引神津，通彻灵源，保固紫房，洁明泥丸，摄养太一。(33/382a)

洗泽 1：清洗。《词典》引南唐刘崇远《金华子杂编》。｜先多尘浊，当以汤水，洗泽去垢，取令光明而无滓者，可用也。(34/43b)

洗拭 2：清洗擦拭。｜笔砚纸笔，不可杂施，谬有触犯，便即易除，经文漏误，洗拭精洁。(33/690a) 一者经箱，法用柽柏，在所或无，听用桐梓……新净完密，洗拭盛经，登涉须轻，竹笈可用。(33/686b)

洁洗 1：洗干净。｜成治术一斛，清水洁洗令盛，迄，乃细捣为屑。(20/546b)

洗面 2：洗脸。《词典》引《西游记》。｜欲得延年，当洗面精心，日出二丈，正面向之。(6/617a、20/520a) 小儿面黑皱者，夜烧梨令熟，以糠汤洗面讫，以暖梨汁涂之，令不皱。赤蓬染布，嚼以涂面，亦不皱也。(《齐民要术》卷五)

洗治 3：清洗补正。｜起经弃图象误，许洗治一纸，不过三处。(2/865b、33/668b) 凡表体，以黄素，长一尺，广二尺……有余，长短悉空之，勿拭汰，勿佳，觊误，得洗治，三字之外，并都易去，依净经法，更

新洁分明书也。(33/823c)

"治"乃整治,此处指对纸张文字进行处理纠正,"洗治"即对清洗补正义。

栉理1:梳理(头发)。丨顺发摩项,若栉理之无数也。(33/462a)

例中"栉理"在6/610c、6/626c、20/537c、33/794c均作"理栉",同表梳理头发。《词典》引宋叶适《宝谟阁待制中书舍人陈公墓志铭》所释"整理、整顿"义,当是"梳理(头发)"义的引申。

理栉8:同"栉理"。丨毕,又顺手摩发,如理栉之状,两肾亦更以手摩之,使发不白,脉不浮外。(6/610b、6/626c、20/537c、33/794c)

梳洗2:梳头洗脸;妆扮。《词典》引唐白居易《和梦游春诗一百韵》。丨平旦起,未梳洗前,峻坐。(18/483a)旦欲梳洗时。(18/483a)

洗梳1:同"梳洗"。丨凡平旦,欲得食迄,然后洗梳也。(34/469b)父母以香汤洗浴,以油涂身洗梳头发。(齐僧伽跋陀罗《善见律毗婆沙》卷六)

沐栉1:沐浴梳头[①]。丨择取东井之水、香药,合和为汤,沐栉传香。(33/493a)

髻1:扎发髻。丨凡道士理发将髻及沐头,将散发之时,先啄齿七通,乃祝曰……毕,乃髻之竟,又叩齿七通,都毕。(6/662a、34/77b)

"髻"在经文中为行为词,乃扎发髻,但仅见此一例,看成名词临时活用为动词也可。

整束3:整理收拾。《词典》引《水浒传》。丨有修斋戒,整束法服,诵经精思,不犯天科。(1/889c)每以本命之日及修行众经之时,皆先烧香左右,整束法服,入室平坐,冥目阴咒。(33/413c)

整拭1:整理擦拭。丨初进则未入户限而漱,后退则未出户限漱矣。此各云每出入者,谓每应入静关奏朝拜时耳,若是洒扫整拭者,唯初入漱口耳。(6/625c)

理护1:整理;护理。丨除治尔床席,左右令洁静,理护衣被者,使有常人。(20/532b)

盛扫1:清扫干净。丨盛扫香火,恭奉神明,有犯辄悔,明灯中庭。

[①] 经文用的是字面义,与《词典》所释的"形容饱经风雨,劳苦奔波"的"沐雨栉风"不同。

(33/658a)

如前所述,"盛"有净义,"盛扫"即洒扫义,上例中的"盛扫香火"于3/443a即作"洒扫烧香"。

(四)按摩、扭动等养生保健行为

道教宣扬长生成仙,养生保健很自然就被看作道徒修行的功课,上清经中这方面的内容口语性较强。

搓1:揉擦。《词典》引唐戴叔伦《赋得长亭柳》。|梳迄,以盐花及生麻油搓头顶上,弥佳,如有神明膏搓之。(18/483a)

捺2:用手向下按。《词典》引唐张𬸦《朝野金载·高崔嵬》。|两手捺肶左右,挸身各二十遍。两手按肶左右,纽肩亦二十遍。(34/472a)左手捺脚,耸上至下直脚三遍。左手捺脚,亦尔,前却抑足三遍。(34/472b)

扭/纽/杻7:扭动。|两手反叉,上下扭肘无数。(34/472a)两手按肶左右,纽肩亦二十遍。两手抱头左右,纽身二十过。(34/472a)两手相捉,纽挸如洗手法。(34/471c)摩杻指三过,两手及摇三过。(34/472a)虎据左右,杻肩三遍。(34/472b)杻腰三遍。拔内脊外脊各三过。(34/472b)左挸右挸足三遍,前挸却挸三遍,直脚三遍。杻肶三遍,内外振脚三遍,若有脚冷者,打热便休。杻肶,以意多少,顿肚三遍。(34/472b)

从文献中的使用情况看,"扭"、"纽"、"杻"三字出现环境相同,均为"扭动"义,当为同词异形。各辞书都认为"扭"、"纽"的"扭转"义出现于元代①;"杻"有"扭(niǔ)"音(木名),故也当同"扭、纽",各辞书不曾言及。据笔者调查,上三字的"扭转"义同期及唐代均无旁证,极易被视为孤例而弃置。但以上诸例均出现于《太清道林摄生论》,任继愈、胡孚琛、丁培仁等学者的相关考证成果都认为其成书于东晋,朱越利(1986)则认为该书乃东晋道士道林所撰之残卷。除非后人改动,以上诸例有较强说服力。我们可推测,入朝时已产生"扭(niǔ音)转"这个词,但词形尚不固定,先借用现成的"纽、杻",后由于"扭转"主要是手的行为,改换形旁,写成"扭"字,但该字一直到元代

---

① 《词典》于"扭"的"翻转;掉转"义下引元马致远《黄粱梦》;于"纽"下引元高安道《哨遍·嗓淡行院》套曲。

才通行。

按捻1：按摩；按压。| 诵玉经，先以左手按捻鼻间人中（笔者按：指人中穴），次诵经。(1/520b)

雷摩1：揩摸；按摩。| 又法，摩两手令热，雷摩身体，从上至下，名曰干浴。(18/482c)

"雷"当通"擂"，《乐府诗集·横吹曲辞五·梁巨鹿公主歌辞》"官家出游雷大鼓，细乘犊车开后户"即作"雷"，"擂摩"即揩摸。

摩搦1：按压；按摩。| 从平旦至日中，乃跪坐拭目，摩搦身体，舐唇咽唾，服气数十。(18/481b)

"搦"有按压义，如《史记·扁鹊仓公列传》"因五藏之输，乃割皮解肌，诀脉结筋，搦髓脑，揲荒爪幕，湔浣肠胃，漱涤五藏，练精易形"。

摩治2：抚摸治理；摩是治的方式。| 鼻为面之岳山，内景所谓天中之岳……用手按抑上下，摩治无数。(6/611a) 壁墙泥令一尺厚，好摩治之。(20/597a)

摩切8：摩擦。《词典》释有"切磋琢磨；规劝"等义。| 谓先摩切两掌令热，乃以拭面，又顺发向结，两手互摩之。(2/903a、6/610b) 以两手掌相摩切，令小热。(6/626a、20/540b、33/462a)

"切"有摩擦、接触义，《文选·马融〈长笛赋〉》"啾咋嘈啐，似华羽兮，绞灼激以转切"李善注："切，犹磨切也。"

按捼2：按揉。《词典》引清曹庭栋《老老恒言·杂器》。| 面向午，展两手于膝上，徐徐按捼支节，口吐浊气，鼻引清气。(34/472c) 小有不好，即须按摩按捼，令百节通利，泄其邪气也。(34/474a)

抚抑1：按压。《词典》引明冯梦龙《古今谭概·荒唐·异蝇》。| 旦食之饮胀大，先正腹，卧，伸手足极，胀腹，以口长出气，呼其神名，以手二寸下抚抑之，有顷辄愈矣。(2/872a)

砺护1：磨治；砥砺。| 白石英精白无有廉崿者五枚，先于磨石上砺护，使正圆如雀卵之小小者，好莹治，令如珠状，勿令有砺石之余迹也。(33/398c)

（五）驾驶

神仙出游或信徒道成升仙，须驾乘神具，上清经中对这些"云车羽盖"极尽渲染之能事；为方便理解文献中表"驾驶"及后述"飞行、升仙"等词语，这里对这些交通工具作一概括。这些神具主要体现在以下四方面：一为神车或神具，如舆、盖、轿、辇、辕、轮、车、素、刚、素飙、飞轿、飞轩、天纲、流铃、徘徊玉辇、太霄琼轮。二为星辰精气，如景、晨、琼、云、霞、烟、光、霄、风、气、芒、华、精、曜、星、日、斗、月光。三取天空"虚冥"的特点，如浮、虚、空、玄、冥、幽、无。四为神兽，如：飙、凤、鹄、龟、龙、凤凰、师子、青龙、白虎、飞龙、青鸟、太山灵兽。这些交通工具都与"云雾"有关，神兽也是人们根据云雾的特点想象出来的，所以一般的神仙模样即是腾云驾雾的。在了解这一相关知识后，我们再来看经文中表"驾驶"的词语。

骖/参乘 7：驾驶；驾乘。｜飞轮北丘，解带华圆，西母命辔，骖乘龟山。（33/599b、33/789b）骖乘飞景，上宴琼轩。（34/56b）骖乘绛云、阳遂九轿。上奔日宫，与帝合灵。（6/700c、34/40a，"骖"于34/52c、34/110c作"参"）九和百会，参乘法轮。（33/770c）参乘太一，同升帝轩。（33/771b）

"骖"与"参"同，《词典》列有"参乘"与"骖乘"两词目，均释为"陪乘或陪乘的人"。"骖/参乘"在经文中乃"驾驶；乘坐"义，34/56a"得乘飞景，俱升帝庭"中的"乘"于p.2728①即作"参乘"，其行为义当是名物义的引申。

骖/参御 4：驾驶；驾驭。《词典》释为"陪乘或陪乘的人"。｜乘空驾虚，参御飞轿。（1/828c）当参御日月之精，以炼五胎之神。（1/903c）得乘八景，骖御飞轿。（33/448c，"骖"于33/437a作"参"）

策驾 7：驾驶；乘坐。｜使我飞仙，策驾云轿。（2/165a）徒有玄名帝录，超卓高腾，正可得策驾云龙，游盼五岳，但不死而已。（6/668b）三年当得策驾玄虚，上升太清。（3/426a、33/655c）步空躡虚，策驾青烟。（34/106a）

"策驾"后接交通工具，当为驾驶义。"驾"有驾驶义；"策"原为鞭棒等驾驭马乘的工具，后引申出驾驭义，经文中用例甚多：策舆乘云。（1/519b、33/751a）得策飞轿，游宴五岳。（3/417a）策龙驾紫烟。（1/532a、33/754b）

乘策 1：驾驶。｜目招灵晖，心披五云。乘策八景，飞入帝晨。（34/

---

① 李德范辑：《敦煌道藏》第四册，第1986页。

181b)

"八景"也指交通工具（或认为日月星加金木水火土；或八种云气），如：得乘八景，骖御飞軿。（33/448c）降致八景舆，策龙驾紫烟。（1/532a、33/754b）十八年，得乘八景云舆，飞行上清也。（1/900b）"乘策"乃并列复合词，也作驾驶讲。《词典》引《后汉书·逸民传·梁鸿》"欲乘策兮纵迈，疾吾俗兮作逸"例，释为"骑马"，未妥，"策"可指马鞭，但却不见其指"马"的用例，释为"骑马"略显牵强，该例也当释为"驾驶"为妥。

控乘 1：控制驾驶。丨丹田中有上元真一帝君，帝君之卿，合三人，共治丹田宫，守三元真一之道是也。此地真之要路，控乘龙车之经也。（33/405a）

骋驾 1：快速驾驶车乘。丨协三光以通真，运五晨以骋驾，策飞龙以御轮，上登三素之宫。（33/431a）养光神庭，丹皇栖憩，云拘守虚，仙王骋驾。（33/636b）

"骋"有奔驰义，如《诗·小雅·节南山》"我瞻四方，蹙蹙靡所骋"，在"骋驾"词中用作使动，表使车驾迅驰。

络/落/洛 23：驾驶。"络"为本字。丨乘虚络烟，上造紫辕。（33/426c）络玄象于日月，运七气于斗星。（33/544c）参晨络玄纪，万真咸总归。（33/546a）乘霞络晨，上谒三元。（33/548a）乘云驾浮，络景八烟。（34/181c）

"络"与"乘"对举，其后为云雾，"乘虚络烟"即腾云驾雾，故"络"也当作驾驶讲。"络"原为缠丝，后引申有"用网状物兜住马头"义，如《玉台新咏·日出东南隅行》"青丝系马尾，黄金络马头"，兜住马头即方便驾驶，遂又引申出驾驶义。

"络"在经文中与"落"相通[①]，表驾驶义的"落"如：

落景乘八烟，总统轮空洞。朝游西台馆，夕憩扶桑宫。[②]（1/891c）得策飞軿，游宴五岳，乘虚落烟。（3/417a）落凤控六龙，策景五岳阿。（20/504b）紫黄素灵，二素高真，乘空落景，啸风命烟，游回玉清，洞

[①] 如：1/887a"飞霄回轮，乘空络烟，神凤挺誉，灵妃导仙"句中的"络烟"于2/863b作"落烟"；33/426b"乘云驾浮，落景八烟"中的"落景"于34/181c也作"络景"；33/576c"参落七元"中的"落"于33/557c也作"络"。

[②] 此句后面又跟"朝……夕……"句，故"落景"显然不作"夕阳"讲。

观紫天。(33/484c)乘空飞腾,落景龙轩。游盻无方,玄登五晨。(34/11b)

"络"还可写作"洛"。如"其辞幽远,非始学凡夫所可意通,自非大帝下降,坐致琼轩,参晨乘云驾浮,洛景紫天,不得谙究此铭"(33/764c)。

"落景"本为"动+宾",个别用例中"落景"还可跟地点宾语,其意义也由"驾乘日月"变为"游览"。如"敖浪玉国之墟,执抗元皇之策,落景九域之丘,逍遥流盻"(33/423b)。

参络/落 7:驾驶。"落"通"络"。|高上之音,运于天地,参络三晨,左回右转。(33/545a)威制极天之魔,召摄五方神灵,上应五晨,参络七元。(33/557c,"络"于33/576c作"落")出空入玄,上黄下青。历运回晨,参络朱轩。洞游高虚,回映我庭。(34/180c)

匡络/落 3:驾驶;统领。"落"通"络"。|流云二色,曜真霄庭,玉皇回辔,匡络紫琼。(33/485a)匡落紫霄,迅御八烟。回停玉辇,下降我身。(p.2728①,"匡落"于34/57b作"弘络",当误)

驾驶即是对所驾对象的掌控,"匡络"又引申有统领义。

静与天地合契,动与七景齐晖,匡落九玄(笔者按:指众仙),握节灵机,领括万度,亿津总归。(33/565a)阴阳否而不亏,履亿劫而方鲜,匡络于众妙,威制于群灵。(34/8a)("匡络"与"威制"相对为文)

匡御 5:驾乘;控制。《词典》引前蜀杜光庭《太子为皇帝醮太一及点金录灯词》,释为"匡正控制"。|浮游太空,匡御飞轩。上享无极,亿劫兆龄。(33/425c)第五之变,当化身为龙,匡御五星,炼易形容,乘云宴景,上登玄宫。(33/549c)右侍太丹玉女,左卫赤圭灵童,常集霍山之兽,匡御九色凤皇。(34/227c)

例中"匡御"乃驾乘义。"驾乘"是对车辆的控制,与前述"匡络"一样,当受事变为神仙、天地等时,"匡御"也引申出"匡正控制"义。

其道高妙,众经之尊,总统万真,匡御群仙,玄符流映,洞明紫晨。(34/54a)子方当匡御劫运,封掌十天,科简玄录,理判神仙。(6/668b)以纲维玉虚,制命九天,匡御威神,召真检灵。(6/668b、33/761c)澄以为乱自京都起,非复一州所能匡御。(《晋书·郭舒传》)

---

① 李德范辑:《敦煌道藏》第四册,第1990页。

第二章　有生行为词（一）　　99

驾络 1：驾驶；驾乘。｜人人往者，皆得掇玄华而揖玉腴，对天仙而散想也。将必相与把臂太虚，驾络庆云矣，未审子当刀赴此二日暂游山泽不？（20/510b）

驾命 3：驾驶；控制。｜五年成真人，十一年得乘云车羽盖，驾命群龙，上奔日宫。（34/110c）皆乘云车羽盖，驾命群龙而上升皇天紫庭也。（6/699a、34/303c）

控景 5：驾乘日月；游览。｜控景始晖津，飞飙登上清。（20/511c）仰咽金浆，咀嚼玉蕤者，立便控景登空，玄升太微也。（20/515a）控景大霞宫，齐轮九天庭。（34/295a）

控辔 1：驾乘车驾；游览。｜飞轮高晨台，控辔玄垄隅。手携紫皇袂，倏欸八风驱。（20/508a）

"控辔"与"飞轮"同为动宾结构，后再接地点宾语，意义为"游览"。

乘御 1：驱使，役使。《词典》引《旧唐书·魏玄同传》。｜带月衔日，乘御青鸟，在青光之中，下降兆身。（1/897c）

运策 5：驾驶；控制。｜运策八气，回转五辰，坐命万灵，役御群仙。（33/569b、33/762a）

"运策"为同义连文。"运"有"行驶"义，《楚辞·九章·哀郢》"将运舟而下浮兮，上洞庭而下江"姜亮夫校注："运，运之使行也。" "运策八气"即驾驶八气。与"匡络、匡御"一样，"运策"也可作总领讲。

群魔灭试，仙官降形，运策六甲（按：指六甲神），制御天丁。（33/518b）伯乐乘元，运策天魔，调更绝种，灭形九罗。（33/565c）

整控 3：驾控。｜宣曜宝太晖，飙眇跃景敷。整控启素乡，河灵已前躯。（20/589c、33/602c）偶景策飞盖，迅辔浮八清。整控启丹衢，流眄宴云营。（33/749a）

回运 1：往返驾驶。｜又未得受七星移度之纽关，历御二十八宿，回运日月二光，把五晨以兼用，解离合丁寝房。（33/449c）

回停 2：停止；停住。｜此章契络十天，回停三晨，万魔伏窜，千妖丧形，诵之万遍，白日升天。（33/547b）弘络紫霄，迅御八烟。回停玉辇，下降我身。（34/57b）

游 6：驾驶。见第 298 页。

飞 13：见第 299 页。

辔 15：驾驶；驾乘。见第 303 页。

飚 7：驾驶；游览。见第 302 页。

戏 3：愉悦地驾驶；逍遥。见第 301 页。

浮 12：轻松自如地驾驶；漫游。见第 300 页。

逸 6：飘逸洒脱地驾驶；潇洒遨游。见第 302 页。

迅 13：快速地驾驶。见第 303 页。

迅御 1：见第 304 页。

迅辔 2：见第 304 页。

飞迅 2：见第 304 页。

戏参 1：驾驶。见第 301 页。

骖宴 1：驾驶；"宴"义虚化。见第 318 页。

回宴 1：回转；掉头。"宴"义虚化。见第 318 页。

宴驾 3：驾乘（车骑）。见第 318 页。

（六）握持、振摇等行为

㩴 1：拉扯。《词典》引元无名氏《争报恩》。｜或争钱财，奴婢田宅，更相㩴打，披头散发，触忤北君。(33/677b)

拄 1：手持棍棒等顶住地面以支持身体。《词典》引唐白居易《游悟真寺》。｜忽见一人，著皮裤练褶，拄桃枝杖，逢季道，季道不觉之。(20/519a) 鲁少千者，山阳人也。汉文帝尝微服怀金过之，欲问其道。少千拄金杖，执象牙扇，出应门。(《搜神记》卷一)

仗 10：执，拿着。《词典》引《水浒传》。｜八风扬轮，金仙秉钺，五帝仗幡。(1/896b) 司命卫真，五神仗钺，公子守阙。(33/637b) 大师仗幡，罗骑亿千，检魔摄邪，檄落万灵。(33/748c) 仗幡摄万魔，琼文检北丰。(33/750b) 天丁前驱，五老仗幡。(34/177c)

"仗"行为义的产生可能与"杖"有关。"仗"、"杖"同源（王力，1982：328），二者在"兵器；仪仗"等义位上相通，而"杖"在先秦即有"执，拿着"义，如《书·牧誓》"王左杖黄钺，右秉白旄以麾"，"仗"遂相因而生"拿着"义。

执把 2：拿着。《词典》引《元典章·兵部五·围猎》。｜栖心明霞之境，敖浪玉国之墟，执把元皇之策，策落九域之丘，逍遥流昞，遂经累劫方还，清斋云房之间。(34/294b，"把"于 33/423b 作"抗")

抗御 2：握持；掌控。《词典》释为"抵抗；防御"。｜柳星张翼，抗御四乡，轸总七宿，回转天常。(2/856c) 栖心霄霞之境，炼容洞波之滨，独秉灵符之节，抗御玄降之章。(33/430c)

例中的"抗御"乃"握持；控制"义。"抗"有"支撑"义，如《仪礼·既夕礼》"甸人抗重出自道，道左倚之"郑玄注："抗，举也。""举"这一动作须握持，故引申有握持义。首例柳星"抗御四乡"指柳星总领四方，次例"抗御"与"独秉"对举，意义较为具体。

握固 2：握持。｜黄阙金室，中有大神，握固流铃，首建华冠。(33/535c) 微乎幽翰，洞起无生，空逸启旌，握固神庭。(34/148b)

该义乃"屈指成拳"义的引申，后者早见于《老子》第五十五章"骨弱筋柔而握固"，该词后被道教吸用，是修行时的重要行为（在经文中出现达 50 次），18/481b"握固法，曲大拇指于四小指下把之"是对这一动作的详述。

捻香 4：持香礼拜。《词典》引《敦煌曲子词·苏莫遮》。｜毕，先近右足，入户三捻香，扣齿三通。(1/513b) 明灯捻香。(3/439b) 左手三捻香，多烧之。(6/619b) 次长跪案前三捻香。(34/143c)

掷 14：振摇。《词典》引宋苏轼《晓至巴河口迎子由》。｜内存玄丹宫太一真君以流火之铃，焕而掷之。(2/900a、2/908a、6/663c、33/405c) 虎戏者，四肢距地，前三掷，却三掷，长引腰侧。(18/483b) 灵童掷流金，太微启壁案。(20/509b) 左振流铃，右掷七元。(1/519b、33/750c) 左掷则为流金火铃，右振则冠豁落七元。(33/556b)

焕掷 10：振摇使发光。｜七神秉钺，天锋右征。挥剑前驱，焕掷火铃。檄命甲驺，武卒天丁。(6/663a、33/768c) 身佩七元，流金火铃。焕掷无方，极天郁冥。(33/558b、33/577b) 太玄落景，七神卫庭，黄真曜符，焕掷火铃。(33/573a、34/101c)

交掷 6：交互振摇。｜鸣铃交掷，流焕九天。(1/515c、34/77b) 流铃交掷，豁落开张。金仙执幡，西华散香。(33/546c) 流金交掷，豁落火铃，啸命立到，驱策神兵。(33/497a) 曲晨欻举，流铃交掷，月明彻响，琼轩表真。(33/603b) 流铃八冲，豁落交掷，山岳摧崩。(33/767a)

擎持 4：上举；佛教中的一种庄严姿势。见第 279 页。

擎执：同上。见第 281 页。

（七）捣拌、烹煮等行为

合捣 2：混合捣拌。｜合七物，合捣，下细筛，和以百日酨醴，更捣三万杵，若泥淖者，更加赤石脂。（4/555a）合捣服之如后法也。（6/621a）赤石脂一斤……凝水石一斤，皆合捣细筛，以酢和，涂之小筒中，厚二分。（《抱朴子内篇·黄白》）

捣合 1：同"合捣"。｜用平旦时，入静北向，再拜服之，垂死者皆活，勿令人知捣合之时也。（6/621a）

捣和 1：同"合捣"。｜若病者能自捣和，为佳。（6/621a）

和捣 1：同"合捣"。｜但治泥当使极细，至精节适，和捣用心，有过于九转之釜液。（4/555b）

治捣 1：舂捣；捣碎。｜当先作六一泥，土釜二枚，用东海左顾牡砺戎盐赤石脂黄丹滑石蚓蝼土六分，皆等合治捣，细筛，和以百日米醋。（33/561c）蜥蜴或名蝘蜓，以器养之，食以朱砂，体尽赤。所食满七斤，治捣万杵，点女人肢体，终身不灭。（张华《博物志》卷四）熟出药，曝干，更治捣之令细，筛。（《云笈七签·方药部一》"灵飞散方"）①

其逆序词"捣治"也见于经书，如"作泥法，用东海左顾、牡蛎、戎盐、黄丹、滑石、赤石脂、蚓蝼黄土，凡六物，皆令分等捣治，下细绢篋，和以白日苦酒"（34/42a）。"捣治"早在东汉即见。但"治"在传世文献没有捣、击的意义（"治"的"整治；修治"义不能引申出该义），各大辞书也不曾有释，《词典》在"捣治"下引宋何薳《春渚纪闻·铜雀台瓦》例，释为"进行舂捣"，也未说明"治"为何能与"捣"组合成词。"治"可能为"冶"之讹，20 世纪 70 年代初在甘肃武威旱滩坡出土的东汉墓医方木简，以及湖南长沙马王堆汉墓出土的医方帛书里，多次出现了"冶"这个词，从具体上下文来看，"冶"的意思是指对药物的处理。后来，研究者通过对马王堆医书帛书和《素问·缪刺论》中有关"治"及"冶"字例句的对比，结合 1985 年日本出版的《新发现中国科学史资料的研究·译注篇》中的《五十二病方》的注释及新发现的"冶"字的日文注释，明确认为这些文献中的"治"当为"冶"之误，"冶"在古代有捣碎义，是已消亡的一个古义（参王宁，2004：220）。经文中二词出现的语境也是对药物的处理，若依上论，则经文中的"治捣、捣治"均当作"冶捣、捣冶"。

---

① 李永晟点校：《云笈七签》（四），第 1691 页。

拌1：搅和；调匀。《词典》引明马愈《马氏日抄·回回香料》。｜青童君辟谷方，犹宜此道，鸡头一石，溧去殻，以青木香根五两煎清泉一石，渍之三伏时，入茯苓粉十两，拌匀。（20/12b）擘破饭块，以曲拌之，必令均调。（《齐民要术》卷八）

搅和1：搅拌调和。《词典》引唐方干《袁明府以家醞寄余余以山梅答赠》。｜又内釜中煎之，当数搅和之，以盖盖釜上，合药。（34/44b）其坎成，取美粪一升，合坎中土搅和，以内坎中，临种沃之。（《齐民要术》卷二）

煎炼1：烧炼；炼制。｜仙人唯知飞丹召霜，煎炼云朱（笔者按：丹药），水玉解金，九炉炎霄，勤苦极于营赡，司候足于劬劳，就有成者，不过升身上天。（6/649a）

煎搅1：熬煮搅拌。｜大枣四斗，去核乃捣，令和合清酒五斗，会于铜器中，煎搅使成饵状。（20/546b）

烂煮1：谓煮至熟烂。《词典》引五代李梦符《渔夫引》。｜食生肉伤胃，一切肉，唯须烂煮，停，冷食之。（34/470a）先以酸泔清洗净，然后烂煮猪蹄，取汁，及热洗之，差。（《齐民要术》卷六）

（八）射杀、提携、安置等行为

行凶2：指打人或杀人。《词典》引《水浒传》。｜凡学者受上清宝经，三洞秘文，而心怀贼害，手行暴虐，杀生行凶，功掠奸宄……一犯至五，听得罚信，谢责九阴。（33/418c、33/659b）宗云："中丞何得行凶，敢录令公人。凡是中丞收捕，威仪悉皆缚取。"（《宋书·孔琳之传》）

震击1：震动击打。《词典》引洪深《戏剧导演的初步知识》。｜八者惊恐，谓官家威势，水火刀兵，风雷震击，恶禽猛兽，魍魉邪精，奄来迫迮，恐怖不宁，魂神号丧，便至亡殒。（28/411a）或泛舟垫江，或飞旃剑道，腹背飙腾，表里震击。（《南齐书·氐阳氏传》）

摆并1：杀戮；火并。｜郗回父无辜戮人数百口，取其财宝，殃考深重，怨主恒讼诉天曹。早已申对。（《真诰》卷八）陶弘景注："郗回父鉴，清俭有志行，不应杀掠如此。或是初过江时摆并所致，不尔则在京时杀贼有滥也。"（20/533c）

该词为近义复合词。"摆"于六朝有打击义，如《太平广记》卷一三一引《述异记》"南野人伍寺之，见社树上有猴怀孕，便登树摆杀之"（转引自蔡镜浩，1990：11）；"并"当即后时火并之并，同期文献也有

"并命"（蔡镜浩，1990：20；方一新、王云路，1992：40）表一起死亡的用法。

截破 1：用刀等锋利物分开。｜当破镮割绳，乃得传之，节度如左，紫金为镮，镮径一寸，截破一镮，分为两半，经师及弟子当各带一半，终身佩之。(34/151a)

剉切 1：铡切；切除。｜剉切菖蒲，捣为散，以温和五脏，补耳目不足，塞诸腠理美华色。(34/45c)

"剉"有"铡切；斩剁"义，如汉赵晔《吴越春秋·勾践入臣外传》"夫斫剉养马"。

削去 4：用刀削除；除掉。｜菖蒲一斤，取石上生，一寸，有八九节者，削去外皮，秤取一斤，以著白蜜一斗中。(34/45c) 茯苓七两，取正白者，削去上皮，捣为散，以和血液，益精神。(34/45c) 甘草十两，取坚实好者，削去上皮，捣为散。(34/45c)

剪去 1：剪除；剪掉。｜此下有两字被黶，又齐行剪去，后似复更有语。(20/510c) 掐秋菜，必留五六叶，凡掐，必待露解，八月半剪去。(《齐民要术》卷三)

携把 1：携手；结伴。｜太上道君，与我缠绵，上造大阶，携把太真。(1/527b)

结携 1：同"携把"。｜结携九领真，偶景以成双。(1/891c)

携袵/衿 4：携手；结伴而行。｜室有胎仙母，携衿太帝皇。(1/553b) 焕落三晨曜，流光郁紫清。携衿玉晨台，解憩戏凤城。(1/890c) 携袵登羽宫，同宴广寒里。(20/511b) 渊响彻高拟，六觉启玄关，未悟方乃始，携袵玉皇庭。(28/407c)

施置 2：安置；安排。《词典》引宋王安石《省兵》。｜或秘之不解，无意研寻，供养违科，施置非所，轻慢灵文。(33/476a) 至于密法，潜候山川，施置会神，镇尸不朽，朽即又生，终与神合。(33/692b) 国业初建，凡百未备，诸公大将班位有羞，降而竞请施置，不与典故相应，宜立制度以为楷式。(《晋书·李雄载记》)

施著 1：同"施置"。｜兆欲制魔摄精，当以黑书赤木九寸板上，施著东北之上。(34/60b)

敷置 1：安放；安置。｜亦可入室，烧香左右，敷置图席，南向叩齿二十四通。(34/104b)

第二章　有生行为词(一)

悬挂1：吊挂。《词典》引《警世通言·宋小官团圆破毡笠》。｜即一明镜，径六寸五寸四寸者，铜铁无拘，惟欲得明，浃清而无瑕秽者，常悬挂之于头寝之间，以和三神，制万邪也。(33/385b)读帝君隐书及施行三素洞房雌一者，常又以祭之羊马头，尽悬挂于标上。(《周书·异域传·突厥》)

调弹4：弹奏；弹唱。｜遗放俗恋，调弹清灵。澄景虚中，五道发明。(6/629c、20/500b、33/464c) 玄玄即排起，调弹恭柏荣。(20/588b)

拊弹2：击弹；弹奏。｜神妃合唱而奏音，玉女鸣弦而拊弹。(33/556b、33/574b)

"拊"有"拍；击"义，《左传·襄公二十五年》"公拊楹而歌"杜预注："拊，拍也。""拊弹"也为近义连文。

点1：燃点。《词典》引唐皮日休《钓侣二章》。｜凡人魇，勿点灯照，定魇死，暗唤之即吉，亦不可近前及急唤。(18/480a)

炷1：点，烧。《词典》引唐王建《和元郎中玩月》。｜静于密室，散香炷烟，而读大洞金华经。(34/296b)

种栽2：栽种。《词典》引宋丘密《沁园春》。｜黄庭六府，含养命根，胎结胞树，种栽死山。(1/540a、33/756b)

劳作2：劳动；工作。《词典》引李大钊《由纵的组织向横的组织》。｜冬天地闭，血气藏人，不可劳作出汗，发泄阳气。(18/480b、34/467b)

曝燥3：把……晒干。｜桑木薪火煎镬，令蜜并药干于铜器中，遂出其，凉之三日。又曝燥，捣为散，还纳铜器中……日迄，出丹，作高格，曝燥之，又捣三万杵，细筛为散……凉之三日，曝燥，更捣三万杵。(33/400a)

凉2：把东西放在通风处使干燥。《词典》引《新唐书·百官志一》。｜桑木薪火煎镬，令蜜并药干于铜器中，遂出其，凉之三日。(33/400a) 名曰仙丹金丹，一名曰西王母停年止白飞丹，凉之二日，曝燥。(33/400a)

交换1：各自把自己的给对方。《词典》引《通典·兵十》。｜授受临文，皆著法服，经服师与，朋友通校，不得他人，轻脱假借，交换易代，纵情盗取，或写或校，欺罔人神。(33/689c)

换举1：借贷。｜道学不得换举人物，不还债主。（25/155a、33/799c）

"换"在东晋六朝有借贷义，《玉篇·手部》："换，贷也。"（蔡镜浩，1990：144—145；方一新、王云路，1992：191）所论甚详；"举"在中古也有"借"义，现代汉语仍有"举债"的说法（蔡镜浩，1990：193）。"换举"当为同义连文。

换易2：交换；替换。｜随其土风，因修渐教，不即变革。录生男者，俱服单衣，巾帢通著，换易任人。（33/662c）盗三宝财，假十方号，换易阴阳，混乱男女。（33/679b）

埋灭1：埋没。《词典》引唐韩愈《秋怀》。｜回东南上倚，向西立，以次南回，取天门，埋灭迹符。（33/488b）

埋著2：掩埋于；埋置。｜毕，又以一通文，埋著。（6/223a）右三符，书安如法，毕，埋著三恶之门，水灌上而去。（33/807b）先是求故汝南太守下邳李皓女不能得，及到县，遂将吏卒至皓家，载其女归，戏射杀之，埋著寺内。（《后汉书·单超传》）

秤1：用秤量物之轻重。《词典》引唐贾岛《赠牛山人》。｜以虎杖花六两和此屑为饼，而阴干之，既干而更捣而秤之。（34/43a）三月三日，秤麴三斤三两，取水三斗三升浸麴。（《齐民要术》卷七）

品量1：掂量。《词典》引《旧唐书·李峤传》释为"品评；衡量"。｜右三黄华，先投朱砂一……言一者，以意为之，一分之，品量多少也。（20/546a）

㩍1：折叠。《词典》引唐刘驾《长门怨》。｜时人慕德，未知其故，竞折其巾，遂乃㩍之，有似松叶，又㩍为三梁，象于进贤冠梁，其数各异，一梁象一角兽，六合同归，一角兽出。（33/663c）

蕴抱1：怀抱；珍藏。｜隐秘妙术，藏之云阁，蕴抱灵诀，与之俱游者矣。（6/649a）

挽摄1：拉扯；牵扯。｜不用鬼行踏栗，又不用多言笑，又不用逢人挽摄。（34/469a）

叩₁1：动；触及。《词典》引《新唐书》。｜诸学仙之家，无有此文，不得妄动三十九章玉清宝经……无有金名玉札，而咏三十九章，则遥动高上，即下执司右别妄叩神经之者，皆忘神失精，意性错异，怒喜无常也。（33/433c）

携宴1：携伴；携手；"宴"义虚化。见第320页。

二　与脚有关的行为

动步2：迈步前行。《词典》引明刘东星《史阁款语》。｜大道远备，飞光遐灼，动步灵溪，惊浪素逸。（33/598c、33/789a）

蹑步1：踏步；踏行。《词典》释为"跟随；蹑手蹑脚"。｜心无二想，净行无污，服符勑咒，数气蹑步，所修能专。（33/613b）

步蹑1：同"蹑步"。｜游王母间，万劫一周，谢谷盘桓，步蹑紫云，飘携云宫。（34/202c）

蹑行3：踏步而行。｜真人徒知飞步天纲，蹑行七元，而不识移度七星……（33/450a）腾空步云，蹑行七元。（33/457b）紫度炎光飞行羽经，蹑行七元。（33/552c）

跃踏1：踩踏。｜紫杜运兰，绕空绕灵，跃踏太霞，曜采上清。（34/147a）

登履1：攀登。｜轻泄妄宣，七祖充责，登履刀山，己身亡命，长谢河源。（34/67c）

履比2：遍行；游遍。｜周游五岳，万岩毕至。百岫千峰，莫不履比。（33/600a）广盻八浩，九元匝至，再登紫陛，三飞琼阙，四宾太素，五宴琳室，携握五老，洞源极密，高尊上帝，莫不履比。（34/146a）

"比"有周遍义，《墨子·节葬下》"诸侯死者，虚车府，然后金玉珠玑比乎身，纶组节约，车马藏乎圹"孙诒让间诂："比乎身，犹言周乎身。"

履陟1：攀登。｜此禁尤重，考结左官，身被风刀，上及七玄，同被考掠，履陟刀山，食火啖炭，三途之中，二十四狱，累劫不原。（3/437c）

蹈空11：腾空；凌空。《词典》引唐司空图《月下留丹灶》诗序。｜盛洁乃步，恒如蹈空。（6/676a、33/440c）良久觉定，豁如蹈空。（33/520a、33/521b、33/522c、33/523c、33/525a）觉体飞轻，豁然蹈空。（33/548c）帝为儿时，能蹈空而行。（《南史·梁本纪·武帝》）

历步1：踏步；踩踏。星占术语。｜邀宴七元，回旋五宿，历步天关，位登总仙。（33/494a）五星历步术：以法伏日度余，加星合日度余，满日度法得一从全，命如之前，得星见日及度余也。（《魏书·律历志》）

历度 7：经历；翻越。｜思见我身在斗中央，随斗运转，历度天关，至西南之上。(33/564b) 紫气左回与斗运，历度四七入金门。(34/178a) 历度二十八宿。(34/178b)

纬度 4：横度；横穿。"纬"为横义。｜四景八气，纬度天经。(33/499a) 转三还五，纬度天关。(33/545a) 徘徊玉辇，逍遥紫清。轮转八节，纬度天经。(34/58a)

逐逸 1：奔走追赶。｜既未能畅业骈罗，游岫逐逸，然后知悟言之际，应玄至少，于是佛驾而旋，偃静葛台。夫玄刃无亲，流鉴遁真。(20/492b)

"逸"也有奔跑义，如《国语·晋语五》"乃左并辔，右援枹而鼓之，马逸不能止，三军从之"韦昭注："逸，奔也。"

旋行 12：回环而行。《词典》引清纪昀《阅微草堂笔记》。｜众真礼经，旋行三周，三素元君，起立西向。(2/167b) 旋行礼空洞，稽首朝帝君。(11/146b) 元皇玉帝、无上高尊，群真众仙，莫不诣座，烧香礼经，旋行上宫也。(33/400c) 捻香稽首礼，旋行绕宫城。(34/627c)

旋步 3：同"旋行"。《词典》引晋慧远《沙门不敬王者论·出家》释为"回转脚步"。｜闭气一息，叩齿三通，咽液一过，名曰游行三命，旋步天英也。(33/443b) 如此望践斗魁，旋步华晨，腾景玉清，当未有期也。(6/668b)

盘徊 2：徘徊回旋。｜游昖琼阙，宴景三元，盘徊玉霄，适肆紫晨。(1/887a、2/863b)

返旋 2：往返回旋。｜七变返旋，上行玉宿，六纪辅我，三纲合步。(6/677a、33/442a)

跳踯 1：上下跳跃。《词典》引唐韩愈《答柳柳州食虾蟆》。｜醉饱，不可以走车及跳踯，不可忍小便，因以交接。(34/467c)

超跃 2：跳跃。《词典》引清王士禛《池北偶谈·谈献五·真谛》。｜勤苦极于营赡，司候足于劬劳，就有成者，不过升身上天，超跃玄洲耳。(6/649a) 西流双拤，鸣音唱钧。四举超跃，荐我玉真。(33/643c)

对立 5：相向而立；并立。《词典》引宋沈括《梦溪笔谈·故事一》。｜出者严庄，冠带仙服，正其威仪，对立臣前。(33/487a) 又存太微童子干景精对立帝君前。(34/50c) 百千圣真，侍卫灵文，神童玉女，对立真文。(34/201c) 其时又存司命、桃君二人对立在玄母间。(33/398a)

第二章　有生行为词（一）　　109

入静/靖 11：进入斋室。｜凡二日平旦入静烧香。（2/909b）入静法。（6/619a）父母将赤子入静烧香，北向陈启于二君。（20/529c）次入静，东向再拜，夜即北向言奏。（34/143b）臣今入靖焚香。（1/514a）臣某吉日入靖。（1/554b）入靖必先启师，然后行事，出入皆拜靖，乃谢。（32/735b）当令入靖烧香顿首。（33/492b）

"静"即"静室、静户"，"静"、"靖"同源（王力，1982：336），6/619a、20/541a"入静户"于 33/796b 即作"入靖户"；故"入静/靖"即"入静/靖室/户"之省，与"静坐摒除杂念"重在精神的"入静"不同。佛典中叙述进入斋室多用"入静室"，而"入静"主要表修行时精神上的安定。

适遇 1：逢遇；遇到。｜昔以有幸，适遇神明。启荫七图，受会三清。（34/74c）

"适"有遇义，《文选·班彪〈王命论〉》"世俗见高祖兴于布衣，不达其故，以为适遭暴乱，得奋其剑"李善注："适，遇也。"

遇会 5：相逢。《词典》引唐玄奘《大唐西域记·瞿萨旦那国》。｜有玄名帝图，金字上清，推运遇会，得知九天王名。（1/890c）受上清宝经，或因缘遇会，得遭圣文。（3/426a、33/655c）昔奉法化，遇会上经。玄师冥远，靡览真形。（34/74b）

总归 24：聚拢归依，群集归附。《词典》引清魏源《畿辅河渠议》释为"无论如何一定如此"①。｜使三真固魂，九灵制魄，万神总归，安镇室宅。（1/540a）度身之后，万气总归师宗，长保天地。（3/444a、33/488b、33/658c）召以制魄，魂魄长存，真神总归，宫宅备守。（34/5c）混合帝一，万气总归。（34/188b）

归会 4：归返聚集。｜萧萧缠蔼表，曲降寝华堂。游宴昑万劫，归会神霄王。（1/516b、1/557b、33/750a）五老典命籍，玉司总神营。归会离罗上，八会周黄宁。（33/546c）

流扇 1：飘荡；吹拂。｜素华晨冠，上下皆著素锦衣裳，口吐金真之气，郁郁然如白云之状，令白云之气，流扇四方之内，皆冠匝兆身而前行也。（4/558b）

---

① 该词在晋六朝还有"总属于；归属于"义。如：预今所以为异，专修丘明之传以释经，经之条贯，必出于传，传之义例，总归诸凡。（杜预《〈春秋左氏传〉序》）

第三节　躯干及其他局部器官行为词

一　穿戴

"穿戴"发出者有两方面的，一是手，主要指人用手将衣物安置到相应的位置，行为性较强；二是身体的穿戴的部位，主要是客观的叙述该部位有某衣物，行为性相对较弱。

巾 75：戴。｜首巾紫冠。（33/443a）衣五色华衣，巾日月之冠。（33/540b）身披朱衣，头巾丹冠。（34/33c）衣飞森霜珠之袍，巾须奥百变之冠。（34/62b）

"巾"原为名词，古人以巾裹头，像"冠"、"衣"一样，名词动词化来表示动作，故有"裹缠"义，如"巾青巾，衣青衣，冠青履"（33/830a）、"巾苍巾，衣皂衣苍冠苍履"（33/830b）。巾后演变成冠的一种，明李时珍《本草纲目·服器·头巾》："古以尺布裹头为巾。后世以纱、罗、布、葛缝合，方者曰巾，圆者曰帽，加以漆制曰冠。"经文中神仙所戴"巾"和"冠"形状也相似，如"玄母叔火王等二十七人，同著朱衣，巾黄巾者，似远游冠之状也"（33/542b）。这就导致行为词"巾"由裹缠语义场进入穿戴语义场。在进入穿戴语义场时最初当指"戴帽子"，下列例句均当释为"戴"。

巾金精之巾，或扶晨华冠。（34/33a）头巾紫巾。（1/904a）

在戴帽子义项上，"巾"在个别经典中还能取代"冠"、"戴"占主要地位，如《太上帝君九真中经》（34/33a—46b）中"巾"出现 10 次，"戴" 1 次，"冠" 0 次。在戴帽子上还能组成"冠巾"一词。

龙衣虎裙，冠巾七星。常在我已，安存我形。（33/394a、33/536a）

"巾"在进入穿戴语义场后，由专指戴帽子开始向穿衣服扩展，下例"巾"后跟"帽子、衣服"即反映了扩展的过程"太一帝君巾紫晨冠、龙锦凤衣，向南坐"（2/900a）。当由戴帽子扩大到穿衣服时，其义由"戴"变为"披"。

乃又存见日中有一女子……头著紫华芙蓉，巾绛地锦帔、朱丹飞裙、绿素带。（6/639a）若始终山穴，或游化人间，不婚宦者，并得巾褐；昔虽婚宦，过时出家，或夫妻共学，不处荣华，虽在人间，与世多异，亦得

巾褐；妇妾袿繨，出家则褐，女子在家，修学上法，时入山林，合和灵药，皆得被褐。(33/662b)

但中古时期，"著"作为穿戴的通用动词已经难以撼动（汪维辉，2000b：106—112），"巾"表穿戴的用法也不见于六朝其他文献，在当时江东地区的其他作品中也没有用例，说明道经中的这种用法并没有扩展开来，或者仅为道教用语追求新奇的结果。然而，这种出现范围有限的用法，却仍反映了汉语历史发展变化的事实，可以帮助我们加强对同类现象的认识和理解。

披巾：穿。｜游昄徘徊，双盖华婴，上到紫房，披巾羽青①。（1/529a、33/752b）

服佩2：佩戴。｜服佩符后，谛存三一。(33/607b) 斋静存思，服佩药符。(33/612a)

"服"有佩戴义，如《楚辞·离骚》"户服艾以盈要兮，谓幽兰其不可佩"。

佩著1：佩戴；穿戴。｜天真未降，当依旧文，书黄缯二通，如佩著之法，祭本命之岳。(6/222c)

佩奉1：佩戴奉行。｜斋谢之后，佩奉真文，所向未合，由罪未原。(33/694b)

奉佩1：同"佩奉"。｜今赍仪信诣三洞法师某君门下，请受太上龟山中品大录，奉佩已后，誓依奉修，不得违背真文，轻泄露慢。(34/119c) 自非鉴穷八解，照俟十号，排罔逸俗，安得如此，奉佩书绅，敢违寝食。（《弘明集》卷十）

披落1：绕身穿戴。"落"通"络"。｜世为真仙，披落锦青，帝师缠绵，合景玉清。(33/771c)

"锦青"即仙服，如"飞仙羽服，翠裙锦青"（34/183c）、"珠绣华帔，飞锦青裙"（1/897b）；"落"当通"络"，33/528c "双衿落锦青"于34/30b即作"双衿络锦青"。"络"为缠绕义，指仙服绕身，如"七玄解重结，累祖络锦青"（1/533a、1/564b），故"披落"为绕身穿戴义。

---

① "羽青"即"翠羽青裙"，如"真人降房，飞霄轻盖，翠羽青裙，来迎某身，上升帝晨"（34/132a）。"披巾"即穿，与其他传世文献表"古代的一种便帽；用来披在肩上的织物"等名物义有别。

披露 5：裸露；暴露。《词典》引唐柳宗元《零陵三亭记》。｜披露己身于三光之下，散髻叩头，三年不倦。（33/418a、33/659a）若能苦志，吐首先犯，效功施德，披露三光，散髻叩头。（33/418b、33/659a）

"披露"在六朝其他文献中多见，但据笔者调查，这些用例均作"陈述；表白"讲，不见表"裸露"的用例。

建 394：戴（帽子等饰物）。见第 314 页。

披建 1：穿；披。见第 315 页。

二　坐卧

恭坐 2：恭敬地坐。｜束带恭坐，谨正书治疏概墨色，皆令调好，麦糊函封，依法奏上。（6/621a）乃又存见日中有一女子，恭坐接手。（6/639a）谢车骑道谢公："游肆复无乃高唱，但恭坐捻鼻顾眯，便自有寝处山泽闲仪。"（《世说新语·容止》）

峻坐 4：一种坐姿；臀部离脚后跟，相当于现在的"跪"。｜平旦日未出，前面向南峻坐……平旦起，未梳洗前，峻坐。（18/483a）每得至则峻坐，久坐立溺。（34/468c）

平坐 110：平身而坐。《词典》引《穆天子传》释为"不分尊卑地就坐"。｜登座平坐，正视北向。（1/515b）安著所住室内五方，己身正在中央，平坐北向。（28/408c）欲登高座，披诵大洞真经三十九章，当先平坐，正视北方。（33/750b）初存思之时，当平坐按手于膝上。（2/170b、34/161c）

正身：直身。《词典》引《法苑珠林》卷十六《观佛三昧经》。｜和心平气，正身静止。（33/467b）步纲之道，已毕，正身入斗魁中。（33/446a）卧觉之时，当正身上向。（34/76c）叩齿三过，安气呼吸。（34/148b）

眠坐 8：瞑目而坐；坐眠。｜每以秋分之日，平旦，入室西向，眠坐任意。（1/826b）行事存思之时，亦可眠坐。（33/392c）夜半生气之时，眠坐任意，临目髣髴。（34/74b）

"眠坐"即坐眠，使用时与"任意"对举，可见"坐"是表面行为，"眠"才是真正目的；经文中"眠坐"可作"冥眄"，如 3/438b "及眠坐卧息，不得露顶"的"眠坐"于 33/657b 即作"冥眄"，这说明其重点在"眠"。这种坐眠能帮助修行者达到恍惚的精神状态，从而有利于存思想象。

卧坐4：同"眠坐"。｜六甲日夜半生气之时，于寝室床上卧坐，首向北斗九星。(6/551c、33/793c、34/49b) 借气养神，和声怡息，徐语安行，卧坐庠序。(33/694b)

罗陈8：罗列。《词典》引唐韩愈《送惠师》。｜天乐罗陈，香华纷散。(33/587c) 天擒罗陈，皆在我傍。(2/905a、6/613a、6/627c、20/548a、33/795) 天女罗陈，百百齐并。(34/147c)

森罗5：罗列。《词典》引唐孙揆《灵应传》释为"纷然罗列"。｜上道泥丸，九宫森罗，丹楼五间，婴儿六气。(1/552b) 高真森罗，金仙殊形。(33/770c) 爰有火甲，赫柏圆兵，森罗执戈，百丈蹹阜。(34/150a)

"森"有"罗列"义（《词典》引唐朝独孤及《绛州崇庆乡太平里裴積年若干行状》)，上清经中即见，如"浮轮骋太霞，扬盖广寒庭。高真森帝室，墉宫列西宁"(34/30a)。"森罗"当为同义连文，释为"纷然罗列"欠妥。

森列2：同"森罗"。《词典》引唐李白《古风》释为"纷然罗列"。｜千真倾轮，五皇命征。披朱巾羽，森列帝庭。(33/768b) 灵宾森列，披素玉庭，左把龙符，右操虎经。(34/147a)

顿踞1：伏首下蹲。｜于焉大神割血，百精丧目，金虎奋豪，吐威放毒，收鬼无间，横截刳腹，六天共首，神灵顿踞，鸟兽藏音，林草偃伏。(33/604b)

该段乃描绘神文的威力，"顿"有伏首义，"踞"当为蹲义，"神灵顿踞"指神灵伏首下蹲。

偃据1：侧卧；靠墙而卧。｜到石室前方，见成子偃据洞啸，面有玉光。(34/297c)

解憩3：休息；休憩。｜携衿玉晨台，解憩戏凤城。(1/890c) 逍遥玄丘之洞，解憩清波之边。(2/167b) 游戏九玄台，解憩西羽阿。(33/422c)

"解"有"休止；停止"义，如《竹书纪年》卷下"(穆王)西征于青鸟所解"句，《艺文类聚》卷九一引作"西征至于青鸟之所憩"；《汉书·五行志上》"归狱不解，兹谓追非，厥水寒，杀人。追诛不解，兹谓不理，厥水五谷不收。大败不解，兹谓皆阴。解，舍也"颜师古注引张晏曰："解，止也。"

息憩1：休息；歇息。｜澄濯华园，息憩九玄，变景玉虚，携领诸天。（33/400c）

静寝1：安静地就寝。｜守玄丹太一之道，暮夕静寝，去诸思念。（2/899c、2/907c、33/406c）

梦睡1：梦寐。同"睡梦"。｜中士奄霭，若见若亡，下士梦睡，与仙共言。（33/481b）

寝景2：寝身；就寝休息。"景"同"影"。｜左宴朱岭台，右携仙皇庭，寝景三秀房，结我始生神。（1/541b）紫心表明于丹皇，妙图高列于帝轩，寝景灵岳，仄心上清。（34/178c）

寝止3：住宿。《词典》引冯梦龙《古今小说·陈希夷四辞朝命》。｜太微二十四真人……皆出入上清，寝止太微。（4/548c、33/409b）

宿寝1：住宿；就寝。｜然后玉华宿寝，五老同淫，神兵束魔，邪烟绝嚣。（33/635a）

偃静1：静寝。｜然后知悟言之际，应玄至少，于是佛驾而旋，偃静葛台。（20/492b）

偃宴1：安睡；安卧。｜偃宴太帝馆，敖曹阿母庭。（33/528c）

"偃"有"仰卧；安卧"义，"宴"有安闲义；"偃宴"即安卧、安睡义，例中的"偃宴"于34/30b即作"偃寝"。

偃逸1：栖息隐逸。｜此谓内研太玄，心行灵业，栖息三宫，偃逸神府者矣。（20/550a）

"逸"有隐遁义，如《文选·谢灵运〈会吟行〉》"东方就旅逸，梁鸿去桑梓"吕向注："旅，独也，言独为隐逸。""偃逸"与"栖息"相对为文，意义也相近，不过在仙界安睡也即遁世，故称"偃逸"。

顿卧2：止息卧宿。《词典》引《隋书·食货志》。｜范伯慈者，桂阳人也。家本事俗，而忽得狂邪，因成邪劳病，顿卧床席。（20/575b）九若卒病顿卧，或积疾困笃，不能痊瘳。（33/492b）数日来，公私牵挽，还辄顿卧，未即白答。（《弘明集》卷十）

正卧5：仰卧。｜其夜人定时，入密室，正卧，冥目上向。（33/533c）毕，还北首正卧，向上冥目。（33/549c）当安眠正卧，去枕伸足。（2/899a、34/305c、34/306b）

同寝1：共眠。《词典》引元白朴《梧桐雨》。｜存真守一之法，衣

履不得假人，又不得与同寝也。（34/308a）奉伯与太祖同寝，梦上乘龙上天。（《南齐书·祥瑞志》）

宴/晏/燕寝5：寝息。｜左徊文羽旗，华盖随云倾。宴寝九庭外，是非不我营。（33/528c、34/30b）但得读此经，止可乘云驾龙，位为真公卿，晏寝九玄，傲啸八方，扬羽广寒，舞轮空同。（33/385a）洞观九玄门，游览极天崖，燕寝琼房轩，往还浩不衰。（34/94a）

"宴、晏、燕"同音通用，二词在经文中作行为词，乃"睡卧；休息"义，其义源当与"燕寝"有关。"燕寝"原为名词，乃"古代帝王居息的宫室"，《礼记·曲礼下》"天子有后，有夫人"唐孔颖达疏："《周礼》王有六寝，一是正寝，余五寝在后，通名燕寝。""燕寝"在六朝泛指"闲居之处"的同时①，也引申出行为义"睡卧；休息"。史书中多有用例：

舍交戟之卫，委天毕之仪，趋步阛阓，酣歌垆肆，宵游忘反，宴寝营舍，夺人子女，掠人财物。（《宋书·后废帝本纪》）骑将军曹洪女有美色，絷于是聘焉，容服帷帐甚丽，专房宴寝。（清汤球辑孙盛《晋阳秋》）

昭王知其神异，处于崇霞之台，设枕席以寝燕，遣侍人以卫之。（晋王嘉《拾遗记·燕昭王》）

寝宴/晏17：同"燕寝"。｜能上步霄霞，登邀太极，寝宴太空，游行太虚也。（1/901b）左宴朱岭台，右携仙皇庭。寝宴三秀房，结我神始生。（33/756c）于是腾空上造，以诣紫虚，出入玉清，寝宴晨房矣。（34/42b）飞行七元，寝宴紫庭。（34/49b）浮空寝晏，高会太晨。（20/496b）游戏丹田之下，寝晏凌青之霞。（33/389a）偃息华辰之下，寝晏九精之内。（34/38c）

在经文及六朝文献中，"燕寝、寝燕"作行为词的用例要少于"宴/晏寝、寝宴/晏"，这可能与"宴/晏"本有"安然；安闲"意义更适宜表达"睡卧；休息"有关；而"寝燕/宴/晏"并没有表"帝王宫室；休息起居之室"的名物义，一是因为"燕/晏/宴寝"的中心语素"寝"在后，故有名物义、行为义两种成词取义可能，而"寝燕/宴/晏"的中心语素在前，只能取"寝"的行为义；二是语言简洁原则自我调整的结果（已有"燕/晏/宴寝"作名词的表达）。"寝宴/晏"在经文中出现凡17次，

---

① "燕寝"见于《颜氏家训》，"宴寝"见于《北史》。

远多于"燕/宴/宴寝"（5次），这除了由于其声调更符合汉语双音词的排列外，与其表义更明确专一可能也有关系。

解衿5：脱衣服；就寝。｜解衿玄阆台，适我良愿会。(33/554a) 化浮尘中除，解衿有道家。(20/512c、34/627b) 上有解衿人，一面欢万龄。(34/2c)

休宴1：停歇。《词典》引宋范成大《大暑舟行含山道中雨骤至霆奔龙挂可骇》。｜出静户之时，不得反顾，忤真光，致不诚也。(《登真隐诀》) 陶弘景注："人既出静户，神休宴而忽反顾，如似觇察，故为忤真而非诚顺。"(6/626a)

屈动7：扭动。｜毕，又屈动身体，申手四极，反张侧掣，宣摇百关，为之各三，此当口诀。(2/903a、909c、6/610b、6/626c、20/537c、33/462a、33/794c)

宣摇7：振动。｜毕，又屈动身体，申手四极，反张侧掣，宣摇百关，为之各三，此当口诀。(2/903a、909c、6/610b、6/626c、20/537c、33/462a、33/794c)

休舒1：舒展；放松。｜若有手患冷者，耸上打至下，得热，便休舒左脚，右手承之。(34/472b)

放体3：舒展身体。《词典》引唐元稹《苦雨》。｜常以夜半时，去枕平卧，握固放体。(6/612b、20/519b) 存二十四神，常以夜半去枕平卧，握固放体，气调而微，存思其身神。(6/549a)

折腰3：弯腰行礼。《词典》引宋孙光宪《北梦琐言》。｜青君呼我起，折腰希林庭。(20/505c) 香母折腰唱，紫烟排栋梁。(20/506b) 三元起折腰，紫皇挥袂赞。(20/509b)

三　朝向、点头、便溺等行为

首向7：朝向；对着。｜六甲日夜半生气之时，于寝室床上卧坐，首向北斗九星，使焕然明于顶上也。(6/637c、6/551c、33/793c、34/491b) 行事时，北向执隐书而为之者，谓始学真妙，未涉微远，不解星位之首向，不识玄斗之指建。(20/537a) 有犯急谢，首向青童，改革先弊，依按师言，不得又犯。(33/467c) 他人之所念虑，蚤虱之所首向……令周孔委曲其采色，分别其物名，经列其多少，审实其有无。(《抱朴子内篇·辨问》)

指建 1：指向。｜不解星位之首向，不识玄斗之指建。（20/537a）

古代天文学称北斗星斗柄所指为建，一年之中，斗柄旋转而依次指向十二辰，称为十二月建，经文中"指建"与"首向"对举，乃指向义。

领头 1：点头。《词典》引唐韩愈《寄三学士》。｜紫微答，但领头。（20/533b）

叩颡 6：磕头。《词典》引唐薛用弱《集异记·狄梁公》。｜群真启道，封落山乡。千神百灵，并手叩颡。泽尉捧炉，为我烧香。（2/905a、6/628a、20/548a、33/463a、33/795a）

叩伏 1：叩头伏首。｜舞玩天乐，一起欣抃，唱善相续，唯有二真叩伏敢言。（33/589c）

叩抟 8：叩头抟颊。｜久染风尘，曲辱不计，遭逢凶横，叩抟乞过，累遭辗轲，不以为恚。（33/472b）子午二时，忏悔首罪，散发叩抟，各三千下。（33/686a）

"叩抟"乃叩头抟颊的简省说法，"叩头抟颊"是表忏悔、感谢时的动作，经文中多见，如"便八拜八叩头八抟颊"（33/484b）。

便旋 1：小便，撒尿。《词典》引唐韩愈《石鼎联句诗序》。｜法事著时，所在危急，应须便旋，势不暇脱，或无屏地，露处泄疵，皆以一手掩巾头，心存云气为屋壁，惭愧有此患，首谢是罪。（33/689c）

便溺 2：同"便旋"。《词典》引明陶宗仪《辍耕录·阴府辩词》。｜玄都中品第七篇曰：凡学者受上清宝经，三洞秘文，不得北向便溺及食五辛含血之肉，饮酒邪淫。（33/418c）

从文献实际看，"便溺"先当为名词"屎尿"[①]，如《伤寒论·辨脉法》"浊邪中下，阴气为栗，足膝逆冷，便溺妄出"，后引申出"排泄屎尿"义。

便曲 6：小便；撒尿。[②] ｜第八，勿北向便曲，仰视三光。（3/402c、6/665c）佩此章符，并不得以履秽，令便曲举动。（6/606c）中宫二十四条。（《洞真太上太霄琅书》）原注"七条于世供养奉师投礼诀，九条出入、存念、禁解、忌秽、卧息、便曲、救月蚀诀……"（33/654c）裸露五岳，便曲江海。（34/354c）有比丘于村外入草中便曲，有女人亦入草

[①] 《词典》于"屎尿"义下引清蒲松龄《聊斋志异·雷公》。
[②] "便曲"同"便溺"，上引 33/418c 中的"便溺"在 33/659b 即作"便曲"。

中，比丘先从草出，女人复从此草出。（齐昙摩伽陀耶舍《善见律毘婆沙》卷十三）

施泄/泻3：射精。｜彭祖曰：奸淫所以使人不寿者，非是鬼神所为也……但施泄，辄导引以补其处，不尔，血脉髓脑日损。(18/484b) 施泄之法，许当弱入强出。(18/485b) 若数行交接，漏泄施写（按：当作"泻"）者，则气秽神亡，精虚枯竭。(33/459a)

销缩1：（男根）萎缩。｜勿咳嗽，时病新汗，解勿令冷水洗浴心胞，不能复，水银不可近阴，令玉茎销缩。(34/471a)

经文中的含义与唐朝后的"消沉，衰退；减少"等意义不同。

小结：我们共收集到局部器官行为新词953个，占我们所收集新词（2901个）的32.85%，占生命行为词（2593个）的36.75%。由于文献的表达需求及口和手在人体活动中的重要地位，经文中口和手这两个器官的表现最为活跃，与二者相关的行为词在经文中承担了较多的表达任务，其下词群的丰富即是表现，其数量和所占局部器官行为词的比例更能说明问题。与口有关的行为达452个，占局部器官行为新词的47.42%；与手有关的行为224个，占23.50%；而其他与眼睛、耳朵、脚、头、躯干等局部器官有关的新词总和为277个，仅占29.06%。

第三章 有生行为词(二)
——整体行为(上)

整体行为是以整个生命体作为行为发出者,包括整个生命体自身具有的行为或对他物施加的影响,表达整体行为的词语在经文中较多。本书按词语所表达的意义内容来分类描写,这就汇集成不同的主题词群。语义千差万别,而我们所设词群有限,个别词语比较零星难有归属,设"其他"类来收入。

第一节 斋醮修学

斋醮祀神是道教非常重要的活动(张泽洪,1999),"道以斋为先,勤行登金阙"(11/150b),贯穿道徒修道的始终,其目的是向神真谢罪立诚祈愿,乃修道的重要内容。我们将有关斋醮和修学的词语一并讨论。

斋醮1:设斋坛,祈祷神佛。《词典》引唐王建《同于汝锡游降圣观》。| 敬信三宝,存笃无忘,斋醮招神,持戒行道,谨慎不亏。(33/609c)

告斋23:斋戒之首,用于向天神陈述(罪过、愿望)。| 凡受上清灵宝经,皆当告斋,别室烧香,不交人事。(3/420c)传授之法,弟子若告斋七日……(33/452c)仙母于是受命登座,告斋琼堂。(34/177c)

"告斋"乃斋戒之首,如10/145c"又其为斋也,始于预告,终于九朝"、31/201b"自告斋始事,以至醮谢散坛。则广成科中,无不备具"。

对斋83:(师与弟子在传授经书时)相对而斋。| 传经,师弟子,对斋百日,或三十日。(1/904c)其受度符者,皆对斋七日,赍香信于有经之师。(2/177a—b)弟子、师对斋九十日,北向告盟而付。(3/421b)师与弟子对斋七百日。(33/424a)传授之时,对斋乃付。(34/38c)

叶贵良（2005：253）释"对斋"为"持斋或行斋"，可商。该词在《太真玉帝四极明科》这部叙述传经禁戒的经书中共出现43次，施事皆为"师与弟子"，且均在传经时出现，授受双方"师不得妄传，弟子不得妄受"，故在传经时要相对斋戒以诚其心。"对斋"要求师与弟子都须斋戒，但这并不一定同时同地，师或弟子单独斋戒，只要心中有对方，也可称"对斋"。如：若有金名玉字，列奏玄图，应得此文，师当依盟对斋九十日，或二十七日，或三日。（1/831a）受者对斋七日或三十日，于斋中，赍青纹之缯三十二尺。（34/17b）

斋净6：斋戒。｜子当清洁斋净，断绝外事，杜塞邪径，节诸人物。（33/530b）若常斋净，则存思易感。（33/530c）当勤慕上契，感会神明，精心斋净。（34/74b）

"斋净"即斋戒，斋戒时要求洗洁身心，戒除杂念，"斋净"和"斋戒"只是成词时选取的意义点不同而已。

斋盛4：斋戒；"盛"通"净"。｜又失功夫于斋盛，以月建日，更斋百日。（4/555b）又八节之日，皆当斋盛，谋诸善事。（20/551b）每至其日，斋盛衣服，烧香入室。（33/454a）

"盛"即"净"，已如前述，"斋盛"即斋净，也即斋戒义，34/55c "当以其日沐浴斋戒"中的"斋戒"于 p.2728 即作"斋盛"[①]。

斋静13：斋戒静念。[②] ｜子服石景金阳符者，尤禁污慢恶行，当修身念道、斋静精专为先。（2/162c）当以立春之日，平旦沐浴斋静，入室烧香。（33/519c）

静斋6：同"斋静"。｜若静斋，道士亦可通于室中，存五星之真文而并修之。（34/112a）西王母以开皇元年正月上寅之日，乘虚汎灵，逸遨九霄，静斋龟山。（34/177b）

斋直6：斋戒使心诚挚。｜当由修炼斋直，奉受法戒，不违科制。（33/471a）伏闻大道妙法，自然清斋，功重福深，济度无量，谨伏斋直。（33/681a）

陆修静《洞玄灵宝斋说光烛戒罚灯祝愿仪》"夫斋直是求道之本"

[①] 李德范辑：《敦煌道藏》第四册，第1985页。
[②] 33/657c "佩符带科，斋静为务，不得游邀集止"中的"斋静"于3/439a即为"斋戒静念"。

(9/824a)，张泽洪（1999：43）阐释说："道教认为治人先治身，正人先当自正，而治身正心就离不开斋直，斋是齐人参差之行，直是正人入道之心。陆修静说的斋直，即指祭祀之斋法。"

斋敬 1：斋戒崇敬。｜谨重斋敬，仰希真灵。曲垂下降，灭罪消刑。(33/421a) 使民六滞顿祛，五情方旭，回心顶礼合掌，愿持民斋敬归依，早自净信。(《弘明集》卷十一)

精斋 4：精心斋戒。｜此三门精斋寻之，自可见尔。(20/555b) 精斋苦念，倦不敢眠。(33/431a)

醮礼 3：设坛礼拜。｜上古真人，醮礼之法，悉用金液琼英，世无此物，可以珍果妙味，亦足感于神真也。(33/484a) 见则神降，醮礼即验，兼济无穷。(33/827c)

祭醮 1：设坛祈祷；祭奠。｜真经宝秘，四万劫方传一人，若有真人，传法：可用白素四十尺，金钱质信，米麦香油。祭醮之具，可传一人。(34/444c) 亦用六一泥，及神室祭醮合之，三十六日成。(《抱朴子内篇·金丹》)

祈醮 1：同"祭醮"。｜俱入正真之道，修佩灵文，祈醮真官，回寿益筹，解厄延年。(34/443a)

设醮 1：设立道场祈福消灾。《词典》引宋曾敏行《独醒杂志》。｜依科，先具启告，表奏既竟，设醮献诚，唯谨唯密。(33/819b)

奉醮 2：同"设醮"。｜凡修众经，备符咽气，而不奉醮于明晨，真不为降，思不上感，徒劳苦念，损神丧气。(33/484a) 但依日，三年奉醮，九天感悦，八素欢畅。(33/484a)

"奉"有施行义，如《国语·晋语二》"夫齐侯将施惠如出责，是之不果奉，而暇晋是皇"韦昭注："奉，行也。""奉醮"即"行醮"，也即设醮义。

斋修 2：斋戒修行①。｜入道差易，后当以渐斋修而寻求之。(20/559b) 来致万物，招致邪魅者，当常斋修帝君九阴之精思也。(34/50a)

修斋 2：同"斋修"。｜北帝告七真曰：我师昔学道修斋，立功救人，随机济物，功德圆备。(34/443a) 凡受经之后，修斋为急，救物济身。

---

① 《词典》于"斋修"下引宋沈辽《天庆观火星阁记》；在"修斋"下引唐杜荀鹤《登灵山水阁贻钓者》，释为"会集僧人或道徒供斋食，作法事"。其实二词同素异序，意义相同。

(33/683c)

修学 29：修炼；修习。｜有修学上道，佩太霄琅书，检慎法戒，名书帝篆，得同无量天人之位。（1/888a）凡人之中，有了然觉悟，知有大道，起心修学，欲求度者，谓之道人，亦谓之行人也。（6/695a）王兴先为孔写，辄复私缮一通，后将还东修学。（20/604b）然后正可得为修学道士祭酒尔。（33/471a）

"修学"后多接经书、道法，即修习义；"学"乃学习义，与"修"同义复合成词，该义不同于其他文献中的"治学，研习学业"义。

修炼 3：道教的修道炼气炼丹等活动。《词典》引唐吕岩《忆江南》。｜当由修炼斋直，奉受法戒，不违科制，举向从愿，计功升度。（33/471a）

施修 2：修习；修炼。｜上清上真、中道真人、下元真人所应施修道经，各有篇目。（6/650b）于是太上授以帝君九真之经、八道秘言之章，施修道成。（34/33a）复次若见从自身生，不违戒施修。（十六国浮陀跋摩共道泰《阿毗昙毗婆沙论》卷二十七）

讽修 1：诵读修习。｜受经无泄，讽修玉章，事事如法戒，奉以保身形。（34/151a）

修承 1：修习奉行。｜今有上学道士某岳先生男女姓名，修承上法，奉受宝经，凡如干卷。沉在末俗，未能腾身，抗志玄虚，游宴灵岳。（3/443c、33/658b）

修研 1：修习研究。｜希慕九玄，修研灵典，思真念神，长斋琼阙。（33/627c）

研修 1：同"修研"。｜若未能研修其事者，亦自得为三天主者，地司之上任矣。（34/73c）

行施 1：施行。《词典》引范文澜《中国通史简编》。｜若长斋久静，单景独往，仰秀空洞，心单事外者，皆宜此日行之，以次相续也，一月九行施于人中耳。（33/645a）

修持 2：持戒修行。《词典》引唐耿沣《晚秋宿裴员外寺院》。｜一旦违犯，自受考责，万劫不原，修持如法，生死俱仙，一如盟科律令。（34/101b）依戒修持，不得怨道咎师，一如盟科律令。（34/115a）鸾爱乐佛道，修持五戒，不饮酒食肉，积岁长斋。（《魏书·景穆十二王传·城阳王长寿》）

修为5：修行。《词典》引明单本《蕉帕记·提因》。｜若既得此纪，唯奉宝秘，无他修为，皆赐白日尸解。（6/746b）虽受天之性，既得暂闻至道矣，亦不能修为。（33/530a）人食毕，当行步踌躇，有所修为，为快也。（18/478b、34/467b）天下别有此物，或呼为鬼魅之变化，或云偶值于自然，岂有肯谓修为之所得哉？（《抱朴子内篇·勤求》）

修事5：修炼；修行。｜此无正时节，修事有间及晓夜之际、诸疑暗之处，便可祝之，当微言。（6/613b）右二条有掾写，并右三事在论华阳第四卷中，今又重钞，可修事，出此耳，其本书犹在彼卷。（20/545c）又叩头九过，止，如此一年，更清斋三十日，然后得还修事。（33/420b）

参修1：参阅修习①。｜毕，如此七祖之考，于是解散，得离幽宫，上升福堂，己身便得参修宝经，九年克有真灵降形，与神同升也。（33/419c）

崇修1：尊崇修习②。｜奉受上法，崇修明科。（3/417b）

崇学1：尊崇学习。｜人有至心苦行者，崇学仙道而六天灵鬼亟来犯人。（6/624b）

修讯1：修习请问。｜王母乘九盖华舆，众真侍卫，云龙翼从，仙童罗前，玉女列后，伞花交左，幡香拥右，舞伎作乐，敬诣道君，稽首修讯，因请问曰。（33/588a）诸阿监弥、诸优婆塞参承修讯，便见龙身。（梁天竺三藏真谛译《决定藏论》卷中）

修诣1：修炼达到一定造诣。｜子当清洁斋净，断绝外事，杜塞邪径，节诸人物，罕为修诣，精心在一，晨夕修道，孜孜不替。（33/530b）文武从镇，以时休止，妻子室累，不烦自随，百僚修诣，宜遵晋令。（《宋书·江夏文献王义恭传》）

焚修1：焚香修行；泛指净修。《词典》引唐司空图《携仙箓》。｜亲奉玄文，晨夜翘勤，焚修不辍，敢备香信，质盟含丹。（34/126c）

---

① 例中"参"乃参阅义，"参修"即"参阅修习"义，为近义连文，与六朝史书中的"参与修定"义不同，后者的用例如，侍中崔光、安丰王延明受议定服章，敕（常）景参修其事。寻进号冠军将军。（《魏书·常景传》）八年夏，除太子少傅，监国史。复参修律令。（《北史·魏收传》）

② "修"乃修学、修习义，"崇修"其义与六朝史书中的"崇敬修建"义不同，后者的用例如：慧度布衣蔬食，俭约质素，能弹琴，颇好《庄》、《老》。禁断淫祀，崇修学校，岁荒民饥，则以私禄赈给。（《宋书·良吏传·杜慧度》）然所昵庸杂，信任不得其人，而性好释典，崇修佛寺，供给沙门以百数，糜费巨亿而不吝也。（孙盛《晋阳秋》）

密修 7：秘密修行①。｜宝而密修，记日成仙。（33/427b）密修道成，白日飞仙。（34/82a）以此论之，是夏禹不死也，而仲尼又知之。安知仲尼不皆密修其道乎？（《抱朴子内篇·辨问》）

预习 1：事先学习。《词典》引夏丏尊、叶圣陶《文心》释为"学生事先自学将要讲授的功课"。｜若始存守一，未能究三宫之节度，咽气祝吟之旨者，自可按本文，白日而行之，初亦宜熟读预习之，于临目存思为易也。（33/412a）

修仙 11：修炼仙道。《词典》引《初刻拍案惊奇》。｜修仙升度，所欲从心，斯岂虚言耶？（20/536b）凡修仙之道，当以此日，入室西向，诵玉清紫道虚皇上君消魔咒一遍。（33/773c）

修真 11：同"修仙"。《词典》引唐玄宗《送道士薛季昌还山》。｜夫修真之诀，每以旦夕凝神定息。（6/626b、34/303a）经非不妙，灵岂无感，愚愚相随，安知修真之本。（20/536a）

寻真 13：寻求仙道；修行。《词典》引唐皇甫冉《同裴少府安居寺对雨》。｜且耳目者，是寻真之梯级，综灵之门户，得失系之而立，存亡须之而辩也。（6/662c、20/538c、33/461a、34/303a）仙人寻真以求一，故三一俱明，一无藏形，其真极也。（33/409c、34/293a）

通仙 6：通神；与神仙交通。｜丹灵正神，号曰桃康，混合生宫，守护命门，通仙致气，齐景宝云，七祖同欢，受福高晨。（1/525a、33/752b）是以悬巢颓枝以坠落，百胜丧于一败矣。惜乎通仙之才，安可为竖子致弊也？（6/897a、20/525b）

研真 4：研习仙道。｜子既不能服食去谷，精思研真矣，当节诸臊秽腥血。（33/393b、33/535b）按传授之法，各对斋静，以诚其心，思神研真，以壹其志。（34/38c）

栖真 2：道家谓存养真性，返其本元。《词典》引《晋书·葛洪传论》。｜宗道者贵无邪，栖真者安恬愉。（20/500c）乃拔思眇慕，蹈空栖真，沉朱华璋，解冠九天，哂朗五岳。（34/145c）

通颜 1：与……交往。｜行之九年，致高灵下映，与真通颜，身生水火，飞升帝晨。（34/216b）

---

① 《词典》引《云笈七签》卷九"得者，飞行太空，能隐能藏。给玉童玉女各二人，密修即验"例即上清经 33/578a 文句，不妨径引上清经，释为"闭关静修"也嫌窄。

交颜 5：同"通颜"。｜能知元始变化形景内讳秘名，则寿九百年，修之九年，与神交颜。(34/180b) 不出九年，克致五老降房，天真交颜。(34/229b)

积感 25：积累修习以感神真。｜神通积感，六气练清。云宫玉华，乘虚顺生。(2/170a) 积感发乎精情，密思彻乎太空。(6/226a) 至日行事，如睹帝颜，积感髣髴，克日化仙。(33/426a) 如此三年，灵气有余；九年积感，与神同舆。(34/85b)

积涉 2：积累经历。｜今有某岳先生某甲夷心静默，仙学寻真，积涉未降，今心期高上，启誓告灵，禀受宝篇，仰希神仙。(6/220a) 后学求仙，不知道源，徒劳存思，损疲形神，积涉无感，望道泯泯。(34/5c)

种福 7：积福。《词典》引《二刻拍案惊奇》。｜种福九天外，拔尸地门下。(1/545c、33/757c) 不患德之不报，所患种福之不多耳。(20/506c) 灵宝梵行、集贤观化、修身种福之法，其中又有生死谢罪，责己思愆之法。(33/469b)

第二节　依照凭借

依承 1：依照；遵从。｜故有大小科戒之法，明各依承，凡斋有五种之格，如左。(33/469b) 明详旨申勤，依承不得有亏，符到奉行。(《宋书·礼志》)

依按 10：依照；遵照。｜师受此信，依按明科，施用必得其所，彼此共保成真。(2/866c、33/669c) 其大字悉是本文所载，不加损益，但条综端绪，令以次依按耳。(6/608a) 有犯急谢，首向青童，改革先弊，依按师言，不得又犯。(33/467c) 依按古典及今音家所用，六十律者无施于乐。(《晋书·律历志》)

按/案[①]**如 19**：同"依按"。｜以诀出东华玉宫，付诸真人，按如明科。(19/928a) 此是"茅传"中言也。按如此说，郭千止是种植处，非居止也。(20/568c) 按如年限，有其人，当关九天，然后而传。(3/443c、33/658b) 案如神真，秘而奉焉。(33/782b) 案如禁戒，敢负盟

[①] "按"与"案"通，如 34/102b "便可按而行事" 中的 "按" 于 33/573a 作 "案"，33/659b "按科自罚" 的 "按" 于 33/419a 也作 "案"。

文，违科犯律？（34/132a）臣以为《三传》虽同曰《春秋》，而发端异趣，案如三家异同之说，此乃义则战争之场，辞亦剑戟之锋，于理不可得共。（《晋书·荀崧传》）

依用2：遵照施行。｜若有贤明智慧之士，求受宝经，当示以要律，授受之宜，依用九条，触类求之，无所不具，自非体真，勿妄增损。（2/865c、33/670a）故知以多为贵，王者之礼，今可依用，贻厥后昆。（《北史·隋本纪·炀帝》）

奉用1：遵行施用。｜夫人既处乱石，游涉兵寇，既谓宜行，即便奉用，若乃次后事则后谓夫人不必遵修，故中间发斯矣。（6/625c）今若设法未尽当，则宜改之。若谓已善，不得尽以为制，而使奉用之司公得出入以差轻重也。（《晋书·刑法志》）

奉慎1：遵循奉行。｜有智之人，闻而行之，奉慎五戒，不亦妙乎？（33/472c）

"慎"与"顺"同，乃遵循义，如《墨子·天志中》"今天下之君子，中实将欲遵道利民，本察仁义之本，天之意，不可不慎也"孙诒让间诂："慎与顺同。"《商君书·垦令》："民平则慎，慎则难变。"

奉敕2：奉行；遵照。"敕"义弱化。｜四时五形、九宫六甲、八卦三官、九府三界，一切官属，皆当奉敕符命，共相营卫某身。（34/140a）当考召此间土地真官注气、社里邑君，各当奉敕符命，为某随事关启章闻，必使上达，不得拘留，致停公文。（34/144b）

"奉敕"即"奉"。"奉敕"在六朝史书中频见，表"奉皇帝的命令"义，本为动宾结构，语义内部已经完结，但上两例中"奉敕"后还有表受事的"符命"，形成"奉+宾+宾"的结构，致使原动宾结构中的宾语"敕"意义弱化。

准傍1：依照；根据。｜夫人昔虽受此法叙说褒美而竟不用之，乃可是挺业高绝，要亦宜准傍遥踪矣？此虚映之道，自然之法。（6/641b）四主若飨祀宜废，亦神之所不依也，准傍事例，宜同虞主之瘗埋。（《宋书·臧焘传》）

"准"有"依据；根据"义，如汉王褒《洞箫赋》"于是般匠施巧，夔襄准法"；"傍"有"顺着；沿着"义，如北魏郦道元《水经注·圣水》"昔有沙门释惠弥者，好精物隐，尝篝火寻之，傍水入穴三里有余，穴分为二"，引申为遵照义。

宗赖 1：依靠；依赖。｜太真丈人、太上大道君受三天正法，威制六天……八响应会，鸾鸣凤吹，清奏玄泰，玄精回映，三晨停盖，万真礼庆，莫不宗赖。（33/544c）此皆臣等不聪不明，失所宗赖，遂令陛下谬于降授。（《晋书·宗室传·范阳康王绥》）

"宗"有"推尊而效法"义，如《仪礼·士昏礼》"敬恭听宗尔父母之言"郑玄注"宗，尊也"。"赖"有依靠义。

宗奉 5：宗仰敬奉。《词典》引范文澜、蔡美彪等《中国通史》。｜察子之心，归情宗奉，神自感真。（3/426b）虽为领杀鬼之主，至于阶级，亦不为轻，乃五岳所宗奉，学者所仰凭也。（33/765b）

凭仰①**1**：凭借，依靠。｜或某月日时，闻见某事，或某月日夜，梦见某物，准之前后，唯凶无吉，自非大道，期济莫因，谨至心投命，凭仰玄真，缉熙百灵，矜恤亿兆。（33/679b）诸根暗钝于诸深义不大殷懃，设遇良友凭仰有处，渐渐得免生死之处。（姚秦竺佛念《出曜经》卷二十三）

仰禀 2：遵承；禀承。｜清斋三月，仰禀太冥，玄思感于太寂，积念启于上清。（33/400c）出入洞门，携契玉仙，仰禀高上，元始太真，应气顺命，位掌帝晨。（33/424c）朕今仰禀圣训，庶习古道，论时比事，又与先世不同。（《魏书·礼志》）

仰宗 3：同"仰禀"。｜普御群仙，自天以下，莫不范德于太真，仰宗于羽经也。（2/168b）辱之愈洁，掩之益明，恩德流布，天人仰宗矣。（33/638b）

凭庇 1：依靠禀承。｜方当凭庇灵宗，咨禀神规，若此之心，揆亦鉴之。（20/503c—504a）

"庇"有凭依义，如《左传·僖公二十五年》"信，国之宝也，民之所庇也"。

凭怙 1：依靠；凭借。｜俯仰惭惶，进退怀栗，凭怙与善之泽，冀荣

---

① 早期史书及经文中也见其逆序词"仰凭"，如：《三国志·魏书·陶谦》裴松之注引《吴书》："……曾不旬日，五郡溃崩，哀我人斯，将谁仰凭？"此五帝杀鬼都伯吏，皆受北帝清虚之号，虽为领杀鬼之主，至于阶级，亦不为轻，乃五岳所宗奉，学者所仰凭也。（33/765b）《词典》引宋王谠《唐语林·补遗四》释为"凭借，依靠；仰，表敬之词"；我们认为，"仰"并非敬词这从经文及其他文献中有其逆序形式"凭仰"可以看出。"仰"有依赖、依靠义，如《管子·君臣上》"夫为人君者，荫德于人者也。为人臣者，仰生于上者也"。

已枯之姿。(33/823b) 今此尊者，法大将军，已取涅槃，我何凭怙。(北朝慧觉《贤愚经》卷六)

凭托3：依靠；依托。｜功德浅陋，冥报已重。福田之喻，敢不自励。凭托徽猷，情若山海。动静启悟，望垂矜录。(20/507a) 同学又无，付三师高足弟子；弟子又阙，就诸保证；保证复尽，凭托有道，道德可师，引人投命。(33/691b) 终归骨兮山足，存凭托兮余华。(潘安仁《寡妇赋》)

"凭托"即"托"，《庄子·庚桑楚》"将恶乎托业以及此言邪"成玄英疏"越年老，精神暗昧，凭托何学，方逑斯言"可作说明。

仰衔3：仰仗；领受。｜穆奉被音告，频烦备至。仰衔恩润，光华弥焕。(20/503c) 男生许玉斧辞：玉斧以尸浊肉人……常仰衔灵泽，永赖天荫。(20/530b)

"衔"有"遵奉；领受"义，如《礼记·檀弓上》"仕弗与共国，衔君命而使，虽遇之不斗"，该词从语用的角度看，多用来表感谢 (叶贵良 2005：122)。

谨承1：敬慎奉行。《词典》引明吴宽《古田县重建文庙记》。｜蒙恩如愿，精神专固，各得无他，谨承师法，拜章一通。(32/743a)

谨遵1：敬慎遵照。｜今谨遵入静次第立成之法如左，先盥澡束带，刷头理发……(6/619a) 谓宜谨遵先典，一罢凶门之式。(《宋书·孔琳之传》)

依盟20：遵照盟誓。｜若有金名玉字，列奏玄图，应得此文，师当依盟对斋九十日。(1/831a) 深慎奉行，依盟宝秘，不得轻传。(3/416a) 若七百年内有至心骨相应玄，录字上清者，皆得依盟而传。(33/552c) 依盟受之。(34/61c)

依科74：依照科律。"科"指道派的戒律，与世俗的律令相仿。｜依科，七百年内，若有金名东华、紫字上清，合真之人，听得三传。(1/829c) 依科三千年一传。(2/169b) 有金骨玉藏，玄图紫简，名标上清，依科盟传。(3/415a) 依科，七千年当传以成真人。(6/211a) 依科奏简，便成真人。(33/433b) 依科，明慎奉焉。(34/12c)

猥辱1：谦词。犹言承蒙。《词典》引唐韩愈《答魏博田仆射书》。｜真灵清秀，并垂戒悟。猥辱文翰，华藻成林。(20/507c) 猥辱逮告，伏见至尊答臣下审神灭论。(《弘明集》卷十)

访拟 1：仿效；效法。"访"通"仿"。｜夫阴丹内御房中之术、黄道赤气交接之益、七九朝精吐纳之要、六一回丹雌雄之法，虽获仙名，而上清不以比德；虽均致化，而太上不以为贵。此秽仙浊真，固不得窥乎玉闼矣，且险戏履水，多见倒车之败，纵有全者，臭乱之地仙耳，想访拟高范，不足绥意而注营乎。(33/601c)

"访"当通"仿"，乃仿效义，从而与"拟"近义复合成词。"高范"指高尚的风范，在经文中指上清之道（即崇尚神交形不交的新房中术，参朱越利 2001a、2001b），极力贬斥句中"阴丹内御房中之术、黄道赤气交接之益、七九朝精吐纳之要、六一回丹雌雄之法"所代指的天师黄赤之道和金丹派（参张崇富 2003a）。

效述 1：遵循；效法。｜自此以外，应变无穷，非斯六人，不可制作，乃得撰集，效述古先，皆应证引前圣谟诰，慎勿率已胸臆而言。(33/612b)

"述"有"遵循；继承"义，如《书·五子之歌》"五子咸怨，述大禹之戒以作歌"孔传："述，循也。"

师宗 1：祖述；效法。｜事周孔云：世袭仁义，仰慕仙王，师宗周孔，祭礼归诚，谬荷玄佑，荣显超升，凭心妙化，庇命法门。(33/678c)《三国志·王朗传附王肃》裴松之注："王彪亦雅好文学，常师宗之，过于三卿。"

例中"师宗"与"仰慕"相对为文，乃祖述；效法义。"师"可作效法讲，"师宗"并非名词用作状语，而应为同义连文。

第三节　礼拜朝奉

叩₂1：叩头；礼拜。《词典》引《儒林外史》。｜臣妾以凡下质乖高上，误以枇俘之识，叩揽龙凤之章，忝籍余庆之荣，陶染大乘之法，录传玄授，遇师曲躬叩前后，所得内外要文、真言妙旨、不死之方、神符宝图、长生之术，篇部筌蹄，古今略备。(33/682b)

拜礼 10：礼拜；朝拜。｜并皆微言，其旦夕拜礼，如前自足。(6/620b) 昔有刘少翁，曾数入太华山中，拜礼向山，如此二十年，遂忽一旦得见西岳丈人，授其仙道。(20/564b) 小兆王甲今有言，谨以吉日，拜礼上天，乞愿神仙，上名玉篇。(33/415b) 毕，又七拜礼七圣，咽七

气，止。(34/64b)

该词为"礼拜"的逆序词，后接神仙、处所，也即礼拜、朝拜义，与其他传世文献"行拜谢或致敬之礼；受人礼拜而给的礼物"等意义不同。

礼朝 5：礼拜；朝拜。｜正引气三十六咽，起，向西北心拜，九礼朝九天。(1/901a) 毕，再礼朝玉真，转南向诵赤帝曲。毕，再朝礼玉真。转西向诵白帝曲。毕，再礼朝玉真，转北向诵黑帝曲，毕，再礼朝玉真。(11/148b)

礼见 2：拜见。｜道学当念游上清金阙，礼见真人太上。(33/802a) 道学当念游日月宫殿，光明焕赫，礼见日月王，饮以日月华、金液之浆。(33/802a) 会稽王道子宠幸尼及妣母，各树用其亲戚，乃至出入宫掖，礼见人主。(《晋书·五行志》)

礼揖 1：行礼作揖。《词典》引清唐甄《潜书·尊孟》。｜恭敬紫微上真九华妃也，皆礼揖称下官。(20/497c、34/299b)

拜敬 3：朝拜；礼拜。｜若夜中恐畏，但讽此二篇诗，则千精进匿，如与万人同宿，山川闻此诗咏，皆执鞭向声处而拜敬也。(33/568b、33/604b) 俊步道从寿阳之镇，过峒碑，拜敬泣涕。(《南齐书·刘俊传》)

揖敬 1：作揖；礼拜。｜此人来多论金庭山中事，与众真共言，又有不可得解者，揖敬紫微、紫清、南真三女真，余人共言平耳。(20/495c)

参谒 2：参拜晋见[①]。｜太上道君曰：李山渊德合七圣，为金阙之主，方当参谒十天，理命亿兆。(33/603c) 太上大道君，玄灵秀虚，维任上化，理会千真，参谒十方，乃檄摄八帝，隐浪晨征，威灭六天，正立三道。(34/73a)

宴/晏礼 7：隆重朝拜。｜华光交焕，三烛合明，文威焕赫，气布紫庭，众真宴礼，称庆上清。(33/477b) 五帝扶翼，降致灵轩，十界众圣，宴礼广庭。(34/8c) 玉仙典香，太华执巾，四司监暎，五帝卫轩，三元晏礼，万仙朝真。(33/518b) 一月三登凤台，晏礼游香，诵咏忧乐之辞也。(34/1a)

经文中的"宴/晏礼"当为行为词，作"施礼；礼拜"讲。"宴礼"

[①] 该词在《北史》、《北齐书》均有使用，《词典》释为"晋见上级或所尊敬的人；瞻仰尊敬的人的遗容、陵墓等"，直接释为"参拜晋见"概括性似更强。

原为名词，指周天子招待诸侯之卿所用的礼仪，是地位高的一方对地位低的一方的款待，而经文中则是地位低者礼拜尊崇地位高者。

宗礼 1：朝见；礼拜。｜恭奉尊亲，崇敬胜己，宗礼师君，腹目相和，如同一身。(3/417a)

诸侯夏见天子曰"宗"，如《周礼·春官·大宗伯》"春见曰朝，夏见曰宗，秋见曰觐，冬见曰遇"，引申为朝见义。"宗礼"即礼拜朝见义，与《词典》所释"祭祀宗庙的典礼；同宗尊卑之礼"义不同。

俯仰 34：参拜。｜至真大圣众，散华开三便，俯仰法诚功。(2/165b) 奉迎圣君，飞行上清，俯仰洞清，自然官号，侍卫上真。(3/282c) 飞行上清宫，俯仰上清、洞清。(6/212a) 俯仰太帝堂，禀承三天制。(28/407c) 眄顾亿万椿，俯仰伯吏庭。(33/397a) 凤衣轻翔升龙山，俯仰九灵谒玉晨。(34/178a)

"俯仰"后跟的都是仙真或神真所住宫阙，故当为"礼拜；朝见"义，是借礼拜时仰头和低头这两个特征动作来构词的。经文中还有"俯仰之格"一语，即表示道教所规定的参拜程序，如：不依法而诵经，亏损俯仰之格，徒劳于神，无益于求仙也。(3/434c) 凡学道求仙，宜知俯仰之格。(33/434c)

之造 4：朝拜；朝见。｜金翅拂羽，章服曜无。散烟落晖，之造西崿。金门兰室，四气相扶。(1/825c) 又敕飞凤使者，驿龙骑吏，宣通启白，处处之造。(33/589b) 四渎五岳，为我桥梁。帝君使令，扫除不祥。诸所之造，靡不吉良。(34/17b)

造之 1：同"之造"。｜行此一十八年，目生流电之光，头上常负日月之精，变化易景，与二耀齐并。乘虚御空，造之玉庭。妙化之道，秘而奉行。(33/548c)

启朝 4：开始朝拜；动身朝拜。｜天丁一怒，五岳振摇，风火征伐，九天启朝。(1/514a) 玄龙吐毒，神虎右号，鹹灭万魔，叱斩千妖，六天为之摧落，山岳为之启朝。(4/558c) 万精幽匿，灭邪破妖。天丁一怒，五岳启朝。(6/631c、34/147b)

神咒威力无边，各路神仙一听到神咒就动身前往参拜，故为"启朝"。

祈拜 1：朝拜祈祷。｜入静，祈拜三宫之神，助人陈请，皆从口中出入，今事竟，水荡。(6/625c)

祝拜 5：念咒朝拜；祝乃拜的方式①。｜八道所行祝拜之辞，亦如此。(34/36c) 人若见，当祝拜之。(34/37b)

奉拜 1：朝拜；礼拜。《词典》引《二刻拍案惊奇》。｜夫师因经业，故称之曰生，受者习焉，以同其诚……尔乃奉拜咨受，修盟曲室，尊卑以显，三洁分别，孜孜之心，宝经藏密。(33/543b) 遥光字符晖，生有躄疾，太祖谓不堪奉拜祭祀，欲封其弟，世祖谏，乃以遥光袭爵。(《南齐书·宗室传》)

奉觐 1：朝拜；拜见。｜庶几积诚，卒获微感。玄运既会，奉觐有期。(20/528a)

进朝 2：前往拜见。《词典》引明何良俊《四友斋丛说·史四》。｜得离下世，上升金阙，进朝玉皇。谨奏。右书三简上 (33/433a) 既登易有之门，便上升帝堂；得谒玄景玉宝，便得进朝三元。(33/436b)

进拜 3：同"进朝"②。｜得谒太帝馆，进拜玉皇庭。(33/455c) 太微天帝君乃稽首伏于窗轩之下，进拜于帝皇之机，凭琼颜而妙感，仰灵眸而陈辞曰。(33/769c)

上造 98：上拜；朝拜③。｜千乘火甲，万骑扬幡，俱与太一，上造帝先。(1/573b、33/760a) 得策紫虚，上造帝晨。(3/443a) 运升太虚，上造帝晨。(6/223a) 乘景飞空，上造帝晨。(33/425a) 九年则得乘虚驾浮，上造玉清太空之中也。(34/12b)

上诣 81：同"上造"。｜丹琼绿舆，运我升飞，上诣朱房。(6/221a) 此学道道成，上诣青宫，投金简，受署真仙上格。(33/435a) 上诣郁单无量天。(34/22b)

恭礼 2：恭敬地礼拜。｜当长斋幽林，弃放亡身，恭礼经文，不得身染殈秽，轻慢天真。(3/419c) 当灭酒恭礼，当写酒安心。(34/353c) 肇祀严灵，恭礼尊国。(《南齐书·乐志》)

跪礼 1：下跪礼拜。《词典》引清王士禛《香祖笔记》释为"下跪的礼节"。｜损益虽佹，标饬可知，跪礼揖让，多不相同。(33/664b)

隐朝 10：秘密参拜。｜右此三事并上学隐朝之法。其经并不显世，

---

① 该词与前文所述的"拜祝"不同，重心在拜，乃念咒朝拜义。
② "进拜"与"进朝"同义，与《词典》所释"按一定的礼节给人加官升爵"不同。
③ "造"有造访义，"上造"与前文（第30页）所述"上朝"的意义相同，也为"朝拜"义，与《词典》所释"爵位名"有别。

故南真出之，亦是令长史遵用也。（20/541c）此太极真人隐朝三元也，礼愿之道也。（33/390a）谓遇得此隐朝之道，守行之三十年，得乘云驾歘，升入玄洲。（34/296c）

道法神秘，对神真的朝拜也不能让旁人知晓，要暗中朝拜，故称"隐朝"。

造晏/宴 1：礼拜；朝拜。"晏"义虚化。见第 320 页。

朝宴 11：同上。"宴"义虚化。见第 320 页。

第四节　珍藏保密

封秘 1：封存；封藏严密。《词典》引宋吴曾《能改斋漫录·类对》。｜玄都四极明科曰：青要紫书金根众经，乃九天真王受空玄自然之章，付九阳元皇玉帝，封秘九天之上、玄灵七宝玉室，侍典玉女三千人。（3/428c）

封检 2：加盖印记；封镇。《词典》引唐陆龟蒙《和袭美江南道中怀茅山广文南阳博士》释为"加盖印记的封口"。｜道君书其文，备游十天，召神灭魔，威伏万精，封检五岳，束缚群灵。（33/763c）灵幡征万魔，肃若风拂尘，束精灭贾生，封检北丰山。（33/777a）城平，高祖遣弘策与吕僧珍先入清宫，封检府库。（《梁书·张弘策传》）

封付 3：封存托付。｜今封付，别当抄写正本以呈也。（20/592c）今奏金简，言名玉清，封付灵岳，长为天臣。（33/431c）太岁某子正月某朔一日某子，于某郡县乡里中封付某岳，奏。（33/433a）

"付"有托付义。道书要深埋名山，神仙及信徒将经书密封后埋于五岳名山，有似托付给山岳，故名"封付"。

闭秘 1：收藏，不使外传。《词典》引明李贽《答焦漪园书》。｜受开明阴生及天皇象符及拘魂制魄上经，赍有经之师白绢四十尺，银镮二双，青丝四两，以代歃血之誓，为闭秘不宣之信。（4/557b）

宝秘 30：珍藏；保密[①]。｜得者宝秘，慎勿示人。（3/440a）南极上元宝秘玉检之文。（6/220b）玉帝宝秘，不传于世。（33/424a）右奔日月之道，太上上清、太极九皇四真人之所宝秘，玄虚玉君之玉章也。（6/

[①] "宝秘"在稍早的《抱朴子》中即有用例（参本书第 18—21 页"新质的确定"）。

698b、34/38b、34/51b)

宝祕 21：同"宝秘"。《词典》引《隋书·经籍志四》。｜右上真宝符十五首，乃高圣太真玉帝所宝祕。(3/442c) 太上大道君宝祕此道。(33/556a) 奉者宝祕，慎勿妄宣。(34/63c)

保秘 2：保藏；珍藏。《词典》引清费密《弘道书·道脉谱论》。｜保秘年劫积，泄慢地狱婴。考及七世祖，风刀解汝形。(33/488a、33/683a)

保祕 2：同"保秘"。｜泄语三人，传不得真，七祖父母下及兆身，并充刀山三途之中，万劫不原，得者保祕，慎负四明。(34/61b) 但臣以寓蔽，神智未通，知人常难，实敢保祕，谨依科法，清严传真，启告灵秘。(33/823a)

宝密 11：同"保秘"。｜得者宝密，妄宣非人，死入九幽。(1/889c) 书文皆以黄缯为地，青笔书之，以朱笔规四面，以宝密天真也。(6/219c) 唯执心守敬，修行宝密而已。(20/530b) 九天之秘信，兆当宝密。(34/58c)

"宝秘、宝祕、保秘、保祕、宝密"当为辗转孳乳的同义词。"保"、"宝"音同义通①，故"保祕"可作"宝祕"，如上例 34/61b"得者保祕，慎负四明"中"保祕"于敦煌文书 s.238 即作"宝祕"。②

"秘"与"祕"音同形义均近，"宝秘"与"宝祕"在经文中也可通用，2/866c"皆宝秘之，慎无泄矣"中的"宝秘"在 33/670a 即作"宝祕"。

"秘"与"密"音义均同，也可通用，34/59a"九天秘信，兆当宝密"中的"宝密"于 s.238 作"宝秘"。③

宝禁 3：珍藏；保藏。｜大洞真经者，世间地上、五岳天中，永无此经，上清天真尤所宝禁。(33/383a) 此威王之祝，既已妙重，又是高真所宝，其文皆藏于九天玉清之上、太元西灵之台，宝禁之科，不传于世。(4/558b)

"禁"有储藏义，如《左传·襄公九年》"自公以下，苟有积者，尽

---

① 二者在经文中有异文，如 6/615a"太一遣保车来迎"中的"保"于 6/629c、20/543a、33/795b 均作"宝"；33/476b"第二宫名玉保青宫"中的"保"于 33/434b 也作"宝"。

② 李德范辑：《敦煌道藏》第四册，第 2002 页。

③ 同上书，第 1995 页。

出之。国无滞积，亦无困人；公无禁利，亦无贪民"。"宝禁"即保藏义。

祕藏4：珍藏；秘密隐藏。《词典》引宋曾巩《襄州回相州韩侍中状》。｜玉清隐书隐玄羽经，一名洞景金玄，玉帝所祕藏。（33/771c）自得其诀乘空翔，遨游八极乐未央。子有此文深祕藏，四极试观题诸方。（34/66c）

秘藏①3：同"祕藏"。｜今之所得与者，同悉金玉简札，镂写秘藏，谙忆究解。（33/819a）太极真人之辞，众仙常所耽诵，不宣于下俗之人，秘藏金阙玉房之内也。（34/627b）

隐秘2：隐藏；珍藏。《词典》释为"秘密"。｜昔中央黄老君隐秘此经，世不知之也。子若知之，秘而勿传。（20/517c）道学当念隐秘天真名讳，不出我口。（33/802b）

深秘1：隐藏；珍藏。｜高上妙法，道为不虚。至学求仙，深秘此书。（34/85b）

"深"有隐藏义，《周礼·考工记·梓人》"必深其爪，出其目"郑玄注："深，犹藏也。""深秘"即珍藏义，异于传世文献中"深邃隐秘；奥秘"等义。

祕重1：珍视宝重。《词典》引宋王谠《唐语林·赏誉》。｜当以别室，烧香左右，朝夕礼拜，不得杂履淹秽，触真忤气，玉童玉女奏子之罪于高上，罚以水火之考。天真祕重，可不慎之。（33/582a）

"天真"指神仙，"天真祕重"即神仙珍视看重义。

录宝1：珍视；珍藏②。｜后学诸君，皆有志尚，希慕上仙，而能录宝其文，使清真遗苦诫之言，又不遵承，将非自其命乎？（6/220c）

"录"的保存义在六朝习见（参江蓝生，1988：131—132；蔡镜浩，1990：223）。

保录9：同"录宝"。｜出入朱宫，紫房绛城。保录我命，南宫记生。（34/104c）保录玄图，记简勒生。南昌刻筭，九天书名。（34/213a）

录封2：珍藏；封存。｜太微天帝君拔出死简，刊定真录，度籍太

---

① 经文中为行为词，作名词时音为"秘藏（zang）"乃"秘笈；宝典"等义，如《后汉书·马融传》"亦方将刊禁台之秘藏，发天府之官常，由质要之故业，率典刑之旧章"。
② "录宝"即"宝录"的逆序词，后者汉代即见（《词典》即引《西京杂记》），经文中也有用例。如：但宝录朝礼而已，不可便佩带于人间也。（4/559a）孔还都，唯宝录而已，竟未修用。（20/604a）但当宝录，密而奉行。（33/426b）

极，刻名东华，关奏太上，录封龟台，万灵千神，自称兆为九玄大夫。(33/384c、34/296b)

藏录1：珍藏。｜中央黄老君、南极元君藏录二景于太素琼台、玄云羽室。(34/145c)

掌录9：掌管；保管。｜今集其所禀，玉帝口言，以标玄虚，自然灵文，付上相青童君，掌录玄宫。(1/822b) 太上宝秘此文，不传于世，故付上相青童君掌录。(33/433b) 虚皇道君授以琅书，独诵帝章，掌录万仙，上统无崖，下摄九极。(33/696a) 左右丞各一人，四百石。本注曰：掌录文书期会。左丞主吏民章报及驺伯史。(《后汉书·百官志·少府》)

掌镇1：掌控保管。｜得为高真，掌镇仙文，役使万神，位为太极左卿。(34/383b)

宝妙1：珍藏看重。｜玉清隐书有四卷，乃高上玉皇昔受之于玉玄太皇道君禁书也，玉皇君所宝妙者也。(6/650c)

慎秘1：谨慎保密。《词典》引清蒲松龄《聊斋志异·天宫》。｜则七祖受风刀之考，玄母受胎灵之害，身为下鬼，门亦烟灭，搥蒙山之石，以投积夜之河，非夫有心之子，其慎秘也哉。(33/543b、34/100c)

幽秘1：保密珍藏。《词典》释为"深奥、神秘；神秘之事"等义。｜自天尊贵仙然幽秘此道，非仙骨者，不妄授此也。(33/543a、34/100b)

微密1：小心珍藏。｜但心坚注真，微密灵机则可矣。(20/503c)

秘固1：秘密珍藏。｜臣昔从先师中岳先生张君，奉三元玉检，秘固灵篇，不敢轻宣。(6/220a)

第五节　迎送侍候

经文中叙述神仙降临或信徒得道升仙时尊崇之人迎送接引，故有不少表达迎来送往的词语；信徒在修道过程中，对经书、神仙要殷勤侍候。我们将这两方面的词语放在一起讨论。

启引1：导引；引领。｜吾昨被帝召，摄领真元，令我封掌此五岳，挥割丰山，山精万灵受事，俱会帝前。七神启引，三元司真。(34/77a、6/666c"启引"作"启别"，当误)

扶迎9：扶将迎接。｜金符命灵，太帝扶迎。(5/879c) 胡老（氏老、羌老、万真、五老）扶迎，自知六国之音，与神交言。(34/14b—16a，5次）虽无扶迎之勋，宜蒙守节之报。(《晋书·荀崧传》)

礼迎 8：施礼迎接。｜大魔王束带稽首礼迎，仙官侍卫。(33/778c，7次）又以黄书皂文佩身，行之郁方郁亶之野、清静世界，则万灵束带，魔王稽首礼迎。(33/779c) 罢州还京，欲进贵之，托右中郎将赵郡李恃显为之养父，就之礼迎，产子宝月。(《北史·孝文六王传·京兆王愉》)

伺/司①迎 28：伺候迎接。｜今由飙身云虚，为玉清策辔，司迎上真，何异始学勤苦下世望登云阙之游乎？(1/831b—c) 精感玄虚，玉帝赏别，四界司迎，出入远近，莫不稽首奉侍于兆身也。(3/417b) 得佩此文，位同灵仙，诸天敬护，五帝司迎。(6/211c) 故以道之左右置台阙者，以伺非常之气，伺迎真人之往来也。(6/608a、33/405b) 则五岳仙官，侍卫兆身，水帝水灵，随方伺迎。(33/528a) 诸天晏礼，十方司迎。(34/17b)

卫迎 6：护卫迎接。｜有佩此文，九天同真，万灵稽首，群仙卫迎。(1/892c) 行之十八年……降致云龙丹舆，飞行太空，登山涉海，万神卫迎。(33/527a) 登涉五岳，及入三军，皆九天卫迎，四司扶侍。(34/28c)

侍送 1：侍奉迎送。｜凡知九地之音、三十六土皇内讳，则九气丈人常以四方五色灵官，防卫兆身，出入游行，登涉五岳，则仙官侍送，灭魔威试，降致神真。(34/26a)

奉接 1：侍奉迎接。｜轻身飞腾，乘虚络烟。上造紫极，奉接神颜。(34/182b)

邀迎 1：迎接；迎候。《词典》释为"邀请；迎合"。｜得佩此音，九地灭迹，六国邀迎，三十六天书名上宫，三元下降。(34/17b)

"邀"有迎候义，《庄子·寓言》"阳子居南之沛，老聃西游于秦，邀于郊，至于梁而遇老子"陆德明释文："邀，要也。"

奉侍 17：奉养侍候。《词典》引唐柳宗元《先侍御史府君神道表》。｜玉女奉侍，驾景太微。(4/562c) 六丁奉侍，天兵卫护。(6/640a) 得乘霄景，奉侍灵辕。(33/426b) 魂生万变，乃成帝君，五神奉侍。(34/35c) 贾贵人者奉侍先帝，劬劳帷幄。(袁宏《后汉孝章皇帝纪》第十一)

---

① 当以"伺"为本字，"伺"、"司"同为心纽之韵，"司"为同音替代字。

侍奉1：奉养侍候。《词典》引唐李白《赠历阳褚司马》。｜天给童子侍奉兆身。（33/658a）昔溯淮涘，侍奉舟舻；今还宫寺，仰瞻帷幄。（《金楼子·后妃》）

伺候1：供使唤；在身边服侍、照料。《词典》引《二刻拍案惊奇》。｜事师无二，寡动少言，沉懿静笃，伺候师颜，咨禀妙诀。（33/671b）

伏事3：侍候；服侍。《词典》引元关汉卿《谢天香》。｜其先祖伏事许长史。（20/570c）伏事师宗，竭力勇猛。（33/690a）｜我有一儿……以此伏事公卿，无不宠爱，亦要事也。（《颜氏家训·教子》）

奉对2：侍奉；侍候。｜四通八达，飞霞紫琼。上登金华，奉对帝灵。（34/26a）左执玉节，右握灵幡；五色命魔，奉对帝尊。（34/178a，"对"于34/601b作"封"，当误）如能同力剪除元叉，使太后至尊忻然奉对者，臣即解甲散兵。（《魏书·景穆十二王传·南安王桢》）虽奉对积年，可以为尽日之欢，常苦不尽触额之畅。（《淳化阁帖九·王献之》）

侍对3：同"奉对"。｜上受上（中、下）元检仙文，乞降天真，飞行上清，侍对上（中、下）元，早获神仙。（6/223b，3次）援答曰："前到京师，凡数十见，每侍对，夜至天明，援事主未常见也。"（袁宏《后汉光武皇帝纪》卷五）

侍给9：侍奉。｜（刘）翔于是叩头自搏："少好长生，幸遇神仙，乞愿侍给。"（20/562b）右青（丹、白、黑、黄）书板上，置东（南、西、北、中央）面，以镇东（南、西、北、中）岳灵官，侍给仙官九人。（33/489b—490a，5次）今日有幸，遇三元君出游，乞得侍给轮毂，任意祈祝矣。（34/36c）

"给"有供给、供养义，《庄子·让王》"回有郭外之田五十亩，足以给飦粥"，供养也是侍奉的内容，故称"侍给"。

给奉5：同"侍给"。｜九天告命东（南、西、北、中）岳青（赤、白、黑、黄）灵万仙官属卫扞先生某甲之身，登盟度真，记录青宫。俯仰格遣青（赤、白、黑、黄）帝仙官九人，给奉司迎，如九天信。（33/489b—490a，5次）

参侍1：问候服侍。｜若皇后妃嫔、夫人公主、诸王皇子、帝族侯伯，云优宸极，参侍帝宫，诞生皇家，宗连帝室，幸籍余庆，冠冕相承。（33/679b）初，明帝寝疾，马防为黄门郎，参侍医药，及太后为明帝起居注，削去防名。（《后汉孝章皇帝纪》上卷）

伺承1：伺候；侍奉。｜尔时太和真童与太玄玉女伺承宴乐，候母恬和，谨束身心，洁斋弥日，共相约誓，内外俱尽，倾资竭产。（33/589a）

第六节　守护防卫

修行者感通神仙，遂得神灵保护，其修行所凭神书也须神灵守护。故经文中有不少表达守候护卫的语词。

卫扞5：保护；保卫。｜毕，埋鱼龙札于玄谷，九天告命东（南、西、北、中）岳青（赤、白、黑、黄）灵万仙官属卫扞先生某甲之身，登盟度真。（33/489b—490a，5次）

卫蕃1：同"卫扞"。"蕃"通"藩"。｜上品第五章曰：上帝凝天，促命四真，灵元列素，神虎卫蕃，永摄阴府，顿落丰山，妖伏火宫，精灭帝前。（33/636c）

"蕃"通"藩"，"藩"有保护、捍卫义，如《左传·昭公元年》"货以藩身，子何爱焉"。

营扞1：保卫。｜居则在地，保安无凶，十二守将，营扞八门，通真致神。（34/26b）

营备1：防备；保护。《词典》引唐牛僧孺《玄怪录·崔书生》释为"置备；亦指置备之物"。｜所受上元真灵三百六十五部将军兵士天官将吏……周备亿千万重，勿令错误，营备某等，与众真合同。（34/141c）

营辅1：防护；卫护。｜此乃九天之帝信、玉皇之威章，左辅执节仙都，右置侍仙玉郎，五方灵官，十亿万人，典卫宝文，营辅佩者之身。（34/55a）

导卫2：引导护卫。｜亦得骋龙驾云，乘飞控虚，神官导卫，散影八遏矣。（33/404b、33/614a）

敕卫1：整饬守护。｜灭魔破妖，剪邪校精。风火奕震，六天摧倾。豁落北丰，九魔塞灵。逆道者诛，顺化者生。上帝委命，敕卫神兵。千邪灭试，万鬼无停。（33/768c）爽令傅婢执夺其刃，扶抱载之，犹忧致愤激，敕卫甚严。（《后汉书·列女传·南阳阴瑜妻》）

侍护4：侍候保卫。《词典》引孙中山《致张永福陈楚楠函》。｜守卫经者，玉女二十七人，常典烧香；侍护经者，玉童二十九人。（33/381a）吏兵军将力士使者万万千亿，侍护受者身。（34/131c）高祖于马圈，自不豫，大渐迄于崩，仲兴颇预侍护。（《魏书·恩幸传·王仲兴》）

扶卫1：护持保卫。《词典》引唐元稹《告赠皇祖祖妣文》。｜太上天辅，三帝所游。三卿扶卫，与真合俱。（34/309a）左右仆侍，众过千百，扶卫跋涉，袍钾在身，蒙曝尘日。（《魏书·崔光传》）

敬护6：保护。"敬"为敬词。｜得佩此文，位同灵仙，诸天敬护，五帝司迎，九年得见三元君，奉诣上清宫。（6/211c）去来自在，众邪不敢犯，群神所敬护。（33/579a）保举上清，五灵敬护，十界扶迎，周流六国。（34/17c）

"敬护"即"护"，经文中有异文可证，34/58ac"上皇玉帝告命诸天十方众圣、五岳灵仙，悉来护兆身"中的"护"于 s.238 作"敬护"。[1]

列卫1：排列护卫。《词典》引明姚士粦《见只编》释为"四周的防卫"。｜妙响却扇，神姬列卫，五老辅身，进德益气。（34/150b）白玉嵯峨，日月垂光；历火过水，经玄涉黄；城阙交错，帷帐琳琅；龙虎列卫，神人在傍。（《抱朴子内篇·地真》）

禳卫1：铲除保卫。｜既未能坐在立亡及远窜无人之乡，世事多虞，忽有危急，则无以禳卫，故显此法。至于世人精向者，亦可行之，所以独无道士之目也。（6/609a）

侠4：保护。｜太微玉帝，三圣徘徊。侠我左右，一合俱飞。（33/752c，"侠"于1/526a作"使"，当误）七百年中，神文乃见，五色之兽，卫符侠灯，记为夜照神烛通光灵符。（33/559a）飞兽毒龙，侠阙备门，巨虬千寻，卫于墙岸。（33/556b）

侠卫6：保卫；护卫。｜手把流铃，身生风云。侠卫真道，不听外前。（2/906b、33/405b、34/80a、34/308a）翠华含精，流珠侠卫，九千历周，香敷琼葩。（19/928b）太一与兆及二瞳步迹九星，再过太一帝星中，二瞳与兆侠卫。（20/12a）

侠守1：守卫。｜对灭五道，伐破胞根，双皇侠守，把符十玄。（33/771b）

侠侍1：侍卫。｜玉仙侠侍，五老扶麾。太阳启津，七元焕开。（33/

---

[1] 李德范辑：《敦煌道藏》第四册，第1993页。

777c）

固保 2：保卫巩固；坚守。｜五符命籍，把持玉案，帝君所临，主通诸神，混合太一，司命丈人，固保灵户，五藏会分，帝先守宅，凶种灭根。（1/536c、33/538b）元初二年秋，辽东鲜卑围无虑县，州郡合兵固保清野，鲜卑无所得。（《后汉书·鲜卑传》）

保镇 2：保护镇守[①]。｜使兆四运通明，三神固精，保镇万气，与神长宁。（1/541b）太玄生神，保镇命门。伏尸灭落，宁神安魂。（34/221b）

安镇 10：安抚镇守[②]。《词典》引《三国演义》。｜右真一内神，化三元，分气九人，安镇三宫。（1/898c）思九灵真人乘云气来入我身中，安镇肝内。（33/497c）使我魂魄，安镇黄宁。（34/7b）将以和天靖地，保国宁家，安镇社稷，一切真灵，皆获道福也。（34/444a）

休镇 1：同"安镇"。｜休镇百神门，闭塞万邪户，受事九宫闻，典禁召司命。（1/521b）

镇备 1：镇守防备。｜元父玄母，育养三关。八景镇备，真气散分。（34/86c）

第七节 炼化保养

学道者要得道成仙，还须借助神物的帮助，"炼"（练）在上清派修行体系中即有重要地位，它借助仙药、神水、神符、神光、火等客观存在或修行者想象出来的灵物来"冶炼"自己，使自己身心发生脱胎换骨的变化，从而得道成仙（如 1/901c "欲求飞仙，当炼魂灵"）。经文中"炼"的对象主要有身、神、形、髓、魂、魄、精、容等，都表对修行者形体、精神的冶炼。

炼身 12：冶炼身体。｜诸修行之中，唯法为久存思气火，便宜安详，

[①] 镇守的目的是使其安定，该词又引申有安定义。如：又临卧，常叩齿二七过，并祝念神名，令人魂魄保镇，尸鬼受闭。（4/559a）五藏结华而不朽，魂魄保镇而停年，镇神养生内思飞仙上法。（33/831a）

[②] 同"保镇"一样，该词也引申有安定义（《词典》通过《云笈七签》卷七转引《灵宝经》例，实可直接引六朝道经）。如：此则金玥下映，帝君安镇。（1/902a）三关安镇，洞房朗明。（6/224c）帝君安镇，总领水仙。（33/526c）三宫安镇，九孔结仙。（34/185a）

渐渐变化及炼身之后，弥使良久，状如眠寐，不复觉有四体，乃佳。(6/616c) 散绛飞晨，足蹑华盖，吐芒炼身，三景保守，令我得真。 (6/549c、34/47b)

炼神 12：冶炼精神。｜诵咏上清大洞真经三十九章，炼神保藏，乞胃管华荣。(1/514a) 上学之曹，身神未得俱去，运应转轮，皆用舍身之术，炼神上升。(33/692b)

炼形 31：冶炼身形。｜存明堂三君并向外长跪，口吐赤气，使光贯我身……良久乃止，名曰日月炼形，死而更生者也。(2/906c、33/404c) 神真变景，改容炼形。体含玉髓，胃藏华生。(33/547c) 九垒灭尸，东井炼形。(34/26a)

炼魂 21：冶炼魂神。｜洞阳吐精，东井炼魂。(1/825a) 日魂流光，五色滂沱。炼魂金门，圆景峨峨。(33/478b) 炼魂固魄，万神总归。(34/85a)

炼魄 11：冶炼魄神。｜澄魂羽幽，炼魄空同。(1/530c、33/753c) 和魂炼魄，合形大神。(6/658a、20/552a、33/459c) 录魂炼魄，塞灭邪精。(34/78c)

炼精 11：冶炼精气。｜併我魂魄，炼精帝前。(1/528a) 紫微炼精，结成仙容。(34/185b)

炼髓 5：冶炼骨髓。｜东方五灵，日气焕青。旦入泥丸，炼髓宝形。(6/546b) 招灵致气，坐降自然。变形炼髓，骨化成仙。(33/408b) 炼髓易骨，节节纳真。(34/82a)

炼容 11：冶炼形容。｜炼容固髓，返白为青。(1/516c、2/862c、33/498a) 变景炼容，保命长延。(1/518a、33/414a、33/498c) 栖心霄霞之境，炼容洞波之滨。(33/430c)

炼质 4：冶炼成仙之质。《词典》释为"提炼质素；冶炼"。｜洞玄即大洞玄经，读之万遍，七祖已下，并得炼质南官，受化胎仙。(20/565b) 阴精玄降，淘灌形源。炼质染气，受化自然。(33/426c)

炼气 8：道教吐纳导引以求长生的方法。《词典》引清袁枚《新齐谐·挂周仓刀上》。｜欲炼气三元，养神续命。(33/471c) 保精炼气，五华结鲜。(34/56b)

受炼 96：接受冶炼。｜七星受炼于广寒之宫，明鲜紫景于七曜之晖。(1/830b) 万邪伏法，受炼斗君。(18/745b) 长生自在，回老反婴。魂魄

受炼，五神安宁。（33/460c）高上流精，混合反胎，受炼化生。（34/183c）

冶炼 11：陶冶；用（神气、水、光）等使身、心发生变化。｜金门之内，有金精冶炼之池，在西关耶尼之分。（1/822c）中有赤树，白实，金翅之所栖，自生金精冶练之膏，食之一口，得寿七万年。（6/673b）一切含气，同少异多，多无輓数，少极乎一，一未可至，此同路逻，方须冶炼。（33/610b）若存若亡，流光紫气拂其秽，金精冶炼莹其文。（34/63a）

在经文中指修行者及灵物接受神物（日光、神水）的陶冶，与"用焙烧、熔炼等方法，从矿石中提炼出所需要的金属；比喻人的思想感情方面的锻炼培养"等意义（《词典》均引现代书证）相仿。

炼冶 2：同"冶炼"。｜青童道君仰玄极之虚，通交神之耀，日月结气，炼冶真形。（19/929a）

炼化 23：冶炼化生。｜右八炼金冶化仙真符。以立春之日，黄书青纸，投水中，沐浴则通身炼化。（1/829c）炼化八道合胎仙。（2/862b）三合九变，炼化胎婴。（6/221c）或易世炼化，改氏更生者，此七世阴德，根叶相及也。（20/587a）炼化金门上，沐浴东井中。（33/482a）炼化四道，五气交缠。（34/211b）

化炼 2：同"炼化"。《词典》引清黄六鸿《福惠全书·教养·立义塚》释"化炼"为"火化"。｜领理神道，徘徊五津。从容金房，化炼天仙。（33/392c）流注元津，大神虚生内结，以成一身，灌质化炼，变景光明。（34/33b）

学道者身神受到神物冶炼而发生变化，从而得道成仙。"炼化"在早期文献即有用例，但指冶炼丹药，如：铅丹味辛微寒，主治咳逆胃反，惊痫癫疾，除热下气。炼化还成九光，久服通神明。（《神农本草经》中卷）经文中指对人体的冶炼，义域扩大。

变炼 10：同"炼化"。｜上化九气，变炼百神，内理六宫，外降太仙。(6/558a、34/84a) 使易世变练，改氏更生。(20/560c) 此九沐浴变炼之道，行之令人体香神通。（33/547c）变炼虚无，洞映上清。（34/180b、34/293b）

炼变 5：同"炼化"。｜右龙景九炼之符。以立秋之日，晡时，青书白纸上，投水中，沐浴则骨髓炼变。（1/830a）混合中真，炼变自生。四

度改化，反我真形。(34/225a)

炼易1：同"炼化"。｜当化身为龙，匡御五星，炼易形容，乘云宴景，上登玄宫。(33/549c)

炼改1：同"炼化"。｜三元帝室，反老生翁，玉华灌溉，炼改芝容。(1/536a)

毁易1：改易；改换。｜出世者餐霞饵气，毁易身形，云人羽客，神灵同游。(33/688c)

烧炼1：燃烧冶炼。《词典》引《再生缘》。｜火与气俱烧炼身，表里照彻也。(6/616b) 当先使其身化为火精，精光流熘，烧炼身形，内外圆匝，从火反生，身被三炼，克登太清。(33/548c)

运炼1：运化烧炼。《词典》引《西游记》。｜身衣飞青，锦绣华裙。运炼变化，四度交分。(34/216a)

含炼3：炼化而生。｜若灵真托化，含炼琼胎，暂经死户，运履人道，挺秀自然，曜景睹灵，便腾身九天。(34/82b) 玄漱飞晨津，含炼自然牙。(34/220a)

"含"有容纳义，如《易·坤》"含万物而化光"，"含万物"即生万物，经文中的"含炼琼胎"即怀孕炼化仙胎，结合后二例的受事"八道、自然牙"，"含炼"即炼化而生。

导炼1：导引冶炼。｜天轮地转，四时交真。五行导炼，结成玉仙。(34/229b)

"导"当即道教中的导引术，与冶炼相配，故称"导炼"。

制炼8：冶炼制伏。｜伏愿调和三魂，制炼七魄，尸虫沉落，腑藏光华。(1/514b) 使人聪明朗彻，五藏生华，魂魄制炼，六府安和，长生不死之道。(6/614c、20/543a) 六府启关，华液泯平。魂魄制炼，得真之精。(33/643a)

道教认为，要得道成仙，常须冶炼人身中的魂魄和神仙，使其顺服，从而助人成仙，故称"制炼"。

伏炼1：同"制炼"。｜三宫布列，丹碧罗精。周流百关，伏炼尸形。(19/929b)

镇炼1：同"制炼"。｜五炼镇尸，尸后更生，或托胎化生之由，由于先德，加以镇炼，施散立功，功转必速，与道合同。(33/692b)

灌炼3：灌溉炼化。｜太明灵晨，九度郁青。招霞藏晖，灌炼五形。

(6/550a、34/47c)便三呼九河帝君冯命长，治我身丹田之中，命龙运水，灌炼我身。(33/549b)

炼灌4：同"灌炼"。｜双皇守门，七灵安房。云津炼灌，万气混康。内外利贞，保兹黄裳。(6/662b、34/78a)仰餐流晖，炼灌我身。我身变化，升入九天。(34/190c)

灌炼4：同"灌炼"。｜浩观太无，灌炼五通，澄魂羽幽，炼魄空同。(1/530c、1/562b、33/753c)五川洪池，曲水丹华。洗垢除尘，芳香滂沱。神形灌炼，玉浆芝泥。(33/547c)

炼灌4：同"灌炼"。｜炼灌七魄，和柔三魂，神灵奉卫。(2/899c、908a、33/407b、34/81a)

澡炼7：沐浴冶炼。｜七魄澡炼，三魂安宁。(2/902a、20/539b、33/460b)七魄澡炼，不动不倾。长与三魂，隐伏帝庭。(6/631b)拨于昔累，非复故形。变扇澡炼，得道之情。和挹神心，仰秀云灵。(20/514a)

在道徒眼里洗浴并不仅仅是去除污秽，而且可以使魂魄精神得到冶炼，以通神招真，故称"澡炼"。

荡炼5：同"澡炼"。｜每至甲子，当沐；不尔，当以几月日旦，使人通灵。浴不患数，患人不能耳。荡炼尸臭，而真气来入。(6/629c、6/611b、20/541a、33/465a、33/796b)

盥炼1：同"澡炼"。｜正气夷形，闭目内视，忘体念神，烧香盥炼，存神守真。(6/547b)

涤炼1：同"澡炼"。｜紫霞洞映，飞光万寻。和魂制魄，六府涤炼。(33/643c)

炼度3：冶炼使之升度。《词典》引《金瓶梅词话》释为"道士为丧家打醮礼神祈福"。｜兆已在火中，觉体通热，有微汗佳，便起南向，三过呼左目神赤精，三过呼右目神娥延，二神共以火炎之烟，炼度我身。(33/549a)皇老开张，四运改灵，炼度三关，变化饰形，是日庆合，万气交并。(34/187b)

"炼度"即用神火、光、气、咒等使对象（多为受苦难者）得到冶炼而超越升度。道经对该词有说明，如"炼度者，以我身中之阴阳造化，混合天地之阴阳造化，为沦于幽冥者复其一初之阴阳造化也……炼之而后度之，故总谓之炼度也"(10/145b)。

保炼 14：冶炼保养。｜七气守肺，与神同居，保炼五藏，含华内敷。(1/517c、2/863a、33/414a、33/498b) 保炼骨血，拘魂制魄。(18/745c) 主化生眼晖，和莹精光，长珠彻童，保炼目神。(20/539a、33/461b、34/302c)

宝炼 3：同"保炼"①。｜三气消尸，朱黄安魂。宝炼七魄，与我相亲。(6/657b、33/465c) 复有体神精思，宝炼明堂，朝适六灵，使五藏生华，守闭元关。(20/522b)

摄炼 1：同"保炼"。｜摄炼魂魄，六府之间。领录万神，与我俱仙。(33/536b)

"摄"有保养义，如南朝梁沈约《神不灭论》"虚用损年，善摄增寿"；经文中养生即可称为"摄生"，如"是以善摄生者，卧起有四时之早晚"(34/468b)。

保摄 1：保养。《词典》引《资治通鉴·唐太宗贞观二十年》。｜合明扇虚，时乘六云。保摄我身，上升九天。(6/616a)

和摄 2：同"保摄"②。｜太帝曜明，和摄魂庭。三魂七魄，镇守故形。(2/165a) 素明童子，左回右旋。和摄六气，养育五神。(6/547a)

"和"有"调治；调适"义，如《周礼·天官·食医》"食医掌和王之六食"郑玄注："和，调也。"这种调和也可用于对身体的调理，故与"摄"近义连文。

和柔 4：调理；调和。｜手把星精，项生日真。正坐吐气，使我咽吞。与我共语，同宴玄丹。炼濯七魄，和柔三魂。神灵奉卫，使我飞仙。(2/899c、2/908a、33/407b、34/81a)

"和"有调和义；"柔"有安抚义，如《左传·文公七年》"叛而不讨，何以示威？服而不柔，何以示怀"杜预注："柔，安也。""和柔"即调理义。

炼柔 2：冶炼安抚。｜宝液闭精，炼柔身神。(1/897b) 七神徘徊，炼柔三魂。(33/540b)

理和 1：控理调和。｜此道以摄运生精，理和魂神，六丁奉侍，天兵卫护。(34/302b)

---

① 如前所述，"保"与"宝"可通用，故"保炼"同"宝炼"，2/165b"保炼三度，养液和魂"中的"保炼"于 20/526c 正作"宝炼"。

② 上引 6/616a 例中的"保摄"于 2/904b、20/545c、20/566c 三处均作"和摄"。

第三章　有生行为词（二）　　147

节护 1：护理调节。｜人主大期，百年为限，节护之者，可至千岁。（18/477a）

养护 1：保养；抚养。《词典》引唐符载《贺州刺史武府君墓志铭》。｜元父解形，玄母养护，五神辅翼，飞升霄路。（34/224a）况吾等营魂已谢，余息空留，悲默为生，何能支久？是则虽蒙养护，更夭天年。（《陈书·徐陵传》）

补养 4：用饮食或药物来滋养身体。《词典》引宋秦观《治势下》。｜赤精补养，我身高真。（2/863a、33/498a）赍青芝五精，补养我身。（33/498a）思太阳南极真人融尚生，赍丹芝玉精，补养我身。（33/498a）天门子者，姓王名刚，明补养之要。（葛洪《神仙传》）

道养 1：导养；摄生养性。《词典》引清陈确《答张考夫书》。｜白元无英，道养太宾。八灵翼体，玉华衔烟。（6/547c）适东岱而奉中黄，入金谷而咨涓子，道养则资玄素二女。（《抱朴子内篇·极言》）

化养 1：生育养护。｜故口为华池，中有醴泉，漱而咽之，溉藏润身，流利百脉，化养万神，支节毛发，宗之而生也。（18/476c）

"化"有"生长；化育"义，如《礼记·乐记》"和，故百物皆化"郑玄注："化，犹生也。"

藏养 1：养护。｜夫大炎之气，摧于凋落之势；玄水包津，胎于金生之府，乃太阳光转，藏养天地，于是所以定刚柔之际，合二象之序，焕成流明。（6/633c）

宝守 4：保护；养护。《词典》通过《云笈七签》转引下例。｜太极辅星，精在紫阙，养生育命，宝守神魂，金房再开，奉见辅君。（2/897a、6/678b、33/443b、34/109a）

哺饴 3：哺养；哺育。｜七童子吐七宝之光，以哺饴兆身。（1/830c）乃上化九转、回精凝神、解散紫胞结节之根，还精哺饴，灵镇穷肠，内充外溢。（34/82a）金仙父母，养育胎婴。百神哺饴，玄灌我形。（34/183a）

延续 2：延长；增长。《词典》引叶圣陶《丁祭》释为"持续；继续"。｜凡为道士祭酒男女官，受真法，请求仙度，延续生命，并行戒法，立功补过，医治百姓。（33/471a）唯晨夕斋直，积功补过，仰希玄泽，停年住考尔。如此延续性命，还其年筭，与之更始，功过相补。（33/471c）

延生10：延年。《词典》引《西游记》。| 仙有九品，术有三十六门，又有百二十禁法，皆延生之原要，未有依科求志，苦到而不获者乎？(33/472b) 愿为众生说延生保命之法。(34/442c)

配对1：男女婚配成双。《词典》没引书证。| 而生生之人，须阴阳配对一气，谛识相生，两半成一。(33/605c)

含胎3：怀孕。《词典》引唐张鷟《朝野佥载》。| 自然之气，皆九天之精，化为人身，含胎育养。(34/82a) 上化玄丹，下转黄精。含胎变化，体无常形。(34/85c)

种人1：繁殖后代。《词典》释为"同种族的人"。| 智慧通神，求得仙圣，为道种人。(33/585c) 通神济众，系道种人。(33/608c) 男女婚嫁，恩爱交接，生子种人，永永无绝。(33/695a)

萸荣1：使……萌芽；返青复苏。| 俯仰惭惶，进退忏栗，凭怙与善之泽，萸荣已枯之姿，方勤洁己之威，敬俟妙门之应，馨沥丹志，恭验神效。(33/823b)

"萸"有"发芽；萌生"义，如南朝宋谢灵运《孝感赋》"萸柔叶于枯木，起春波于寒川"。

第八节　聚理托化

营治3：料理；治理。《词典》引唐韩愈《故幽州节度判官赠给事中清河张君墓志铭》。| 消魔上经上篇曰：耳欲得数按抑，其左右，亦令无数，令人聪彻，所谓营治城郭，名书皇籍。(33/461b、20/538a、33/795c)①

营措1：安排；处理。| 如其不尔，四者皆成内贼之害，外为骦兜之患不去，吝之不散，无所复营措于其间矣，亦无事趣当尔也。(20/527c)

"措"有"治理；安排"义，如《墨子·尚贤中》"故虽昔者三代暴王桀、纣、幽、厉之所以失措其国家，倾覆其社稷者，已此故也"。

代充1：代替。| 上古玄冠……热则短之，指周乎髻，斋则解之，加以颜带，后世俭弊，升细难营，丝葛代充，转亦下小，是以仲尼之今也。

---

① 该例见于《登真隐诀》，陶弘景注曰："一真本云营治城郭，其义亦不相乖，而耳为一面之界域，故宜治理之也。"(6/611a) 用"治理"释"营治"，其义甚明。

(33/663a)

代准 1：代替抵偿。｜法盟：白绢四十尺，金三两，古用白鸡歃血为盟，今以金素代准世无。其师当投物山栖，按而奉焉。(3/433a)

"准"有代替义，如：盟誓用锦帛三十尺，亦可青布准之。(3/429a) 凡受上清宝经，皆当备信，信以誓心，以宝于道，准于割发歃血之誓。(3/439a、33/657c)

补代 1：补偿代替。｜亡者魂神，考责在天牢地狱、太山二十四岳，不堪苦怆，还引生人，求以补代，致后世婴灾。(33/677b) 鞭捶国士，全用房法，一人逃亡，阖宗补代，毒遍婴孩，虐加斑白，狱囚恒满，市血常流。(《宋书·沈攸之传》)

补充 3：因不足或损失而加以添补；代替充任。《词典》引唐韩愈《请复国子监生徒状》。｜师受善用，三分之……不得私散，散之依法……权急偏济，时宜并用，先启三宝，后计补充，有违招考。(2/867b、33/670c)

充补 1：同"补充"。｜此二十四物，各有所应，积聚营之，不可阙一，穷地之乡，许用他物准类充补。(2/866c) 太玄都四极明科曰：受五岳飞仙之号，不任王事，亏替仙局，轻慢道文，退正仙之箓，充补三官都校之主，二千四百年，随勤进号。(3/418a) 己身充左官之罚，履山啖火，三途五苦之难，悉过三掠，得充补鬼役。(3/418c) 兵役既竭，枉服良人，牵引无端，以相充补。(《晋书·王湛传附王国宝》)

填补 5：补偿，补上。《词典》引《朱子语类》。｜百谷入胃，与神合气。填补血液，尸邪亡坠。飞登玉阙，长生天地，役使六丁，灵童奉卫。(2/900c、2/908a、6/662c、32/567、34/309b)

缉维 1：准备维持。｜未有台堂，且住静室，设橙敷经，小案擎香，于法应有，不得强无，未办顿足，稍就缉维，不可妄生侥幸，窃盗苟为。(33/687b)

"缉"有"理；整治"义，如《文选·王俭〈褚渊碑文〉》"是时天步初夷，王途尚阻，元戎启行，衣冠未缉"吕延济注："缉，理也。"在经文中指准备。"未办顿足，稍就缉维"是说未能一次备足所需，可待以后渐渐准备。

备办 3：置办；准备。《词典》引唐康骈《剧谈录·张季弘逢恶新妇》。｜夫静中所须，皆逆应备办。(6/626a) 结斋之始，投辞之初，便

应备办。(2/866c、33/669c)

供办1：供应措办。《词典》引唐元稹《崔公墓志铭》。｜至某今刷贫，依法供办酒脯盐豉等味。(33/825b) 陆纳为吴兴太守，时卫将军谢安尝欲诣纳，纳兄子俶、怪纳无供办，复不请问。(何法盛《晋中兴书》卷七)

买赎1：买取。《词典》引唐太宗《断卖佛像敕》。｜凡志欲学道，耻于师人，窃盗经书，买赎戒律……(33/468b)

谦饰1：谓因谦逊而掩饰真情。《词典》引《云笈七签》。｜真妃曰："君今语不得有谦饰，谦饰之辞，殊非事宜。"(20/495a)

假托3：假冒，伪托。《词典》引《元典章·台纲二·察司合察事理》。｜修行诵咏，有异物假托真形降兆之房，当以帝章之印向之，则真伪立见。(1/895c) 或邪精群魅，假托他名，妄作怨家，愿为仇敌。(33/680b) 乃复有假托作前世有名之道士者，如白和者，传言已八千七百岁。(《抱朴子内篇·祛惑》)

假寄1：假借寄托。｜登生气之二域，望养全之寂寂，视万物玄黄尽假寄耳。(20/525a) 问曰："虑体无本，故可寄之于眼分；眼自有本，不假寄于佗分也。"(《梁书·范缜传》)

托寓1：寄寓；寄托。｜若能耽栖灵观，洞宴七觉，机芒飙末，测神尽奥，弘模滢渟，虚迁幽间，神浪希夷，九音以悬，玄寂既忘，托寓法圆。(34/146b)

栖泊1：居留；停泊；寄居。《词典》引唐陈子昂《古意》。｜是故天有九丑杀鬼，各将徒众九千万人，乘云驭气，因风傍雨，栖泊林木，依附人家，伺其衰怯，随托衣服，流精饮食，入人脏腑。(28/410b)

栖身8：寄身；暂居。《词典》引宋李之彦《东谷所见·择师》。｜夫真才例多隐逸，栖身林岭之中，远人间而抱淡。(20/503a) 栖身长阜，托荫灵岳。(33/432c) 注神真气，栖身明机。(34/41a) 于今四世，栖身幽岩，人罕见者。(《宋书·隐逸传·翟法赐》)

寒栖2：贫居。《词典》引前蜀贯休《商山道者》。｜饭凡人百，不如饭一善人。饭善人千，不如饭一学道者。寒栖山林者，益当以为意。(20/524a) 师受信，当施之寒栖之路，恤穷乏之夫。(33/582c)

缊结1：积聚；聚合。｜夫惑生是非，嫌构疑似，潜滞于中，抱间心里，外握察观之气，内有缊结之唒，遗初觉于建始，乖玄梯而密猜者，有

如此徒，我见其败。(20/527a)

混化 41：混合而生。｜帝君混化，周旋三五，太一万变，结成七九。(33/531b) 五行秘文，与天地同生，混化万真，总御神灵。(34/5c) 幽幽冥冥，混化十方。(34/185b)

"混化"在经文中使用相当频繁，共出现 41 次，主要表达天地、帝君生成天地万物的意义，故当释为"混合化生"义，这当受到道家《老子》第二十五章"有物混成，先天地生"思想的影响。

凝化 9：凝合化生。表天地灵气凝合化生万物。｜金精凝化，结元七灵。(1/830c) 血髓凝化，九孔受真。(33/481b) 三尊凝化，上招紫灵。(4/550c、33/412c、34/308b)

合变 8：混合变化。｜若佩其文，则太微小童负五图于帝侧，绛宫真人承五符于胎尊，合变于三素之气，得形于晨灯之光。(1/901b) 明坦途而合变，扣冥枢以齐物。(20/525b) 道达无方，体一凝神。冲化合变，七道齐分。(33/770c) 则元父反形道根之气，更受炼洞根之精，与玄母合变，混沌二像之光。(34/181c)

结变 5：聚合变化。｜此因气结变，托象成形，随感而应，无定质也。(6/624b) 太上神精，高清九宫。三气结变，正当神门。(2/906c、33/393c、33/535c) 帝君太一五神，自然混化，立为一大神，不复待兆先思存而后为结变也。(34/34a)

混会 4：混合；混同[①]。｜奉符六合，混会亿千，累为仙王，上宴九天。(1/537b) 混九玄，三五流化。帝一解形，超登霄路。(1/552c、3/760a)

化合 6：与……融合；合并。｜帝一徊风，化合桃康，流生起福，上溢玉堂。(1/535c、33/755a) 化合威明，并羽太一。(33/635c) 虚盈顺福生，化合泥丸宫。(33/637b)

集对 2：相会聚集。｜八节之日，求仙极，会天命众真，皆当集对，未节一日，万灵诣阙，节日日中，尊卑入谒。(6/634b)

"对"有"逢；遇"义，如《后汉书·周黄徐姜申屠传赞》"琛宝可

[①] "混会"在经文中能与"混合"成异文。如 1/538a"元父左回明，混会太微童"中的"混会"在 1/566c 作"混合"；33/760b"我与帝一，俱升玉晨。重华累枝，混会天仙"中的"混会"在 1/553b 也作"混合"。"混会"后接的名词均为神仙，表达学道者具有了仙籍，能位列神仙。

怀，贞期难对"李贤注："贞期谓明时也。对，偶也。"

结集 1：结合聚集。《词典》引宋苏轼《奏浙西灾伤第一状》。｜运度玄中人，咽味生五方，结集成胎仙，丹母金真阳。(1/539a)

凝郁 2：凝聚；聚集。｜咽入口内此五色气五十过。(《登真隐诀》)陶弘景注："向五色凝郁面上，良久，更内之。"(6/616a) 白气徘徊，凝郁珠琼。(33/771c)

"郁"有聚集、凝聚义，如汉司马相如《长门赋》"浮云郁而四塞兮，天窈窈而昼阴"。"凝郁"当为同义连文。

合凝 1：凝合；凝结合并。｜玄丹阴气，黄名曰黄精，阴阳交，二气降，精化神结，上应九天，九天之气，则下布丹田，与精合凝，结会命门。(34/82b)

凝和 3：混和，混合。《词典》引萧红《夏夜》。｜摄养太一，开释三关，守镇七转，凝和元神，混化三五。(33/382a) 吐气溉精，泥丸以康。魂魄凝和，植华柱梁。使我飞仙，超虚蹑空。(33/642a)

凝精 3：凝合精华。道家特指凝聚真神。《词典》引唐孟郊《寒溪》。｜内华朗耀，百神凝精，反色婴童，翻然超升。(1/528b) 开阴结太漠，凝精固魂神。(33/547b) 九天垂典，结气凝精。(34/13b)

积滞 1：积聚滞留。《词典》引《隋书·儒林传序》。｜结气不纯，藏胃积滞，六府败伤，形神不固。(34/82a)

符契 1：契合；符合。｜志在博济，功德与天尊符契，何可不思行密旨乎？(33/588b) 轨躅之外，或有可观者焉。咸能符契情灵，各敦终始，怆神交于晚笛，或相思而动驾。(《晋书·光逸传》)

符类 1：符合。｜行之以去，使人不复病，辟水火五兵。(《登真隐诀》)陶弘景注："……青精饣迅饭，服之亦使人不病不灾，与此相符类也。"(6/625c)

触向 4：行动举止。｜八风扬轮，流映霄庭，招真致仙，下降我形，上愿利亨，触向皆成。(6/224b) 延寿无穷，千祸不干，万凶不当，兵灾疹灭，触向皆成。(5/880b、33/494a) 神归绝宅，触向利贞。使我神仙，长保劫龄。(34/79a) 朕无则哲之知，触向多弊，四聪不开，四明不达，内省责躬，无处逃咎。(《梁书·贺琛传》)

第九节 考核查处

考筭 5：考核；核算。｜东方青帝（南方赤帝、西方白帝、北方黑帝、中央黄帝）君姓常讳精萌……时诣东（南、西…）海水帝，考筭学道功过罪目。(33/519c—/525a，5 次)

校订 4：核实订正[①]。｜太上常以正月一日……诣东华青宫，校订真仙簿录，其有金简玉名者，即言奏三元。（33/431b）校订真人仙官录札及学者之名。（33/521a）

校定 12：同"校订"[②]；"定"同"订"。｜天上三官会于司命河侯，校定万民罪福。（6/633a）须臾当有领仙玉郎赍金简紫籍，来校定玉名。（33/435a）校定罪简，记功紫晨。（33/526c）

料简 1：清理；核实。｜楼谓上经不可出世，乃料简取真经真传及杂唆十余篇。（20/605c）

该词习见于六朝史书，辞书在该词下的引例及释义均可补，方一新（1997：99）有论。

科简 2：同"料简"。｜子方当匡御劫运，封掌十天，科简玄录，理判神仙。（6/668b）科简脱有合仙之人，骨相应图，依立玄都，具格盟天，金缯誓心。（33/634a）

"科"与"简"可对举。如：游行五岳，司察三界，监领一切，科贤简授，号为总真。（33/591b）二者单用表"挑选；核查"（刘百顺，1993：41）的例子也习见：察究有无，穷理尽性，总映人物，巨细毕识，方救济一切，科真别伪，赏善戒恶。（33/588c）玉帝定仙，青宫简篆。（33/486a）

"科"与"料"形近，但"科简"并不一定为"料简"的形讹。[③] 方一新（1997：89）在论述"科"的挑选、择取义及"科出、科取"等词

[①] 《词典》引清王应奎《柳南随笔》释为"校勘订正"，表对书本的审定校勘，义域嫌窄；该词在道经中主要是对学道者是否有仙籍的考核和仙簿是否该有其名的审定核实，故释为"核实订正"似更妥当。

[②] 《词典》释"校定"为"考核订正"，但所引例证全为对书籍的校订整理，也嫌窄。

[③] 《北齐书·文苑传·樊逊》："科间律令，一此宪章。"中华书局点校本校勘记："科间律令，《册府》'科间'作'科简'。按'科间''科简'不可解，当是料简之讹，有审核去取之意。"可商，"科简"并非一定为"料简"所讹。

时，就谈到了其所引例证中"科"与"料"的异文问题。方先生认为："'料出''料取'虽然习见可通，但从'科'字单用有挑选、选取义来看，作'科出''科取'者似亦未必误。'科'异文作'料'者，除了二字形近易讹外，也应考虑它们在同义的基础上形成异文的可能性。"所言甚是。

科检3：同"料检"。| 师既惋慨此事，追恨不早研究，亟令人委曲科检诸箧蕴，庶睹遗记，而永无一扎。(5/519a) 九真科检，秘于金藏玉匮，卫以玉童玉女各三千人，侍典灵文。(33/416a)

"简"、"检"同义相通，"科检"即"科简"，也同"料检、料简"（刘百顺，1993：73—74），同为六朝新词。

科校2：稽核。《词典》引《续资治通鉴·宋太宗端拱二年》。| 太平之世，太上自当科校其中，随勤补用，以充真仙。(28/409a) 上相帝君科校撰集，施行祝说，法度先后，相次集为宝卷。(34/55b)

总校2：汇集核实①。| 东方九气，始皇青天。碧霞郁垒，中有老人。总校图录，摄气举仙。(2/856b) 于今偃息青林，总校上真，调御神气，育生元元。(19/930b)

科条1：选择列举。| 于是乃命太极真人、四司上宰臣侍玉晨启正丹素之高章，伐灭寒灵之法化，遂开八会之上道，科条神仙之要衷，凡四十四方，合而成目。(34/73a)

"条"有列举义，如《后汉书·儒林传下·谢该》"建安中，河东人乐详条《左氏》疑滞数十事以问"；"科条神仙之要衷"指摘选成仙之精要。

校案1：核查；检查。| 伯吏受符，校案玉清。检督北丰，条送魔名。(33/766b)

诠简1：选拔。《词典》引《隋书·李德林传》。| 叩咽之法，又前后倒用，两法非异而俯仰不同，统体而论，皆违真例，恐是后学浅才率意立此，不能诠简事义，故多致违舛。(6/617c)

检案2：核实；纠察。| 有经之师，所得法信，当给与寒栖、贫下、孤病、老耄老弱之辈，不得独用，如不遵科，三官检案，死为下鬼，切宜敬之慎之。(34/168c，"检案"于2/177a作"纪察"）建武二年，通直散

---

① 《词典》引清陈康祺《郎潜纪闻》释为"清代官名，属翰林院国史馆"，当别为一词。

骑常侍庾昙隆启："伏见南郊坛员兆外内，永明中起瓦屋，形制宏壮。检案经史，无所准据。"(《南齐书·礼志》)

检纠 1：纠察；查处。｜某若违科犯约，淫盗祷祀六天鬼神，为天官所伺检纠，死受三官考掠之日，不得怨师咎道，一如九天真明律令。(34/139b) 前诏江海田池，与民共利。历岁未久，浸以驰替，名山大川，往往占固。有司严加检纠，申明旧制。(《宋书·孝武帝本纪》)

纠刺 1：检举；纠察。｜有此经者，太素三元君遣玉童二十四人、玉女二十四人侍书之左右，纠刺泄慢之愆，卫护有书者身。(33/641a)（王）颉，辩慧多策略，最有父风。太宗初，为内侍长，令察举百僚，纠刺奸慝，无所回避。(《魏书·王建传》)

监/鉴试 12：监督测试。｜四极监试，五帝卫真。(33/518a) 五帝集校，以成灵文，五老监试，左仙辅真。(33/749c) 若见黑气，则上真本生之号、虚映之官，监试于兆身。(33/518c) 行此道，太一监试，司命定生。(33/765a) 灵音既震，则太一鉴试，帝尊下观。(33/770c) 周历六国，盘回九玄，四司鉴试，上元定仙，玉虚垂映，龟母降真。(34/17a)

在其他传世文献中，"监试"中的"试"为"监"的受事，故《词典》释为"监督考试"。经文中"监试"的两个语素乃并列关系，"试"为"测试；试探"义，是学道者修行过程中所必须经历的神魔的各种考验。①

试观 16：试探观察。同"观试"②。｜神官启拜，金兵辅卫，水火俱过，试观长绝，是故三官北地，莫敢窥其间隙也。(4/559a) 履试观而不倾，居荣辱而不迁。(6/748a) 今既语子以得道之方，又悟汝以试观之法。(20/517b) 毕，如此一祝……无复试观之患。(33/558b、33/577b) 子有此文深秘藏，四极试观题诸方。(34/66c) 得此之经，皆太极试观，察子诚向。(34/74a)

试校 6：测试考核。｜诣贾先生。(《真诰》卷二) 陶弘景注："此是

---

① 下面这段作为"监试"过程的说明：又物来求我，详量实虚，虚者，试我也，实者，凭我也。凭者有善恶，试者有精粗。粗试者，破而摧之，精试者，辞而谢之……德未备充，致试今来……摧之者，五魔三毒，变化试之。(33/611a—b)

② "试观"即"观试"(《词典》收释)的逆序词，在经文中均指神魔对道徒的观察测试。"观试"早见于三国，在经文中也有用例，如：子有悟其观试者，当随事首谢七星之神也，乃得补复其失也。(33/445b)

长史闻杨宣周紫阳说贾玄道等主知试校事，故有此书。"（20/501b）苟事累沙会，交轩塞路，但所守之不能㗇也。何试校之能停耶？（20/501c）毕，八节日皆如此，以辟守一之试校。（33/411c）授之皆斋乃度，立盟结誓，保无泄露，试校彼心，探其厚薄，审其内实，料其善恶，然后乃出以与之耳。（33/445b）

犯试 10：侵犯测试。｜神化内发，景登紫庭。敢有犯试，摧以流铃。（1/516c、33/413c、33/498a，"试"于 2/862c 作"诚"，误）常能为之，百病万害不干，群精魍魉，莫敢犯试矣。（2/162a）入山游五岳及夜卧，恒能讽之于口，猛兽千妖万邪不敢犯试子也。（4/561a）山居幽处，思有犯试，故宜长存以却之。（6/640a）凡道士独宿山林，而多山精恶鬼所犯试者，当……（6/666c、34/77a）

干试 22：干犯试探。｜敢有干试，摄送火宫。赤书所告，莫有不从。（2/856c）天魔山灵，皆灭于口祝之下，不复干试也。（6/222a）考注见犯，北辰收摧。如有干试，干明上威。（6/628c、20/549b）若有不祥，干试神明。（6/663a、33/768c）若见白气，则天魔空中之精，来干试兆身。（33/518c）夏门亭长呵之曰："李、杜二公为大臣，不能安上纳忠，而兴造无端。卿曹何等腐生，公犯诏书，干试有司乎？"（《后汉书·李固传》）

试败 17：测试扰乱。｜若体有秽累，或学气未备者，天魔山精莫不先试败之也。（6/222c）游行川泽，隐居幽山，不佩此文，则山灵天魔，试败其旨，万害自生，终不成仙。（33/518c）常以春分（夏至、冬至、立冬、立夏、立春、立秋）之日，乘青（赤、黑、紫、黄、苍、绿）轮羽车，飞行云中，游宴五岳，试败学仙之人。（33/773c—775b，7 次）于是邪魔恶鬼及三官北帝，皆来试败。（34/103c）

"败"有扰乱义，如《荀子·解蔽》："其为人也善射而好思，耳目之欲接则败其思；蚊虻之声闻则挫其精"，该词在经文中指魔精测验信徒的道行。其语源可追溯至《太平经》，如：夫天下之事，皆以试败，天地神灵皆试人，故人亦象天道而相试也。（卷五十五）非犹神道试人也，凡大下之事，皆以试败。天地有试人，故人亦象天地，有相试也。真人知之耶？（卷九十六）但《太平经》中的例子"试"前有介词"以"，"试败"尚未成词。

惑试 3：试探迷惑。｜世间下士恶强之鬼，多作妇女，以惑试人。

(2/905c、6/614b、20/520a)

试惑1：同"惑试"。｜淫歌飞空，试惑我怀。勒名北帝，检剪无遗。(33/777c)

恐试1：恫吓试探。｜凡道士入室斋诫，有存修而数有不祥之物及奇怪血光、诸鬼精恶气，来恐试人者，当行北帝祝鬼杀邪神方。(34/77a)

第十节　总领控制

在道教的修行体系中，天上的众神掌管着道徒的生死祸福，总领一切事务，经文中有关总领控制的词语较多。

部统1：统领；统管。｜至清虚元年，元始天王于明霞之馆、太霄云房，下教以授三天玉童，使部统三道，总检万仙。(6/211a)

部御4：总领；掌控。｜上元玉检检天大录，皆九天布气，玄图真文，九天官号，部御天真。(6/211b) 开天张地，甘竹随灵。直符守吏，部御神兵。(6/661b、32/566b) 上承皇威，部御神兵。制山检海，封岳命精。(33/522c)

部制1：统领；控制。｜男女生弟子某至心归命玄真……并以飞玄三元延生灵符，镇于玄录，以部制天官神兵，今以普告天地五方……一切官属。(34/140a)

封掌24：掌管；统治。｜刻书之，以封掌五岳山精也。(2/908b) 太极帝君宝章，东海青童君授涓子，以封掌名山也。(6/606c) 吾昨被帝召，摄领真元，令我封掌此五岳，挥割丰山。(6/666c、34/77a) 上仙真文，制御九灵。封掌五岳，摄录群精。(28/408b) 以封掌名山，召制五岳。(33/408b)

"封"有领地、邦国义，如《书·蔡仲之命》"肆予命尔侯于东土，往即乃封"，皇亲国戚或有功之臣受封后则统领所封领地，故"封"引申有"掌管"义。在经文中常与"召、命、制、摄、掌"对举：分散形影，封山召灵。(2/170b) 役九赤以封丘，命五行以招神。(33/518b) 制命五灵，封河召山。(33/524c) 以封山川之邪神，掌五岳之真精也。(33/607b) "封掌"在经文中可与"掌"构成异文，11/50a"或为仙官，封掌名山者，亦复有数千"中的"封掌"在20/575a作"使掌"，两句叙述的角度不一样，但可看出"封掌"即"掌"。

封落 6：掌管。｜天禽罗陈，皆在我旁。吐火万丈，以除不祥。群真启道，封落山乡。千神百灵，并手叩颡。(2/905a、6/613a、6/628a、20/548a、33/463a、33/795a)

领括 15：统领；掌控。｜命真召仙，会济魂魄，领括百神，七玄康乐。(1/537b、33/755c) 封掌名山，摄召水神，总统亿亿，领括万仙。(33/518a) 总览吉凶，发洞畅幽，舞眄群品，领括繁条，百方千途，莫不豁寥。(6/631c、34/148c)

括领 1：同"领括"。｜保生玉清，逍遥虚津。阴察万兆，括领洞天。(33/770c)

"括"有约束义，如《孔丛子·执节》"以礼括其君，使入于善也"。

领掌 1：掌控；掌管。｜道君回降，曲眄我身，领掌命录，长保天年。(33/524c)

掌括 1：同"领掌"。｜结编元皇，位登玉清，掌括上皇高帝之真，道备气澄。(33/430c)

检录 2：约束管理。｜检录五神，高命北清。魔灵受事，万司摧声。(33/635c) 上摄北丰，检录鬼名。天帝命章，翦戮贾生。(34/61b)

"录"有统领义，如《汉书·于定国传》"万方之事，大录于君"。

制摄① 1：统摄，控制。｜将军兵士众官，各当依位罗列某形内宫府，周匝上下，营身辅气，魂魄形影，一合前防后卫，左右制摄，威风万里。(34/139a)

制命 24：统治；总领。｜大洞玉经曰：玉帝有玄上之幡，制命九天之阶。(1/522a、1/559b) 制命九天，匡御威神。(33/569b、33/761c) 虚韵合节，制命灵魔。(34/21b) 朕以不德，遭家多难，云雷作《屯》，夷羿窃命，失位京邑，遂播蛮荆，艰难卑约，制命凶丑。(《宋书·武帝本纪》)

《词典》释"制命"为"拟订命令；敕命；掌握命运"等义，"命"都为名词性语素，从其有逆序形式"命制"可以看出，经文中"制命"

---

① 其逆序词"摄制"也为中古新词（《词典》引唐柳宗元《封建论》），在西晋佛经及上清经中均有用例。如：我已摄制于此弊魔及诸官属。(西晋竺法护《生经》卷二) 啸命立到，征召万灵，摄制群魔，决断死生。(1/887b) 今当为摄制冢注之气。(20/549a) 威御十方，摄制万精，啸咤立到。(28/408a) 摄制极天之魔，威布九霞之庭。(33/556b、33/574b)

为同义连文①。

命制2：同"制命"。｜六丁侍卫，玉女扶将，摄山召海，命制蛟龙，啸风兴云，靡不立躬。（33/520c）摄山封海，命制万妖。千精伏窜，群魔皆消。（33/522a）

摄命7：统治命令。｜理生断死，赏罚鬼神。摄命千灵，封山召云。（20/499b）然读此之经，故能提携太上，摄命九真，高仙同品，司命齐备。（34/73b）摄命玉皇，威制北精。上元仙录，保我长生。（34/105c）

匡检1：匡正总领。｜神经出自高上大洞，口诀隐书，天地万精之音，以传玉清消魔王、神霄玉清王，制魔召真，匡检万灵。（33/748c）

匡制1：匡正制约②。｜辅我太真，给我神兵。匡制五岳，封山召灵。（33/525a）萧条无崖之馆，匡制万物之运，拯化承唐之难。（33/544c）

摄正5：总领匡正。｜右西方一百三十六字，行真摄正万神焉。（2/857a）五（六）千生官，制御九天之气，摄正三天之真，有得之者神仙。（33/560b，2次）

抚摄1：治理；管理。｜子获其篇，号曰元景左卿思习洞道上清左公，徊为三素，逍遥紫空。夫总亿兆者，将抚摄群流，轨运万物，周眄广虚，目朗八外。（34/149a）

"抚"有治理义，如《逸周书·大聚》"维武王胜殷，抚国绥民"。

命统1：命令统治。｜九丹凝化，结胎紫琼。禀景太微，命统儿灵。（34/84b）（王）模之败也，都尉陈安归于保，保命统精勇千余人以讨羌，宠遇甚厚。（《晋书·宗室传·高密文献王泰附王保》）

役命7：役使命令。｜使人通灵致真，体生玉映，役命万神，上升帝房矣。（1/904a、6/639c）即威太玄玉女下降，任人役使，通灵致真，体生玉颜，役命万神，上升玉房。（2/909a）太微天帝君金虎玉精真符，乃太元上景自然金章之内音也，以役命金仙，封山召灵。（4/559c、33/572b、34/101b）

---

① "制命"与"威制"可成异文能作说明，如4/560a、33/570c"佩之头上以行，则制命天地群灵，神仙敬服"中的"制命"在33/572c作"威制"，后者即"控制慑服"义。

② 《词典》引《晋书·慕容盛载记》"郎敷曰：'伊尹处人臣之位，不能匡制其君，恐成汤之道坠而莫就，是以居之桐宫，与小人从事，使知稼穑之艰难，然后返之天位，此其忠也'"例，由于该记言部分并非诏书奏章类，很可能改写，不能完全肯定为六朝材料，道经中的用例说服力更强。

检掌1：管理；掌管。｜三元含真秀景，凭虚而生，处于高上上清宝素九玄玉皇天中，凝神太漠，恬真灵关，上总万司，普领群仙，检掌宝章，典于洞文。(6/225c)

综御1：治理；管领。｜又当助君，总括三霍（笔者按：霍山为神居之所，代指神仙），综御万神，对命北帝，制敕丰山。(20/499b)

"综"有"整理；治理"义，如《文选·何劭〈赠张华〉诗》"私愿偕黄发，逍遥综琴书"李善注引王肃《〈周易〉注》："综，理事也。"

威御4：控制；统治。｜谨以上闻，乞丐正真，赐降真灵，威御十方，摄制万精，啸咤立到。(28/408a) 赤景班符，威御万方。(33/521c) 役使鬼神，威御虎狼。(34/45b)

"威"有威慑命令义，如：弦木为弧，剡木为矢，弧矢之利，以威天下。(《易·系辞下》)行玄真之道五年，即威太玄玉女下降。(2/909a)

管统1：管理统领。｜玉清上清太极太清九宫，并各有官僚公卿大夫侯伯，置署如一，更相管统，奉属于上。(6/654a) 阿毗昙心者，三藏之要颂，咏歌之微言，管统众经，领其会宗，故作者以心为名焉。(梁僧佑《出三藏记集》卷十)

检统1：约束控制。｜促诣北帝，条列魔名。检统无横，速还鬼营。(33/408c)

制检[①]1：约束；控制。｜右六宫，治丰都山上，主领万鬼，总统地上人民之死生，玉帝刻石隐铭，以书宫北壁，制检群凶，不使横暴，枉害生民。(33/763a) 此皆七魄之名也，身中之浊鬼也。制检之法，当正卧去枕伸足……(6/659a、34/306b)

检敛2：总领控制。｜咒毕，五日行之，所谓覆校内精、检敛五神者也。(6/549a、34/46c)

总监4：统领监督。《词典》引《南史·隐逸传·雷次宗》｜上理玑度，总监诸天；下试群方，游景紫烟。(6/669c) 位登上司，总监万仙。(33/627c) 施元散灵，总监八方。(34/70a)

监总1：同"总监"。《词典》引《宋史·曾巩传》。｜九微上化，回

[①] "制检"乃"检制"的逆序词，同为中古新词（《词典》引《后汉书·陈后传》，在《三国志·蜀书·吕义》也有用例），在上清经中凡11见。如：皆佩太真明科，检制众真。(3/432b) 千妖无贾生，检制天魔群。(33/749a) 又学道之士，当先检制魂魄，消灭尸鬼。(20/552a、32/562c、33/459c)

降我形。保固元吉，监总帝灵。(34/56a) 会稽朱膺之、颍川庾蔚之并以儒学，监总诸生。(《宋书·隐逸传·郭希林》)

总检 4：总领；总理。｜法化亿兆，总检万机。(3/415b) 下教以授三天玉童，使部统三道，总检万仙。(6/211a) 领括帝籍，总检玉篇。(33/392c) 总检其议，岂但臣历不密，又谓何承天法乖谬弥甚。(《宋书·历志》)

总掌 1：总领掌管。｜灵上降以紫盖，元皇给以金童，自然号我帝位，总掌于玄宫。(33/455b) 以其总掌禁中书记，谓之中书。(谢灵运《晋书》)

总维 1：总控。｜使神安玉府，随节炼仙，下和阴阳，条理候门，轮转天地，总维八方。其文高妙，神仙之宗。(34/227a)

维制 1：总领。《词典》引《新唐书·李绛传》释为"约束制衡"。｜三宫所在，泥丸之门，无极之内。故皇君御一，总持神刚；天皇统二，变景守形；皇老监三，维制万神；太一混合，生成兆身。(33/533a)

总持 1：总领把持。《词典》引宋曾巩《中书令制》释为"总地掌握"。｜三宫所在，泥丸之门，无极之内。故皇君御一，总持神刚；天皇统二，变景守形；皇老监三，维制万神；太一混合，生成兆身。(33/533a)

总主 2：总领；总管。｜鬼官之太帝者，北帝君也，治第一天宫中，总主诸六天宫。(20/566a) 诸以北帝万鬼、天下群魔及苦爽未升者，名隶北丰，悉总主之。(33/765b)

罗制 1：约束控制。｜君自受命，当能治灭万鬼，罗制千神，且欲视君之用手耳。(20/528b)

"罗"有"约束，防范"义，如《汉书·刑法志》"今律令烦多而不约，自典文者不能分明，而欲罗元元之逮，斯岂刑中之意哉"。"罗制"为约束控制义。

契络/落 3：总领；掌控。｜此章契络十天，回停三晨，万魔伏窜，千妖丧形。(33/547b) 神州七转，八变舞天，契络天地，齐回昼冥。(33/552c) 太一检天魔，回章校千灵。左啸洞玄微，右咤九天倾。契落弥入荒，流昒策神兵。(33/546b)

"契"有契机、关键义，引申作总控讲，如"连众摄烟，长契一运"(1/520b)；"络"有缠缚义，也可引申为掌控义。"契络"当为同义连文。

机纽1：为……的枢纽；总控。│夫九斗者，天枢之正盖，玄神之华实，机纽八维，总旋九度，回荫圆方，运摄和气，理调阴阳，司适无外。（33/641b）

"机"有"事物的关键；枢纽"义，如《管子·权修》"察能授官，班禄赐予，使民之机也"，与"纽"义同。"机纽"即枢纽，由枢纽义引申出总领义，"机纽八维"与"总旋九度"相对为文，即总领八方。

招束1：招集约束。│虎符摄魔，龙旌命神，太一锦旄，招束三官，除灭死籍。（1/542a）

运摄5：役使控制。│鼻下山源是一身之武津，真邪之通府，不真者所以生邪气，为真者所以遏万邪，在我运摄之耳，故吉凶兆焉。（6/628a、20/548a、33/463b、33/795b）九斗者，天枢之正盖，玄神之华实，机纽八维，总旋九度，回荫圆方，运摄和气，理调阴阳，司适无外。（33/641b）

呵摄1：喝斥控制。│吾时禁（牙）（陶弘景注"谓应作讶字"），又乃驰启司命，司命即遣中侯李遵握火铃而来呵摄之，于是鲂及白虎乃走去耳。（20/513b）

呵制3：同"呵摄"。│游魃罔象，敢干我神。北帝呵制，收气入渊。（2/901c、6/628b、20/549a）

呵执1：同"呵摄"。│丰都中秘此祝法，今密及之，不可泄非有道者，其共秘之乎？（《登真隐诀》）陶弘景注："此非高真之至道，而是剪鬼之上术。凶恶既消，则正气可按，且以诛邪遏试者，学者之要法也。而诸人多经其浅小，每致传世，使神咒隐验，呵执不行，殊为可责。"（6/613c）

运使①2：役使。│豁落天机，流漫八冥，运使六甲，策役六丁。（33/451b、33/808b）

主监2：主持管理。《词典》引《水浒传》释为"明鉴，判断"。│第二天图上有六层玉台……镇在玉台之上，丹云紫盖郁其房，玄光日月映其间，侍者真仙三百人，主监众真游宴之所经。（33/436c、33/448a）

---

① 例句中"运使"与"策役"相对为文，意义也当为役使义，《词典》释该词为"古代官名。水陆运使、转运使、盐运使等的简称"，当别为一词。

主典①2：同"主监"。|故司命之神，主典年寿魁柄长短之期，是以混合之大，以符籍而由之，故称丈人焉。(33/394a、33/536a)

典摄1：掌管；管理。|扶救匡弼，谏诤直言，典摄顾问，管记谋略，庙筭帷筹。(33/679c)

主摄2：掌管控制。|或曰洞阳君也，主摄魂魄之气，检御灵液之神。(33/393c、33/535c)

主录6：管理；统领。|或见一人九头，乘九色之凤，降兆形也。见之勿恐，此九天真王，主录上真也。(6/218a、6/219a) 敷化众生，群臣帝王，国主四天，玉郎韩司，主录十方众官，仙王八景，百罗魔王。(34/115b、34/196a)

普领3：总领；全面控制。|上总万司，普领群仙，检掌宝章，典于洞文。(6/225c) 主司九天，总统天下，普领万仙，生死图籍，无细不关。(34/9a)

普统3：同"普领"。|四极有四方五帝玉司君典之，普统四极。(3/417c) 五气总真，普统群仙。(33/524c) 命四司以执罚，符五帝以纠非，普统无穷。(34/9a)

断任1：裁决；决断。|李山渊德合七圣，为金阙之主……封河召海，断任死生，把执天威，铖灭六天，总罚三官，罗执北帝。(33/603c)

平断1：同"断任"。|欲杀者杀，欲戮者戮，适意所造，平断死生。(33/763c) 嵩以元老，多留镇京师，坐朝堂，平断刑狱。(《魏书·长孙嵩传》)

理判1：统领裁断。|子方当匡御劫运，封掌十天，科简玄录，理判神仙，宜受此法以综万生，今出相付，子秘而修焉。(6/668b)

判析1：评判分析。《词典》引唐柳宗元《梦归赋》。|沦逐酒肉之座，无志精苦于玄元，施为混错，罪盘于天府，魂思闭系考楚于地狱，未蒙判析，故宜深思自改。(33/472c) 是时显宗方勤万机，公卿数朝会，每辄延谋政事，判析狱讼。(《后汉书·牟融传》)

条检2：逐条检核。《词典》下引《新唐书·柳公绰传》。|条检仙

---

① 该词在唐后文献多见。如《后汉书·樊儵传》"先是河南县亡失官钱，典负者坐死及罪徙者甚众，遂委责于人，以偿其耗"李贤注："典谓主典，负谓欠负。"《庄子·马蹄》"伯乐，曰：'我善治马'"陆德明释文引《石氏星经》云："伯乐，天星名，主典天马。"

王使者、飞天乘骑、直真飞龙骑、腾龙驿呈、飞仙羽骑,各三十六人出。(34/141c)然虽见此文而不知九真明科、条检仪式、三洞奇文、太上真宝书,不可得而便披也。(33/415c)

理调1:调节;调理。|夫九斗者,天枢之正盖,玄神之华实,机纽八维,总旋九度,回荫圆方,运摄和气,理调阴阳,司适无外。(33/641b)张硕意气激扬,吹破三笛。末取睹脚笛,然后乃理调成曲。(《艺文类聚》卷四十四引《语林》)

饬/敕整3:管理;统领。同"整饬"。|若有不祥,干试神明。请帝之道,饬整神兵。七神秉钺,天锋右征。挥剑前驱,焕掷火铃。(32/568a,"饬"于6/663a、33/768c作"敕")

制会2:统领召集。|东山神咒,摄召九天。赤书符命,制会丰山。束魔送鬼,所诛无蠲。(2/856b)中山神咒,召龙上云。制会黄河,九水河源。(2/857a)

"会"当作召集讲,"制会"即统领召集义。"制会丰山"即召集丰都诸鬼,"制会黄河"乃统领召集黄河河神。

携挈/契20:提挈;带领。《词典》在"携挈"下引唐李德裕《论田牟请许党项仇复回鹘嗢没斯部落事状》。|身生紫晖,与帝结亲,携挈五老,太仙缠绵。(1/529b、33/753c)四真携契,降致云舆。上升金阙,列名帝书。(1/826a)天真来降,我道洞明。携契同盟,飞登上清。(6/219c)携契玉仙,仰禀高上。(33/424c)携契八真,合欢天王。(34/21c)

"契"通"挈",《墨子·经下》"契与枝板,说在薄"孙诒让间诂:"契、挈同声,叚借字。""携契"即"携挈"。

提挈2:携带;带领。|濯漱碧濑波,提挈玉醴瓮。曲晨乘风扇,瑶飙时下倾。(33/528c、34/30b)赞曰:王萧提挈,世祖基之,乐羊食子,里克无辞,江、刘后戚,明嗣是维。废兴异论,终用乖疑。(《南齐书·江祏传》)

携领4:带领;率领。|玉清消魔王祝曰:会元三襟交,携领回胎婴。(1/524b、33/752b)阴云带夜日,烛月欻交初。结朗未生神,携领同反无。(33/602c)

携集1:同"携领"。|括致沉毫,运转滞轮,采结五象,携集上真。(34/62c)

该词义同"携领",上例中的"携领"于34/146b即作"携集"。

奉隶1：附属；隶属。｜又汝本属事帛家之道,血食生民,逋愆宿责,列在三官,而越幸网脱,奉隶真气,父子一家,各事师主,同生乖戾,不共祭酒。(20/513b)祥对曰："武陵功曹,凡涉二载;长沙谘议,故经少时;奉隶大司马,并被恩拂。"(《南齐书·刘祥传》)

"隶"有附属、隶属义,如《后汉书·冯异传》"及破邯郸,乃更部分诸将,各有配隶"李贤注："隶,属也。""越幸网脱,奉隶真气"指幸免于罪而忝列神仙之家。

奉属5：隶属；受管辖。｜荧惑星有三门,门内有三赤帝,其一帝辄备一门,以奉属于中央赤皇君也。(6/652b)玉清上清太极太清九宫,并各有官僚公卿大夫侯伯,置署如一,更相管统,奉属于上。(6/654a)或为五帝上相,或为四明公宾友,以助治百鬼,综理死生者,此等自奉属于三官,永无进仙之冀。(20/587b)

委顺3：顺从。《词典》引唐皮日休《祀疟疠文》。｜萧萧研道子,合神契灵衿。委顺浪世化,心标窈窕林。(6/632b)呼引景曜,凝静六神。焕领八明,委顺灵根。(20/526c)

第四章 有生行为词（三）
——整体行为（下）

本章继续讨论整体行为词，除了前章所列词语外，经文中还有以下几大类。

第一节 断除拘制

学道者要得道成仙，须摆脱尘世的烦恼与宿恋，堵塞、清除那些成仙障碍（如胎根、胎结、死籍、死孔、死户、恋根等）；而在修行过程中，还常有魔鬼、灾异来扰乱其心志、考验其道行，学道者常须口念咒文来拘捕遏制之。

守闭 2：堵住；看守。｜扶兆入玉门，月母灵素兰，守闭死气门。(1/547b) 使五藏生华，守闭元关，内存九真。(20/522b)

绝塞①1：堵塞断绝。｜并使除罪籍，刻生名，伐灭邪魔之烟气，绝塞试观之根源。(33/635b) 太祖简诸军精锐，屯汾西，固守南桥，绝塞水口。(《魏书·羌姚苌传》)

填绝 1：除掉；除去。｜乞丐披释，离灭三官宿对之目，填绝死气之根。(33/454b)

填塞 8：堵塞；除掉。｜乞为我填塞鬼户，离绝死根。(28/379b、33/454a) 并乞披释，离灭罪名，填塞死根，北帝除我宿结，东华记我玉篇。(28/379b、33/454b) 愿为我移度七星，填塞鬼门，断截死气。(33/451a、33/808b) 人或言无神，官申禁止，遂填塞之，乃绝。(《抱朴子内

---

① 该词乃"塞绝"的逆序词（《词典》引《汉书·翟方进传》），乃同义连文，与《词典》所释"渡越边塞；极远的边塞地区"不同。

篇·道意》)

经文中的词义与传世文献"填补；塞满；充塞"及"犹言堵塞；谓王道不通"等略异。

镇塞4：堵塞；消除。|镇塞九孔气，生神固玉堂。(1/527b) 甲受九灵之化，结气不纯，节滞盘固，镇塞灵门。(34/83a) 极阴积冱，久经坟茔，遂使地官激注，冢灵沉滞，风邪之兴，恒继此而作。然冲气欲散，作考渐歇，镇塞之宜，未为急也。(20/550a)

其后接的名词有灵门、九孔气、风邪、邪源，或为动作发生地点，或为动作所及的对象，即为"堵塞；消除"义。《词典》收有"镇塞"，引宋张世南《游宦纪闻》卷八"时得道之士如许旌阳者，铸为此物以镇塞妖蛟蜃穴"例，认为"镇"通"填"，"镇塞"即"堵塞"，可补充。第一，引例可提前，上引经文中的首例中的"镇塞灵门"在 6/557b 即作"填塞灵门"。第二，"镇塞"并非必须还原为"填塞"来作解。"镇"与"填"相通在传世文献中不乏其例，上清经中也屡见①，但这并不意味着"镇塞"得还原为"填塞"作解。因为，文中的异文除了因语音相同、相近而意义无关而产生的外，还有因同义、近义互相代替而产生；前者即文字上的假借，不同的词形而只能看作同一个词，后者若都有自己的语源，则应视为多词。"镇"本身有"压制、抑制；安抚；镇守"等义，与"塞"义近，正如"镇反、镇守、镇安、镇息、镇遏、镇压、镇迮"等词中的"镇"不必通"填"一样，上清经中"镇塞"也不必还原为"填塞"作解。

塞镇2：同"镇塞"。|安坐明堂，荫以七元。黄庭戊巳，塞镇邪源。(1/897b、34/294b)

断塞13：堵塞；除掉②。《词典》引《梁书·武帝纪上》。|存呼小童内讳名字，镇我舌本之下，固液凝神，断塞死源。(1/520c) 玄精内照，断塞死根。(33/450b) 为我固录内真，养性凝精，死气断塞，受生

---

① 如：6/654b "土精镇荫，黄道镇星"中的两处"镇"于 34/113c 均作"填"；34/83a "回灵镇户"之"镇"于 6/557b 作"填"；20/547c "山源四镇，鬼井逃亡"中的"镇"于 33/463a 作"填"；20/551b "太一镇生"于 33/459b 作"太一填生"；33/692c "能知镇墓之法"中的"镇"于 20/550c 也作"填"。

② 该词在经文中与"断截"互为异文也可说明，如 33/808b "填塞鬼门，断塞死气"中的"断塞"于 33/451a 即作"断截"，"断截"没有堵塞义。

更形。(1/530a) 欲门断塞,不受邪精。(33/805c) 三种恶业断塞不起,六尘恶法不染身心。(梁真谛《佛说无上依经》卷下)

塞断1:同"断塞"。| 诀曰:当朱书黄缯佩之,存呼无英公子内讳名字,镇我左腋之下,使玉光内映,神明朗清,塞断死孔,体合玉灵。(1/523a) 宪仍令桀及其大将军中部公梁洛都与景兴、士彦等步骑三万于鹿卢交塞断要路。(《北齐书·斛律金传附其子光》)

固塞4:堵塞。《词典》引宋曾巩《亳州谢到任表》释为"闭塞,不开朗"。| 诀曰:存呼九真内讳名字,镇我口之四际,为我固塞死门。(1/529a) 守我胃管之户、膏膜之下,固塞死气。(33/830a)

"固"有"禁锢;闭塞"义,如《素问·至真要大论》"诸厥固泄,皆属于下"高保衡注:"固,谓禁锢也。"

披散13:除掉;散除。《词典》引《宋书·索虏传》释为"披靡,溃退"。| 百神解胎结,披散胞内根。(1/521bb、33/751b) 披散氛雾,朗然达观。(20/507c) 胞根八解,皇老刻名,九结披散,五毒摄精。(33/771c)

"披"有"折断;割断"义,如《战国策·秦策三》"木实繁者披其枝,披其枝者伤其心"吴师道补正:"披,折也。"割断即解除义,所举"胞内根、四气、积秽"都是成仙要除掉的,故"披散"即"除掉;解散"义。下两例的受事"七玄",指七祖,代指"七祖之胎根(胎结)",故"披散"仍作除掉讲。

解结释滞,披散七玄。(33/551b) 七玄披散,上朝帝庐。(6/617c)

披释10:解开;解除。| 乞为我填塞鬼户,离绝死根,言名玉清,披释天关,我得去离北帝,上升南轩。(28/379b、33/454a) 乞丐披释,离灭考根,断塞死路,度名生门,七祖父母,上升北堂。(28/380a、33/454c) 五苦解脱,三徒蒙迁,宿对披释,地狱宁闲。(34/384b)

"披释"即"解除;除掉"[1]。"释"有解除义,如《左传·僖公二十八年》"请复卫侯而封曹,臣亦释宋之围"。"天关"是成仙要径,须精诚所感,神仙方能开启,故首例中的"披释"为开启义;"七祖根"即妨碍七祖成仙的"宿根",也是要除掉的,与开启义近;后诸例均为道徒祈请

---

[1] 该词在六朝其他文献中为"分析解释"义,对象多是文章、道理(参方一新、王云路1992:301)。

神仙解除前世今生所犯罪过。

披解①5：解除；解脱。｜断塞死户，固我丹元，披解七祖之魂，上生南宫之中。(1/531c) 愿为我披解宿对之根，断绝死道之源，令我目明彻视。(33/450c、33/808b)

拔解6：解除；解脱。｜提携高上元，俯仰要五灵，拔解七世根，与我保华婴。(1/532c、33/754b) 飞登碧落庭，飘飘入三便。拔解五苦根，返胎生七玄。(33/777a)

解拔5：同"拔解"。｜投书告命，归首水宫，以自解拔，罪灭三官，魂升九天。(33/419c) 上开七祖，解拔宿根，度生录于南宫，保紫胞于胎元。(33/776b)

二词后的宾语"七世根、五苦根、罪、宿根"等都为表成仙的障碍的词，故当释为"解除；解脱"义。"解拔"在唐后文献中不见用例，而"拔解"在隋唐以后则成为科举考试方面的一个专门用词。唐宋科举制，应进士第，不经外府考试，而直接送礼部考试的谓之"拔解"，如李肇《唐国史补》卷下"京兆府考而升者，谓之等第。外府不试而贡者，谓之拔解"。唐宋文献还有用例。

准开成三年五月三日敕落下者，今缘自不送所试以来，举人公然拔解。(《唐摭言》卷一) 梁乾化中，邵王友诲镇陕，易简举进士，诣府拔解，友诲赠钱二十万。明年遂擢第，复隐华山。(《宋史·王易简传》)

道教追求长生升仙，而修行者想要成仙飞升，必须首先通过日常的善行，消除、解脱前世的罪根及尘世的秽累。这一过程，在道教中即为"拔解"。古人把由"布衣"或"白衣"的平民身份，转变为官员，叫做"释褐"，颇有脱胎换骨的意味，与道教的升仙可相比附。科举是士人改变平民身份的一个途径，士人在基层的科举选拔中，不通过考试，而是由地方官府根据平时的考察，推荐到礼部参加考试。把这一由民向官转化的过程与道教由俗向仙转化的过程相比拟，士子受推荐赴京考试与道教修行在升仙之前"拔解"这一过程很相似，因此用来喻指（参俞理明、周作明，2005）。

拔释2：同"拔解"。｜阳罪阴考，绝灭九阴，至于今始，拔释七玄，

---

① 该词的使用环境与"拔释"相同，当为"解除；解脱"义，与其他传世文献中表看阅义的"披解"不同。

免脱火乡，永离刀山。(3/417c) 帝气充于九关，七祖拔释于三徒，受更胎于南宫。(33/832a)

折除2：除掉。《词典》引宋陆游《小饮房园》释为"减损"。｜夫梦恶者，明旦当启太上，以正魂魄，折除不祥，当朝拜，仍启乞首谢除之。(2/901c，"折除"于20/531b作"所除"，误) 便可删革，去其甚泰，冀永为定准，令简而易从。自今维作田，值水旱失收，即列在所，言上折除。(《陈书·宣帝本纪》)

除绝2：除掉。｜洞冠我身，为我除绝北帝罪名，解结散滞，消灭太阴。(28/380a、33/454c)

散除3：除掉；解除。｜宿罪解结，散除胞根，即使胎精血光化为金液玉泉，上生南宫。(1/551a) 断灭节茎，散除宿根。三合成契，九化凝神。(34/84c) 和解变诤，散除怨害。(东晋竺昙无兰《佛说寂志果经》)

除散2：同"散除"。｜并乞丐除散削灭罪名，断落死根，度入天关。(28/379b、33/454a) 帝遣建兴公古弼祭以三牲，雾即除散。(《魏书·和跋传》)

消断1：消除；断绝。｜谓家世先亡有考讼殃逮，使胤嗣多诸蹇疾，不安吉者，止，宜令消断而已，故不得诛灭之也，此乃是祸患之鬼，要子孙不得为逆上之意。(6/623c)

散绝6：断绝；除掉①。｜并乞解除披释，散绝北帝玄名，断绝癸地鬼户。(28/380b、33/455a) 此太极上法，常能行之，魂和魄柔，尸秽散绝。(6/658a、20/552b、33/460a)

拔绝1：除掉。｜飞生上英，拔绝死门，福臻锵锵，七世父母，结解吉昌。(1/536b)

分绝1：分隔；分离。｜或略人所爱，离隔六亲，分绝骨肉，断遏四邻。(33/825c)

拔出27：除掉；解脱。｜招真固神令长生，拔出幽根返胎婴。(1/523b、33/752a) 超度地狱，拔出八难。(3/442c) 太微天帝君拔出死简于受经之始。(33/384c、34/296b)

"拔出"即除掉、解脱义，在经文中与"拔绝"可互相代替，如1/

---

① 《词典》释该词为"谓皮绳断绝，竹简散乱毁损。古时以竹简写书，用皮绳串连，年久则绳断简散"，乃陈述古籍面貌的专门用词，似嫌狭隘，释为"断绝；除掉"应更妥当。

571c"拔出三途疾,去祸生上英"中的"拔出"于1/549c即作"拔绝"。

拔断 2:除掉断绝。| 五神奉符,司命扶将,拔断死籍,荡秽幽冥。(1/545a、33/757c)

拔灭 1:灭掉;消灭。| 公子命虎符,总摄万神归。拔灭七祖根,穷魂皆仙飞。(1/891b)

拔弃 1:除脱;除掉。| 稽首玉清房,拔弃死灭根,养形三五中,七祖解尸结。(1/553b)

拔斫 1:斩除;削除。| 七精灭三途,血尸塞下关,三衿对帝真,拔斫胞树根。(1/551c)

拔散 1:解除消散。| 太一度符籍,拔散七玄忧。(33/546b)

斫伐 2:砍伐;除掉。《词典》引《水浒传》。| 即今斫伐耕稼,四通九达,山中亦皆显露,时移事异,不复可准。(20/558a)又愿帝君,斫伐胞根……七愿灭鬼,咸斩六天。(34/79b)领军王朗言之于季龙曰:"今隆冬雪寒,而皇太子使人斫伐宫材,引于漳水,功役数万,士众吁嗟。"(《晋书·石季龙载记》)

倾拔 1:消除;覆灭。| 神风拂尘,倾拔邪根。六天丧精,五毒亡冤。(6/632b)臣子自尽之日,将守先王之故典,则元首有降替之忧,欲修封域之旧职,则根本无倾拔之虑。(《后汉孝桓皇帝纪·袁宏》)

落除 7:除掉;取消。| 昨见清虚宫正落除此辈人名,而方又被考罚,以度付三官推之,可不慎乎?(20/498a)制御阴官,落除九死之根,回三还四,度名七元。(33/451a、33/808b)下告九河十二水源,落除宿简。(33/520a)

"落"在六朝有"除掉"义;如:落死籍于北帝,求仙录于五星。(33/454a)勒注元录,落死刻生。(34/64b)慨然有摈落荣华,兼济物我之志。(谢灵运《昙隆法师诔》)故"落除"即"除",2/863a、33/498b"使我飞仙,死名落除"中的"落除"在33/414a作"已除",这说明"落除"意义已经凝合。

除落 4:同"落除"。《词典》引《续资治通鉴》。| 五岳真人,奉符执经,除落死籍,刻金书生。(1/541a)上真云:"昨与叔申诣清虚宫,校为仙真得失之事耳。近顿除落四十七人,都复上三人耳。"(20/497c)阙则违玄科,师夺玉童玉女,除落青簿玉名,移迁北丰。(33/417c)

灭落 6:除掉;消灭。| 第六败,勿食一切水中有生之肉,食则形神

犯真，泥丸灭落。(32/570b，"灭"于6/665b作"减"，误）帝魂照无阿，常镇兆生门，伏尸灭落，保魂宁魄。(1/546c、33/758a）则罪籍灭落于九府，生录刻注于三清。(33/518b)

落灭1：同"灭落"。｜五帝奏名玄宫，水官落灭罪书。(33/528a)

落绝1：除掉；断绝。｜参驾黄霞，周行四方，为我落绝死根，度名南阳之宫。(33/455a)

禁绝2：断绝。｜当节诸臊秽腥血，杂食荤辛之菜，一为禁绝。(33/393b、33/535b)

禁隔2：阻隔；隔绝。｜上学之人，浊动徐清，洁斋存思，禁隔嚣尘。(33/585a）当清严堂室，禁隔杂人，烧香然灯，晨夕朝礼，诵咏师经，思行师法。(33/586c)

勒落1：去除；除掉。｜北丰三宫，检制魔兵，四司五帝，戮灭贾生。明摄九府，勒落甲名。腾身遞变，藉地隐形。寿同三景，九元齐并。(33/488b)

"九府"乃道教官署，如"昆仑上有九府，是为九宫，太极为太宫也"(20/520c)，该官记信徒罪过，道徒要成仙，需要九府除掉其罪名，如"则罪籍灭落于九府，生录刻注于三清"(33/518b)。"勒落甲名"即除掉其死名。

脱削1：消除；除掉。｜神官将吏，扶护受者之身，脱削罪籍，上名九天。(34/127a)

削落1：削除。《词典》引前蜀杜光庭《刁子赵太尉阳平化醮词》。｜非所苟用，削落裸袒，散发玄溜，亦可与龙螭为俦。(33/664c)

离脱6：断绝；解脱。｜有大洞真经者，修行其法，七祖父母，皆离脱鬼名，原贷三官考谪。(6/651b）常以其日，思存吉事，首谢身中罪过，所谓解脱七世、离脱刑名者也。(6/635a、6/636a、33/794a、34/49c)

脱离2：同"离脱"。《词典》引马致远《任风子》。｜今有某人，性惟儒雅，好慕宝文，旦夕翘勤，曾无懈怠，隐住名峰，脱离尘累，抱辞赍信，诣臣求受。(34/244c）讲说大乘，立观度人，行诸善愿，昼夜不怠，克得脱离灾厄，年命长延。(28/411c)

离灭6：消除；灭掉。｜并乞披释，离灭罪名，填塞死根。(28/379b、33/454b）乞丐披释，离灭考根，断塞死路，度名生门，七祖父母，上升福堂。(28/380a、33/454c)

开却 1：散除；消散。｜此香之烟也，破浊氛之气，开却邪秽之雾。(33/530c)

割破 2：截断；除掉。｜守神桃康，割破恋根。(1/534c) 塞闭欲孔，割破恋根。(33/755a)

"割"乃切割、截断义，"破"乃破除、除掉义，"割破"也为同义复合词。

祛却 4：去除；除掉。｜辟尸千里，祛却不祥。敢有小鬼，欲来见状。(2/905a、6/631b、20/548b)

"祛"有"除去；消除"义，如《韩诗外传》卷八"所友者十有二人，足以祛雍蔽矣"，"祛却"即去除义，上例于6/613b即作"去却"。

逐却 1：驱逐；赶跑。｜若欲上逐鬼章，当朱书所上祭酒姓名。(《登真隐诀》) 陶弘景注："谓家有恶强之鬼，为祸祟，请后右仙食气君将等为逐却之。"(6/620c)

祛遣 1：去除；排除。｜采察其志，奖厉其缘，祛遣其滞，发畅其才。(33/666a) 疾令心阻，沉滞床箪，弥历七旬，梦幻俄顷，忧伤在念，竟知无益，思自祛遣。(《梁书·谢几卿传》)

遣撤 1：排除；排遣。｜若夫散教养形，赴救神气，明立三宫，冲灵独泰，寥朗二顺，含元嘉会，遣撤杂思，忘累遗外。(34/146b)

遣除 1：排除。《词典》引《敦煌变文集·维摩诘经讲经文》。｜凡人不可无思，当以渐遣除之。(34/473a)

撤除 3：撤销；取消。《词典》在该词下无书证。｜当为臣及甲解释三官考逮，撤除死籍。(32/736b) 共奉行道德，乞丐阴阳，和合生气，布流臣妾，撤除死籍，著名长生玉历。(32/737a)

废除 1：废止；取消。《词典》引《隋书·高祖纪下》。｜命之所臻，诸所废除，出不获已，既倾天还枢，陁地更轴。(33/680c)

罢除 2：废除；免除。｜三天立正之初，罢除六天之始，以传太微天帝君。(33/554c) 十方天人，若不知万道势迄者，兆但看伪科罢除，即三洞莹发，真经洞明。(34/145a)

弃掷 1：抛弃。《词典》引唐杜甫《投简咸华两县诸子》。｜壅遏泉源，断绝道径，移徙古塚，弃掷尸骸，犯天地大禁。(33/679b)

弃去 2：除去。｜弃去云外念，专一守黄宁。披诵太霄章，三关自当明。(1/890c、33/649b)

荡去 1：除去；除掉。| 降流我身，以成我神。荡去死气，灭绝胞根。(34/83b)

荡濯 1：清除。| 体寂至达，心研内观，屏彼万累，荡濯他念。(20/531b)

禳却 2：制服；消除。| 八，禳却众灾，上履下告，请天之玉帝。(33/822b、34/247a) 或立消坚冰，或入水自浮，能断绝鬼神，禳却虎豹。(《抱朴子内篇·至理》)

压禳 1：以巫术镇压或除掉（邪恶灾异）①。| 其位有灾，其境有害，皆宜避之，小则压禳，修功德，立礼醮。(33/828b)

"压"有镇压除掉义，如《史记·高祖本纪》"秦始皇帝常曰'东南有天子气'，于是因东游以压之"。

禳压 1：同"压禳"。| 按小君言：人家有疾病死丧、光怪梦寐，钱财减耗，可以禳压。(6/621b) 诸有禁忌禳压之方，非典籍所载者，一皆除罢。(《魏书·高祖孝文帝纪》)

压绝 2：除掉；制伏。《词典》引《醒世姻缘传》释为"因嫌弃而绝情"。| 赆米谷，却灭家中恶鬼，令压绝精祟者，当请石仙君一人官将百二十人，令制灭之。(6/623a) 仪云：疾病转相注易，不可禁止者，请石仙君一人官将百二十人主治家中有强殍之鬼，压绝注鬼气为精祟者。(6/623b)

压消 4：消除。| 云数遇恶梦者，一曰魄妖，二曰心试，三曰尸贼，故令压消，则受闭三关之下，反凶为吉也。(2/901c) 压消之方，若梦觉，以左手捻人中二七过。(6/659a、20/542a) 此有压消之方也。(33/390c)

禳辟 2：（用巫术）驱除；除掉。| 习此三术，消却魔怨，诛除鬼贼，制伏恶人，禳辟凶气，除忧救病，保免兵戎。(33/613b) 或于林庙之间，多有山精恶鬼，喜来犯试于人，心神畏恐者，当诵玉帝神咒之法，以禳辟之。(33/768c)

"辟"有"除去；消除"义，如《诗·大雅·皇矣》"启之辟之，其

---

① 《词典》引唐薛能《黄蜀葵》诗，释"压禳"为"谓以巫术祈祷鬼神除灾降福，或致灾祸于人，或降伏某物"；引《北齐书·斛律羨传》例，释"禳压"为禳除邪恶灾祸。二词意义当相同，均当为"以巫术镇压或除掉邪恶灾异"义。

桎其梏"朱熹集传:"启、辟,芟除也。"

辟却 12:除掉;消灭。❘伏愿驱除魔试,辟却鬼病。(1/514a) 如此便禳万灾,辟却凶患。(5/872b) 使人长生不死,辟却万害。(6/616c、20/545c、20/570a) 自知之者,长生不死,辟却万祸,能致神灵玉女来降己矣。(33/393a、33/535b)

却辟 4:同"辟却"。❘云此杜广平所受介琰胎精中景黑白内法,却辟万害,长生不死。(2/904c) 制魂录魄,却辟万魔。(20/539b、33/460b)

辟斥 6:驱除赶跑。《词典》引前蜀杜光庭《汉州王宗夔尚书安宅醮词》。❘官将百二十人,主辟斥故气、精祟、注气,却死来生,却祸来福。(6/620a) 辟斥诸禁诸忌,不得妄为害气。(20/550c、33/693a)

抑忍 1:抑制;克制。❘先治三鬼,禁止贪淫,不得滞净,抑忍嗔恚,不至讼斗。(33/608a) 时阿难见佛起,又闻说偈,垂泪呜咽,强自抑忍,即便白佛。(梁释僧佑《释迦谱》卷四)

检截 1:约束阻拦。❘今鬼之为物,贪浊无廉,因威生凶,干试后学,无复有真,皆九九天逆明其象,故置五帝杀鬼玉文,以检截其凶横也。(33/768a)

"检"有"约束;限制"义;"截"有"阻挡;阻拦"义,如《穆天子传》卷四"东北还至于群玉之山,截春山以北"郭璞注:"截,犹阻也。"

镇折 1:抑制;制止。❘夫术气则式遏鬼津,吐烟则镇折邪节,强内摄魂,益血生脑。(20/522b)

遏制 1:制止。《词典》引王西彦《乡下朋友》。❘人有至心苦行者,崇学仙道而六天灵鬼亟来犯人,或遇疾病,或致牢狱,或渐使贫顿,每令触恶者,故宜急遏制之。(6/624b)

消制 1:同"遏制"。❘谓家中多有恶鬼,已经消制,不肯都散,犹时来侵犯。(6/624b)

摄遏 1:拘捕制止。❘不知君宜往试摄灭之耳,灭鬼之迹,事中暂应耳。(《真诰》卷七)陶弘景注:"此令杨君为长史家摄遏冢讼也。"(20/528b)

"摄"有"捉拿;拘捕"义,如《国语·吴语》"摄少司马兹与王士五人,坐于王前"韦昭注:"摄,执也。"

摄系1：拘捕囚禁。｜虞昭为其兄、子事，文书牵连，身被摄系，方未已，殆欲无礼。(20/533c)

却遏2：制止消除。｜使我不死，以致真灵，却遏万邪，祸害灭平。(1/518c、33/532b)

留制2：拘留；控制。｜其爽灵、胎光、幽精三君，是三魂之神名也，其夕皆弃身遨游，飘逝本室，或为他魂外鬼所见留制，或为魅物所得收录。(6/658b、34/305c)

收录5：收捕；拘捕。｜凡道士忽得不祥之梦，或梦与人斗争，或相收录者，此亦七魄游尸之所为也。(34/79a) 其夕皆弃身游遨，飘逝本室，或为他魂外鬼所见留制，或为魅物所得收录。(6/658b、34/305c)

"收"作"捕"讲，《说文》已释，六朝时盛用，江蓝生（1988：180）有述；"录"也有拘捕义，如《汉书·叙传上》"诸所宾礼皆名豪，怀恩醉酒，共谏伯宜颇摄录盗贼，具言本谋亡匿处"。

收摧4：拘捕。｜太上天丁，龙虎曜威。斩鬼不祥，风邪即摧。考注匿讼，百毒隐非。使我同常，日月同晖。考注见犯，北辰收摧。(2/902b、6/628c、20/549b、33/463c)

收落1：收捕；除掉。｜神华高幌，五岳奉辕，千妖收落，鬼灭禁庭，凶伏帝护。(33/636b)

束录1：束缚；收捕。｜太一元禁，握节往来。九源坠灭，束录鬼祇。(33/636a)

收束5：管束；收捕。《词典》引清采蘅子《虫鸣漫录》。｜收束虎豹，叱咤幽冥。役使鬼神，摄伏千精。(2/170a，"收束"于34/161c作"束收") 左斩右刌，煎烹后鹹。截妖气原，收束众怨。(6/632a) 撰集仙真秘录，总名为六天之文三天上真正法，以捕摄万鬼，收束众邪。(28/410a、34/243a)

闭絷1：关押。｜今以此六天宫名号相示，为六天魔王宫，主知万鬼之师，执生人魂魄，闭絷重槛，为阴神所絷。(34/443a)

系闭①1：囚禁。｜二者赤帝神官。行赤瘟赤疫赤毒赤蛊赤觉赤吹，

---

① "系闭"即"闭系"的逆序词，后者也为六朝新词（《词典》即引《后汉书·郑弘传》），经文中也有用例。如：或遭罹公私，牢狱闭系。(33/586c) 恐或是血肉之鬼，其不放遣，闭系甲家大小三鬼七魄女子十四魂，致婴疾者著床。(33/677c)

遇之者，官家牢狱、杻械枷锁，文书口舌，刑徒系闭，鞭笞考楚，痛恼百端。(28/411b)《赤松子章历·断亡人复连章》①："又恐亡某生犯莫大之罪，死有不赦之愆，系闭在于诸狱。"(11/208a)

羁逼 1：（被）束缚控制。｜若羁逼世务，运会得经，未获修步；但每至其日，烧香执经。(5/872b)

领押 2：受命拘禁。《词典》引宋苏轼《贡院札子·奏巡铺郑永崇举觉不当乞差晓事使臣交替》。｜在左还左，在右还右，飞龙功曹，主相领押，各复宫府。(33/683a) 严庄整服，列侍天仪，盖天弥地，方位左右，依法领押监察。(34/141c) 散其部落于汉鄣边故地，立尉、监行事，官僚领押，课之治业营生，三五取丁，优复三年无税租。(《晋书·苻坚载记》)

受闭 10：被拘押。｜妖毒敢起，受闭三关，请依洞法，莫不如言。(1/515c、34/77b) 云数遇恶梦者，一曰魄妖，二曰心试，三曰尸贼，故令厌消，则受闭三关之下，反凶为吉也。(2/901c) 毕，又卧，必获善应，向造为恶梦之气，则受闭于三关之下也。(6/659b、20/542a、33/390c)

摄送 3：拘捕移送。｜敢有干试，摄送火宫。赤书所告，莫有不从。(2/856c) 昨被帝命，检校稽延。速去无留，可得暂申。别告北丰，摄送魔身。(2/859c、6/222b)

束送 2：同"摄送"。｜赤文命灵，北摄丰山。束送魔宗，斩灭邪根。(2/856c) 三灵应符，五老校仙。促检北帝，束送魔身。群凶瞽目，不得推迁。(33/767b)

避灾 3：避免灾祸。《词典》引明谢肇淛《五杂俎·天部二》。｜若葺内逢险，为凶所逼，智力不能化，逊顺以避灾。(2/867a、33/670b) 若遭荒履险，远游山川，或避灾救厄，出入孤危诸物，不可无经。(33/687c)

开理 1：开通。｜步虚升玄之道，而不先释五藏，开理幽关，万气不固。(33/497c)

开津 4：开路；特指开通仙路。《词典》引唐赵璘《因话录·征》释

---

① 大渊忍尔《后汉五斗米道组织》认为当唐末以前编著（参朱越利，1996：160）。该例权作旁证。

为"开凿水道"。| 礼其使则玉华促诣，说其祝则神虎开津。（4/557c）今故禀上皇之科，抄集品次，以为后学开津之径。（33/431b）毒龙九百而开津。（34/150a）

朗开 5：开通；畅通。| 宝华结络，胃管朗开。（1/517c、33/414a、33/498b）金真焕光，天关朗开。（33/488b）五藏结华，九孔朗开。（34/89b）

启彻 5：开启；开通。| 眼童三云，两目真君。英明注精，开通清神。太玄云仪，灵骄翩翩。保利双阙，启彻九门。（2/902c、6/610a、6/626a、20/540b、33/462b）

"彻"有"通；贯通"义，如《墨子·备穴》"为铁钩巨长四尺者，财自足，穴彻，以钩客穴者"孙诒让间诂："苏云：'彻，通也。'"

启通 1：开通；使……流通。| 于是三宫镇真，百节受灵，帝君宝籍，宿命无倾，周旋虚烟，启通玄精，二十四真，忽然而生，上开上元，下开八冥。（33/531a）景和元年，沈庆之启通私铸，由是钱货乱败，一千钱长不盈三寸，大小称此，谓之鹅眼钱。（《宋书·颜竣传》）

通彻 4：开通；使……畅通。《词典》释为"通晓；明白"。| 桃康三老，当我生门。通彻五府，十二之纶。（1/897b）所以导引神津，通彻灵源。（33/382a）郁然如日之初出，洞映腹内，通彻万节。（33/392b）

发泄 1：开启。| 或发泄冢墓，开他棺椁，刑尸罚鬼，惊骸动神。（33/825c）

第二节 斩杀消灭

道徒修行时常遭到魔鬼、凶灾破坏干扰，故须斩杀消灭之，经文中这方面的词语与上列"除掉拘捕"词相仿，都表扫清成仙障碍，本可于一组讨论。但考虑到词义有区别，加上数量太大，不便置于一组。故分而论之。

斩绝 1：斩断；断绝。《词典》引清李渔《三与楼》。| 此三属心，心业最重。为十恶根，斩绝恶根，修十善本。（33/690c）乃有畏失严期，自残躯命，亦有斩绝手足，以避徭役。（《南齐书·武十七王传·竟陵文宣王子良》）

摧斩 1：斩除；消灭。| 有金虎真符，以制天地，神灵叱之以行，便

得摧斩千精。(33/603c)

"摧"有"挫败;挫损"义,如《韩非子·存韩》"今伐韩未可一年而灭,拔一城而退,则权轻于天下,天下摧我兵矣"。

摧割2:斩除。｜吾昨被帝召,摄领真元,令我封掌此岳,摧割丰山,万灵受事。(6/666c)

"摧割"当为斩除义①,"摧割丰山"即斩除丰都之鬼。

挥割2:挥剑斩杀。｜赫栢图兵,巨兽罗千,挥割万妖,当我即残,龙烽七独,逐邪无间,玉帝神咒,挥剑东西,灭凶除邪。(34/78b)

该词与"摧割"可通用,上引6/666c中的"摧割"于34/77a即作"挥割"。

勒割1:同"摧割"。｜兆帝启道,四明奉辕。摧烂万邪,勒割丰山。(33/603b)

摧落8:除掉;斩除。《词典》释为"凋零、衰落;颓丧"。｜咸灭万魔,叱斩千妖,六天为之摧落,山岳为之启朝。(4/558c) 收气聚灵,束魔送鬼,扫荡妖群,万精摧落,所诛无蠋。(6/661a、32/566a) 黄衣师兵,斩伐妖魔。咸灭千魔,摧落山奸。绝种灭类,取令枭残。(6/659c、34/78a) 金真振威,九魔摄形。北丰摧落,所灭皆倾。(33/573a、34/101c)

咸落5:消灭。｜以役命金仙,封山召灵,威震六天,咸落万神。(4/559c、33/572b、34/101b) 挥剑逐邪,咸落魔灵。神伯所祝,千妖灭形。(6/660a、34/77a)

摧裂1:斩死。《词典》释为"悲痛;崩裂"。｜又存白烟之中,忽有朱精显焕,飞光激扬,如流星之状,于倏欻又变成数百神虎,奋躩前驱,即已摧裂向所捕之鬼贼也。(4/558b)

咸裂1:斩杀;杀死。｜敢当吾者,咸裂邪身,凶试伏妖,奸毒摧泯。(4/558b)

---

① "摧割"在六朝史书中作"悲痛"讲,与经文含义不同。如:(高祖)与骠骑将军道怜书曰:"谢景仁殒逝,悲痛摧割,不能自胜。"(《宋书·谢景仁传》)诏曰:"朕宗室多故,从弟谐丧逝,悲痛摧割,不能已已。"(《魏书·广川王略传附其子王谐》)

斩聝 3：斩杀；除掉①。《词典》引宋孙升《孙公谈圃》释为"斩敌首割下左耳计功。亦泛指战场杀敌"。｜使威制六天，斩聝万神。（33/564c、34/94a）神虎振威，毒兽罗兵，斩聝不祥，妖魔伏形。（33/763c）拥节和门，气逾霄汉，破釜之捷，斩聝蔽野，石梁之战，禽其渠帅，保境全民，江阳即序。（《南齐书·高帝本纪》）

"聝"原指割耳献功，引申有"消灭"义，如"智慧标其干，消魔聝其源"（34/93c）。

摧聝 2：斩除；消灭。｜左威右顾，风伐火征。叱斩万妖，摧聝千精。（33/573a、34/101c）

枭聝 1：斩杀。｜威落八虚，灵洞九晨，枭聝群魔，奋躩大奸，山岳稽精。（4/558a）爽、秀等因民之愤，籍将旋之愿，齐契义奋，枭聝丑徒，冯恃皇威，肃清逋秽。（《宋书·鲁爽传》）

枭残 7：（被）斩除；消灭。｜凶试伏灭，万精枭残。妖毒敢起，受闭三关，请依洞法，莫不如言。（1/515c、34/77b）七神启引，三元司真。若有小妖，即时枭残。（6/666c、32/571c、34/77a）聝灭千魔，摧落山奸。绝种灭类，取令枭残。玉帝上命，清荡三元。（6/659c、32/564c、34/78a）

威聝 3：震慑斩杀。｜复授之以神虎真符，使威聝六天，咏之以挥神高章，亦助之以散秽去患也。（33/603c）所谓三天正法，威聝六天之凶气，伐灭千妖之不祥。（34/73a）伯乐运策，威聝天魔，收录绝种，灭形九罗。（34/95a）

斩摧 4：斩杀。｜鬼谋截颈，人逆斩摧。三纲所捕，逆者将衰。（6/672a）地上万邪，伏死敢追。恶心向我，使尔斩摧。（6/676b、33/441b、34/107c）

剪戮 2：斩杀除灭②。｜施布正法，收魔束精。剪戮凶妖，万道齐平。（6/664a、34/59c）

---

① 其逆序词"聝斩"（《词典》未收）同为中古新词，在《三国志》及经文中均有用例。如：诏策亮曰："前年耀师，聝斩王双。今岁爰征，郭淮遁走。"（《三国志·蜀书·诸葛亮传》）便得聝斩九魔，千妖灭形矣。（4/560a、33/570c、33/572c）七愿灭鬼，聝斩六天。（34/79b）

② 该词与"翦戮"形近义同，后者也为六朝新词（《词典》收录），经文中也有用例，如"上摄北丰，检录鬼名。天帝命章，翦戮贾生"（34/61b）。但"剪"与"翦"并非同词异形，故"剪戮"也当独立为词。

"剪"有除灭义，如南朝梁沈约《奏弹王源》"此风弗剪，其源遂开"。

伐灭 5：除掉；消灭①。｜坚我六府胎，伐灭胞树根。（1/547b、1/570c）胞树伐灭，断灭血根。（1/550b、33/759a）威鹹六天之凶气，伐灭千妖之不祥。（34/73a）

"伐"有除去义，如《书·盘庚上》"无有远迩，用罪伐厥死，用德彰厥善"孔传："罪以惩之使勿犯，伐去其死道。"

伐绝 3：同"伐灭"②。｜伐绝胞树生，永断血尸根，七祖散积结，反华黑幽玄。（1/546b、1/570a）胞树伐绝，断灭血根。七玄更起，沉景生烟。（33/759a）

除伐 3：除掉；除脱。｜三途塞绝，除伐胞根，死气沉零，祸轮无连。（1/548b、33/758c）急校三官，戮妖灭魔，九天震落，七气冲和，除伐胞根，拔履三途。（33/637a）

伐戮 2：斩杀；斩灭。｜此之经文……招卫神兵，摧落奸妖，伐戮邪精。（33/768b）是夕也，当有灵应妙觉，神兵见卫，伐戮奸妖，驱灭凶秽。（33/768c）

诛却 1：杀掉。《词典》引清蒲松龄《聊斋志异·五通（二）》。｜右前至此凡六事，并诛却精魔，防遏鬼试之道。（6/614b）

叱斩 3：斩除驱斥。｜鹹灭万魔，叱斩千妖，六天为之摧落，山岳为之启朝。（4/558c）左威右顾，风伐火征。叱斩万妖，摧鹹千精。（33/573a、34/101c）

摄杀 6：拘捕斩杀。｜三元功曹，冠九元朱阳玉冠……腰带流金火铃，执摄杀之律。（33/487a）八景老君则变形为老公，头建黄巾……手把金节，佩摄杀之剑。（34/221c）

摄伐 1：拘捕除掉。｜若欲驱除六天之鬼灵，摄伐凶邪之毒气，及当破诛符庙者……（4/558a）

摄灭 1：拘捕消灭。｜可勿宣此，当言我假威于君矣，不知君宜往试摄灭之耳。（20/528b）

---

① 其他传世文献中的"伐灭"为征伐灭亡义，与经文中含义不同，如：臣服请平，后用范蠡、大夫种计，遂伐灭吴，兼并其地。（《汉书·地理志》）宣太后诈而杀义渠戎王于甘泉，遂起兵伐灭义渠。（《汉书·匈奴传》）

② 该词义同"伐灭"，33/759a"胞树伐绝"于1/550b即作"胞树伐灭"。

咒伐 2：念咒以驱除；咒是伐的方式。｜咒毕，又叩齿二七下，此为帝君捕神咒伐山精百鬼之法。（34/77a）若欲咒伐六天，灭诸凶鬼者，乃可小发声耳。（34/79b）

咒除 1：同"咒伐"。｜凡存念上道、咒除三尸之时，常当采处白芷草根及青木香，合以东流水煮，取其汁以沐浴于身。（34/78c）

破除 2：除去；消除。《词典》引唐李山甫《上元怀古》。｜咒曰：一君在吾前，二君在吾后，为吾破除灾害，恶逆一切，皆绝太阴中。（32/740a）为我破除四方之灾，皆令执伏，两手破除而出户。（32/742c）

驱伐 1：驱除；除掉。｜兆佩此符以制天地鬼神，驱伐六天之寒灵，摧戮九魔之凶气。（4/559a）

驱灭 1：除掉；消灭。｜是夕也，当有灵应妙觉，神兵见卫，伐戮奸妖，驱灭凶秽。（33/768c）

驱洗 1：同"驱灭"。｜俯仰太帝堂，禀承三天制。驱洗六天凶，正立无尘秽。（28/407c）

制伏① 8：迫使屈服。《词典》引宋丁谓《丁晋公谈录》。｜然后可以诛伐符魔，制伏万神。（4/558b）黄气玄蒿，总御五方，上乘元命，制伏妖王。（33/501b）七真曰：夫末学道士，欲为人治病、制伏妖魅、行我道法者，科令严峻，难可奉焉。（34/443c）

伐伏 1：降服；制服。｜若但欲驱除不祥，伐伏妖魔者，自不可顷斋而行事也。（33/635b）

招伏 1：招降。《词典》引《前汉书平话》。｜此谓五变之道，以招伏魔鬼。但单行之，不复有所存礼也。（33/635c）

伏诺 2：慑服；（使）服从。｜景精中王者，太上金霄威神王之内名也，能知威神王之名者，则天下鬼神，无不伏诺于兆也。（4/557c）毕，佩符，封山召海，制御万灵，役使禽兽，伏诺天兵，游行五岳。（33/

---

① 经文中"伏"与"服"有通用的例子。如：4/560a"神仙敬伏"中的"敬伏"丁33/570c、33/572c均作"敬服"，33/445a"无物不伏"中的"伏"于2/898a、2/900c均作"服"。因此，要确定"制伏"是否独立成词，还须讨论其与"制服"的关系。"制服"早见于汉代（如《吴越春秋》），经文中也有用例，如"制服人鬼恶逆，诛伐幽显凶邪"（33/822b、34/247a）。"伏"、"服"同源（王力，1982：266），并非同词异形，上清经中也没有"制伏"与"制服"通用的例子，故"制伏"与"制服"虽音义均同，但并非同词异形，辞书在处理时应分别为词。我们所收集到的"威服—威伏（《词典》未收）、执服—执伏、降服—降伏、招服—招伏、敬服—敬伏"与此相类。

408c)

"伏诺"与"役使"对举，前者也即慑服义。首例"无不伏诺于兆也"即无不顺服于兆（"兆"指信徒，参拙稿2004），次例"伏诺天兵"即慑服天兵。

震灭 1：使畏惧；消灭。｜欲令无他者，宜以此日诣斗墓，叱摄焕等，制敕左官，使更求考代，震灭争源也。（20/528b）

震却 1：同"震灭"。｜千精震伏，莫干我气。（《登真隐诀》）陶弘景注："此祝中，并是神兽灵司之名号，故可震却邪精也。"（6/613a）

震消 2：消灭；除掉。｜内以镇守筋骨五藏血肉之境，外以震消万邪之不祥。（4/550a、33/411a）

制却 3：制服；消灭。｜存毕，呼名位如前，以次云云也。此一条是制却邪精众妖之法。（6/609a）大明宝镜，分形散化。鉴朗元神，制却万魔。（6/549a、34/46c）

断灭① 11：除掉；绝灭。《词典》引《朱子语类》释为"绝灭"。｜解结散滞，断灭胞根。（6/558a、34/84a）解结散滞，消灭太阴，身离鬼户之中，断灭宿对之根。（28/380a、33/454c）解散胞根，断灭死孔。（34/82c）

制灭 2：制止消灭。｜若井灶鬼为疾病者，当请王法君五人官将百二十人在五姓宫，令制灭之。（6/222c）请须臾君四人官将百二十人，赍米谷，却灭家中恶鬼，令压绝精祟者，当请石仙君一人官将百二十人，令制灭之。（6/623a）

諴灭 7：斩除；消灭。｜神虎放毒，諴灭雷震。神功吐咒，所戮无亲。（1/515c、34/77b）玄龙吐毒，神虎右号，諴灭万魔，叱斩千妖。（4/558c）黄衣师兵，斩伐妖魔。諴灭千魔，摧落山奸。（6/659c、32/564c、34/78a）岂直好让而不肃恭，顾曩时之衅近出宇下，加先帝神武，算略兼该，是以役不逾时，而凶强諴灭。（《晋书·庾亮传》）

戮灭 1：除掉消灭。｜北丰三宫，检制魔兵，四司五帝，戮灭贾生。（33/488b）

却灭 1：消灭。｜仪云：下痢赤白脓，淋露著床，口苦冷者，请须臾君四人官将百二十人，赍米谷，却灭家中恶鬼。（6/623a）

---

① "断灭"即"断绝"，1/550b"断灭血根"于33/759a即作"断绝血根"。

伤裂1：（被）伤害；损害。| 尸鬼之苦，三彭是为，故号三彭，惨悍纵横，难制伏也。不能制之，身神烦恼，伤裂毁坏，幽沦风刀，荼毒痛楚，长夜可悲。（33/608a）医药所不能疗，或谓肝藏伤裂。旬有余日而卒，时年四十九。（《魏书·李冲传》）

击犯1：攻击侵犯。| 郗雄与阎屈女不相当，负石之役，于今未了，喜击犯门宗，心常杀绝。此二人是郗家之祸鬼。（20/534b）

毁破1：毁坏；破坏。| 谓人先事妖俗，今禀正化，应毁破庙座，灭除祷请，事后或逆为人患，致凶咎疾病，或所居里域有诸立食巫坛为人祸害者。（6/624a）相传云："外国国王尝毁破诸寺，唯招提寺未及毁坏，夜有一白马绕塔悲鸣，即以启王。"（梁僧佑《高僧传》卷一）

第三节　消散覆亡

宿根、魔精等成仙障碍受到堵塞斩杀而消散覆亡，经文中有不少表达"消散、灭亡"的词语。我们把相关词语如身体的衰颓、衰丧也于此处讨论。

散开①3：分散；散开。《词典》引周而复《上海的早晨》。| 三华吐曜，司命景飞，为我招仙，七祖散开，上登大灵，日月同晖。（1/540c、33/756b）玄真映朗，九灵散开。流旸无穷，降我光辉。（6/221c）炼魂固魄，万神总归。帝君解结，九孔散开。玄母降灵，节节纳晖。（34/85a）

廓散4：散开。| 于是天扉廓散，素彻朗幽，延轮回轩，高会上朝。（33/600a、33/790b）却邪辅正，炼伪成真，忧病廓散，功业日新，保某得道，长为上宾。（33/824a）

泄散2：消散。| 此泥法，既省约于金液九转之釜，但治泥当使极细，至精节适，和捣用心，有过于九转之釜液。谨密，勿令华精泄散，泄散则无益。（4/555b）

沉散2：消失；消散。| 万仙来朝，五岳启陈，玄怨沉散，六福奏

---

① 其逆序词"开散"（《词典》未收）早见于汉代，如《汉书·兒宽传》"合祛于天地神祇"颜师古注引李奇曰："祛，开散。"在上清经中凡5见：可谓洞朗悠韵，玄扉开散。（6/746a）要当令吝心消黩，秽疾开散。（20/501c）呼引日月，解脱死生。胎结开散，八烟三庭。（33/395a）

第四章 有生行为词（三） 185

烟。(1/538b、33/756a)

沉消1：同"沉散"。｜又当常以结胎之月，哺养本元，令死节沉消，九真镇灵。(34/87a)

化消2：消融；消化①。｜天翻地覆，九海冥一，金玉化消，毫末不失也。(6/668a) 回金转石，与天齐功。化消山河，呼制云龙。万怪立应，分景亿通。(34/107a)

化散2：分散；分化。｜三气流布，天形大全。混沌一景，化散万端。(33/389a) 五藏大结，大肠小肠，皆当化散，四结分昌，中关调利，流注太仓。(33/542a)

散化8：同"化散"。｜周流九道，散化五常。(33/393c、33/535c) 高灵垂映，散化朱宫。(34/10c) 胞中之节，非祖无以散化。(34/35b)

沉塞1：隐伏；（被）遏制。｜开明幽关，三十九户，纳受玉津，死气沉塞，百神内欢。(33/760b)

绝沉1：断绝净尽。｜书札玉位，世保福原。祸死绝沉，更生仙魂。(34/222c)

绝散2：消散；绝灭。｜气祖太无，众风乱玄，玄曾绝散，四清抚闲。(1/520b、1/558b)

释散②1：解散；散开。｜若是甲家先亡后死，考责不解者，愿以真正之气，随愿解脱结节，放赦魂神；若以甲身愆过所收，于今释散。(33/678a)

离释3：解除；清除。｜因自陈七祖父母以下下及一身千罪万过，上世以来，乞得解脱，关告天帝，使罪名离释，削除黑简。(6/634c、6/655c、33/466a)

和释1：和解消除。《词典》引前蜀杜光庭《马师穆尚书土星醮词》。｜五者节酒守正，六者和释谏净，七者禁奸止妒。(33/828b) 帝笑曰："其如掌中婴儿，杀之不武。"于是曲意和释之，慧景遂安。(《南史·梁武帝本纪》)

---

① 经文中的"化消"乃"消化"的逆序词，后者在经文中也有用例，如"三界九地大劫之周、阳九百六之运，水火之灾，亦皆消化"(34/625c)，《词典》引《官场现形记》释为"花销，开支"，当别为一词。

② 该词见于稍早的《庄子》郭象注：如《庄子·说剑》"达于知者肖"郭象注："肖，释散也。"

荡散 4：失散；亡失。《词典》引唐冯贽《云仙杂记·蜀中厚朴》。｜咒毕，乃闭目，初存思之时，当平坐按手于膝上，勿令人见之，见则真光不一，思虑荡散。(2/170b、34/162a) 故三魂不摄，七魄荡散，徒以空尸步纲，而神不我从，实徒劳也。(6/676a、33/440c)①

消豁 1：消散；消释。《词典》引宋范成大《缥缈峰》。｜勤而不专，亦不能有成也。要当令吝心消豁，秽疾开散。(20/501c)

降化 2：降服死亡。｜千妖万魔，精灵鬼魅，不正之神，莫不摧崩，毒刃咸来降化，承真正道。(34/139a) 千妖万魔，咸归降化，百恶消亡，所愿同期。(34/140a)

"降 (xiáng) 化"即降服死亡义。"化"有死义，如《孟子·公孙丑下》"且比化者无使土亲肤，于人心独无恔乎"朱熹注："化者，死者也。"

震伏 8：慑服，畏惧屈服。｜于是感激灵根，天兽来卫，千精震伏，莫干我气。(2/905a、6/613a、6/628a、20/548a、33/463b、33/795a) 思天下神祇山川五岳精灵神官下及一切万民，皆来朝己，从天至地，莫不震伏者。(6/631b) 雍州民夷，莫不震伏。在镇数年，甚著威称。(《魏书·陆真传》)

伏降② 1：降服；屈服。｜先戮鬼爽，后截群凶，千妖万试，莫不伏降。(33/767a)

弥伏 1：顺服；屈服。｜四海静波，九谷丰盈；夷虏弥伏，敌国归降。(33/681a) 天威所被，四海弥伏。(《南齐书·东南夷传》)

"弥"通"弭"，乃顺服义，如《后汉书·吴汉传》"北洲震骇，城邑莫不望风弭从"。

伏首 5：隐藏头首；屈服。｜得此文则五帝司迎，万精伏首，役使群灵。(3/433c) 万真交会，五老朝形，天魔伏首，千妖丧精，威振六国，招仙致真。(34/9b) 有恶必诛，有吉必存，千魔为之伏首，山精为之自残。(34/149a)

聚伏 2：蜷缩；屈服。｜但讽此二篇诗，则千精逆匿，如与万人同宿。山川闻此诗咏，皆执鞭向声处而拜敬也，况佩神金以流焕，六天何得不聚伏耶。(33/604b) 心礼四方，然后乃得开其篇目耳。发响之时，则

---

① 例中的"荡散"于 33/495b 即作"失散"，可证其义。
② 该词乃"降伏"的逆序词，后者早见于汉代 (如《春秋繁露》)。

千魔聚伏，万妖摧烂。(33/637b)

藏伏 3：潜伏；隐藏。《词典》引唐封演《封氏闻见记·豹直》。｜日月运度亏盈者，皆四时之会，藏伏冠带也。(1/822c) 咒毕，以手拭目二七，叩齿二七，都毕。此法使人三魂凝明，丹心方正，万邪藏伏，心试不行，真要道也。(33/465c，"藏伏"于 6/657a 作"藏术"，误) 宣武王之难，逃在都下。武帝起兵，恢藏伏得免。大军至新林，乃奉迎。(《南史·鄱阳忠烈王恢传》)

匿形 5：隐匿形迹。《词典》引明张居正《与蓟辽督抚书》。｜神州七转七变儴天经，一名藏景匿形，一名出有入无。(3/428b) 既及太平，则四气含融，天纬荐生，灾烟消灭，五毒匿形，二辰恒察，万物自成。(20/522c) 能知三鬼名者，则千妖窜迹，万鬼匿形。(33/573a)

幽匿 3：隐藏；逃亡。｜六天大魔王，受制幽寥无。巨兽赤甲，毒龙四喉。白鸾仰鸣，奋爪振豪。万精幽匿，灭邪破妖。(1/514a、6/631c、34/147b)

迸匿 3：逃亡。｜若夜中恐畏，但讽此二篇诗，则千精迸匿，如与万人同宿，山川闻此诗咏，皆执鞭向声处而拜敬也。(33/568b、33/604b) 佩此符，并讽诵灭魔之文，则千精迸匿，如与万人同宿。(33/604c)

走迸 1：逃跑；逃亡。｜子勤诵而思，上灵将告子难通之辞，或心开而解宗，朗神而真来，万鬼走迸，笃病不治，妖注窜伏，疾愈即时。(33/602a)

飞迸 1：飘荡；远离。《词典》引田间《信》释为"飞溅；向四外迸"。｜性不安定，气激神散，内真飞迸，魄离魂游，自致灾病。(6/664c)①

伏走 2：逃亡。｜入山之日，未至山百步，先却行百步，反足乃登山，山精不犯人，众邪伏走，百毒藏匿。(20/552c) 存日在额上，月在脐上，辟千鬼万邪，致玉女来降，万祸伏走，秘验。(20/552c)

越扬 1：逃跑；逃脱。｜急告北帝，检察鬼乡。有横者戮，无使越扬。(33/546b)

散扬 2：飘扬；散离。｜万神逝宅，真景散扬，勤而无获，失仙收

---

① 该例中的"飞迸"于 32/569c 作"飞扬"，"内真"即体内神仙，故"飞迸"当为"飘荡；远离"义。

殃。（1/903a）带七晨之夜景，要九光之月珠，黑虎虩号，散扬天陈，叩玉鸣钟。（34/150a）

骞扬3：飞散；飞扬。｜左命火铃，右激电光。云雾郁勃，华文骞扬。（5/878c）第六之伤……灵元失光，五神飞散，赤子骞扬，邪魔来攻，内外交丧。（6/664c、34/72b）

次例"赤子骞扬"在34/72b即作"飞飏"。"骞"当通"鶱"，朱骏声《说文通训定声》："鶱，叚借为骞。"《文选·沈约〈齐故安陆昭王碑文〉》"乃鸿骞旧吴，作守东楚"吕向注"骞，飞也"。经文中也有用例，如"三界肃清，绛霞随荫，紫云四骞，时和日庆，八景敷陈"（33/493c）。

分判6：分离；分开。《词典》引宋陶谷《清异录·鹰觜香》。｜九天分判，三道演明，三元布气，检御三真。（6/211b）元气分判，天地开张。（34/5c）空灵分判，二仪既彰。（34/62b）既而元言曰："自天地分判，五行施则，人之所崇，莫重于孝顺。"（《魏书·尉元传》）

判分1：同"分判"。｜上通太元，盘桓四气，九星判分，五藏坚华。（34/36b）

下面的词语表衰败灭亡。

凋败2：衰败，破败。《词典》引郭沫若《北伐途次》。｜行之勿令不常也，存之勿令不精，忌履秽，忌杂处，常熏香，数沐浴，违之者凋败，顺之者飞仙也。（6/549c、34/47b）

凋衰1：衰败；衰老。《词典》引唐司空图《杨柳枝寿杯词》。｜昹璇玑以召运，促劫会以舞轮，叹万物之凋衰，俯天地之长存。（6/667c）诏曰："……加外氏凋衰，飨尝屡绝，兴感《渭阳》，情寄斯在。"（《梁书·张弘策传》）

凋殂1：凋亡；死亡。｜齐戮丰华，金威震落，六天凋殂，三元告命，万灵是呼。（33/636b）

凋折1：同"凋殂"。｜居福德者常全，处危害者凋折，御六气者定寿，服灵芝者神逸。（20/522a）

衰损1：衰落；衰亡。｜从十六日至三十日，是月气衰损，天胎亏缩，不可以存月也。（33/464c）疾患以来，渐就衰损，亲旧不遗，每以药石见救，自恐大分将有限也。（《宋书·隐逸传·陶潜》）

损落2：损伤衰落。｜阴气混正，秽气弥充。丧神亏宝，损落法容。

(33/420b)水银不可近阴,令玉茎销缩;又不得近牙断肿,损落齿。(34/471a)初,暄使徐州,见州城楼观,嫌其华盛,乃令往往毁撤,由是后更损落。(《魏书·尧暄传》)

流坠1:流失散落。《词典》引范仲淹《十六罗汉因果识见颂序》。|璇玑动用,四象为之流坠,玄明合焕,威光共蔚矣。(33/641b)

亏减2:减损;减少。|后南岳真人忽降仲甫而教之云:子所以不得升度者,以子身有大病,脑宫亏减,筋液不注。(20/551a、33/693a)

朽零5:腐烂凋零。|无文诵经,真不为降,天魔侵形,内神不固,华年朽零。(3/435c)万神振惊,魂魄飞散,内外朽零。(6/664b、32/569b、34/72a)

腐零1:同"朽零"。|愿念不洁,所修不成,内疾攻身,计日腐零。(3/438a)

沉零7:沦落;凋零。|定录琼礼,世为天仙,三途塞绝,除伐胞根,死气沉零。(1/548b、33/758c)血尸散灭,凶秽沉零。七液缠注,五藏华生。(6/662a、34/75a)

沉落1:消亡①。|伏愿调和三魂,制炼七魄,尸虫沉落,腑藏光华,百病不生。(1/514c)

沉泯2:湮没;泯灭。《词典》引宋文天祥《知韶州刘容斋墓志铭》。|二景飞缠,朱黄散烟。气摄虚邪,尸秽沉泯。(6/658a、33/459c)

沉灭1:沉沦灭亡。|使三精之宿秽无滞,地户之土鬼沉灭。(1/539b)

倒倾1:坍塌倾覆。|地无此文,则九土沦渊,五岳崩溃,山河倒倾。(6/211b)

沦倾1:陷落;倾覆。《词典》引清顾炎武《赠于副将元剀》。|酷虐将兆,大乱方成,无愆婴废,因弱沦倾,良由宿罪。(33/680a)

崩倾1:毁坏倾覆。《词典》引元元明善《橇槎亭记》。|地无五行,山岳崩倾;人无五行,身则朽零。(34/5c)

摧崩②4:溃败;灭亡。|先戮鬼爽,后剪魔王,大小灭种,高下摧

---

① 该词在经文中当为消亡义,与近代产生的"坠落;没落,沦落"等义不同。
② 该词即为"崩摧"的逆序词,"崩摧",《词典》引《资治通鉴·唐高祖武德四年》,它早见于西晋佛典,如:譬如大宝之山,嵩高之顶,一旦崩摧。(竺法护《生经》卷二)上清经中也有用例,如:太一帝君,理魂镇脾,守养脾神,使无崩摧。(33/399a)

崩。(33/766a) 千妖万魔，精灵鬼魅，不正之神，莫不摧崩，毒刃咸来降化。(34/139a)

倾摧①1：同"摧崩"。｜勒名北帝，检剪无遗。神真出游，天地倾摧。(33/777c)

消摧6：灭亡；消亡。｜铜头捕非，玃天啖毒，晶葩消摧，万精灭种，六天崩頹。(1/516b、33/750b) 又叩齿如上，十过，于是奸恶消摧，伏魔伏灭。(6/663a、33/769a)

摧消1：同"消摧"。｜如此行道求仙，万魔灭试，天精摧消，道自成也。(6/222b)

摧灭②1：消灭；灭亡。｜帝君威策，命章摄灵。封山召海，摧灭群生。(33/408c)

摧亡2：消亡。｜南山神咒，威伏八方。群妖灭爽，万试摧亡。(2/856c) 太玄真符，摄召神王。无上制御，万祸摧亡。(34/141c)

摧烂3：毁灭；消灭。｜臭物熏精神，器尘互相冲。明王皆摧烂，何独盛德躬？(20/504b) 兆帝启道，四明奉辕。摧烂万邪，勒割丰山。(33/603b)

"烂"有"烧伤；毁伤"义，如《左传·定公三年》"自投于床，废于炉炭，烂遂卒"，经文中乃其引申义，作除掉讲。

摧泯1：消亡；泯灭。｜敢当吾者，鹹裂邪身。凶试伏妖，奸毒摧泯。(4/558b)

灭平③1：消灭；镇压。｜却遏万邪，祸害灭平，上朝天皇，还老返婴。(1/518c、33/532b)

伏亡1：消亡。｜仙童玉女，各三十人，收鬼录神，众魔伏亡。(2/

---

① 其逆序词"摧倾"早见于三国，如《三国志·魏书·管辂传》裴松之注引《辂别传》："八风横起，怒气电飞，山崩石飞，树木摧倾。"在上清经中习见，如：风火奕震，六天摧倾。(33/768b) 玉帝唱啸，群魔摧倾。(33/776c) 千妖丧眸，万鬼灭形，九魔迸首，六天摧倾。(4/560a、33/572b、34/101b)

② 其逆序词"灭摧"(《词典》引《三国志·魏志·任峻传》)在经文中也有用例。如：北丰所部，万妖灭摧。(2/857b) 千精伏窜，群魔灭摧。(33/763c) 鬼邪及毒兽，见吾即灭摧。(34/95a)

③ 也即"平灭"(《词典》引魏曹丕《论孝武》)的异序词，后者在经文中也有用例。如：毒龙食鬼，平灭邪源。(6/675b) 下制万魔，平灭千灵。(33/545b) 平灭群凶，五兵摧伏。(34/17c)

863b)

摧伏2：折伏，制服。《词典》引《隋书·经籍志四》。｜得有此文，千魔摧伏，万精丧形。(3/426a) 周流六国，平灭群凶，五兵摧伏，天魔束形，九年乘空，飞行上清。(34/17c) 夫摧伏勇猛回靡残暴，实是牟尼之巨勋。(《弘明集》卷七)

死伏1：灭亡；死亡。｜常能诵之，则神兵见卫，万鬼受事，千妖死伏。(34/78a)

死绝1：死亡。｜是以真人谓哭音为死绝之声，谓泣涕为漏精之津。(33/530b) 且林邑少田，贪日南之地，戢死绝，继以谢擢，侵刻如初。(《晋书·四夷传·南蛮林邑国》)

零灭1：消失灭亡。｜五神交浑分，浑分逸帝室，七祖绝死根，五毒气零灭。(1/532b)

坠灭1：消失灭亡。｜太一元禁，握节往来。九源坠灭，束录鬼祇。(33/636a)

"坠灭"即"坠"，乃败坏灭亡义，如《史记·礼书》"暴慢恣睢，轻俗以为高之属，入焉而坠"司马贞索隐："恣睢，犹毁訾也。言訾毁礼者自取坠灭。"

亡坠4：消亡；灭亡。｜又存三宫中，百谷与神合气，气填血液，尸邪亡坠，飞登金阙，长生天地，役使六丁，灵童奉侍。(2/900c、2/908a、32/567b、34/309b)

灭爽3：失魂；灭亡。｜南山神咒，威伏八方。群妖灭爽，万试摧亡。(2/856c) 吟三十六真音，群魔灭爽矣。(33/611c) 精灵鬼魅……咸当从今灭爽，万祸不生。(34/144c)

"爽"指魂魄，《字汇补·爻部》："爽，神魄也。阳曰神，阴曰爽。"

灭景2：灭影；灭亡。"景"即"影"。｜读帝章一遍，魔即灭景，绝形于兆前。(1/895c) 诵之一遍，则九天骇听，玉帝礼音，万真监庭，群雄灭景，天魔摧倾。(33/749c)

灭种10：绝种；灭亡。《词典》引《花城》1981年第3期。｜晶葩消摧，万精灭种。(1/516b、33/750b) 三祝则鬼王灭种。(33/558a、33/577a) 先戮鬼爽，后剪魔王，大小灭种，高下摧崩。(33/766a) 未见学死而得长生，此灭种之化也。(《弘明集》卷八)

绝种9：灭绝后嗣；灭种。《词典》引《新唐书·沙陀传》。｜不可妄传，传非其人，彼此风刀，上延七祖，下逮子孙，恶深绝种，长充鬼役。（2/867b、33/670b）贼灭千魔，摧落凶奸，绝种灭类，取令枭残。（6/659c、34/78a）伯乐乘元，运策天魔，调更绝种，灭形九罗。（33/565c）

死殁 1：死亡。｜永夕长悼，死殁以悲，逝心精戚，神离三魂。（2/165b）

殒亡 2：灭亡。《词典》引鲁迅《坟·摩罗诗力说》。｜真道高妙，不得妄宣，轻泄宝音，七祖充责，已身殒亡。（34/17c）或五灾所及，死败殒亡。（33/586c）

亡殒 1：同"殒亡"。｜魍魉邪精，奄来迫迮，恐怖不宁，魂神号丧，便至亡殒。（28/411a）

夭倾 1：夭折死亡。｜既及太平，则四炁含融，天纬荐生，灾烟消灭，五毒匿形，二辰恒察，万物自成。于是时任子所运而御，亦无复夭倾也。（20/522c）

死耗 1：死亡。《词典》释为"人死亡的消息"。｜其树悉刻题三十六国音、诸天内文。上楼紫鹭凤鸾，白雀朱鹦，鸥鸡灵鹄，赤鸟青雀，下则飞禽游兽，与昆仑同生，初无死耗。（34/28b）

"耗"有零落义，如《淮南子·时则训》又"行冬令，耗"高诱注："耗，零落也。"

灰亡 1：死亡；灭亡。｜身无检仙之文，而轻命仙官，摇动九天，仙不为降，天不为纳音，魂飞魄散，神惊气奔，宫宅振溃，赤子扰丧，天魔生祸，身则灰亡。（6/217b）

"灰"有碎裂义，如汉扬雄《太玄·童》"童麋触犀，灰其首"司马光集注："灰，犹麋碎也。"故灰亡即"死亡；灭亡"。

灰落 1：同"灰亡"。｜无此文，则形神不变，垢魂彷徨，彷徨不定，则神与邪交，神与邪交，则有灰落之期，形神不变，则不得召仙官，命上真。（6/217b）

倾差 2：失足跌倒；引申指死亡。｜掇根咽食，寿同灵柯。形附太晖，身腾飞霞。千龄万劫，使不倾差。（33/478b）徘徊金门，宴景皇家。长保玉虚，永无倾差。（34/18c）

"倾"有"倾覆；覆亡"义；"差"当通"蹉"，后者有失足跌倒义，《唐写本切韵残本·歌韵》："蹉，跌。"汉王褒《僮约》："归都担枲，转出旁蹉,牵犬贩卖鸡。"由此引申出死亡义。"倾差"当为同义连文。

倾殂 1：死亡。｜五藏充盈,流润如河。寿同三辰,万无倾殂。(33/563c)

乖丧 1：丧失。《词典》引《新唐书·魏元忠传》。｜逸宅丹玄本,太空道亦畅。幽冥秉灵符,暗推岂乖丧。(33/603a)

乖疏 1：疏远。《词典》引唐白居易《喜照密闲实四上人见过》。｜结节不解,必三魂失适,上元内丧,五老失明,帝君乖疏也。(6/548c)

灭试 13：(神魔)停止考核。｜如此行道求仙,万魔灭试,天精摧消,道自成也。(6/222b) 群魔灭试,仙官降形。(33/518b) 千邪灭试,万鬼无停。敢试有干,一付天丁。(33/768c)

暂休 1：停息；停止。｜礼后思过,改之勿复重犯,存善行之,不得暂休。(33/476c) 遂至陷没,乃作诗曰：逆虏乱疆场,边将婴寇仇。坚城效贞节,攻战无暂休。覆沛不可拾,离机难复收。(《宋书·索虏传》)

留停 1：停留；停止。《词典》引唐韩愈《岳阳楼别窦司直》。｜仰浮紫晨外,俯看绝落冥。玄心空同间,上下弗留停。(20/505b) 于是还里,永不相见。顾留停累日,谓苦备至,遂不接之。(20/605b) 遣吏于陕县留停震丧,露棺道侧。(《后汉书·杨震传》)

停放 1：搁置；暂停。《词典》引《二十年目睹之怪现状》。｜今月六日,是赤孙绝日,先处事耳,今虽停放,无所复畏,然四帅逆,已关之于都禁,至日为能遣尸杀使者看望之,虽弗复虑矣。(20/529c)

住滞 1：停留；延搁。《词典》引宋范仲淹《奏复位臣僚转官及差遣体》。｜魂生太无中,魄亦五道会,世世解死尸,七祖无住滞。(1/534c)

委舍 1：舍弃。｜七者,委舍荣华,所宝在道。(33/469a)

弃放 2：弃置；抛弃。｜当长斋幽林,弃放亡身,恭礼经文,不得身染殃秽,轻慢天真。(3/419c) 若有勤尚高志,弃放世荣,登陟灵山,精修苦念,名掌青宫。(34/55b) 今宜施用诚术,弃放怕术,史官课之,后有效验,乃行其法,以审术数,以顺改易。(《后汉书·律历志·贾逵论历》)

遗放 3：遗弃；舍弃。《词典》引宋代苏辙例释为"遗逸散失之人事和物件；弃置未用之人才"。｜萧寥玉篇,玩宝神生。遗放俗恋,调弹清灵。(6/629c、20/500b、33/464c)

弃叛 2：背叛抛弃。｜魂气交战,胎灵彷徨,真儿逃散,泥丸奸狂,

赤子弃叛。(6/665b、32/570b)

遗亡 1：遗落；散失。《词典》引唐张九龄《上封事书》。| 经荒履乱，遭值劫贼，寇盗水火，行来遗亡，去失荡尽。(33/680b)

失去 2：丢失。《词典》引唐方干《东山瀑布》。| 小掾又曰：方山大有侯叔草，异佳，叶乃大。昨乃大取。近乃失去布袜，欲就先生乞此衣。(20/595a)

去失 13：同"失去"。《词典》引《元典章·吏部八·案牍》。| 道制贵中，内外相应，非意去失，首谢愆尤。(2/865c、33/668c) 黄素书之，佩带自随，不可去失，去失谪罚，皆如太真之科。(2/866a) 敝坏更治，启告改易，去失输罚。(33/587a) 曾误遗火延及它舍，鸿乃寻访烧者，问所去失。(《后汉书·逸民传·梁鸿》)

第四节　违慢欺侮

学道者在修行过程中，或违背盟誓，行不坚毅，心不笃诚，懈怠懒散，致中道废弛；或侮辱圣道、冒犯神书；或胡作非为，欺下媚上、奸淫妇女；我们将表达这些行为的相关词语放置在一起讨论。

亏违 1：违背；违反。| 心口相符，洗心精进，志求仙俦，承受经戒，不敢亏违。(33/469a)

该词即"违背；违反"义，六朝史文多见（参陈秀兰，2003）。"亏"有违背义，如《商君书·赏刑》"有善于前，有过于后，不为亏法"。

亏犯 2：违反；冒犯。| 第二右官，主纠漏泄天宝之罪；第三阴官，主元君亏犯科禁之罪。(3/416a) 执供不礼，亏犯宝经。恐为四司，列罪紫庭。(33/421a) （何）承天议曰："（尹）嘉虽亏犯教义，而熊无请杀之辞。熊求所以生之，而今杀之，非随所求之谓。"(《宋书·何承天传》)

亏略 5：同"亏犯"。| 诸受五帝四司三官都校之位，不任正局，稽殆亏略，替忽天典……皆克削正真之爵。(3/418b) 凡受上法，而不承明科，亏略天禁。(33/421c、33/659c)

亏废 4：违背；废弃。| 上清真人，不勤王事，仙局替慢，亏废真任，漏泄宝诀，降授非真。(3/418a) 不以事之忘神灵，以迹亏废道，道之为教，法以制心。(33/688a) 枉杀无辜，亏废刑典，岂直上负天神，

何以下安黎庶。(《北齐书·陈元康传》)

亏忽 4：违背怠慢。｜不得增损天文，破坏道经，贴拭字体，亏忽灵文。(3/420c、33/655b) 不得慢略，外形托斋，内怀异念，亏忽天格。(33/683c) 亏忽天仪于俯伏，不足则为北帝鬼神所笑。(33/751a)

负违 8：违背，违反。《词典》引前蜀杜光庭《三会为弟子醮词》。｜弟子负违，罪及师身。(3/437a) 慎勿宣传，负违盟誓。(33/404b) 不得负违二象，不得乖伐三尊。(33/467c) 不妄誓，无负违。(33/475c)

恶犯 1：触犯；冒犯。｜左水官，治妄言天地、宣泄天文、辱毁二象、恶犯三辰者。(33/598b)

"恶"有"得罪；冒犯"义，如《战国策·东周策》"周恐假之而恶于韩，不假而恶于秦"；该词为同义复合词。

愆犯 1：违反；违背。｜若得此经，受传施行，不得愆犯懈替宣传之约，一如宝经。(33/383c) 三年一考，自古通经。今以泛前六年升一阶，检无愆犯，倍年成级。(《魏书·高阳王雍传》)

《词典》引《隋书·高祖纪下》"其诸司论属官，若有愆犯，听于律外斟酌决杖"例，释为"因过失而触犯刑律"，恐未妥。"愆"有违背义，如《诗·大雅·假乐》"不愆不忘，率由旧章"郑玄笺"成王之令德，不过误，不遗失"；上清经中"愆"常与"违、负、犯"对举，如：愆盟违信。(3/421b) 无盟而轻泄，则愆天信。(33/778b) 愆盟负誓，七祖充责，已身亡命。(34/16c)《词典》所引《隋书》例也当释为"违反"。

惊忤 1：惊扰冒犯。｜不先存念通真而迳造入室，礼拜烧香，皆惊忤神真，徒劳行事。(3/434c)

突犯 1：冒犯。｜按而行礼，不得轻合阴阳，浊秽不节，果有斯事，突犯斋室。(3/436b)

"突"有"冒；触犯"义，如三国魏曹植《求自试表》"必乘危蹈险，骋舟奋骊，突刃触锋，为士卒先"。

犯盟 2：违反盟誓。｜不得违科犯盟，一犯，伐功断事。(3/428a) 违科犯盟，三犯，不得又仙。(3/428c) 累犯盟，皆有三官罪考，非小事也。(33/447a)

违誓 4：同"犯盟"。｜授非其人，不遵法度，为宣泄天文也。漏慢违誓，死为下鬼，乃七祖考受风火之罪，自非同气，宁当闭口。(6/698c、34/39a、34/51c) (王敬则) 曰："吾先启神，若负誓，还神十牛。

今不违誓。"即杀十牛解神，并斩诸劫，百姓悦之。（《南齐书·王敬则传》）

负誓 20：负诺；违背誓诺。《词典》引明冯梦龙《情史·情报·王魁》。｜违盟负誓，身役鬼官，殃及九祖，永闭幽泉。（2/169b）愆盟负誓。（3/422b）违盟负誓，殃及七玄。（33/556c）愆盟负誓，七祖充责。（34/16c）

替忽 1：怠慢。｜诸受五帝四司三官都校之位，不任正局，稽殆亏略，替忽天典，废阙王事，纠罚不当……皆克削正真之爵，退补都统书吏。（3/418b）

替慢 3：轻慢；怠慢。｜若轻泄灵音，替慢宝文，为玉童所奏，罚以五帝神兵。（1/831a）第一左官，主执太真玉帝替慢之罪。（3/416a）亭五代孙继之博塞无度，常以祭直顾进，替慢不祀，宋文帝元嘉八年，有司奏夺爵。（《宋书·礼志》）

慢替 1：同"替慢"。｜有妄说篇目，罚以风刀，轻传慢替，己身负考，长役鬼官。（6/211a）

犯慢 1：冒犯轻慢。｜若乃情散万念，精诚不固，形死秽浊，心无至慕，犯慢灵禁，动违科素者，则帝君纠其罪，祸败缠其躯。（33/772b）

慢犯 1：同"犯慢"。｜授者经师，受者尽宗焉。违书慢犯，宣露宝文者，七祖父母诣玄都，受风刀之拷，身为下鬼，幽之夜河。（33/641b）

慢略 1：同"慢犯"。｜闲听伏度法化，不得慢略，外形托斋，内怀异念，亏忽天格。（33/683c）

慢辱 2：轻慢侮辱。｜若威势所制，使迫胁本师，自度后能治彼，以全初志者，乃可请师暂顺彼意，不能如此以死绝之，慎勿慢辱本师，毁弃正道。（2/867a、33/670b）世俗丑正，慢辱将臻，彼有道者，安得不超然振翅乎风云之表，而翻尔藏轨于玄漠之际乎？（《抱朴子内篇·明本》）

秽怠 1：侮辱怠慢。｜当秘而修行，不得轻慢，秽怠天真，宣露灵文，以示俗人。（3/419b）

"秽"在六朝有玷污义，如南朝宋刘义庆《世说新语·言语》"太傅因戏谢曰：'卿居心不净，乃复强欲滓秽太清邪'"。上清经中也见：在官无事，夷真内炼，纷错不秽其聪明。（20/525c）愆德毁正，多言失行，以秽道真。（34/38c）

秽慢 15：同"秽怠"。｜第四，勿秽慢不盛，秽慢不盛则清灵失真。

（3/402b、6/665b）一月三诵科文，恒令备谙，不得轻忽秽慢灵文。（3/443b、33/658a）秽慢泄露，殃灭一门，罚及七祖。（5/876a）秽慢三光，不敬神祇。（34/354b）人有祈祷及秽慢，则祸福立至。（南朝宋刘敬叔《异苑》卷五）

秽忽 2：侮辱怠慢。│若有轻慢秽忽灵文，宣传泄漏，使世见闻，违盟负誓，殃及七玄，死魂及己并充左右二官考罚。（3/426a、33/655c）

秽污 2：玷污侮辱。《词典》释为"不洁，肮脏；粪"。│有元君之服，而轻慢秽污，妄给他人；五犯，伐功断事，不得又仙。（3/434b）恶口两舌，绮妄不真，饮酒食肉，秽污天真。（28/410b）

污沾 1：污染，玷污。│诸是巾褐履屐之具，皆使鲜盛，三魂七魄，或栖其中，亦为五神之气，常忌污沾之熏故也。（20/551b、33/459a）

染系 1：沾染。│夫后生之徒，自非玉虚之胤，结自然而生者，皆孕于混气，染系嚣秽也。（33/415c）

毁慢 1：冒犯轻慢。│不著巾帽及脱衣露行，毁慢身神，耻辱真文，令真灵远逝。（3/438b）

傲突 1：轻视冒犯。│或妄触人神，叨忤清静，傲突明灵，评论经教，诽诮正法。（33/826a）

懈替 1：懈怠；废弛。│若得此经，受传施行，不得恣犯懈替宣传之约，一如宝经。（33/383c）

轻怠 1：轻慢；轻视怠慢。《词典》引唐范摅《云溪友议》。│某约闭口奉修，不得轻怠，宣露真文，违科犯诫，考延七祖。（33/488a）

轻泄[①] **2**：轻慢泄漏。│其法至重，帝君所秘，轻泄灵音，身被风刀之考。（1/827b）故曰隐书，太上所宝秘，不传于下世。轻泄灵文，身负风刀，万代被殃。（33/749b）

道经中"轻慢泄漏"、"轻泄漏慢"、"轻泄露慢"多见，表道徒不敬道法。如：

轻慢泄漏：有得此图，五帝遣玉童玉女侍卫，轻慢泄漏，触犯真灵，为玉童所奏，考属火官，罚以火考。（3/419c）得修此道，则名书九天，上真降席，飞行玉清，轻慢泄漏，身没鬼官，不得入仙。（34/186a）

[①] 从句意来看，"轻泄、轻露、轻漏"中的"轻"也可理解为轻率，但从词汇系统性及该组词的表达功能看，笔者认为，"轻"当为"轻慢"之省。

轻泄漏慢：有得见者，太极书名，奏之上清，轻泄漏慢，下名鬼官，罚以风刀，七祖充责，可不慎焉。（1/896c）起经之时，不得口咏章文，皆当比字参校，不得轻泄漏慢。（3/420c）上天禁书，轻泄漏慢，罪及九祖，父母己身卒亡，长闭鬼官。（5/880a）轻泄漏慢，身受大殃，宜详慎奉行。（33/768a）轻泄漏慢，九天刺奸，罚以风刀，九祖充役，不得入仙。（34/182c）

轻泄露慢：皆如盟法，不妄轻传，轻泄露慢，祸及其身。（33/381b）不得违背真文，轻泄露慢，如有违犯者，受法之身，永受考责。（34/119c）

以上三短语乃"轻慢"与"泄漏"之连文，当是叙述信徒冒犯道法及神书的习语。道教戒律要求学道者要保守神书，尊崇宝经，擅自泄漏宝诀，即触犯科律，故泄漏秘籍即是轻慢天真。经文中"轻慢"与"泄漏"尽管字面意义有别，但所表达的实质内容却相同。故在叙述中，本应为"轻慢泄漏"这一排列次序的四字格词组，利用汉语语词的弹性或错位为"轻泄漏慢、轻泄露慢"，或简省作"轻露、轻漏、漏慢、泄慢"（见下）。

轻露 5：同"轻泄"。｜秽慢真文，轻露宣泄，流放非真。（3/418c）轻露至法，天考立彰。（6/223b）常烧香左右，不得轻露。（33/449b）轻露身死，负考河源。（34/221b）

轻漏 1：同"轻泄"。｜宣化无纲纪，轻漏天宝经。冒科入死门，四极结尔名。（3/415b）

漏慢 12：同"轻泄"。｜高上以五帝神兵，辅于上真，检于漏慢。（6/211a）漏慢违誓，死为下鬼。（6/698c、34/39a、34/51c）纠于漏慢，营卫佩文者身。（33/569b、33/761c）防卫有文者身，纠于漏慢。（33/780c）

泄慢①4：同"轻泄"。｜有妄授不审其身者，为泄慢天宝，得罪太玄。（33/381b）不敢泄慢，不敢越阶。（33/661a）保秘年劫积，泄慢地狱婴。（33/488a、33/683a）

稽替 1：延误怠慢。｜受太清仙人之号，不勤典局，稽替王事，亏废

---

① 《词典》收有该词，认为"泄"通"媟"，作不尊重讲，我们认为，上清经中的"泄"当作泄漏讲。

真任。(3/418a)

厌替1：松懈；废弃。｜但患经难备晓，而诚易厌替，是以学者比肩，未有得其尘毫者也。(6/609c)

宽懈1：松懈；松弛。《词典》引《反美华工禁约文学集》。｜此道讵言说，唯当至心求，勿使失异契，吾今故愍勤，丁宁嘱兹诀，无为自宽懈，流离婴苦毙，妙真非赊诞，想能各勉厉。(33/591a)

迷退1：因迷惑而退缩。｜信向虽不能至到，但令不疑惑迷退，则善缘日增，增长不止，必亦成真。真人四百年、四千年、四万年，爰至万劫。(33/491c)

下面的词语多表欺骗侮辱、侵犯偷窃等义，也是对神真及道法的不尊重。

谩昧2：欺瞒。《词典》引宋司马光《约束州县不得抑配青苗钱札子》。｜口墨誓辞，保举知识，然后可容，不得谩昧。有疑检问，须实乃停。(33/667b) 慎无谩昧，忽略忽忽，不能感通，更致魔试也。(33/684b)

薄贱2：轻视；鄙夷。｜道学不得薄贱老病，道学不得教人薄贱老病。(25/154a、33/799a，后者缺"道学不得教人薄贱老病"句)

"薄"有鄙薄义，如《孟子·尽心上》"孟子曰'于不可已而已者，无所不已。于所厚者薄，无所不薄也'"；"贱"也有轻视义，如《书·旅獒》"不贵异物贱用物，民乃足"。

凌贱1：欺凌鄙视。｜或藉贵怙富，凌贱孤贫，或略人所爱，离隔六亲。(33/825c)

欺巧1：欺诈；虚假不实。｜第三戒，不得行欺巧窃盗，贪心恣恶，规图人物，夺人志愿。(33/469c)

欺灭1：欺蔑。《词典》引《封神演义》。｜开他棺椁，刑尸罚鬼，惊骸动神，欺灭侪党，痛感天人。(33/825c)

轻謿1：蒙蔽欺骗。｜攻伐师尊，诛伤同气，杀戮友朋，酷虐万类，轻謿百灵。(33/825c)

罔蔑1：侮辱诬蔑。｜或戏谑胜负，罔蔑尫微，诳惑朝野，嘲调闺帷。(33/826a) 晋熙殿下，以皇弟代镇，而断割候迎，罔蔑宗子，驱略士马，悉以西上，郢中所遗，仅馀劣弱。(《南齐书·张敬儿传》)

虚诞1：用不实的言语欺诈。｜不得背彼向此……嫉能胜己，虚诞天

灵，攻伐师友。(33/553b)

"虚"指不实的言语，如《楚辞·九章·惜往日》"蔽晦君之聪明兮，虚惑误又以欺"朱熹集注："虚，空言也。""诞"有欺诈义，如《吕氏春秋·应言》"秦王立帝，宜阳令许绾诞魏王，魏王将入秦"高诱注："诞，诈也。"

稽诞1：延误欺诈。｜学士入室诵经，皆五帝束带，四司扶位，不得临经住音，与外人交言，失略言句，稽诞天真，想念不专。(3/435a)

稽殆1：贻误，耽搁。《词典》引宋欧阳修《与刘侍读书》。｜太玄都四极明科曰：诸受五帝四司三官都校之位，不任正局，稽殆亏略，替忽天典，废阙王事，纠罚不当。(3/418b)

轻凌3：轻视欺凌。｜道学不得轻凌弟子，道学不得教人轻凌弟子。(25/153c) 道学不得轻凌官长有司。(25/154c、33/799c)

欺凌1：欺压凌辱。《词典》引唐孙魴《柳》。｜攻根伐本，背正入邪，欺凌贫贱，咒诅鬼神，秽辱三尊。(28/410b)

凌略1：欺凌。｜换易阴阳，混乱男女，淫通烝虫，凌略清贞，日月稍深。(33/679b)

逼迕1：逼迫。｜或断截人路，逼迕母子，闭塞人善良，抑绝人休美。(33/826a)

凌迫1：欺压逼迫。｜远出他方，遭遇险巇，水火兵寇，以相凌迫，衣粮乏绝。(28/411a)

恐协1：恐吓威胁。｜务令两不相伤，纵复刀杖恐协，当使退，必无杀害，重增怨仇。(33/611c)

惧胁1：同"恐协"。｜或事师敬友，往还身心，而遭罹凶丑，恶鬼恶人，交互劫掠，惧胁中伤……今欲救之，未得要诀，为此，惭愧不离心中。(33/586a)

侵谋1：侵犯。｜凡月蚀之日，其夕阴气亏，阳气盈，度分相加，二景相征，此皆天地有离合，日月之别气，乘有月亏之夕，便侵谋于正气也。(33/428a)

干御1：干犯侵扰。｜若有强魔妄来干御，九天骑吏登收摄治罪。(33/683a)

触恼1：惹怒，触犯使之恼怒。《词典》引《警世通言·玉堂春落难逢夫》。｜凡正诵戒，为公私所惊，人鬼触恼，皆即缄声，分解隐避。

(33/686a)

谋犯 1：图谋侵犯。｜其法至秘，不得轻传。若天阴不见日月者，亦于室内行此，日潜相谋犯，不可不救于正景也。(33/428b)

反谋 2：图谋算计。《词典》释为"反叛的阴谋"。｜右火官，治大逆杀生、伐害师君、反谋父母、手恶心贼、愿念不道之罪。(3/416b、33/598b)

伐逆 12：谋反；背叛。｜第一左官，主阳过刑杀伐逆、盗窃天宝、宣露灵文、口舌咒誓之罪。(3/416a) 不得心怀伐逆，手害有生。(3/437c、33/657a) 四玄冥星……伐逆不臣，诸以凶勃，莫不隶焉。(6/673a、33/821a、34/245c)

侵蚀 1：蚕食。《词典》引明王鏊《震泽长语·国猷》。｜天地离合，负气乘亏。侵蚀月庐，上干黄辉。(6/661c、33/428b)

弃毁 1：毁坏。｜不恃高凌卑，不盗略经书，不改易图诰，不弃毁圣文。(33/823a)

伐乱 2：扰乱。｜忌人食生血，忌烧六畜毛，忌烧胡蒜皮及诸荤菜之辈，皆伐乱胎气，臭伤婴神。慎之。(11/385a、34/307b)

犯伤 2：触犯伤害。《词典》引《水浒传》。｜服仙药，当向本命，服毕，勿即道死丧凶事，犯伤胎神。(2/903b、34/302c) 从事中郎张显上疏谏曰："入岁已来，阴阳失序，屡有贼风暴雨，犯伤和气。"(《晋书·凉武昭王李玄盛传》)

窃略 3：不正当地获取；夺取。同"窃掠"①。｜四者出入市朝，或人来货；五者未识法科，窃略威仪。(33/485c) 慎莫邪求，换乞强索，窃略所得，自以为功，更增咎谪。(2/867b、33/670c)

盗略② 1：盗窃；抢掠。｜不恃高凌卑，不盗略经书，不改易图诰，不弃毁圣文。(33/823a)

劫贼 3：抢劫偷窃。｜诸是后学，七祖以下，有杀害人命，劫贼攻掠，谋图奸淫，篡逆之过，九族交通，谋反无道。(33/418a、33/658c) 或驰骋田猎，呵骂风雨，奸盗劫贼，刺射天地，阴罪阴过，阳罪阳过，死

---

① "略"与"掠"音同义近，但并非同词异形。"窃略"、"窃掠"(《词典》引许地山《女国士》)同为六朝新词。"窃掠"在六朝史书中的用例如：庚午，诏曰："比闻缘边之蛮，多有窃掠，致有父子乖离，室家分绝，既亏和气，有伤仁厚。"(《魏书·高祖孝文帝纪》)

② 《词典》未收该词，但收有"盗掠"，后者也为六朝新词。

罪死过，幽显遍知。(33/826b)

该词与"奸盗（为非作歹、劫盗财物）、攻掠（袭击抢夺）"等行为词并列出现，当释为"抢劫"义。"贼"可作偷窃讲；"劫"有抢夺义，如《汉书·酷吏传·尹赏》"城中薄暮尘起，剽劫行者，死伤横道，枹鼓不绝"。

触荡1：扰乱。｜五情六欲，触荡精神，三毒七积，扰乱心志。(33/825c)

倒乱2：使……颠倒错乱。《词典》引《明史·奸臣传·马士英》。｜凡梦及出行，见人物相剥，食啖非常，翻覆男女，倒乱阴阳，皆使身当疾。(33/493a) 干戈者云某皇帝某幸籍先庆，叨居宸极，倒乱五常。(33/679a)

翻倒2：推翻，推倒。《词典》引《元典章·圣政一·抚军士》。｜不得饮酒，大醉溢盈，翻倒藏府，五神飞惊。(3/438a、33/657a)

混乱1：使混乱；扰乱。《词典》引宋王谠《唐语林·方正》。｜假十方号，换易阴阳，混乱男女，淫通炁虫，凌略清贞。(33/679b)

求竞1：请求；奔走相求。｜道学不得驰骋流俗，求竞世间。(33/799b) 自过江，吏部郎不复典大选，令史以下，小人求竞者辐凑，前后少能称职。(《南史·王僧虔传附其子慈》)

驰骤1：奔竞；趋承。《词典》引唐杜甫《九日寄岑参》。｜弘犹沦丧，浇伪滋起，驰骤之徒，替真于崖分之外。(20/525c)

扰竞4：扰乱；混乱。｜萧萧寄无宅，是非岂能营。阵上自扰竞，安可语养生。(20/506a) 又顷者末学，互相扰竞，多用混成及黄书赤界之法。(20/522c) 所以损神丧真，扰竞三关，遂当以此害明德也。(20/532b)

竞乱4：争竞扰乱。｜甲寅庚申之日，是尸鬼竞乱，精神躁秽之日也。(20/551c、33/459b) 此之日也，天气交合，七魄竞乱。(34/78c)

波战1：沸腾搏斗；指人心神不定。｜诸有外情之徒，欲栖生之夫，闻道而膝行，道寂则俱亡，向山而两足酸寒，涉川而三血波战，五体交攻于未坠之谷。(33/600a)

"涉川而三血波战"指要渡河时惊恐交加，血液沸腾搏斗，使人心慌意乱。

扰表2：受惊扰而逃亡。｜人无三真则三宫空废，万神飞扬，气散真

逝，赤子扰丧，三尸竞互。(1/899a) 身无检仙之文……宫宅振溃，赤子扰丧，天魔生祸。(6/217b)

讼斗 1：争斗。《词典》引《宋史·地理志》。| 禁止贪淫，不得滞净，抑忍嗔恚，不至讼斗，斗止诤息。(33/608a)

逞快 1：放纵，满足。《词典》引元揭傒斯《送张掾序》。| 乃更悲之，哀念愚顽，不得逞快。(33/611b)

虚耗 1：损耗；耗费。| 遇其辘轲，田蚕虚耗，畜养死亡，仕官黜退，人口夭伤。(28/410c) 道言：自今以去，转此经处，若有疾病，官事口舌，宅中虚耗，闻此经诫，敕魔神咒。(《太上洞渊神咒经》①卷一 6/5a)

贪滥 2：贪欲无度。《词典》引宋司马光《涑水记闻》。| 若私割以自赡，贪滥以为利，不从天科之约、始衔大信于盟初者，经师七玄之祖，拷于北冥之岳，永无仙果。(4/559a、34/43c)

生构 1：挑起；制造。| 若是行尸皮好之夫，将试而不悟，生构怨仇，或见伤杀，违生失和，有及此者，皆非得道之子。(33/445b)

淫犯 3：奸淫。| 道学不得淫犯百姓妇女。(33/797a) 道学不得教人淫犯百姓妇女。(33/797b) 或蒸通九属，淫犯万殊。(33/826a)

"犯"有侮辱、奸淫（妇女）义（方一新、王云路，1992：145），"淫犯"当为同义连文，习见于《宋书》《南史》等史书（方一新，1997：67）。

蒸通 1：淫乱私通。"蒸"同"烝"。| 或蒸通九属，淫犯万殊，恣溢失度，谄忌无拘，强相咒诅。(33/826a)

该词与"淫犯"对举，也当为淫乱义。"蒸"当同"烝"，后者有"下淫上"义，尤指与母辈淫乱，如《左传·桓公十六年》"卫宣公烝于夷姜"杜预注："夷姜，宣公之庶母也。上淫曰烝。""九属"指九代直系亲属。

---

① 《道藏》今存 20 卷，吉冈义丰《道教经典史论》认为该经前 10 卷撰于东晋孙恩、卢循时至刘宋末（400—478）；其《六朝道教的种民思想》补充认为该经出于梁末之前，东晋末至刘宋末的前说也可保留。宫川尚志《晋代道教的一点考察——以〈太上洞渊神咒经〉为中心》(《中国学志》第五册）支持吉冈之说；大渊忍尔《道教史研究》认为第一卷撰于刘宋初；卿希泰《试论〈太上洞渊神咒经〉的乌托邦思想及其年代问题》认为该经年代上限为西晋末，下限为东晋末。(转引朱越利，1996：94)

第五节 受殃改悔

修行者修道不专，屡犯科律，遂受罚遭殃；受到惩罚后又往往改悔罪过，重修善行，以期神仙。我们将表达受罚及改悔的相关语词放在一起讨论。

黜罢 1：黜退，罢免。《词典》引宋苏轼《与滕达道书》。｜帝族皇宗，渐见黜罢，中表近亲，枉法被刑。(33/680a)

减夺 1：削减；减少。｜不知改忤，违科犯忌，司命随事纠奏，减夺寿筭。(33/471c) 臣辄远研旨格，深穷其事，世变减夺，今古无据。(《魏书·张普惠传》)

夺削 1：取消；剥夺。｜不得妄入殡殓，哭泣悲泪，吊问死丧，犯者夺削陟真之爵。(28/409b)

退削 4：剥夺；罢免。｜五犯，退削陟真之爵。(3/438a、28/409a) 不得妄与阴家共床坐起……犯者减算，退削真爵。(28/409b) 诸官有过，退削进号之目。(33/654c)

削退 1：同 "退削"。｜不得露头……犯此之禁，夺算，削退陟真之爵。(28/409b)

退落 1：黜退；罢免。《词典》引李大钊《史观》释为 "倒退落后"。｜祸福无门，唯人所召，所召未专，善恶回换，虽福至天堂，尚有退落，祸入地狱，亦有超升，皆非学道之俦，正是流俗之侣。(33/475c)

退降 6：贬谪；降职。｜门郎姓史名少华，主真仙及始学者犯纠退降所经。(33/434a、33/476a) 其有四极真人，主领学仙簿录、进叙退降及始学仪则。(33/435c)

谪降 1：贬降。《词典》引宋王巩《甲申杂记》释为 "古代官吏被降职并调至边远之地"。｜访问此人，云是九嶷山中得道女罗郁也，宿命时曾为师母毒杀乳妇，玄州以先罪未灭，故令谪降于臭浊，以偿其过。(20/491b)

移迁 1：贬谪；贬罚。｜阙则违玄科，师夺玉童玉女，除落青簿玉名，移迁北丰。(33/417c)

责罚 1：责备处罚。《词典》引唐玄奘《大唐西域记·阇烂达罗国》。｜有此之罪，而不先自首谢，责罚自励而受经……(33/418b) 高氏素

严,详每有微罪,常加责罚,以絮裹杖。(《魏书·献文六王传·北海王详》)

罚责6:同"责罚"。①|勿以十月五日罚责人,勿以十一月十一日不沐浴。(3/402c)玉人天罪,而不先自罚责,吐首天宝而受法者,师及弟子同被风刀之考。(33/418a)

讼对1:控告审讯。|是为道行无闻,徒损民人敬向纸笔香油之费,更受吞藏酒肉之考,魂神常被讼对,凡向不利。(33/471a)一切众罪忏悔皆灭,唯有杀生忏悔不除,为有怨家,专心讼对。(十六国昙无谶《金光明经》卷四)

"对"有对质义,也即讯问,如"使三官执咎,对在幽司,考延七祖,罪累于身"(33/415c)。

考/拷②对4:审讯;刑讯。|轻泄,七祖充责,敕五岳,符魔灵,考对兆魂也。(6/218c)结罪九阴,盘塞冥中,上延七祖,考对穷魂。(33/419c)又请三官三宫九府百二十曹知籍君解形却祸,先为解先亡拷对。(34/443c)

考罚18:刑讯鞭挞。|文字讹谬,图像失形,并有考罚,福岂爱臻。(2/865b、33/668b)违盟负誓,殃及七玄,死魂及己并充左右二官考罚。(3/426a)轻泄此言,考罚生死父母。(33/385b)泄则祸遭,三官泄毒,考罚宣露。(34/36b)

"罚"有鞭挞义,如《周礼·地官·司救》"凡民之有衺恶者,三让而罚"郑玄注:"罚,谓挞击之也。"

罚考1:刑讯鞭挞。|三节违盟,告下三官,罚考风刀,死充地狱三途之掠。(3/437c)

执考1:拘捕审讯。|五犯,左官执考,死充地狱、三途之役。(3/423b)不得轻以短见,诵咏求仙,积劳无感,反收祸殃,三官执考,灭兆之身。(34/55c)

负考7:遭受刑讯。|轻泄,七祖负考风刀也。(6/673a)其道高妙,不传非真,轻泄灵文,七祖负考,身没鬼官。(33/524a)轻露身死,负

---

① 《三国志·魏书·东夷》"其邑落相侵犯,辄相罚责生口牛马,名之为责祸"中的"罚责"与我们所讨论的含义不同。

② "考"与"拷"在经文中可通用,如33/569b"被考而失仙矣"中的"考"于33/762a作"拷";33/653c"犯之九年,考掠兆之身"中的"考掠"于1/895c作"拷掠"。

考河源。(34/221b)

考试 1：审讯测试①。｜世人积小以来，形中伤犯者多，帝一不治，百神惊散，考试万端，所谓荒城之内，荆棘生焉。(20/536b)

考属 24：交由……审讯。｜有犯科违律，为四司所纠，考属左右二官。(1/888a—889c，9 次) 有犯其禁，七祖充责，考属右官，罚以少山火乡之难。(3/418c) 不依古典，脱失言句，皆减筹十纪，失行，考属右官，见世风刀，求死莫度。(33/655c)

"属"有"委托；嘱托"义，"考属"即"交由……审讯"义。

考/拷延 8：连带刑讯。｜如使三官执咎，对在幽司，考延七祖，罪累于身。(33/415c) 慎勿妄宣，宣示非人，考延子身。(33/497a)

殃延 8：危害殃及。｜轻泄此道，罚以鬼兵，殃延七祖，身没河源。(33/520a) 轻泄此道，殃延七祖，身没鬼官，长闭地狱，不得成仙。(33/521b) 不得轻传，无盟无信，而修其道，殃延七玄，己身充责。(34/90c) 主婴其罚然后责及其余，若衅不当身而殃延亲属，以兹制法，岂唯圣典之所不容。(《弘明集》卷十三)

殃累 2：同"殃延"。｜秘化之道，慎宣非真，明科禁重，殃累七玄，惟在密修，克成上仙。(34/84a) 至秘之道，慎告非真，盟科考重，殃累子身。(34/90b)

殃逮 5：同"殃延"。｜有泄轻传，死没九泉，殃逮七祖，洞填河源。(1/892c) 谓家世先亡有考讼殃逮，使胤嗣多诸蹉疾。(6/623c) 宣示非人，考延子身，不但风刀，殃逮七玄。(33/497a) 轻泄漏慢，殃逮七玄，己身亡命，长没河源。(34/229b)

流逮 3：波及。《词典》引前蜀杜光庭《前嘉州团练使司空王宗玠本命词》。｜谋反无道、奸淫偷窃、阴罪阳过，上及七祖，宿结流逮，简目在于太阴，罪名系于北辰。(28/379b、33/454b) 先世有功在三官，流逮后嗣。(20/587b)

殃灭 7：危害毁灭。｜秽慢泄露，殃灭一门，罚及七祖。(5/876a) 轻诵宝经，骇动九天，剌奸所考，殃灭兆身。(6/220b) 秘而奉真，慎勿轻传，殃灭子身。(33/497c) 此道密妙慎勿传，殃灭汝身及七玄，后学有分审此言。(34/66a)

---

① 与传世文献表"考查测验；考查知识才能"等意义的"考试"不同。

充责 59：受……惩罚。｜轻泄灵音，七祖充责，长役鬼官，身没风刀，万不得仙。（1/828b）妄示世人，殃及七祖，死魂充责，长补河源。（3/417b）轻泄，九祖获考，身负三徒，充责幽冥。（33/525b）轻泄失明，七祖充责，慎则神仙。（34/1b）

"充"乃"担任；承受"义，经文中着重指遭受，如"有犯此罪，己身及七祖，同充左右二官之罚"（3/418b）、"己身充左官之考，罚以刀山食火"（3/418c）。"充责"义为"受……惩罚"，在经文中多指受天、地、水三官及左右二官的惩罚。"充责"词形凝合得尚不紧密，能像离合词一样在词间插入名词来作限制说明，如"七祖充无极鬼责"（1/826c）、"三掠得过，长充鬼责，生死如之"（3/419c）。

责充 1：同"充责"。｜违犯其禁，七祖受考，责充右官，经刀山食火，负石填河。（3/418c）

充役 11：供役使差遣；服役。｜轻传漏慢，丧身鬼官，七祖充役，万劫不原也。（1/902c）己身并被左右二官所考，充役刀山。（3/425a）身必被殃，七祖充役，不复又仙。（6/219b）不依科而传，罪延七祖，幽魂充役，吞火食铁，负山运石。（33/416b）罚以风刀，九祖充役，不得入仙。（34/182c）旧制：民年十三半役，十六全役。当以十三以上，能自营私及公，故以充役。（《宋书·王弘传》）

该词与"充责"结构相同，也能在中间插入表修饰限制的词语。如"考延七祖，长充鬼役，负石运山"（1/890c）、"万劫还充鬼役"（3/420a）、"万劫得充负石填河之役"（3/420c）。

横罹 3：无端遭受。｜若三尊寿考，运数升度，或非罪无辜，横罹缧绁，此皆无妨，依期得传。（2/867b、33/670b）违科犯忌，身入罪门，七祖横罹，责及穷魂。（3/417a）诏曰："故泉侯允横罹凶虐，可特为置后。"（《宋书·武二王传·彭城王义康》）

遭罗 1：遭受。｜或经涉年岁，或遭罗幽厄，性命不测。（33/677c）时彼长者估客入海，亡失珍宝，长者之妇，遭罗官事，儿复死丧。（北魏吉迦夜《杂宝藏经》卷六）

"罗"通"罹"，乃遭遇义，如《汉书·于定国传》"罗文法者于公所决皆不恨"颜师古注："罗，罹也，遭也。"

配役 1：发配罪人从事苦役。《词典》引《元典章·刑部七·凡奸》。｜东华青章曰：此道超三界，统六天之府，人生死靡不属泉曲者，而由斯

六天，配役太山地狱也。唯得道能度之耳。（33/698c）

沉沦 4：堕落于地狱之中不得超升。《词典》引《敦煌变文集·温室经讲唱押座文》。｜悉不得怀协灵文，苟滞法服，沉沦泉曲，幽显受灾。（33/662b）中道破败，九祖沉沦，身谢三光，不得怨道咎师，一如盟文律令。（34/131c）

次例"泉曲"即地狱，"九祖沉沦"即因信徒违科犯戒，使九祖受地狱之苦。

下面的词表示修行者犯错误或受惩罚后改错悔过。

改首 2：悔改。｜既知改首，罚责自励，还修所受。（33/421c、33/659c）

首改 1：同"改首"。｜与科殊者，急首改之；与科合者，坚固成就。（33/695c）

"首"有伏罪义，如《汉书·梁孝王刘武传》"王阳病抵谳，置辞骄嫚，不首主令，与背畔亡异"颜师古注："不首谓不伏其罪也。"

改悛 2：悔改。｜或将成而罢，叛正入邪，攻伐师友，反道破经，罪延尊上，祸灭己身，灾殃将至，不知改悛。（33/585c）日损成德，贪淫暂有，有能改悛，嗔恚时起，起即抑之，抑之改之，终免滞方。（33/608b）

悛易 1：改悔；更改。｜凡能改悔，虽大可赦；不能悛易，虽小勿弘。（33/667c）

首舍 2：悔过；改掉（过失）。｜约当专心逮源，不敢随逐流沫，苦行遵承，首舍众豐，拯拔眷属，造立新功。（33/823a）谨自整洁，洗濯身心，为某首舍众衅。（33/825b）

首洗 1：伏罪悔改。｜今请矜某首洗之丹心，愍某自新之慊志，采臣劝善之誓言，副臣归仰之丹诚，令都天监司过君，延生之局，增福之司，咸共削某黑簿。（33/826c）

首悔 3：伏罪悔过。《词典》引《资治通鉴·齐高帝建元二年》。｜凡露灯遇风雨，皆重为之，三过不佳，罪深灾重，弥加首悔。（33/660b）罪由凶逆肆暴，不念首悔。改过精思，即有验也。（33/492b）开矜由于诚欵，祀谢关于洗心，心尽则应，首悔无量之罪。（33/825a）民惰法既久，今建元元年书籍，宜更立明科，一听首悔，迷而不反，依制必戮。（《南齐书·虞玩之传》）

第四章　有生行为词（三）　209

悔咎 2：追悔前非。《词典》引宋苏辙《为兄轼下狱上书》。｜衔哀悔咎，无所逮及。（33/680c）存思、悔咎、乞恩，念念不绝。（33/683c）二人感恩，深自悔咎。（《南史·陆襄传》）

悔罪 2：悔恨自己的罪过。《词典》引唐欧阳詹《南涧寺上方石像》。｜六者，悔罪谢过，求乞生活。（33/469a）习之未周，不能免咎，有所云为，皆悔罪为端，然后恩佑不求自至。（33/827b）太傅江夏王义恭又与义宣书曰：……昔梁孝悔罪，景帝垂恩，阜、质改过，肃宗降泽。（《宋书·南郡王义宣传》）

启悔 1：表达悔意；悔改。｜第四科曰：受经之后，存礼无亏，若遭病急，非意公私，事碍致阙，回后即谢，启悔惭悚，竭洗丹衷。（2/867c、33/670c）

启谢 1：承认错误；谢罪。｜可修三年之斋，用三元启谢，营九条之法，遵三元之事。（33/684a）乃为启谢淹迟之罪，世祖寻复其任。（《梁书·鲍泉传》）

悔惜 1：后悔惋惜。｜若有宅宇，而无康宁，宜纳贤圣，舍住真仙，心无悔惜。（33/610c）

斋谢 2：斋戒谢罪。斋是谢方式。｜若经私通，后知生道，先应斋谢，依科如期。（33/638a）建德立功，非凡所测，斋谢之后，佩奉真文。（33/694b）

斋忏 1：斋戒忏悔。｜斋忏三年三十六月，日限足竟，乃得启告，佩之如先。（33/587a）

醮谢 3：设坛祈祷谢罪。｜三官除罪，径上玄都，黑簿除籍，书生名于左宫，得恩之后，醮谢三官。（34/444a）得恩之后，醮谢五岳四渎灵官。（34/444b）

祀谢 1：祭祀谢罪。｜玄奖既应，圣许祀谢，神许开矜，开矜由于诚歆，祀谢关于洗心，心尽则应，首悔无量之罪。（33/825a）

赎解 3：用信物赎罪。《词典》引沈括《梦溪笔谈·讥谑》释为"赎当"。｜三年不倦，自赍重信，投于九江，赎解前迷。（33/418a、33/659a）

赎过 2：补偿过失；改错。《词典》引五代王定保《唐摭言·酒失》。｜善恶杂糅，功不赎过，德不补愆。（33/491b）凡学之士，皆当先受明科，拔罪赎过，披解七玄。（33/552c）

偿责 1：抵当罪责。《词典》引《新唐书·齐映传》。｜寻灵途者千百，何必用冰炉以盛火，趣偿责于三官耶？（20/534a）

第六节　教化解免

神仙传布道法、教化众生，即是对众生的解救，使其脱离灾难苦楚，超升天界。我们将表教化、解救及免脱的相关语词放在一起讨论。

敷教 2：布施教化。《词典》引唐褚琇《奉和圣制送张说上集贤学士赐宴》。｜解了此旨，天尊敷教之极，包罗众妙之端。（33/588c）采结五象，携集上真，实高上之垂化，以敷教于群方也。（34/62c）是以一音，演法殊译，共解一乘，敷教异经。（《弘明集》卷八）

惠化 1：施惠教化。《词典》释为"地方官为人所称道的政绩和教化"。｜千术肆观，惠化众兆，各获囊情，上下苍黎，开括元生。（34/149a）彼行暴戾，我则宽仁。彼为刻薄，我必惠化。（《周书·儒林传·乐逊》）

演化 1：推广教化。《词典》引唐骆宾王《上兖州崔长史启》。｜太上答曰："……方演化，利益群生，群生有心，急宜奖就。"（33/473c）

覆化 2：普施教化。｜群臣帝王，国主四天，玉郎韩司，主录十方众官，仙王八景，百罗魔王，腾飞虚空，覆化众生，覆天盖地。（34/115b、34/196a）

演流 2：流传；流布。｜九地三十六音，以元始同存，空灵建号，结自然之名，表于九玄，演流外国。（34/17b）至道冥冥，玄气潜分。九五演流，八会命门。（34/88c）

演明 2：传布；传播。｜玉检之文，出于九玄空洞之先，结自然之气，以成玉文，九天分判，三道演明，三元布气，检御三真。（6/211b）太上告后圣君曰：凡受三天正法，当为三天立效，佐时除凶，使正道演明，六天殄灭也。（28/408c）

神仙施行教化的目的也是为了拯救众生，下面的词语则直接表救济。

赈散 1：赈济；布施。｜受赠者，慎无私散，以营饥寒……此太上之盟誓，裂血之宝约矣。身入名山，当仙之日，皆当投之川林岫室之间，或赈散山栖之夫矣。（6/657c）

救治 5：救护医治。《词典》引《二十年目睹之怪现状》。｜此谓上

章及口启请诸君将吏兵及我身中功曹法官，以救治某，事事效应。(6/621b、33/679a)

接救1：接济；解救。｜或年命厄会，应见凶灾，神威接救，临危必济。(33/680c) 急缓赴告，骏奔不难。若移乐乡，远在西陲，一朝江渚有虞，不相接救。(《晋书·王湛传附其孙述》)

拯化1：教化拯救。｜匡制万物之运，拯化承唐之难，理二仪于玄图，总上皇之遗干。(33/544c)

拯度2：拯救。｜十方已得道无量大圣众，咸共遵行，拯度一切。(2/868b、33/671b) 虽阶三乘，而要由修进万行，拯度亿流，弥长远，乃可登佛境矣。(《魏书·释老志》)

拔过4：拯救超越。｜拔过死积气，越度仙皇庭。(1/531b、1/563c) 瞑目嘱仙公，拔过七祖难，度形还南宫。(33/456a) 拔过七祖难，越度仙皇人。(33/546b)

"拔"有拯救义，中古习见，蔡镜浩(1990：7)有详述；"过"也有超越、超过义，"拔过"为近义连文。该词在同期文献也有用例，意义为擢升（官职），与经文相类：淑（袁淑）上议曰：……则宜拔过宠贵之上，褒升咸旧之右，别其旗章，荣其班录，出得专誉。(《宋书·袁淑传》)

发拔2：解救；救助。｜顾念真才未启，灵璞寝磨，欲使风洒兰林，奏籁云崖，发拔七爽，剖疑喻幽，不审灵书紫文可得而下教乎？(11/381a) 含仁守慈，发拔幽忧，单心慈诱，栖神灵镜者，许长史其人也。(20/503c)

"发"有开仓济民义，即赈济，如《孟子·梁惠王上》"狗彘食人食而不知检，途有饿莩而不知发"，引申为拯救。"发拔七爽"即拯救七魄（道教认为人身有三魂七魄），"发拔忧扰"即拯救处于过度忧劳中的众生。

拥济1：保护救助。｜太一虚生上玄道君命太极真人遣玉华玉女九人、金华晨童其人，侍卫洞真玄经，营护有经者身，拥济佩符者魂。(33/529a)

溥济1：普度；普救。｜欲成大乘，大乘以溥济为先，溥济以开化为急，急教众生。(33/474a)

移度29：高迁超度。｜是故帝君常以七星移度学仙之人，过天关开南极之宫，断塞东北之死门也。（28/380c、33/453b）使断落六宫死名，填塞东北鬼户，上开天关，移度我身，然后可得上登三元。（33/457b）

神仙将信徒从凡界迁升到天界，使其超越俗世生死烦恼，故称"移度"。

移脱 1：解脱超升。｜飘飘九霄之际，出入开关之里，移脱死户之外。（33/456c）

过度 46：免除；脱离①。｜神安气洞，上与天通，越出地户，过度天门。（1/523a、33/752a）超越滞节，过度鬼兵。（1/539a、33/756a）遂得不死，过度壬辰。（20/501b）乞丐更相过度……著名长生玉历，过度九厄，得为后世种民。（32/737a）

越度 6：超度；超升。《词典》释为"跨越；超过适当的限度"。｜拔过死积气，越度仙皇庭。（1/531b、1/563c）天魔已保，五道开通。越度风刀，形升上宫。（33/806a）此文名为越度人道、重盟三官之约。（34/103b）

超逸 8：除脱；超升。《词典》释为"高超；不同凡俗"。｜死根断落，日魂同飞，超逸十界，上升玉阶。（1/533c、33/754c）赤景启灵，拔我七根，超逸三途，上升南仙。（1/535b、33/755a）

超豁 1：解脱；免除。《词典》引明孟称舜《英雄成败》释为"饶恕；宽免"。｜遂肥遯长林，栖景名山。咀嚼和气，漱濯清川。欲远此恶迹，自求多福。超豁绲聘，保全至素者也。（20/500a）

超过② 8：超越；超脱。｜善恶因缘，莫不有报，生世施功布德，救度一切，身后化生福堂，超过八难。（3/416c）则玉司右别，超过八难，不经狱掠。（3/442a）

免脱 3：免除解脱。｜拔擢七玄，免脱火乡，永离刀山，三途五苦，不累我身。（3/417c、33/655b）回法应灭门，但其修德既重，一身免脱，子孙岂得全耶？（20/533c）

免度 7：解脱；超脱。｜兆欲免度丰都山上八岳，不经其掠，当以甲

---

① 经文中乃"免除；脱离"义，指信徒对灾祸及仙关的免除和超越，并非一般的"通过；经过"。

② 经文中"超过"即对苦难的摆脱和超越，与传世文献中"超出，高于"（《词典》引《法苑珠林》）以及"越过同方向行进者，到其前面"（《词典》引赵树理《表明态度》）等意义有差别。

子、甲午、本命之日，青书白纸服之。(3/442a) 九者愿除众痛，十苦八难，免度厄世，为太平种民。(33/469a) 已生未生，咸得成就，免度忧苦，解脱逍遥。(33/681a) 清道路，恣其东西，随丰逐食，贫富相赡。可以免度凶年，不为患苦。(《魏书·高闾传》)

免过1：同"免度"。｜度命长存，佩身之后，与真通灵，免过厄难，得为上真。(33/429c)

免离1：解脱；脱离。｜清苦隐学，并早得道，度世升仙，免离穷困，超过八难。(3/439b)

第七节 感应降临

修行者潜心学道，终获神灵感应，降临修行者身，有不少词即表达该内容。

降感4：赐予感应。｜修此七年，思不亏日，则云气降感，应气响集，身化形变，与气同烟。(33/548a) 皆东华书名，骨相合仙，天真降感，故受此文。(33/765a)

"降"有"赐给；给予"义，如《国语·周语下》"王降狄师以伐郑"。

垂感1：同"降感"。｜故得道仙真，未极大圣者，后皆发心立愿，缘运垂感。(33/474a) 其王余庆始遣使上表曰："臣建国东极……冀神祇垂感，皇灵洪覆，克达天庭，宣畅臣志，虽旦闻夕没，永无余恨。"(《魏书·百济传》)

感对2：感应。｜心归则正神和，信顺则利贞兆，此自然之感对，初无假于两际也。(20/527a) 此卷并立辞表意，发咏畅旨，论冥数感对，自相俦会，分为四卷。(20/601a) 故务求依放，而进退思索未获所安，凡气数之内无不感对。(《弘明集》卷四)

感效6：感应；应验。｜不修此法，虽诵万遍，真神不守，终无感效，亦损气疲神，无益于年命也。(6/618a) 或频营首谢，斋章相仍，未蒙感效，良由罪深。(33/679c) 若幽期天兆，则明扬可遣；冥数自宾，则感效宜绝。岂其然乎？(《宋书·顾觊之传》)

告验3：应验。｜陈愿不闻其辞，七玄长考于地狱，焉神仙之可期？天科告验，兆慎之哉。(4/558a) 此是上元九精真气来入，故暧异以告

验，热感之休应也。(33/642a)

下面的词语多表神仙降临。

感降 4：受到感应而降临。｜如此七年，则日月感降，授子神真之道也。(1/831a) 但依日，三年奉醮，九天感悦，八素欢畅，神真感降。(33/484a) 盖非臭鼠之酒肴、庸民之曲躬所能感降，亦已明矣。(《抱朴子内篇·道意》)

降见 15：降临。｜既能守身中三一，则太微天中三元帝皇之真君而降见于外，亦与子面言也。(33/409b) 但存思服御，依节行之，亦九年，赤帝君衡山君无不降见于兆形也。(33/521c) 行之八年，刻得玄升，中真降见，授兆真经宝章。(34/188a) 行此道九年，致神真降见，身能变化，飞行太灵。(34/217a)

降下 9：(使)下降；降临①。｜乞赐编录，降下真灵，得乘飞霞，上升帝晨。(33/432a) 三元降下飞舆琼轮，迎兆登三元之房也。(33/780c) 垂神玄监，慈真降下。(34/143a)

来降 49：降临。｜秘修八年，则云舆来降。(1/829b) 群神卫灵，奄蔼九霄之上，焕赫玉虚之庭，来降于太真，玄授宝经。(2/167b) 天真来降，我道洞明。(6/219c) 太极真人来降子房。(33/433b) 七年，克有真人来降。(34/61b) 前见天上有气大如鸡子来降，我因以有身。(《后汉书·东夷传》)

下游 7：下降；下凡。｜圣君五年一下游，以幸诸侯，察种民而听仙理焉。(6/746a) 天人下游，既反，未曾不用此水以自荡也。(6/630a、20/541b、33/465b、33/796b)

流降 3：漂浮而降；逍遥而降。｜隐沦绝冥，回合紫房。改化万形，结成灵童。流降内外，玉真四冲。(5/878c) 万庆交会，我愿自然，高上流降，永保素真。(33/484c) 三合成纲，二灵交泰。九真流降，日月翼蔼。(34/88c)

"流降"的施事均为神仙，"灵童"、"九真"自不待言，"高上"也指神仙，如"高上泛盖于丹崖，八景策驾于霄扉"(1/516b)、"高上宴紫霄，五老辅玉根"(1/562c、1/529c)；"流"有移动不定义，此处指神仙

---

① "降下"为"下降"(汉代即出现)的逆序词，乃"下降；降临"义，辞书所释"降(xiang)下"(使降服归顺)当别为一词。

第四章　有生行为词（三）　　215

漂浮逍遥。

迴/回降 17：回转而降。｜东方青帝君姓常讳精萌……迴降佩符者身。（33/519c）乘气迅虚，迴降我房。（33/524a）先宴三元，回降我形。（1/898a）六甲之神，时乘六龙，以宴庆云，眄看六合，回降服符者寝房也。（2/169c）

降回 2：同"迴降"。｜上致中皇，百神降回，散根离苦，八难豁开，七祖同升，福庆巍巍，使我神仙，八景齐飞。（1/538c、33/756a）

"迴/回"有调转义，"迴降"指神仙先去了某处后，回转降临信徒之所。

降形 30：神灵下凡现形。《词典》引清袁枚《新齐谐·谢檀霞》。｜九天父母、帝君降形。（1/899c）存思上彻，三元降形。（6/220b）群魔灭试，仙官降形。（33/518b）得此毛，仙人降形。（34/27b）

垂降 2：下降；降临。垂为敬词，表示对方降低身份。｜元始启旦，忽致玄灵垂降。（2/167b）称名：某甲昔受众书八灵真箓，九年，请奉微礼，上献众真，愿蒙垂降。（28/408b）

临轩 7：使仙车下凡；降临。｜令玉宫骇听，万真临轩，群魔伏袂，万试敢前？（1/887b）宣告五灵，玉司扶位，万帝临轩。（3/415c）神妃侍卫，太华执巾，玉郎辅位，四司临轩。（33/477b）当此之日，五老浮位，九帝临轩，四司鉴试。（34/17c）

"轩"乃神仙乘坐的云车羽盖，"临轩"字面意义即"使轩降临"，在经文中表神仙"亲临"，与传世文献意义有别。

降真 29：降遣神仙；（使）神仙下降。词典引宋周邦彦《汴都赋》。｜高上曲眄，三光降真。（1/903b）修行其道，九年，天仙降真。（6/211c）弗能降真，岂能得道？道由降真，降真由清正，清正而不得，道未之有也。（33/493b）玉虚垂映，龟母降真，八景策辔，五老翼轩。（34/17b）

降灵 15：使神灵下降，召神。《词典》引鲁迅《汉文学史纲要》。｜混合成真，上招月魂，为我降灵，启我仙门。（1/543a、33/757a）三元内存招真降灵上法。（6/224a）念得此之道，后乃为降灵之师。（34/444c）

礼会 1：礼拜盟会。｜凡八节之日，皆三天仙灵期宴礼会之日也。兆修行礼愿朝礼之时，皆当斋用此日，至于朔望朝礼，非上法也。（34/

79b）

玄降24：神秘而降。见第312页。

虚降3：见第312页。

第八节　赏赐保佑

神灵获得感应后对信徒赏赐有加，保佑其道行精进。经文中有关赐予、同情、奖赏、保佑等的词都表达这一主题，故一并列于此处。

赐丐1：赐予；给予。｜称某岳先生王甲，谨以吉晨，清斋奉醮礼，上迁神盖，回灵曲映，降八素之气，下临丹心，咸见降位，赐丐神仙。(33/483b)

"丐"有给予义，如《魏书·食货志》"灵太后曾令公卿已下任力负物而取之，又数赉禁内左右，所费无赀，而不能一丐百姓也"。

赐给4：赐予；给予。｜乞白高上，记名三元，赐给玉童玉女卫身。(33/431c) 有愿朝玉宇，结篇东华庭。赐给八景舆，素灵带飞軿。精思思玄感，愿不损我生。(33/484a) 可员外散骑侍郎，并赐给之。(何法盛《晋中兴书》卷七)

降赐/锡2：赐予。《词典》列有"降锡"条，引《隋书·礼仪志一》。｜凡夫肉眼，岂得睹之，睹之由学，学精必通，通感之时，神官降赐，神物备至。(33/663c) 诸天来降锡，罪福无定起，进自由人身。(33/834c)

献送2：赏赐；献奉。｜三十六年，神人当以此兽及国神奇之物献送于兆也。(34/27b) 学者存其国音，氐老仙官，三十六年，当献送昆吾之剑、吉光之兽于兆也。(34/27c)

降致53：（使）降临；降送。｜行此八年，则入火不热，面有朱容，得与融珠面共语，降致丹霞，飞升上清。(1/824b) 则仙官侍庭，降致神芝自然灵药。(6/211c) 降致朱軿，升入皇朝。(33/522a) 降致飞霞，升入帝轩。(34/229b)

降遣1：遣送。｜太岁某月日子时，金明七真于某郡县乡里白刺，太玄上九天无上真明大众至真降遣。(34/143a) 丙辰，诏曰："……京师囚系，悉皆原宥。三署军徒，优量降遣。都邑鳏寡尤贫，详加赈恤。"（《南齐书·武帝本纪》）

降送2：同"降遣"。｜神奇妙药……思其色而服之；三年，面有流光，延寿万年，久久自然有仙人赍此神物降送于身也。(34/26c) 学者常诵诸天内音、外国三十六音、地下九垒之音，九年，仙人自当降送灵山之神奇。(34/28c)

降佑1：降恩；施恩。｜某今投命九皇大圣尊神，仰凭至德，特乞降佑，赐垂慈恩。(33/826c) 诏曰："朕仰凭洪烈，入子万姓，皇天降佑，迄将一纪。"(《宋书·礼志》)

赞佑1：赞成支持。《词典》引《新唐书·文艺传上·王勃》。｜见他佳事，助之欢喜；见他避事，助之愁忧。于彼虽无即益，缘感久久相关，彼有善人赞佑之福。(33/609c)

眷逮2：眷顾；垂爱。｜思自策励，沐浴陶冶。济否之阶，幸垂眷逮耳。(20/501b) 凡书疏之兴，所以运达意旨，既蒙眷逮，亲奉觐对司命君二仙灵颜，则天启其愿。(20/560a) 实使蒙愚悟道，眷逮所覃，曲垂颁及，铭兹训诱，方溢寸心。(《弘明集》卷十)

眄接2：眷顾扶持。｜甲秽质贪真，仰慕上清，乞与眄接，得侍玉灵。(33/426c) 故凝精以成文，结气以成仙，得咽其气，则致七晨降房，眄接灵颜。(34/228c) 融辞曰："过蒙大行皇帝奖育之恩，又荷文皇帝识擢之重，司徒公赐预士林，安陆王曲垂眄接。"(《南齐书·王融传》)

"眄"有眷顾义，如《晋书·秃发傉檀载记》"大王仁牟魏祖，存念先人，虽朱晖眄张堪之孤，叔向抚汝齐之子，无以加也"。次句之"眄接灵颜"当为"灵颜眄接"之倒。

接眄1：同"眄接"。｜故冥感吉会，拔匠幽领，天神来过，玉华接眄。(34/34b)

曲眄3：眷顾。"曲"为敬词，表对方降低身份。｜高上曲眄，三光降真。二景缠络，我道欣欣。(1/903b) 上吉告晨，帝灵升霞，回神下降，曲眄我家。(33/523b)

曲愍1：爱护抚养。"曲"为敬词，表示对方降低身份。｜俯仰惭惧，归命大尊，天尊曲愍，的然要旨，特乞戒言。(33/473c) 翰临死谓使者曰："……天慈曲愍，不肆之市朝，今日之死，翰之生也。"(《晋书·慕容翰载记》)

"愍"有"爱抚；抚养"义，如《广雅·释诂一》："愍，爱也。"王念孙疏证："愍、惜诸字，为亲爱之爱。"经文中也有用例，如2/868a

"师愍弟子,平等一心"。

垂愍1:同"曲愍"。《词典》引苏曼殊《断鸿零雁记》。|谨请七灵大神九精帝晨,回尊纡鉴,垂愍至心,赐降云驾。(33/824c)庆遣使上表曰:"……行冠军将军右贤王馀纪等十一人,忠勤宜在显进,伏显垂愍,并听赐除。"(《宋书·夷蛮传·百济国》)

愍佑1:爱抚佑助。|是以濯浣身神,投命玄极,竭其归仰之丹心,不愿轻微之菲陋。伏愿明灵大圣、至真尊神,特赐愍佑,副其翘勤。(33/825b)

照愍1:爱护关照。|特愿明灵,曲垂照愍,哀矜不及,奖成善心,不加谴罚。(33/826c)

垂荫2:庇护;保佑。|但朝礼神真,则致长生,延寿无穷,千祸不干,万凶不当,兵灾殄灭,触向皆成,出入则致九皇垂荫。(5/880b、33/494a)

矜护1:怜悯爱护。|慊慊度群生,恩德流一切,道德既高明,自知宿启哲,元尊所矜护,必遇斯旨诀,得者必成真,真成真不灭。(33/591a)史臣曰:……贺拔允以昆委乖离,处猜嫌之地,初以旧望矜护,而竟不获令终。(《北齐书卷一九·列传第一一》)

矜恤1:怜悯体恤。|谨至心投命,凭仰玄真,缉熙百灵,矜恤亿兆。(33/679b)

抚哀2:宽恕怜悯。|大劫有终数,百六翻然起,神娱不极龄,抚哀后生子。(28/407c)神映通幽关,炼胎反初形,抚哀五浊子,命同浮朝生。(28/407c)

"抚"有"存恤;安抚"义,如《左传·定公四年》"申包胥如秦乞师,曰:'……若以君灵抚之,世以事君'"杜预注:"抚,存恤也。"

纳招1:接纳,收容。|上真灵箓,摄御万妖,献礼五灵,以蒙纳招,封还灵岳。(28/408c)

矜录2:怜悯收容。|勋德浅陋,冥报已重,福田之喻,敢不自励,凭托徽猷,情若山海。动静启悟,望垂矜录。(20/507a)动静顾矜录,不负保举恩。(20/571c)

"录"在六朝有"收容、收留"义,《词典》及江蓝生(1988:131)有释。

陶奖1:养育勉励。|若吉日未过,愿垂告敕。又告贤者之举,复宜

详之;昔未受上道之前,有欲索侧人意,有称说堪陶奖者,受隐书之后,此计都冥也。(20/510c)

"陶"有"化育"义,如《管子·地数》:"黄帝问于伯高曰:'吾欲陶天下而以为一家,为之有道乎?'"

辅成 3:帮助实现。|腰带元符,首建晨冠,卫护有经者之身,辅成学真人者也。(33/381a)六腑开清,身无毫翳;明道八景,辅成仙位;仰咽灵芝,还童反艾。(34/187a)

辅扬 1:辅佐。|高圣太玄女青四极明科百二十条律,辅扬三五,翼赞太清。(3/439c)

"三五"指"天、地、人"三才和"仁、义、礼、智、信"五常,上清经中又用之代指智慧之道①;"扬"有举起义,即是对所举之物的辅佐。例中"辅扬"与"翼赞"相对为文,也即辅佐义。

保成 2:保举成为。|五星流布,五老降灵,携游五岳,上宴五天,长生不死,保成真仙。(33/638a)今日上告,玄母开陈。十二上愿,保成玉真。(34/182b)

保度 2:保佑度过。|金符命灵,太帝扶将。六戊逃巳,保度洞乡。(34/105b)一切官属,皆当奉敕符命,共相营卫某身,保度三灾九厄、五毒八难。(34/140a)

启拔 1:开导提拔。|今有男女生等,先蒙师真启拔,赐署天官治职道三洞妙法。(34/142c)

垂许 2:允许;许可。|奉辞以闻,伏愿师君垂许,誓心修行,不负师道。(2/866a、33/669a)融复上疏曰:……右蒙垂许,乞隶监省拘食人身,权备石头防卫之数。(《南齐书·王融传》)

慈念 1:施仁慈。《词典》释为"出于慈爱的关心;慈爱的念头"。|小更成大,遂不止者,宿命恶深,圣所未知,慈念勿责。(33/609b)并慈念一切众生。(《弘明集》卷十三)

慈向 1:慈爱;施仁慈。|夫学道者,第一欲得广行阴德,慈向万物,救人艰厄,度人危难,轻财重道,施惠布德,不吝财宝,投之穷地。

---

① 如:真人稽首重请问:"三五之要,可得闻乎?"太上答曰:"……三者,智也;五者,慧也。三智者,知天知地知人。仁义礼智信,五者同壅……利益无穷,故号五慧。"(33/473b—c)

(3/403a)

助威1：帮助增加威势。《词典》引《警世通言·一窟鬼癞道人除怪》。｜玉华诣寝，紫童回盖，天皇助威，九霄玄泰。(4/558c)

放威2：发威；施威。｜天兵罗域，神公放威。有何贾生，附景乘微。(6/661c、33/428b)

吐威11：同"放威"。｜流金吐威，焕落火铃，五晨齐景，七元伏精。(3/415b)群凶竞吐威，兆人负灾冲。(11/146b)激百阳以生电，鼓千阴以吐威。(33/598c、33/565a)虚景启灵，乘气旋回。迅驾八道，光明吐威。(34/56c)

纵威1：同"放威"。｜毒兽万尺，所屠无亲。有何小妖，聚百累千。交气齐瞻，当人生门。神虎纵威，斩玃枭残。太无奇道，至灵所甄。(33/603b)

开宥1：开脱宽恕。｜痛恼辛酸、死亡夭折、枉横非一，不知从何缘来而值斯毒，不知修何功德可得度脱？惟愿天尊大慈开宥，令知所犯，得出忧悲。(28/410b)谓宜适任民情，徙其所乐，开宥逋亡，且令就业，审审成腴壤，然后议迁。(《宋书·孔季恭传》)

"开"有"赦免；开脱"义，如《书·多方》"于民乃胥惟虐于民，至于百为，大不克开"孙星衍疏"又言桀于民乃皆惟暴虐于民，至于所为百事，大不能开释于丽罪者"；"宥"也有"宽恕；赦免"义，如《书·舜典》"流宥五刑"孔传："宥，宽也。"

宥除1：免除；饶恕。｜后愿自生，天地为父，复愿神生；和气为母。回元五通，宥除罪垢。福冠七叶，超生弥久。(33/388a)

赦贷1：宽恕，饶恕。《词典》引《宋史·高宗纪四》。｜上启太上北极天尊、大帝君，因密谢七世祖父母罪及自陈已立身以来罪过多少之状，乞得赦贷，从今自去，改往修来之言。(6/633c—634a)

放赦1：释放赦免。《词典》引唐李白《流夜郎赠辛判官》。｜若是甲家先亡后死，考责不解者，愿以真正之气，随愿解脱械节，放赦魂神。若以甲身愆过所收，于今释散。(33/678a)

放赎2：释放。《词典》引《明律·户律·典买田宅》释为"听凭取赎"。｜受戒忏悔，布施发愿，救济贫穷，放赎生命，修营灵观，建立精舍，玄坛法宇。(28/410c)烧香散花，设斋念道，救济危苦，舍放囚徒，布施穷乏，放赎生命，立其高座，广召有德。(28/411c)

放解 1：解脱；释放。《词典》引明贾仲名《升仙梦》释为"解脱"。∣先宴八宫，进登玉清。七玄放解，还更童婴。(33/785a)

舍放 1：释放；豁免。∣设斋念道，救济危苦，舍放囚徒，布施穷乏，放赎生命。(28/411c)

恩赦 1：开恩赦免。《词典》引唐韩愈《赴江陵途中》释为"指帝王登极等大庆时，下诏赦免罪犯"。∣三元，泥丸、绛宫、丹田，三神也。存念三元三神，上启天尊，求乞恩赦，助己所陈，令必上闻者也。(6/634a) 六曰，或受辞下检反复，使鞠狱证占分明，理合清雪，未及告按，忽逢恩赦。(《魏书·辛雄传》)

启复 3：恢复；复原。《词典》引《明成化说唱词话丛刊》释为"回禀"。∣一犯此过，减筭七年，格事七年，责己思愆，立功补过，有殊于先，伏誓三通，然后启复先位，计功续命，道不负人。(33/469c，3 次) 初，崇舅氏坐事诛，公主痛本生绝胤，遂以崇继牧犍后，改姓沮渠。景明中，启复本姓，袭爵，迁领军长史、伏波将军、洛阳令。(《魏书·高崇传》)

吊临 1：吊丧。∣兆存思金华洞房雌一之精，常当别室寝处……又不欲见尸柩秽，令神感不生，亦不欲吊临死家，履尸臭气。(33/392c)
"临"有"哭吊死者"义，如《仪礼·士虞礼》"宗人告有司具，遂请拜宾，如临，入门，哭，妇人哭"郑玄注："临，朝夕哭。"

保负 5：保举；举荐。见第 20 页。

玄鉴/监 7：暗自体察；保佑。见第 307 页。

右别 18：右件分别；决为保举。见第 282 页。

第九节 飞腾成仙

学道者经过精苦修行，羽化登仙，驾乘云车羽盖，逍遥遨游。乘驾逍遥是仙人的本领，也是成仙的象征，故表"飞行遨游"的词语与表"成仙"的词语往往相通。作者在叙述飞行游览时，又多借用脚的动作，如"登、行"等，故有些语词字面义属脚的行为，实则表达成仙飞腾的含义，一并讨论。

适肆 3：恣意遨游。同"游肆"。∣游眄琼阙，宴景三元，盘徊玉霄，适肆紫晨。(1/887a、2/863b) 云务子不修他道……歌咏妙篇，游娱适

肆，感畅神真，致三元下教。(1/887b)

适向1：到……去，游览。｜使我飞步，逃景太空。在所适向，分形百千。上造句陈，升身玉京。(34/106b)

遨迈1：遨游①。｜飞精郁玄盖，羽节耀紫清。澄景九霄际，遨迈戏凤城。(33/835b)

遨腾1：遨游飞腾。｜长为之者，出入帝晨，宴驾云轮，遨腾上清。(33/785b)

翱腾1：同"遨腾"。｜天扉解开，灵禁开明。翱腾紫霄，八途合冥。(33/776b)

逸遨2：逍遥遨游。《词典》引元贡师泰《上京大宴和樊时中侍御》释为"放纵遨游"。｜能修之者，皆飞行太虚，逸遨九清，白简结录，东华书名。(1/897c) 西王母以开皇元年正月上寅之日，乘虚泛灵，逸遨九霄。(34/177b)

"逸"在经文中有"游"义，如"飞羽逸紫空"(1/536b)、"凌羽逸上清"(1/542b、1/568b)。"逸游"表神仙遨游的潇洒，并无放纵之义。

游腾1：游览飞腾。｜洞彻幽元，三晨齐宴。游腾玉堂，上拜帝馆。(33/424b)

腾翔5：腾空飞翔。《词典》引朱德《遵义会议》。｜拜谒帝尊，受帝之名。得越华盖，腾翔紫庭。(6/674c、34/295c) 变形炼髓，骨化成仙，毛羽飞罗，腾翔帝晨。(33/408b、34/81b)

游旋5：回旋游览。《词典》释为"回旋"。｜奉见辅君，赐某隐书，使某游旋，列名圣皇，飞仙九天。(2/897b、6/678b、33/443b、34/109a) 玉华诣房，天真游旋。讽明灵音，上朝三元。(33/603b)

"旋"本有回旋义，经文中后可跟地点宾语，表回旋游览义；如"当是时也，圣君发自青城西山，出陇南云，北察龙烛之外，西旋九流之关，东之扶林晨落，南视朱山云中"(6/745b)、"下游戏四渎，五岳亦暂旋"(34/94b)。

旋腾1：回旋飞腾。｜若此人者，必能旋腾玄汉，周洒真庭矣。(20/499a)

徊腾1：回环飞腾。｜太上九游之严矣，徊腾之初也，八景次驾，八

---

① 例中的"遨迈"于33/554a即作"遨游"。

素运烟。(34/150a)

游迴 1：回环游览。｜乘空落景，啸风命烟，游迴玉清，洞观紫天。(33/484c)

登遨 1：遨游。｜九年则晨灯明见于兆形，帝君下降于寝房，能上步霄霞，登遨太极，寝宴太空，游行太虚也。(1/901b)

"登"有"升；上"义，如《易·明夷》"初登于天，后入于地"；"登遨"也即遨游义，与"登敖（遨）"可通用，如 p.2409① "能修之者，皆上步霄霞，登敖太极，寝宴九空，游行紫虚也"中的"登敖"在1/901c 即作"遨游"。

洞游 7：遍览；游遍。｜飞行七道，上登玉清，洞游太无，乘景晨生。(6/552a、6/638a、33/794a、34/49b) 即致八景云舆，洞游八方。(33/781a) 位登至上，洞游玉清。(34/54b) 历运回晨，参络朱軿，洞游高虚。(34/180c) 夫真心履顺者妖忤革其气，是以至圣高贤无情于万化，故能洞游金石，卧宿烟霞。(《弘明集》卷八)

游洞 7：同"洞游"。｜使我飞仙，死名已除。游洞三清，适意所如。(1/517c、2/863a、33/414c、33/498b) 以炼真化形，游洞上宫，西之玄素野、西陇蒙汜之滨。(33/544b) 扬涛迅浪，意不为难，游洞水下，极意周旋。(33/549c)

飞游 3：飞腾游览。｜三天宝盖，九天乘骑，飞游太空，径造五岳名山。(34/195c) 乘龙驾虬，飞游紫虚，上造玉庭，永与仙真。(34/120a、34/202c)

游飞 1：同"飞游"。｜其中万神卫送，出入虚空，游飞常阳，与帝合明。(2/859c) 有双鸥飞鸣于上，帝命左右射之，莫能中，鸥游飞稍高，干以二箭下双鸥。(《北史·魏诸宗室传》)

游浪/朗② 5：逍遥；漫游。"朗"通"浪"。《词典》引《水浒传》释为"放浪"。｜得为地仙，陆行五岳，游浪名山。(33/601b) 佩之则合形飞超，散景万方，游浪海津。(34/94b) 北到朔阴洞玄之馆、寒水之香，中盘十绝黄气阳精太玄玉京金台玉室丹嶐之宫，游朗十天。(2/168b) 绿辕丹舆，翠羽锦衣。游朗九崖，手披天扉。(34/19a)

---

① 李德范辑：《敦煌道藏》第一册，第 121 页。
② "浪"与"朗"通，如 33/568a "轻浪云尘津"的"浪"于 33/604a 作"朗"。

放浪 6：浪游；浪迹。《词典》引宋陆游《斋中杂兴》。｜北丰不拘，戏我天书。三道放浪，六凶乘虚。（6/222a）浮身空洞，放浪十方。（25/157c）徘徊玄太，萧萧非太霞之上，放浪于无涯之外。（34/54b，"放浪"于 33/802b 作"浪放"）夫人之相与，俯仰一世，或取诸怀抱，悟言一室之内，或因寄所托，放浪形骸之外。（《晋书·王羲之传》）

披浪 1：游览。｜上宴玉房，与帝因缘，游旸生关，披浪九天。（33/456c）

逸浪/朗₁ 7：逍遥；遨游。"朗"通"浪"。｜丹台刻简，结录紫篇，幽悟冥途，逸浪虚庭。（33/518c）普领万仙，生死图籍，无细不关，逸朗玉清。（34/9a）豁落遗万累，清衿无豪滞，逸朗邀九野，极灵八圆外，逍遥天地间，岂悟年与迈。（6/225c）

敖浪 2：逍遥；游逛。｜栖心明霞之境，敖浪玉国之墟，执把元皇之策，策落九域之丘，逍遥流旸，遂经累劫，方还清斋云房之间。（33/423b、34/294b）

"敖"有"游玩；游逛"义，如《诗·小雅·鹿鸣》"我有旨酒，嘉宾式燕以敖"毛传："敖，游也。"

放任 1：逍遥。｜仙道既就，何乐如之，逍遥于太上玉京，放任于自然之域。（33/804a）

流骋 2：飘荡逍遥。｜抗飞辔于清领，逸凤车以高观，放云軿以流骋。（33/599a、33/789a）

骋腾 1：奔腾遨游。｜三云焕华于北罗，万龙骋腾以唱啸，东鹏鼓节，紫华启翘。（34/147a）

超浮 3：漫游。｜使我飞仙，超浮太空。上造紫阙，北朝玉皇。（33/643a）行之十四年，亦超浮虚无，能死能生，出水入火，上登上清。（33/644c—645a）

飞浮 3：飞行漫游。《词典》释为"舟行貌；上升貌"。｜霄映十方，五液荡幽。冲虚摄景，真身飞浮。（6/701c）坐在立亡，二真合灵。参驾飞浮，上之玉庭。（33/548b）

飞步 77：飞越；飞行。《词典》引宋鲍照《拟古》释为"快步；疾步"。｜体矫玄津上，飞步绝岭梯。（1/516a、33/750a）控御六甲，运我身形，飞步天元。（2/169b）上攀星魁，飞步七元，驾景乘空，与天相倾。（33/450c）至于丹书紫字，升玄飞步之经。（《魏书·释老志》）

飞跃 1：飞腾跳跃。《词典》引唐李群玉《赠方处士》。｜旦服五合，百灾、百毒、百疫不能犯，面童而壮健，久服能飞跃峰谷，耳聪目明矣。(20/546b)

飞旋 2：飞行回旋。《词典》引《人民文学》释为"飞舞回旋"。｜子行其道……出入紫庭，宴息北斗，飞旋洞阙，俯仰玄盖。(18/745a) 周流紫房，驾景飞旋。上到九清，中眄阳关。(33/392c)

飞驰 1：奔跑；奔腾。《词典》引茅盾《子夜》。｜回眄九天，飞驰八表。(19/929b)

凌腾 1：升腾飞翔。｜然后乃能广游玄空，倒步天阿，乘云驾龙，凌腾无方矣。(33/601b)

携游 2：携手而游；结伴而游。｜是子内合感虚，托真情专之所致，亦南人云轸之必驾，三元景辇之携游也。(20/514c) 五星流布，五老降灵，携游五岳，上宴五天。(33/638a)

游梦 3：悠然恍惚而游。｜皆龙曜四泽，发精幽迁，游梦玉清，托景上闲。(33/599b、33/790a) 天扉廓散，灵禁开明，腾五太无，七神常生，双宴空洞，游梦上清。(33/771a)

"游梦"即梦游，但非现在所说的含义，"梦"形容游览时恍惚空灵之态。

游庆 1：遨游欢庆。｜太霄琅书琼文帝章，皆以九玄微辞，九天王于空洞之中、元始之先，玄歌理命，游庆霄庭，音句虚微，玄中而生，神真宝诀，故著灵篇。(1/892b)

游会 2：游览集会。｜游会之时也，兆至其日，当以夜半入室烧香。(33/549b) 凡修隐景之道，每至八节之日，八帝游会之时也，沐浴兰香，清斋幽房。(33/832c)

升形 6：使形升飞；成仙。｜招虚无以自灌，服玉符以升形。(33/544c) 行之七年，真人见形，自注简录，降致三元，乘空步虚，升形上清。(34/64c)

举形 3：使形体飞起；成仙。｜八景变化，举形上升。(1/899b) 按而修之，策龙步玄，举形阶渐矣。(2/165b) 举形踊空洞。(33/803c) 按仙经云，上士举形升虚，谓之天仙。(《抱朴子内篇·论仙》)

"举"有"飞起"义，如《吕氏春秋·论威》"知其不可久处，则知所兔起凫举死殣之地矣"高诱注："举，飞也。""举形"即身形升飞成仙。

举体 12：同"举形"。｜万神总具，举体成仙也。（1/900a）举体遁变，上升帝宫。（2/908c）举体同飞，衣服锦裙。（6/671b）炼骨易髓，举体成真。（33/424c）

举身 3：同"举形"。｜或乘云凌空，驾龙骋虚，举身蹑无，飞升太极。（25/159c、33/804b）千乘万骑，举身登晨，白日升天。（33/531a）

腾身 19：使身躯飞腾；升腾成仙。｜虽腾身霄崖，游盘五岳。（1/831b）沉在末俗，未能腾身，抗志玄虚，游宴灵岳。（3/443c）得御飞霞，腾身紫微。（6/221c）得乘玄舆，飞霞绿轩，上造三元，腾身帝晨。（33/433b）九阴灭尸，腾身华房。（34/24a）

腾躯 1：同"腾身"。｜天藏地隐，二气合偶。艮宫玄房，可以腾躯。（33/782c）

腾景 13：同"腾身"。｜飞行太空，腾景九天。（1/554b）长保玉仙，腾景金台。（6/225c）未能腾景霄庭，宴驾紫虚。（33/428b）振翮九霄，腾景玉清，游宴云宫也。（34/178c）

腾形 1：同"腾身"。《词典》引《初刻拍案惊奇》释为"跃身，纵身"。｜欲记名西龟之山，腾形七映之房，当以七月七日上合之时，沐浴清斋，晡时入室烧香，北向九拜，朝礼玉天。（34/65a）

腾天 4：升腾入天。｜毕，便埋腾天遁变符于弟子左足下。（33/488c）从羌老仙官、腾天之骑五千人，诣梵宝天，奏地仙得道上学之人，言名于四天之王。（34/25a）

登霄 3：升入太空；升登仙界。《词典》引唐白居易《杭州刺史谢上表》。｜灵标理魄，会昌护神，奉符登霄，寝息玉轩。（1/548b、33/758c）面发金容，项负圆光，乘空登霄，游宴紫庭。（1/887b）微吟穹谷，枯泉渐水，阙叟登霄，卫度系轨。（《弘明集》卷十三）

蹑空 8：腾空飞行。《词典》引宋黄休复《茅亭客话·程君友》。｜受者丹锦八十尺盟天，登修之日，书左足蹑，即能蹑空飞行。（2/168c）使我飞仙，超虚蹑空。（33/642a）常与儿童斗技，手无所持，蹑空而立，观者击节，咸共称神。（《金楼子·兴王》）

蹑虚 6：同"蹑空"。｜三元高灵，紫素云轩，策空蹑虚，徘徊霄庭。（6/224c）玉女蹑虚而卫灵。（33/544b）步空蹑虚，策驾青烟。（34/106a）王乔控鹤以冲天，应真飞锡以蹑虚。（孙绰《游天台山赋》）

蹑浮 3：同"蹑空"。｜飞轮紫盖，来运我形，乘虚蹑浮，上造玉庭。(33/521b) 解形遁变，追飞蹑浮。先谒玉房，退之八峘。(33/784b)

飞空 28：飞入天空；成仙①。｜得自然之道，白日飞空。(1/900c) 拜真人，朝华晨，而求飞空也。(6/672c) 乘景飞空，上造帝晨。(33/425a) 变化飞空，游行东极之境也。(34/10a)

飞天 4：同"飞空"。《词典》引唐李邕《日赋》释为"飞向天空"。｜戴飞天之冠。(1/898c) 飞天九晨，上据玄魁。(6/672a) 得佩紫微玄宫玉文、飞天真书。(28/409c) 三气回元，飞天九清。(33/521b) 上云羽化飞天，次称消灾灭祸。(《魏书·释老志》)

飞霄 7：同"飞空"。｜于是命驾，檄召五灵，飞霄回轮，乘空络烟。(1/887a) 是以得御紫度炎光，回神飞霄登空之法。(33/553c) 上愿飞霄，长生神仙。(34/79b)

飞晨 26：同"飞空"。｜衣九色流云飞晨之裘。(1/890a) 入室辅真，飞晨帝庭。(34/194b) 左把玉华盖，飞晨蹑七元。(34/627b)

升晨 27：升空；道成升仙。｜能服玉字，白日升晨。(2/862c) 得者修行，百日通真，八年升晨。(3/429c) 修之二七年，便得晏鸿翱而腾翔，斥紫霄而升晨也。(6/668a) 凡修长生之道，白日升晨之法。(33/414b) 致云舆羽盖，白日升晨。(34/219c)

升霄 3：同"升晨"。｜三气郁敷，八回五烟，我得升霄，驾龙明轩。(1/536c、33/755b) 施行奉修道成，临升霄之日，太帝君以真经传授西王母。(33/614a)

升清 3：同"升晨"。｜携率五岳，运我升清。(34/61b) 真人降授，使我升清。(34/183c) 徘徊玄路，运我升清。(34/216c)

升玄 19：得道升天。《词典》引唐黄滔《白日上升赋》。｜无此符则不得乘虚升玄。(2/168b) 必能长修，五老降房，神仙升玄，寿齐三光。(33/563b) 圣真神仙，随因受果，升玄化世，顺运去来。(33/612a)

升虚 12：升入空中；成仙。②｜修飞步之道，无此符不得蹑于七元而升虚也。(2/169a) 与气合升然，飘飘升虚。(33/548a) 太和玉女授幼阳

---

① "飞空"指道成后"飞入空中"，也即成仙升飞，"飞入空中"是字面义。
② "升虚"本义为升空，早见于汉代，如刘向《楚辞·九叹·思古》："升虚凌冥，沛浊浮清，入帝宫兮。"道经中的"升虚"除具有升空的字面意义外，主要表达成仙的意义。

君，阳君道成升虚。（33/762b）

景登 2：登空；道成升仙。｜炼容固髓，反白为青，神化内发，景登紫庭。（2/862c、33/498a）

景飞 2：同"景登"。｜四大乘天，天元来归。三华吐曜，司命景飞。（1/540c、33/756b）

云行 11：云游。《词典》引唐吕温《送文畅上人东游》。｜手攀七纲，足践九扉；云行雨步，上升太微。（6/672a）邵奭为东明公，云行上补九宫右保公。（20/585b）发足地户，云行天门。（33/488c）

云步 1：同"云行"。《词典》引唐杜牧《张好好诗》释为"轻盈的脚步"。｜腾身九空，出幽入微。轻行云步，逮变迅晖。（33/488b）

虚行 2：同"云行"；"虚"即天空。｜神刀列宿，金钩耀精。元首威兵，腾步虚行。（6/632a）乘景虚行，飞入洞门。携英九道，八真齐群。（34/70b）

浩翔 1：高飞，高翔。｜自公受符，以经七千余劫，屡履阳激阴否、百六之周，浩翔洪波之上，而无厄会之忧。（33/429b）

轻翔 2：飘然而飞。｜子欲长生，当服山精，子欲轻翔，当服山姜。（20/522c）三年当审保长全，九年乘空致羽裙，凤衣轻翔升龙山。（34/178a）

高登 7：高升；高飞。｜凡积学之夫，鲜有坐致龙舆，而高登云阙者也。（1/829b）命八景以高登，骋神虎以升飞。（33/565a）高登八会宫，结我冥中畴。（34/2c）浊滞缠于口齿，仙真高登于玉清。（6/665a、32/570a）

上奔 18：上升；特指飞奔日月。｜八道九真，结璘郁仪，上奔日月之道。（3/427c）太上郁仪结璘文章，以致于日月之精神，上奔日月通天光飞空之道也。（6/699a、34/303c）愿得与五帝真君、月魂精神，共乘景云，上奔日宫。（34/40a、34/110c）

上飞 3：高飞；上升。｜初生流光，照我三宫。神仙上飞，高游八方。（2/900c、2/908c）亦能使上飞轻举，起体霄冥矣。（33/601a）

上步 13：上升；上行。｜能上步霄霞，登邀太极，寝宴太空。（1/901b—c，2次）得晏飞纲而上步。（6/675c）忽登天纲，上步紫庭。（6/677c、33/442c、34/108b）

进登 3：升登成仙。《词典》引《晋书》释为"进升"。｜东游碧水豪林之境，上憩青霞九曲之房，进登金阙。(33/430c) 上造金阙，进登玉清。(33/456c) 得朝三元，进登紫房。(34/70c)

飞登37：飞升成仙。｜衣我仙裳，越过水火，飞登晨京。(1/531a、33/754a) 携契同盟，飞登上清。(6/219c) 日以进益，飞登七元。(6/551a、33/793a、34/48c)《九章·大司命》"登九天兮抚彗星"五臣注"飞登于天，抚扫彗星"。

飞度2：同"飞登"。｜北元沐浴，冠带行畴。飞度无界，流景玉舆。(33/805b) 解形邃变，飞度五道之法，当作新衣一通，巾履并新。(33/806a)

升登6：升飞；指成仙。｜长为德伯，世得道恩，升登日月，遂友帝先。(1/540a、33/756b) 奉之如法，升登上清。(28/410a、34/243a) 若身未升登、合形俱晨者，则宜翳景示俗，暂入太阴也。(34/35c)

升飞[①]28：羽化成仙；飞腾。｜骖龙驾浮，超然升飞。吐纳神芝，历劫不衰。(1/517c、33/498b) 丹琼绿舆，运我升飞，上诣朱房。(6/221a) 魂真魄神，合形升飞。(33/441b) 七元运霄于紫虚，八景驭辔而升飞。(34/8c)

升腾6：飞腾；修道成仙。《词典》引唐元稹《刘氏馆集隐客》。｜夫人虽有仙相，当得升腾。(3/402a) 慕尚者众，得升腾者稀。(20/536a) 勤加在意，刻得云降，升腾有会也。(34/178c)

升化7：羽化升腾；得道成仙。｜《黄庭》是调和五藏，制炼魂魄，本非升化七祖之法。(6/617c) 自从三圣升化之后，真科沉隐，累遭天地鄙烈。(33/470a)

腾登2：腾飞。｜教我乘星，腾登玄路，乞赐飞行，不死之祚。(6/677a、33/442a)

腾化2：飞升成仙。《词典》引明方孝孺《吊茂陵文》。｜此乃中真腾化之道。(3/419b) 男先服，后服飞仙腾化秘符。(34/7c)

腾举1：飞升；升腾成仙。《词典》引唐叶法善《留诗》。｜后学之人，或有皮好而望仙，朝勤而暮怠，内希腾举，外重荣利。(34/71c)

举度1：超度成仙。｜举度七玄苦，寥寥豁长静。拔涉五苦津，应感

[①] 其逆序词"飞升"在汉代即有"羽化成仙"义（《论衡·道虚》），在经文中出现达78次。

乘云上。（33/834b）

变升 1：变化升仙。｜南宫受仙，七元反胎，寝映高琼，变升神衢。（33/771a）

升变 1：同"变升"。｜诸有如此相，皆必上仙也。亦可学而得，亦可不学而获，要其人必好道，好道学微，必速得升变矣。（6/747c）

变举 1：同"变升"。｜张陵承此以教世人耳，陵之变举，小不行此矣，尔慎言浊生之下道，坏真霄之正气也。（20/497a）

登度 1：登仙；成仙。｜若兆知精，存九君，深思三真……使天地之灵魂常治在兆己，五神捧籍，周而复始，必将白日登度，何但不死而已哉？（33/531b）

伯举 1：升仙；成仙。｜中君曰："伯举在于下官耳。大老子将复可念。"（20/497c）

"伯举"即成仙义。"伯"即神，经文有"仙伯"、"道伯"、"德伯"等。如：长为仙伯，役使万神。（1/544b、33/757b）世为道伯。（1/531b、33/754a）长为德伯。（1/540a、33/756b）

仙飞 2：成仙①。｜拔灭七祖根，穷魂皆仙飞。（1/891b）七祖解胞根，反胎皆仙飞。（33/546a）

入仙 30：进入仙界；成仙。｜七玄入仙，庆流云积。（1/528a）三犯，不得入仙。（3/420a）虽有玄名，不得入仙。（34/63b）九祖充役，不得入仙。（34/182c）

入真 9：同"入仙"。｜令其心坚，登道入真。（2/868a）念善改恶，立行入真，身后化生，得接帝皇。（3/417a）使我飞步，常乘入真。（34/106c）

受仙 25：得道成仙。｜七祖父母，以荷福庆，得去三途，受仙南宫也。（33/457a）得乘一景，上升玉庭，稽首太素，受仙素灵。（33/484b）上升太真，我身受仙。（34/214c）

解形 46：尸解，道教语。《词典》引唐陈子昂《体玄先生潘尊师碑颂》。｜帝一解形，超登霄路。（1/552c、33/760a）解形遯变流景玉经，

---

① 该词即为"飞仙"的逆序词，后者也即成仙义（《词典》引《海内十洲记·方丈洲》释为"会飞的仙人"），早见于汉代，如：吾身尝中于大邪，使吾欲走言，吾欲当为人主，后当飞仙上天。（《太平经》卷七十一）经文中也多见：我日成真，飞仙云京。（1/523a、33/752a）得者飞仙，学者成真人。（33/436b）

九天始立，玄文存焉。（3/425a）解形皇坛，变迹入无。（33/488c）

解带9：带解，隐化成仙的一种方式。｜白云合神景，乘素会太微，上朝帝一室，解带皇一阶。（1/547c、1/570c、33/758b）既敛，失尸所在，但余衣在耳，是为白日解带之仙。（20/546c）飞轮北丘，解带华圆。（33/599b、33/789b）时复解带万流，日游月旋，招风扇羽，流荡九迁。（34/146c）

"解带"与"剑解"一样，是学道者成仙方式之一，"尸去带存"，信徒已飞升成仙（《词典》未收此义）。

托解1：假托外物而仙化。｜若道备真降，白日超腾，乃隐化托解，灭迹去世。（33/415a）

外身1：置身于世外；隐居。《词典》引唐曲信陵《移居洞庭》。｜若外身幽岩，屏绝人事，内念神关，摄真纳气，将可平旦顿存。（20/537b）

沦隐1：隐遁；隐居遁世。《词典》引明王慎中《遵岩集》。｜运未升玄，迹未沦隐，行化世间，出入无碍。（33/638b）

隐景/影10：隐藏形迹。｜金符命灵，太帝扶迎。六戊逃巳，隐影冥乡。（5/879c）后遇真人樊子明于少室，授以遁变隐景之道。（20/568c）能知二景之精，隐景藏形，行之十八年，上升紫庭。（33/551b）使我飞步，隐景入空。（34/104b）

隐化13：形变成仙；逍遥遨游。｜隐化之日，自然即变，上升金门四乡之宫。（1/831b）此坛今犹存历然，则是故求隐化，早绝世尘也。（20/609a）若道备真降，白日超腾，乃隐化托解，灭迹去世。（33/415a）子若见如此之人，勤请问之，具道情事，必当授子金虎上符，并诸学要言也。慎勿轻之，此隐化真人也。（34/95b）

道徒形灭升天称为"隐化"，实指道教徒死亡。在道教看来，人重在"神"而不在"形"，身死而神反升天。《词典》引唐陈子昂《我府君有周居士文林郎陈公墓志铭》例，释为"死的别称"，欠周备。道教徒所称的"隐化"虽事实上确已死亡，但在他们眼里，确为仙化。故释为"道教所说的仙化，实指死亡"似更允当。"隐化"还可指道徒变化形体、逍遥四方。

有其符则隐化无方，闻其名则上补天真，行其道则飞虚驾景。（2/169c）故自位为真仙，所以隐化八方也。（33/386a）九晨回颢，隐化无

方。(33/834a)

隐变 2：同"隐化"。｜黄帝受襄城小童步六纪之法，行其要诀，遂铸鼎荆山，隐变乔陵，驾龙玄圃，乘云阆风。(33/444a) 子州受之于太极，习隐变而长存，彭祖受之于王君，修改易而延年。(33/787b)

遁变 16：隐遁变化；仙化①。｜举体遁变，上升帝宫。(2/908c) 上下相扶，七神敷陈。流形遁变，爱养华元。(6/618b) 为我解形遁变，随光流焕。(33/550b) 愿得解形遁变，流染金宫。(33/787c) 令坐在立亡，能隐化遁变，招致风云。(34/303a)

遁化 4：同"遁变"。《词典》引唐颜真卿《有唐茅山元靖先生广陵李君碑铭》释为"道士死亡的婉称"。｜举形遁化，流变适真。(6/547c) 明年橼便遁化也。(20/595b) 上元元母，育我胎产。遁化金室，变乘藏荤。(34/106c)

遁迁 1：隐遁升迁；成仙。｜解脱于文蔚之罗，披素于空住之肆，浩洲黯深，玄波云峙，总辔遁迁，澄理万途。(34/33a)

遁飞 1：升飞。｜于是紫霞蔼秀，波激岳颓，浮烟笼象，清景遁飞。(20/521c)

上戏 5：向上飞游；逍遥。见第 301 页。

历戏 2：逍遥；游览。见第 301 页。

洞戏 1：遍游。见第 301 页。

扇 7：驾驶；游览。见第 299 页。

游扇 1：见第 299 页。

浮行 3：飞行；漫游。见第 300 页。

浮登 1：见第 300 页。

萧萧 6：独自逍遥。见第 308 页。

霄浪 1：见第 309 页。

宴景 26：驾乘（云雾）；游览。见第 320 页。

宴适 1：到……去；游览。见第 319 页。

徊宴 1：徘徊；逍遥。"宴"义虚化。见第 319 页。

---

① 《词典》于该义项下引有《云笈七签》两条书证，其中卷五三"解形遁变，追飞蹑浮"例乃上清经 33/784b 文句，卷四十四"流形遁变，变养华元"乃 33/831a 文句，33/831a"变养"作"爱养"，李永晟点校《云笈七签》第 993 页也作"变养"，当改正。

旋宴 1：见第 319 页。
遨宴/晏 6：遨游。"宴"义虚化。见第 319 页。
游宴 86：见第 319 页。
飞晏 1：飞翔；飞行。"晏"义虚化。见第 320 页。
迁升 1：升腾成仙。见第 292 页。
上迁 2：见第 292 页。
超凌 7：超飞；凌空而飞。见第 289 页。
升造 2：被神仙选中，得道成仙。见第 292 页。

驾乘云车羽盖，逍遥四方，是成仙者独具的本领，也是成仙的重要标志，这就不难理解经文中多借助空间上的位移"飞、超、升、举、腾、度"等及它们组合的语词来表达得道成仙。于是，某些表车马的词引申出驾驶义（飙、辔、骖），许多表驾驶的词又有游览义（戏、宴/晏），而许多字面上看起来表飞行、游览的词实指成仙，形成了"云车羽盖—驾驶—飞行—成仙"这一较独特的意义迁移。上清经中表达"成仙"多用与空间位移有关的词，更形象生动，富有表现力，符合道教渲染成仙后神通广大、出入仙境的表达需求，可视为侧面表达。此外，经文中也有直接表达成仙的词，如"登真"，不过数量相对较少。

整体行为词小结：整体行为是以人整体作为施事对他物施加影响的行为，我们共收集到相关新质 1453 个，占生命行为词（2593）的 56.03%，占新词（2801）的 51.87%，均高于局部器官行为；这说明我们在表述行为概念时，多数行为是以整个生命体作为叙述出发点的，表达人作为整体的自身运动变化对第三方施加影响。

第五章 有生行为词(四)
——心理活动行为

在生命行为中，局部器官行为、整体行为都可视为外部行为，除此之外，还有生命体的内部行为——心理活动行为，也即我们常说的情感动词。经文中这类词语主要表达想象、思考、喜怒哀乐（情感动词）等内容。

第一节 想象回忆

存思[①]，或存想术，是道教最常用、最具特色的道术，广泛应用于修炼法术以及斋醮科仪之中，可谓"自人地星宿山川，以至人身五官五脏，皆有神名，皆欲存思结想以遇之者"（傅勤家，1989：133）。这种方法受到上清派的空前重视，张崇富（2004）、吴述霁（2004）对此问题均有论述，故有不少表想象回忆的词。

存思 198：想象；思索。《词典》引唐皇甫枚《三水小牍·侯元》。｜存思毕，扣齿三通。（1/513b）初存思之时，当平坐按手于膝上，勿令人见之。（2/170b、34/161c）存思修行，皆北向心拜四方。（3/420a）

存视 2：想象见到。《词典》引《宋史·仁宗纪一》释为"问候看望"。｜去手闭目，对星服星之光芒，存视九芒，使尽入喉中。（6/651c、34/112c）

存拜 5：心想象礼拜。｜若夏月日出东北，便不得正向日，存拜东华

[①] "存"即"思"，经文中可通用，6/698b"子欲升天，当存月中夫人"中的"存"于 34/147a 即作"思"；1/901a"次存三元九真内神姓讳"中的"存"于 p.2409 也作"思"（李德范辑：《敦煌道藏》，第 118 页）。

所在。(2/901b) 既在疾，不堪躬行，故使心存拜耳。(6/619a) 夫存拜及心行道之时，皆烧香左右，如欲行事状也。(20/549c)

存礼 5：同"存拜"。｜受经之后，存礼无亏。(2/867c) 先正心北向，存礼太素三元君于金华之宫。(33/635b) 但单行之，不复有所存礼也。(33/635c、33/670c)

存呼 56：想象呼念。｜存呼小童内讳名字。(1/520c) 存呼三魂名。(2/899a、6/658c) 又闭目存呼太极紫房天皇太帝君逢凌梵。(3/542b、34/99b)

存修 17：存思修习。｜凡存修上法，礼祝之时，皆先啄齿，上下相叩，勿左右也。(6/663b、20/552b) 此谓徒服药存修而交接之事不绝，亦不得长生。(20/519b) 凡存修太一之事，欲有所礼愿，慎不可叩头。(34/76b)

修存 9：同"存修"。｜修存，常以平旦日出之时，正东向再拜。(2/876b) 若所得之法，常能修存，则诸空宫之中亦随事受神，非但丹田中一帝君也。(6/607c) 若不修存之时，令日月还住面明堂中。(6/640a、20/542c) 兆能修存名字者，则能治镇一身，保守元精。(6/547b、34/300c)

修思 1：同"修存"。｜凡修上真之道，七星移度，披天三关，不知此讳，九天玉真闭子修思之感，非玄真之子不可得而披，真灵不为子降。(33/564b)

思见 18：想象见到。｜兆意当有感激熏结之状，思见日月间有精如流膏。(20/11c) 冥目思见日中五色流霞皆来下，接绕一身。(33/478b) 思见二真为我记名于简之上，结录于青云之编。(34/64b) 如含影藏形，及守形无生、九变十二化二十四生等，思见身中诸神，而内视令见之法，不可胜计。(《抱朴子内篇·地真》)

存见 63：同"思见"。｜须臾，存见紫云之气，充满左右及一室内，又存见口中出风气，吹扇紫云之烟。(1/554a) 坐常欲闭目内视，存见五藏肠胃。(2/903a) 又存见卜元手扶上卿。(4/550b) 存见九星宫府神君，威容端正，侍卫晏然。(33/467a) 闭气冥目内视，存见元生君周游一身血脉精液之中。(34/34b)

念想 1：想念；思索。《词典》引元白朴《东墙记》。｜彼君念想殊多，渠能成远志不？(20/532c) 豺獭知祭祀，而况人乎！故人知之至于

念想，犹豺獭之自然也，顾古质略而后文饰耳。(《后汉书·祭祀志》)

仿佛 5：想象；思念。｜闭目内视，忘体念神，烧香盥炼，存神守真，仿佛三八（笔者按："三八"指人身的二十四神）。(6/547b、34/774a) 目存六精，凝思玉真，香烟散室，幽身孤房，积德累功，和魄保中，仿佛五神。(2/176c、34/168a) 先生自寄神气……每东瞻沧海，叹逝之迅，西眄云涯，哀兴内发，仿佛故乡，郁何垒垒？(20/598a)

首例与"存、念"对举，"仿佛三八"即想象三八神；次例"仿佛五神"也即想象五神；末例写许长史（许谧）在学道时仍耽于尘世（官位、美色、故乡），"仿佛故乡"即思念故乡（荣华官场）。

仿像 1：仿佛见到。｜以镜细视之，则见万里之外物，欲观之事也，随心所视而视之，亦照见方来之事，仿像生死盛衰之玄运也。(34/42c)

"仿像"与"照见"对举，当为"隐约看见"的意思。与"仿佛"一样，该词也是在"隐约；好像，似乎"等意义的基础上引申出来的。

真思 39：想象神仙，即思真。｜真思太微小童干景精，真气赤云之色，罩于顶上。(1/520a) 八素隐玄以真思为上旨，秘言以九真为内经，神法以精思为至深。(33/381c)

洞思 1：冥想；精思。｜授我灵符，通真致神。洞思幽微，受帝秘言。(33/403c)

玄想 1：想象。《词典》引朱自清《"海阔天空"与"古今中外"》。｜夫注心道真，玄想灵人，冥冥者亦具监其意也。(20/538c、34/302a) 自谓玄想所振，无往不豁。(20/492b)

隐存 11：默默地想。｜仙王何人，我已成真，隐存雌雄，玄洞四乡。(1/523a、33/752a) 太上真人招五辰于洞房，籍飞魂于六合，隐存秘道。(6/549b、34/47a)

默想 1：默默思考。《词典》引许地山《换巢鸾凤》。｜回辇寝丹房，默想念高玄。(33/749a)

遐思 1：悠远地思索或想象。《词典》引唐韩偓《〈香奁集〉序》。｜学无此法，便绝望于遐思，无损神于寝夕矣。(5/880a) 帝君结胎之始，仍学招真之道，遐思远览，潜想内嘱，坐观无崖。(33/554a)

远思 3：同"遐思"。｜若道士休粮山林，长斋五岳，绝尘人间，远思清真，可每日服日根之霞，吞太阳之精，则立觉体生玉泽，面有流光也。(6/701a、34/304c)

闻3：感觉；觉得。｜若修此道，可食气，若闻饥，可食面物，以渐遣谷，不得一日顿弃也。（6/641b、34/301c）极念思之，当闻体中热，是真气合德也。（33/643b）

关于"闻"意义的变化，学界有过热烈讨论；王锳（1997）认为"闻"字除了可以从听觉转移到嗅觉之外，还可转移到视觉，并提出"通感生义"这一观点，把它归入到"修辞影响"一类，看作词义发展的方式。其后，王先生在修订本《唐宋笔记语词汇释》（2001：176）中进一步指出，"闻"除了表示听觉和嗅觉外，还可表示视觉和一般感觉，当"看到"、"觉得"讲，论述精当。王先生所举表"觉得"的例子为《东坡志林》卷二"吾中子适，少羸多疾。若之相对坐，为布气。适闻腹中如初日所照，温温也"。上清经的用例表明，由听觉进一步转移到感觉至少在六朝已见端倪，经文中的异文可作说明，如6/663b—c有"以手拍耳门一七过，毕，当闻面热，即佳候也；若闻头项颈间色色寒者，恶气入也"句，例中的两处"闻"在2/899c、2/908c、33/405c均作"觉"。

第二节　思考研索

谛忆2：仔细记住；记清楚。｜急清斋责躬，谢过请福，精存太上，守一无忘，施行三五，谛忆玄师。（33/490b）密修即验，泄露致灾，精加详慎，谛忆师言也。（33/578a）

营虑1：操心。《词典》引清曾国藩《彭母曾孺人墓志铭》。｜夫欲徊品，大过之时，皆当先斋三百日，沐浴五香，使身服洁清，绝交人事，心不营虑，然后乃得存行之耳。（33/635c）

运心1：用心；动心。《词典》引唐李諲《妒神颂》序。｜凡心有所爱，不用深爱，心有所憎，不用深憎，并损性伤神，亦不深赞，亦不深毁，常须运心，于物平等，如觉偏颇，寻即改正之。（34/469b）

注念5：思念；思虑。《词典》引明张居正《奉谕还朝疏》。｜但三月内视，注心一神……是注念不散，专气致和，由朴之至也。（4/549a）凝思注念，于是都毕也。（6/639b）有心者，宜加清斋督志，勤尚注念，玄真感彻。（33/431b）精心注念矣。（34/308c）

注思1：集中精神思考。《词典》引宋邵雍《首尾吟》。｜八节日，勿杂处也。衣巾不假人，车马不众用，所以专静抱感，注思求妙，故能回

紫軿以扇空,驾飙欻以上升也。(6/547a)

注想 1:注望思念。《词典》引唐文宗《上巳日赐裴度》。| 又存北斗魁中出一赤气,如弦直入来玄丹宫,于是真君与我共乘日入行赤气道中,上诣魁中寝,注想,令分明。(2/899c)

耽研 1:专心思考。《词典》引《宋史·律历志三》。| 寂玄沉味,保和天真,注神栖灵,耽研六府,惜精闭牝。(20/527c)

耽咀 1:同"耽研"。| 忽时有耽咀幽微,便凝迁忘还,推机得宗,然后权焉独任,研经咏玄,朗豁外物,栖神九遐,有息忌之观也。(6/744c)

栖研 2:潜隐思考。| 自非栖研远尚,好仙信真之人,皆不得妄传。(4/561b) 知以无涯伤性,心以欲恶荡真。岂若守根净冲,栖研三神。(20/525c)

思味 1:思考;体会。| 有道者皆当深研灵奥,栖心事外,但思味勤笃,糟粕余物。(20/527b)

寻详 4:思考;知晓。| 所说杳奥,难可寻详。(33/631c) 结成玄文,字方一丈,垂芒焕明,天书宛妙,非可寻详。(34/177b) 其后太常江逌表:"穆帝山陵之后,十月殷祭,从太常丘夷等议,撤乐。逌寻详今行汉制,无特祀之别。"(《宋书·礼志》)

"详"于六朝史书中有"思,考虑"义(方一新,1997:148),经文中也多见:微旨幽邃,妙趣难详。(33/564c) 真趣难详,其理难寻。(34/9b)

究详 1:思考,探究。①《词典》引鲁迅《坟》。| 其旨幽微,难可究详。(33/401a)

研详 1:研究审察。《词典》引《隋书·律历志下》释为"研究审查"。| 上学志士,明加研详,化身化物,必度才能。(33/468a) 研详符旨,良所未譬。(《宋书·礼志》)

咏味 1:诵读体会。| 若知受而不存思,存思而不遵行,咏味又不究竟,转后不如在初,皆若受报登真,未由妥当。(33/690b)

浪味 1:深刻体会。"浪"通"朗"。| 凡读太丹隐书、金华洞房及

---

① "究详"的义源早见于东汉,如《太平经》卷四十五:"子问事,恒常何一究详也?"但例中的"究详"乃"透彻详细"义,尚为形容词。

雌一宝章者，能浪味玄真、领理洞经、幽悟冥途、逸浪虚庭、触类无滞……密愿通灵者。(34/73c)

演究2：推演探求。｜诵咏宝章，演究灵篇，九年不息，乃得造真。(33/401b) 道备气澄，仍赞灵篇三十九章，玉慧激词，演究无穷。(33/430c)

洞究1：深入探求。《词典》引五代王定保《唐摭言·四凶》。｜洞究太真章，以救承唐世。启悟末学子，有心齐冥契。(28/407c) 修之洞究，积感始天，遂位登上皇，受号紫晨。(33/551b) 至若刘焯，德冠搢绅，数穷天象，既精且博，洞究幽征，钩深致远，源流不测。(《北史·儒林传·刘焯》)

洞赜1：同"洞究"。｜维那弥落，洞赜世真。玉瑶叩音，琳响自然。(34/19b)

辨别1：分辨区别。《词典》引唐元稹《哭子》。｜章甫华山，随世而生，文物辨别，自古至今，道本一也。(33/663b)

明断1：明确地辨别判断。《词典》引《隋书·于仲文传》。｜土生金，金为义，义则明断是非，赏善罚恶，去邪就正。(33/475c)

显证1：证明；彰显。《词典》释"显证"为"明证"。｜又云正月龟山客来事，如此复酬，后定录告，亦可是右英书中兼有此语耳。记不具存，难用显证。(20/510c) 请曹如前追除挺名为民，录妾还本，显证恶人，班下远近。(《晋书·刘隗传》)

证显1：同"显证"。｜凡此后紫书大字者，并《茅三君传》所记也。传既以宝秘，见之者稀。今谨抄取说山事，共相证显。(20/553c)

证辨1：论证；分辨。｜趋竞之徒，闻其丰博，互来宗禀。传写既广，枝叶繁杂，新旧浑淆，未易甄别。自非已见真经，实难证辨。(20/604c)

推度1：揣测；想象。《词典》引宋储泳《祛疑说》。｜飞行昒阴房，日月植灵根。推度三象运，七星焕以分。(33/777b)

详量2：斟酌；估量。｜方演化利益群生，群生有心，急宜奖就，辄说要诀，善自详量，以时消息，勿背宗源耳。(33/473c) 又物来求我，详量实虚。(33/611a) 又诏曰："……主者寻旧制，详量附定，蠲恤之宜，务存优厚。"(《南齐书·武帝本纪》)

隐量3：揣度；估计。｜今所分者，非作称两之分也，谓用泥多少，足以泥两釜，为诸物，合隐量之，等分耳。（4/555a）句曲之山，诸记说今悉分明，唯天市坛石，未知的何所在，以论迹而言，隐量正应大茅左右，而践行不见其异处。（20/557b）阴宫东玄掖门。（《真诰》卷十一）陶弘景注："此即洞天东门也，隐量乃可知处，自未敢轻索入耳。"（20/557b）

"隐"有"审度"义。《广雅·释诂一》："隐，度也。"中古习见"隐度"一词（蔡镜浩，1990：393），"隐量"与之义同。

斟酌 2：思忖；思量。《词典》引唐杜甫《月》。｜《官仪》从来久远，传写漏误，所以其中亦自有一官数字之疑，然尚可依傍，斟酌取衷，如运气解厄之例，便判是此传脱矣。（6/621c—622a）典不可违，量不可谬，斟酌得所，有感必通矣。（33/660a）

量准 2：估量；测量。｜依格出信，不得有违，卷卷别受，科科稍传，经科相参，师资量准，虽以轻易重，以易除难，要当思想物仪，不乖其方。（2/866b、33/669b）后于平城将营太庙、太极殿，遣少游乘传诣洛，量准魏晋基趾。（《魏书·术艺传·蒋少游》）

骋思 1：进行思考；思索。｜若形羁荣罗，鼓轮华园，乘波适物，鸣簪风尘，外有谋道之名，内有百忧来臻者，适足劳天年以骋思，终归骸于三官耳。（20/534a）每有讼者，百寮会议，群儒骋思，论之有方，益于多闻识之。（《后汉书·律历志·贾逵论历》）

杂念 2：杂想；思考不专。《词典》引唐寒山《诗》释为"种种思虑；不纯正的念头"。｜诵经当令心目相应，不得杂念异想，错乱真神。（3/420a）当存素明在我右立，口吐白烟，郁我面上，极思寂注，勿杂念也。（6/547a）

干知 2：干犯某物以探求；不合理地探求。｜道学不得干知天时指论星宿；道学不得教人干知天时，指论星宿。（33/798a）或外伪刚直，内怀曲刃，干知是非，以退为进，强占星宿，卜相自衔。（33/826a）凿齿曰："君几误死！君尝闻干知星宿有不覆之义乎？此以绢戏君，以钱供道中资，是听君去耳。"（《晋书·习凿齿传》）

知预 1：打探；干预。｜道学不得知预军国事物，道学不得教人知预军国事物。（33/798a）

"预"有"干预，过问"义，如汉荀悦《汉纪·成帝纪一》："后宫亲属勿预政事，以远皇甫之类，损女党之权。"

钞拔1：追溯梳理。｜或始末分乖，或事用超涉，不可都依本宣而写之，今更诠贯次第，钞拔源领，其大字悉是本书所载，不加损益，但条综端绪，令以次依按耳。(6/608a)

"钞"有"誊写"义，"拔"有"选取"义；"钞拔源领"与"诠贯次第"相对为文，说的是将相关事件选取誊录，来追溯梳理其源头。

洞宴2：知晓；懂得。"宴"义虚化。见第320页。

第三节 知晓领悟

参解1：琢磨，领悟。《词典》引清洪升《长生殿·傍讶》。｜至乃符文神藻，所求所佩者，自复始来而作耳。所以尔者，世人固不能了其端绪，又使吾等不有隐讳耳，冥中自相参解矣。(20/493c)

经文中"参"有领悟义（《词典》引元关汉卿《谢天香》）如：阴景上符未可得而参，玉音不可得而轻披也。(1/902c) 此道玄微，非中真所参。(33/627c)

参闻16：了解；知晓。｜其道高妙，众经之宗……自非上真之士，不得参闻。(1/887b) 玄古之文，万劫一出，自无金名帝图，紫字玉清，莫得参闻。(3/442c) 此宝经之上篇，以传已成真人者，始学不得参闻其要。(33/407c) 依四极明科，万劫一传，自无玄名紫简，录字上清，不得参闻。(34/82a) 又下诏曰：……诚心内款，参闻嘉策，匡赞之效，实监朕怀。宜甄茅社，以奖义概。(《宋书·袁顗传》)

参受12：领悟接受。｜某州郡县乡里某位姓名……参受宝文，诚欢诚慰。(2/866a、33/669a) 飞行北上，参受隐书。(6/670a) 臣无始之劫，轮转善缘，得以凡庸，叨闻妙法，参受秘要，铭荷唯深，良因幸会。(33/822b) 高祖践阼，有司奏曰："……臣等参受宋王太后号。"故有司奏犹称太妃也。(《宋书·后妃传·孝懿萧皇后》)

晓究2：知晓；领悟。｜文字粗毕，参校未周，符图名讳，尚未晓究。(33/682b) 行此九年，则上元刻书青金赤书隐篇，自然明解，晓究幽穷。(34/70c)

究竟7：深入研究；通晓。《词典》引明陶宗仪《辍耕录·狷洁》。｜三五既胸，谓之七觉，觉悟了然，究竟无极，有数无数，朗彻无碍。(33/475b) 有无相生，精粗相形，不能究竟，非智慧者。(33/610a)

究见1：知晓。｜既真书未久，必无差谬，今非唯识真之子，范而用之。至于盟威祭酒，亦应谨按此法，但非其常才所能究见耳。(6/624c) 既当时贞烈之徒所究见，亦后生所备闻，吾亦何敢苟避狂狡，以欺圣明。(《晋书·儒林传·范弘之》)

究解1：领悟；懂得。｜今之所得得与者，同悉金玉简札，镂写秘藏，谙忆究解，存诵修行，亦以缣素朱书佩身，备有遗忘，急则寻详，行之消灾，却祸延福。(33/819a)

究了1：同"究解"。｜若相命未合，由功德未充，唯存青童，开通心识，解咎殃之结，降洞朗之明，使究了玄义，自然因缘，修行速验，克成上真也。(33/476a)

彻知3：知晓；领悟。｜存斗星覆头，以杓指前，闭气，心祝曰：吾是天目，与天相逐，睛若雷电，明耀八域，彻知表里，无所不伏。(2/898a、2/900c、33/445a)

"彻"有贯通义，在经文中引申作"通晓"讲。如：通玄彻微，招灵致仙。(6/225a) 通幽彻微，逆睹未生。(33/518b)

彻闻1：清楚地了解；知晓。｜如此真名勤在仙都，所奏无不彻闻。既不受戒，又不精苦，仙都无有功名，表章启奏，悉备停奏。(33/471a)

洞悟1：透彻地领会、理解。《词典》引明何景明《六子诗》。｜若必是学士，愿请宝经，审观其人，意既洞悟，便对经于太上前，启告而付之，令案文而宗奉焉。(33/804c)

妙悟2：神悟。《词典》引宋严羽《沧浪诗话·诗辩》。｜妙悟三玄启，九度忽以蹉。(6/225b) 日中静心，心玄妙悟。(33/760a)

眇悟1：同"妙悟"。｜日中静心，心玄眇悟，夕隐泥丸，百神宣布，二官可以长生。(1/552c)

朗解1：同"洞解"。｜太空任奇，即色随消，淳风满峙，恬机理愉，天音朗解，高涂窈窕，玄心充于希韵，飞翰蔚乎庆烟。(34/146a)

朗究1：同"洞解"。｜愿还复座，请粗说之，王母神明，自当朗究也。(33/588b)

洞得2：彻底领悟。｜令我登仙，洞得道精，审知不祥，通幽究冥，所向所陈，悉合玉清。(33/486b) 玄图乘音，八达四通。洞得幽微，朗睹无穷。(34/70c)

"得"乃"知晓；明白"义，如《礼记·乐记》"礼得其报则乐，乐得其反则安"郑玄注:"得谓晓其义,知其吉凶之归。"

明了1:清楚地知道或懂得。《词典》引五代齐己《闭门》。| 其中先世先身多功德者,今加修善,招果自速,不明了者,乃谓其善未足可称,便云得道,或云虚妄,或云自然,非学所得。(33/491b)

熟精1:熟习精通。《词典》引唐杜甫《宗武生日》。| 故仙相有成败,上学有七伤,笃尚之士,熟精其真。(34/72b)

精解2:精通明白。| 上学之侣,精解因缘,体之无惑,修之必专,专之必效,所志必成。(33/584b)精解修之,感验必速,不解漫求,效则迟应。(33/585a)殷中军被废,徙东阳,大读佛经,皆精解。(《世说新语·文学》)

傍赞1:旁通;通晓。| 凡得太上龙书……能通微释玄,判疑喻幽,傍赞妙理,触类万成,放志晨霄,仰昧遐清者,其人必有金书玉箓、琼简帝室。(34/74a)

"赞"有"显明;通晓"义,如《易·说卦》"幽赞于神明而生蓍"韩康伯注:"赞,明也。""傍赞"乃旁通领悟义。

逆究6:预见;预先知晓①。| 克能洞睹幽冥,逆究未然。(1/898a)明彻远览,逆究无穷。(33/561a)逆究玄微,监映无形。(34/10b)逆究幽穷,尽睹未然之事。(34/12a)

窃闻1:偷听。| 真人之旨,一句一字,皆有深意在其间焉……其人静章奏治病诸法,实亦明威之上法,非悠悠祭酒可使窃闻也。(6/618c)

意通5:以意相通;领悟。见第281页。

第四节 仰慕期望

仰期2:希望;仰望。| 椿数无绝纪,协日积童蒙。携袂明真馆,仰期无上皇。(20/502b)然灯照耀,以秉发皇灵,烧香腾启,以仰期感应。(33/825b)臣推诚仰期,罔有二心。(《宋书·谢晦传》)

"仰"有"敬慕、仰望"义,如汉张衡《思玄赋》"仰先哲之玄训兮,虽弥高而弗违"。

---

① 经文中还有"逆知、逆睹"(《词典》收有二词),分别出现12次、5次,"逆究"与二者义同,也应为六朝新词。

仰希 11：同"仰期"。｜今日上吉，八愿开陈。请施礼愿，仰希玄恩。(1/903b) 今心期高上，启誓告灵，禀受宝篇，仰希神仙。(6/220a) 谨重斋敬，仰希真灵。(33/421a) 凡修学之家，仰希神仙，当知炼身于九丹。(34/82b) 倾首东望，仰希拯接，咸同旱苗之待天泽，赤子之望慈亲。(《宋书·索虏传》)

仰愿 1：希望；祈愿。｜斋竟之后，霍然请除，则荷大道白骨更生之恩，仰愿威灵，使百国从容，朝夷鲜卑，各保境域。(33/678a) 李冲曰："任城王可谓忠于社稷，愿陛下深察其言。臣等在外，皆惮征行，唯贵与贱，不谋同辞。仰愿圣心裁其可否。"(《魏书·任城王云传》)

希期 1：仰慕期望。｜若平心坚向，情志愈造，求道守神，希期玄教者，则疾可须臾而散矣。(33/597b)

注向 2：全神仰慕。｜欣见启悟，喜禀德音，精诚注向，沐浴自新。(20/559b) 三月内视，注心一神，则神光化生，缠绵五藏，所以注向不散，专气致和。(33/409c)

"注"有"集中；聚集"义；"向"有"仰慕；归向"义，如《韩非子·外储说左下》"今西伯昌，人臣也，修义而人向之"。

敬向 1：敬仰。《词典》引宋叶适《叶君墓志铭》。｜既不受戒，又不精苦，仙都无有功名，表章启奏，悉备停奏，是为道行无闻，徒损民人敬向纸笔香油之费。(33/471a) 议既定，而各谦让，咸以融世任河西为吏，人所敬向，乃推融行河西五郡大将军事。(《后汉书·窦融传》)

崇敬 1：尊敬；敬仰。《词典》引宋叶适《宝谟陈公墓志铭》。｜生世忠孝，恭奉尊亲，崇敬胜己，宗礼师君，腹目相和。(3/417a) 其大连抱者二株先倒折，土人崇敬，莫之敢犯。(《金楼子·说蕃》) 沙门所以推宗师长自相崇敬者，良以宗致既同则长幼咸序。(《弘明集》卷十二)

崇仰 2：崇敬仰慕。《词典》引宋陈亮《与章德茂侍郎第二书》。｜恭敬内外，揖拜有仪，崇仰三尊。(33/475b) 当崇仰虚无。(34/354c) 是以宗族乡党莫不崇仰，门人感慕，为之树碑焉。(《晋书·孝友传·庾衮》)

遵崇 1：敬重；崇敬。《词典》引唐玄奘《大唐西域记·摩揭陀国下》。｜习学之俦，存神慕德，未能无待，省约示廉，遵崇日损，表廉神明。(33/609a) 妙绝群有，非常情所测，故每为时君之所遵崇，贵达之所钦仰。(《弘明集》卷六)

保敬 1：守护崇敬。｜慎行要言，诚存专一，保敬师经，方寸敢坠，如此始可与言神灵之交，道德之契矣。(33/543b、34/100c)

禀敬 1：禀受尊敬。｜某乃称名答曰："沉湎下俗，尘染其质，高卑云邈，无缘禀敬，猥亏灵降，欣踊罔极，唯蒙启训，以祛其暗，济某元元，宿夜所愿也。"(20/495a)

志愿 5：期望；爱好。《词典》引唐赵元一《奉天录》。｜缘岁奉玄极，参受宝文，诚欢诚慰，妾以短命，志愿长生。(2/866a、33/669a)。或游山林，弃世风尘，志愿逢子晋于缑岑，侣陵阳于步玄。(11/48a、20/585b) 为有有累，志愿无为；为无无累，不可便及。(33/585c) 若言不好荣官，志愿嵩岭者，初屈之日，即应杖策寻山，负帙沿水。(《魏书·源贺传》)

志慕 4：向慕；仰慕。｜今之孜孜志慕于道，无心金玉，尊灵所置，唯助令弥密耳。(20/559b) 忽闻玉清之上道，穷真之玄岸，志慕首仰，坐以待旦。(33/599c、33/790b) 兆臣甲子，志慕神仙。(34/18a) 李尤赋铭，志慕鸿裁，而才力沉腼，垂翼不飞。(《文心雕龙·物色》)

志向 2：向往；仰慕。《词典》释为"关于立身行事的意图和决心"。｜未能弃累，舍家入山，故在世间，心崇意敬，志向玄灵，盛起一通，别室供养。(3/426a、33/655c)

贪羡 2：爱好；羡慕。｜今得目披洞章，口咏帝一，贪羡神仙，仰希灵契。(5/881a、33/494b)

"贪"有"爱、喜欢"义，东汉魏晋六朝史书中不乏其例，方一新(1997：133)有述。"贪羡"当为同义连文。

首仰 2：翘首仰盼。｜忽闻玉清之上道，穷真之玄岸，志慕首仰，坐以待旦，我独何幸，耽此小宴，何可长染风尘，终为上皇所扑粲者乎？(33/599c、33/790b)

翘仰 1：同"首仰"。｜一切官属，俱降此某里中，露坛埠之上，察某翘仰之情，歆某贫微之礼。(33/824c) 佑以庸浅豫凭法门，翘仰玄风，誓弘大化，每至昏晓讽持、秋夏讲说，未尝不心驰庵园、影跃灵鹫。(梁《出三藏记集》序)

钦范 1：仰慕；崇敬。｜夫决疑朗惑，钦范灵德，曜龙文于苍渊，焕采云于川泽。(34/146b)

"钦"乃"钦羡，仰慕"义，如三国魏嵇康《琴赋》"慕老童于騩隅，钦泰容之高吟"；"范"有"模范；榜样"义，用作意动则为"以……为模范榜样"，也即仰慕尊崇义。"钦范灵德"即仰慕神灵的高尚德行。

好慕1：向慕；爱好。《词典》引唐柳宗元《送濬序》。｜今有某人，性惟儒雅，好慕宝文，且夕翘勤，曾无懈怠。（34/244c）祉自当官，不惮强御，朝廷以为刚断，时有检覆，每令出使。好慕名利，颇为深文，所经之处，人号天狗下。（《魏书·羊祉传》）

好嗜1：嗜好。《词典》引唐柳宗元《龙城录·魏征嗜醋芹》。｜罪由好嗜肥鲜，不喜香馥，改过精思，即有验也。（33/492a）

希真5：仰慕神仙。｜师友之结，得失所宗，托景希真，在于此举也。（20/598b）披天关于西南，亦不免于不死，希真亦甚难。（33/450a）幽悟冥途，逸浪虚庭，触类无滞，希真笃诚，陈闻幽室。（34/73c）

宝贵2：重视；珍视。《词典》引清陈康祺《郎潜纪闻》。｜生生得帝心，各会重户内，紫房混五神，魂魄常宝贵。（1/529c）太极真人宝贵此经，宿无仙真之名，不令见也。（34/626a）广州夷人宝贵铜鼓，而州境素不出铜，闻官私贾人皆于此下贪比轮钱斤两差重，以入广州，货与夷人，铸败作鼓。（《晋书·食货志》）

保贵1：同"宝贵"。"保"同"宝"。｜古之上皇，皆保贵神书，防其轻泄，所以重贶玄誓，期之勿泄。（4/557b）

隐惜1：爱惜；喜欢。｜不真而强，真亦于此而颠蹶也。复使愆痾填籍，忧累塞抱，经营常累，隐惜小道，和适群听，求心俗老，忽发哀音乎？（2/165b）

"隐"与"爱"音同义通，《大雅·烝民》"维仲山甫举之，爱莫助之"毛传："爱，隐也。"郑笺："爱，惜也。"

贪图1：追求，希望得到。《词典》引元杨文奎《儿女团圆》。｜又不得教令人为巧窃，贪图人物，夺人所爱。（33/469c）

沉染2：沉溺；沉湎。｜穆惶恐言：沉染鄙俗，流浪尘昧，罪与年长，愆随日积。（20/507c）甲沉染下俗，庆运所充，福祚下流，得生人道。（33/432c）

耽滞1：迷恋。｜相传转讹，失清耽滞，淫祀祈恩，乖道无福，邪精相欺。（33/663b）《庄子杂篇·则阳》"并溃漏发，不择所出，漂疽疥㾐，内热溲膏是也"成玄英疏："……耽滞物境，没溺声色，故致精神昏乱。"

耽著 1：迷恋于情欲。佛教语。见第 288 页。

第五节　喜怒哀乐

下面的词表示"喜悦；兴奋"。

畅 1：舒畅；欢快。《词典》引唐薛戎《游烂柯山》。｜三宝交扇，结空绕灵，万真咸畅，三烛合明。（1/896c）

含畅 1：欢畅；喜悦。｜如此，玄母含畅，帝妃喜欢，天真下降，得见灵颜。（33/426c）由斯观之，王侯贵人乘有余之势，处不接之地，唯意而欲，恩情含畅，六亲和睦，盖以鲜矣。（袁宏《后汉孝章皇帝纪》上卷十一）

欢颐 3：欢喜。｜八气庆合，十绝牢张，上帝欢颐，玄母常康。（33/771b）十绝牢张，开度丹名。玄母欢颐，永保常生。（33/776b）

熙乐 1：高兴喜悦。｜帝君口常咏一文，曰：……上帝用安，惠在兆身。兆身常斋，慎履飞尘。我则熙乐，保兹泥丸。（33/540b）

"熙"有"和乐；和悦"义，如《列子·力命》"在家熙然有弃朕之心，在朝谔然有敖朕之色"。

欣踊 1：欣喜跳跃，即高兴。｜某乃称名答曰："沉湎下俗，尘染其质，高卑云邈，无缘禀敬，猥亏灵降，欣踊罔极，唯蒙启训，以祛其暗，济某元元，宿夜所愿也。"（20/495a）譬如野象，于夏中时，见地生青茂华草及诸池水，心生欣踊，以牙掘地。（十六国浮陀跋摩共道泰《阿毗昙毗婆沙论》卷四十二）

合庆 8：同庆。《词典》引唐潘炎《童谣赋》。｜上灵元年，正月一日，六元合庆，甲子直辰。（1/896b）此日是天真女合庆玉安。（33/427a）元节合庆，福祚巍巍。（34/213b）

交庆 6：同"合庆"。｜飞景八素，白元结精，玄气交庆，混合上清。（33/485a）八会交庆，玉虚开陈。（34/23c）神童溉灌，玉女散芳。元父交庆，福祚我当。（34/214b）制冠服以明秩，则典式复彰矣；作雅乐以协人伦，则人神交庆矣。（《魏书·李彪传》）

欣荷 1：欣喜；荷为敬词。｜所得内外要文真言妙旨、不死之方，神符宝图，长生之术，篇部笙蹄，古今略备，兼济无穷，欣荷无量。（3/682b）犹牧守东山，竭诚抚莅，而辞择适情，起自庶族，逮佐北藩，尤

无欣荷。(《宋书·蔡廓传》)

"荷"有"承受；承蒙"义，一般后接有名词，当其后不接名词时，则表一种感激之情，变为敬词（如"感荷"即为感谢义，荷无实义）。"欣荷无量"即欣喜无限义。

铭感1：铭记在心，感戴不忘。《词典》引清吴敏树《己未上曾侍郎书》。|尘劫幸会，得侍左右，诚欢诚慰，铭感无极。(33/589a)

铭荷1：记恩感谢。|得以凡庸，叨闻妙法，参受秘要，铭荷唯深，良因幸会。(33/822b) 五经博士贺玚答……谬奉格言研求妙趣，犹如蹈舞，法师宣扬至道光阐大猷，猥惠未及益增铭荷。（《弘明集》卷十）

惭荷1：感激；感谢。《词典》引清梅曾亮《答朱丹木书》释为"羞惭感荷。向对方表示感谢之词"。|受者礼道，启告蒙遗，然后著之，惭荷在心，不得夸耀。(33/665b)

"惭"在六朝有"感念"义，江蓝生（1988：22）有论述。

感佩1：感动于心，永不忘怀。《词典》引唐李商隐《上尚书范阳公启》。|天祚奄钟，稍革纯冠，遂流玉珍，荣庆超极，感佩唯深。(33/678c) 檀道济阶缘时幸，荷恩在昔，宠灵优渥，莫与为比。曾不感佩殊遇，思答万分。（《宋书·檀道济传》）

感庆1：感激庆幸。|或吉节兼并，又是本命生日，不胜感庆之情。(33/680b) 庄遣腹心门生具庆奉启事密，诣世祖曰："奉三月二十七日檄，圣迹昭然，伏读感庆。"（《宋书·谢庄传》）乃复曲垂光慰，感庆交至。（《弘明集》卷十一）

酬恩1：报答恩德。《词典》引唐罗隐《青山庙》。|累劫不穷，尽言以谢，何足酬恩，谨竭心默慎，唯依命旨。(33/588c) 虽不能蔽捍左右，以命酬恩，犹当惨颜后至，义形于色。（《魏书·岛夷萧衍传》）

礼庆1：礼拜庆贺。|清奏玄泰，玄精回映，三晨停盖，万真礼庆，莫不宗赖。(33/544c) 辛巳，罢荆州刺史。甲申，立皇太子赜。断诸州郡礼庆。（《南齐书·高帝本纪》）

下面的词语表愤怒。

嗔忿2：气愤；愤怒。《词典》引元无名氏《杀狗劝夫》。|人嗔忿我，我嗔忿之，纵不报忿，而不防闲。(33/612c) 肃宗内虽图之，外形弥密，灵太后嗔忿之言，欲得往来显阳之意，皆以告叉。（《魏书·京兆王黎传》）

忿嗔1：同"嗔忿"。｜慈奖顺者，不生厌倦，悲念不从，无起忿嗔。（33/467c）

愤戾1：愤怒。｜三者志业各异，同而不和，苟相愤戾，共济无期，自当远避，不相惊触。（33/688b）或逃遁不启，启不被允，愤戾苟去，皆不得真。（33/691b）

以下词语表恐惧、惊愕等心理活动。

惧悸1：恐惧害怕。｜忧惋亦无所解，自非齐达于内外者，将不得不惧悸。（20/529b）

惊畏1：惊慌害怕。《词典》引唐李公佐《南柯太守传》。｜兆若经履急难及有惊畏心震之地者，但密呼景精中王名三过。（4/559a）一生数万子，常以五六月就岸生子，至七八月导从其子还大海中，鼓浪成雷，喷沫成雨，水族惊畏，一皆逃匿，莫敢当者。（晋崔豹《古今注·卷中·鱼虫第五》）

振惧1：惊恐惧怕。｜既山居独处，脱有邪魔来犯及心中不宁振惧之时，应为此法。（6/608c）

怕恐1：惊怕，惶恐。《词典》引元尚仲贤《单鞭夺槊》。｜二景齐一体，怕恐失景晖。九五不常居，天帝有倾危。（34/1c）元弟禧戚连皇极，且长兼太尉，以和任鼎，朕怕恐君有空授之名，臣贻彼己之刺。（《北史·咸阳王禧传》）

忏栗1：战战兢兢。｜干渎罔极，触忤威灵，俯仰惭惶，进退忏栗。（33/823b）

悚怖1：惶恐。｜如读经忌，误则重温，流利则思行，行不全者，至心礼忏，首写（按：当为谢）前后所犯所忘，惭愧悚怖，流涕道前，叩抟无数。（33/685c）

悚愧1：惭愧惶恐。《词典》引明叶盛《水东日记·钱子予》。｜空玩尊经，未能出类，常恐老及，悚愧屏营，宣泄之禁，既严杜绝之罪，又重俯仰惊惶，甚履冰谷。（33/682b）贫道学业惭浅，弘惭简札，上酬谬略，惧尘盛藻，追增悚愧。（《弘明集》卷十一）

愧悚1：惭愧惶恐。《词典》引清恽敬《上曹俪笙侍郎书》。｜用火之言，其旨颇微，思之触类，良追愧悚。（20/528a）臣暗短不达，追用愧悚。（《弘明集》卷十二）

嗟惋1：慨叹惋惜。《词典》引唐段成式《酉阳杂俎·木篇》。｜诸有所见，或是道试，慎勿嗟惋，向他论说，唯密忏悔。（33/686a）兼往岁弗稔，民多饥馑，二三之际，嗟惋易兴。（《魏书·楼伏连传》）

欣惧1：欣喜而又惶恐。《词典》引唐常衮《谢敕书赐腊日口脂等表》。｜归命既久，精进无退，不胜所见，愿成就之，冒请天尊，欣惧相棘，不悟亿劫之因果在今日。（33/590a）天降嘉贶，将何德以酬之？所以内省惊震，欣惧交怀。（《魏书·世祖太武帝纪》）

烦怨1：烦恼怨恨。《词典》引《法苑珠林》。｜惟道为身，斋戒执科，计日成仙，不得忿怒愤激，结气烦怨。（3/437c）

忧惋1：忧伤怨恨。｜衷自己身，讼自家人耳，三官自有成事，忧惋亦无所解。（20/529b）

悲愕1：悲伤惊讶。｜后见伯道、道恭在山上，二人悲愕，遂就请道，与之茯苓，持行方，服之皆数百岁，今犹在山中，游行五岳。（20/518b）

忘旋4：忘返。｜逍遥中原，游娱太霄，徘徊紫天，流昉历劫，得趣忘旋。（1/887a）携领诸天，寥朗二顺，元庆亿津，流昉亿劫，挹趣忘旋。（33/400c）飞香绕日，流电激精，华光交洒，神烛合明，流缅千劫，得妙忘旋。（34/54b）

魇昧6：做恶梦；被魔所迷。｜或将鬼入，呼邪杀质；或变为魍魉，使人魇魅。（6/658c）此太上隐咒，以除邪气，致精神，使人终身不魇昧。（6/636b、6/552b、33/794b、34/50a）常能诵之，则终身不魇昧。（34/78c）

该词的意义当为"做恶梦；被魔所迷"，《词典》所释"用法术使人受祸或使之神智迷糊"似欠妥当，其所引《云笈七签》卷四十六"常能诵之，则终身不被魇昧"，即为上面最后一例，不能准确说明该词的时代。

惧戒1：因害怕而警戒。｜此皆帝君先告人之吉凶，以令惧戒其祸福耳。（33/406b）

检戒1：约束警戒。《词典》引唐刘肃《大唐新语·公直》。｜洗心自励，沐浴思新，其奖劝也，摽明得道之妙，致其检戒也。（20/509c）

检慎4：检点谨慎。《词典》引宋苏洵《审势》。｜检慎法戒，名书帝箓。（1/888a）誓身九天，约当检慎，闭口奉修。（3/443c、33/658b）既加之以检慎，守之以取感者。（20/547a）延寿子隆宗，简率友悌，居

丧以孝闻。位兰陵、燕二郡太守。仁信待物，检慎至诚，故见重于时。（《北史·崔逞传》）

　　苏惺1：昏迷后醒过来。｜于是真童玉女，至诚弥欤，五体顿地，叩请不已，遂乃髓脑与涕血俱流，绝气于地……二真苏惺，母赐以玉浆，各服一合，神身如故。（33/589b）

　　与前述局部器官行为及整体行为等外部行为不同，心理行为属于人的内部行为。我们收集到这方面的183个，包括想象回忆、洞晓领悟及喜怒哀乐等，占生命行为词新质（2593）的7.05%，占行为词新质的6.30%。

第六章　无生行为词

无生行为词的行为发出者为非生物。如前所述，修行者要得道成仙，不仅要靠自身精苦修行、神灵佑助，还需要得到神物的炼化和陶冶，使身神都发生脱胎换骨的变化。这些神物在上清派中主要有日月的光亮、精雾、津液等①，它们所产生的行为主要有照耀、笼罩、缠绕等。

第一节　照耀辉映

尹志华（2004）即以"早期道教的日月崇拜及道教的存思日月法"为题，论述了上清派道徒修行时日月所发挥的重要作用。道经中神仙出入时披日戴月，一副身发神光、普照天地的形象，而学道者要成仙也须祈求神光照耀，故在上清派中出现了一大批表"照耀；照射"的词语，这种集中出现在其他文献中恐怕很难见到。

洞 9：照透。｜日月宝光，洞我躯形。（1/553a）皇上耀道支，烟秀洞虚明。（1/827b）身洞紫虚，神映金颜。（6/211c）三曜洞高明，八景回晨风。（6/224b、33/390b）飞云流霞，夹映其房，日月玄照，光洞玉清。（33/448a）

"洞"在传世文献中有"穿透"义，在经文中形容光亮、烟霞照透某物，用例甚多，且具有较强的组合能力，已形成一个义位。

彻 11：同"洞"。｜日月垂光，下彻神庭，侠照六合。（1/518c）引南方两芒，于是金华彻目。（18/724c）灯火映太真，明光彻玄虚。（33/456a）光彻八方。（33/554c）灯王彻十方，冥胜无不明。（33/834b）

---

① 这些神物有灵，在道徒眼里同神仙一样，从这个角度讲，它们所发出的行为其实都可在有生行为词下讨论，但这些词在我们的理解中大部分仍当为无生行为词。

朗9：同"洞"。｜三晨明列宿，七转朗太微。（1/891a）雷火明空，神光朗幽。（6/632a）紫辉朗玄台，流映无穷已。（28/407c）流霞曜紫庭，素景朗太虚。（33/483c）

明7：照亮。《词典》引唐杜甫《月》。｜项负圆光，夜照神烛，自明琼堂。（1/887a）雷火明空，神光朗幽。（6/632a）千年则九天一开，九天开，其文则明五岳之室。（33/518a）首向北斗九星，使焕然明于顶上也。（34/49b）

烂3：照耀。｜众华璀璨，光烂玉虚，彻映诸天。（33/588a）华芒烂乎九玄，流金澳乎豪林之外，玉泉注于万丈之渊。（34/227b）

"烂"有"光明、明亮"义，如《诗·郑风·女曰鸡鸣》"子兴视夜，明星有烂"，在此基础上引申作"照耀"讲。

映彻3：照亮；朗照。｜玉池华露，泽流紫房。回真曲荫，映彻五宫。（34/182c）春三月中真上老君则化形为紫苍白三色之光，光明焕照，映彻于九天。（34/195b）

彻映2：同"映彻"。｜欲得上通彻映，旁观鬼神，当洗心绝念，放弃流淫，所谓严其始矣。（20/540b）众华璀璨，光烂玉虚，彻映诸天，香溢十方。（33/588a）

彻照[①]5：照耀；照亮。《词典》于"照彻"下引巴金《雨》。｜流光下映，彻照六腑，五藏通明，面有玉光。（33/480a）焕赫洞耀，彻照十天。（34/54c）光明焕焕，彻照九天。（34/218c）鱼龙雀马之玩，莫不充牣锦室，照彻青云。（《南史·恩幸传·孔范》）

洞彻52：照透，照亮；察知。｜又觉星光映照于一腹之内，洞彻五藏。又存星光化为二十四真人，并口吐黄气如烟，以布脐中，郁郁然，洞彻内外。（1/519a）顶有紫光，映照十天，洞彻太无。（33/429b）令光景照我泥丸，下及五藏，洞彻一形。（33/529a）

例中当为"照透；照亮"义。光具有穿透力，可以帮助人来了解万物，故该词又引申出"察知；透彻了解"义（《词典》在"洞彻"下释有该义）。

[①] 其逆序词"照彻"早见于汉代，如《太平经钞·丁部》"阴阳相薄，以至子乡，寒温相直，照彻自然，甚可喜"。在经文中出现10次，如：亦觉吐镜光，于守寸出，照彻四方。（6/608c）光明焕赫，照彻十方。（33/556a）

攀云招虚，灵降紫汉。洞彻幽元，三晨齐宴。（33/424 中）五灵监映，使我道鲜。出虚入微，洞彻九玄。(33/526a)

彻洞6：同"洞彻"。｜精通神见，阳气成云（原注：呼阳三气，是为三素成云，彻洞六合，则三神来见，则三气化而为云，所谓三素云也），彻洞六合，引阴招龙（原注：阴阳中三阴也，精通神见，三素成云，彻洞六合，则三阴招龙，乘云驾龙，真道备矣）。（2/877a）阴气成雨，阳气成云。三气合变，天罡扬轮。彻洞六合，烛曜七门。(33/389b)

也能引申出"知晓"义。眼者身之镜，耳者体之牖，视多则镜昏，听众则牖闭。妾有磨镜之石，决牖之术，即能彻洞万灵，眇察绝响，可乎？(20/498c)

洞映44：照透，照耀；知晓。｜得服此字，面有金容，项负圆明，日月洞映，不学而仙也。（1/829c）光明洞映肝部之间。（33/519c）皇上开真，九道合明。变炼虚无，洞映上清。（34/180b、34/293b）

该词前接的都是光或发光物，当为"照耀；照透"义。下面这些例句中前接的为"精、气、霞、色"等，其实质与光相同①，都是修行者炼化自身时所凭的神物，故"洞映"也当作"照耀"讲。如：

从内匝外，黄赤二气，更相缠绕，洞映一身。（1/827a）水精洞映北冥。（6/653c、34/113b）五色玄朗，洞映郁单。(34/228c)

神仙出游时多负日戴月，手把神器，散发神光，神光可助神仙察知天地万物，故该词又引申有"察知；彻底知晓"义。

四元策辔，六师匡虹。游观四天，洞映九辽。（34/21a）身发紫气，项有圆光，洞映无幽，坐睹自然。(34/71b)

映洞5：照透，照耀；知晓。｜弼卿左手执明月珠，圆三寸，映洞下关玉茎之内。（33/411b）兆有知吉则流行顺道，映洞祸福，毫缕毕彰，玄照纤末，幽存功过者也。（6/648c）赤炉丹景，圆华九明。太晖启晨，焕曜朱精。五帝肇霞，映洞万生。（6/700c、34/40a、34/52a、34/110c）

鉴洞4：照透；透彻了解。｜毕，乃存北斗七星从天中而来下，飞入

---

① 道教宣扬经书结自然之气从天而生，经文中光、气、霞、晖、精与文的实质一样，都可以发光。如：流金火铃者，九星之精，一名圆光太上之威章，生于九天之先，结气成文，光明焕赫，照彻十方，悬精垂映太上之项。（33/556a）其文乃东方青景阳霞开明通光之精，其气乃九元之始晖，其晖映朗东天，郁勃九千九万九亿万重，其精飘飘而翠澄，碧云郁乎太虚，华芒烂乎九玄，流金澳乎豪林之外，玉泉注于万丈之渊。(34/227b)

我口,径在肺中,使鉴洞内外,五藏分明。(6/550b、34/48a)

例中"鉴洞"于6/636c、33/792c即作"洞鉴"。二者由照透义也引申出"看透;透彻了解":目明彻视,鉴洞幽无。(6/637a、6/551a,"鉴洞"于33/792c、34/48b作"洞鉴")

洞鉴 14:照透;透彻了解。|目中童子有流精玉光,彻见万里,洞鉴无穷。(33/427c)玉华侍侧,金晨卫形,洞鉴极天之崖。(33/431a)玄光内映,洞鉴无穷。(33/555b)

也作"知晓"讲:心念目瞩,洞鉴神形。(33/408a)吾道,不死之根,逆知未然,洞鉴幽虚。(33/555b)遍游诸天,洞鉴虚无,流盻亿津,上观无崖。(34/17a)

洞朗 8:照透;遍察。|三华吐曜于自然,神晖洞朗于九玄。(6/224a)太帝皓映,洞朗八门。(6/661a、32/566a)吐焕七曜之光,流映九天之门,洞朗幽虚。(6/668a)

同"洞彻、洞映"一样,该词也引申有遍察义;以上两义与其他传世文献中的"清彻明亮;清晰响亮;性格开朗、爽直"等意义[①]均不同。

得行其法,八素诣房,八年,自然洞朗八宫,飞空乘玄,游行上清也。(33/485a)高仙命章,我禀无形。气气兼行,洞朗八冥。(34/12a)

照朗 7:照耀;照透。《词典》释为"朗敞,朗然;心胸正大坦然"等。|心生紫络,面发金光,则神灯玄映,照朗五脏之内。(1/900a)衣服儋儋有光,照朗室内。(20/494b)真人所以能旁观四达,使八遐照朗者,实帝君之数明也。(33/461b、34/302c)光明焕耀,照朗上清。(34/194c)

朗照 7:同"照朗"[②]。《词典》引清钮琇《觚剩续编·夜光》。|晨

[①] 《词典》在这三个义项下均引明代书证。其实,作"清彻明亮"、"清彻响亮"讲在上清经中也见。如:使面有玉泽,体生奇光,内外洞朗,心聪目明。(1/903c)解答狭之结,降洞朗之明,使究了玄义。(33/476a)六藏生真,九府洞朗。(33/518b)孔孔洞朗,节节冷然。(34/84c)玉唱洞朗,惠冠无形。(33/545c)

[②] "朗照"可与"洞照"(也为六朝新词,《词典》引《宋书·符瑞志》释为"明照"义)形成异文。如34/48c"毕,乃存北斗七星从天中而来下,飞入我口,径在胃中,使光明朗照,五藏分别"中的"朗照"于33/793b即作"洞照"。"朗照"在六朝佛典也有用例,但意义与上清经有别,乃"明鉴;明察"义,可看作照透义的引申(《词典》于该义项下引明高攀龙《答吴安老书》)。如:夫驰心纵想,则情愈滞而感愈深,系念念明,则澄鉴朗照而造极弥密。(释僧佑《出三藏记集》卷九)叩津闻道,至于研味之际,未尝不一章三复欣于有遇,其中可以开蒙朗照,水镜万法,固非常智之所辨。请略而言。(同上书,卷十)

灯朗照，上眄帝尊。（1/901a）刻简青宫，朗照幽室。（33/519b）使光明朗照，五藏分别。（34/48c）光明流焕，朗照上清。（34/214a）

焕映 2：照射；照耀。｜三门洞曜，丹光流精。玄气郁勃，焕映南溟。（34/104c）春三月化形为日光，紫芒焕映玉虚之上，照明十方。（34/190b）

《词典》引清蒲松龄《聊斋志异·马介甫》例，释"焕映"为"光华映射"，未妥；由于该词前面已有表光华的词语，似不必在释义中再出现"光华"。"焕"也当为照耀义（《词典》引宋尚用之《和韵》例，释为"焕发光彩，放射光芒"），如"妙气焕三晨，丹霞耀紫微"（1/516a、1/557a、33/750a）、"晨景焕东霞，丹景映高清"（1/548a、33/758b）。"焕映"为同义连文，有逆序词"映焕"可证明。

映焕 2：同"焕映"。｜有白变之色，玄光映焕七十四方。（33/561c）智慧观身大戒，流景散漫，映焕太虚。（33/797a）

洞焕 5：照透；照亮。｜三光宝芝，洞焕室内。（1/513b）金轮呈瑞，洞焕阳明。（6/699b）闭眼存日中五色流霞，下冠兆身，洞焕一形。（33/425a）

焕洞 4：同"洞焕"。①｜扶晨始晖生，紫云映玄阿，焕洞圆光蔚，晃朗濯耀罗，眇眇灵景元，森洒空青华。（1/522a、20/545c、33/751c）

焕朗 5：照透；照亮。《词典》引唐吴筠《游仙》释为"明亮"。｜阴阳流灌，二气中分。旋济无外，焕朗众天。（33/642a）太上紫皇，焕朗中枢。（33/643a）玄灵紫盖，散烟遏庭，众真交会，焕朗上清。（34/9b）

朗焕 4：同"焕朗"。｜结精凝晖，八芒朗焕。滢饰黄华，石景淘灌。（33/479a）八道晖光，流精朗焕。（34/70a）神光朗焕某所住宫宅，玄鉴所启。（34/144a）

朗彻 14：照透；响彻。《词典》释为"明白透彻；明净；清秀"等义。｜九色圆光，朗彻金华洞房一室之中。（33/392a、34/297a）焕烂明光晖，朗彻无幽边。（33/834c）诵咏洞章，朗彻九天。（1/514c）太元之音，朗彻九空。（1/537a、33/755c）

---

① 与"洞焕"可通用，如 1/571a"洞焕圆珠蔚，琅琅紫曜明"中的"洞焕"在 1/548b 即作"焕洞"。

彻朗2：照透；响彻。《词典》释为"清明"。｜无幽无明，照洞烛远，彻朗十方。（34/201c）爰乃引云钧之琴，抚而弹之，清灵响粲，激落百音，琼振九虚，彻朗太霄。（11/381a）

洞照60：照透；照亮。｜使兆玉光金真，洞照喉根之内。（1/531c）项上常生紫光，洞照十里。（33/428b）使洞照泥丸。（6/638a、6/552a、33/794a、34/49c）去七月上旬，时在昧旦，黄晖洞照，宇宙开朗。（《宋书·符瑞志》）

照洞3：同"洞照"。｜前后左右各一口衔赤玉镜之鼻，镜面向外，铃镜虽有质而赤光照洞。（6/608c）星如弹丸，照洞面体。（6/549c）天宇清澄之旷，日月照洞之奇，宁无列圣威灵尊严乎其中，而唯离离人群匆匆世务而已哉。（《弘明集》卷二）

映照44：照耀；照亮辉映。《词典》于"照射；映射"义下引茅盾《色盲》。｜愿晨晖焕发，映照臣身。（1/515a）得佩此文，项生圆明，映照十天。（3/419c）如星映照。（33/428b）项生宝光，映照十天。（34/16a）

照映20：《词典》于"照耀辉映"下引《晋书·食货志》。｜火光亦随之，炯炯以照映一身。（2/900a）次存日升，金光照映我真形。（6/699b）日气之烟，照映泥丸之中。（33/392a）

洞耀/曜18：照透；照亮。｜戴月衔日，光明嘩哗，九色玄黄，洞耀一神矣。（1/899c）九天洞耀，玄符焕明。（33/488b）光明洞耀上清之上。（34/183a）晨灯朗映，结气沌青。号曰玉佩，洞曜太明。（1/897c）光明炜哗，洞曜北方。（34/211a）恭昭鉴享，肃光孝祀，威蔼四灵，洞曜三光，皇德全被，大礼流昌。（《南齐书·乐志》）

朗耀/曜13：照耀；光明闪耀。《词典》引《敦煌变文集·维摩诘经讲经文》。｜通幽达微，朗耀华精。（1/539c）运玄光流明之气，以朗耀北元之庭。（6/653c）三光朗耀，日月洞明。（33/499a）日月持之以朗耀。（34/226b）晨晖朗曜，玉华洞明。（6/224b）当化身为光，映照室内，朗曜八荒。（33/548a）

焕落/络28：照耀；普照。｜虹映玉华，焕落上清。（1/528c、1/562b）紫曜焕落，朱景洞明。（1/830c）光明洞彻，焕落中元。（33/455a）又思我两目有流火之光，如星焕落，赤曜光充万里之外。（33/555b）存我两目童子光，如流星，焕落五方。（33/558a、33/577a）（例中施事为"光")

七元焕落，九晨齐并。（6/673b）当此之时，七曜焕落，流精竟天。（1/830b）七星焕落于天，回转九元之精。（33/457b）（例中施动者为"星"）

五色焕落，流光内鲜。（33/563a）六气流布，焕落朱庭。（34/216c）玄黄焕落，郁若罗星。（34/147a）飞霄蔚紫清，焕落九天扉。（6/225a）（例中施动者为"色、气"）

其文洞微，焕落上清。（33/528a）赤书焕落。（6/661b、32/566a）太上有玄机之道，焕落七神枕中之要。（20/536b）（施事为"文、道"）

但凡要表达光、星、色、气及神书所发之光照耀某物都可用"焕落"。"落"与"络"通，"焕落"也可作"焕络"，如 2/863b "九色晃曜，焕落玉清"中的"焕落"在 1/887a 即作"焕络"。

经文中还有"焕落火铃、流铃焕落"的说法。

流铃焕落，戄天振威。（2/857b）三光停晖，夜烛朗明，流金吐威，焕落火铃。（3/415a）身生水火，焕落火铃，龙䌽诣房，上登玉庭。（33/558c、33/576b）执符持节，焕落火铃。使我飞步，告我神名。（34/104c）

上清经中有"豁落七元"和"流金火铃"二符，二者常同现（如 33/762a "左把流金火铃，右御豁落七元"），二神符均散发神光，如"流金火铃，焕落我身"（6/675b）。故上例中的"焕落"也当作照耀讲。

落焕 1：同"焕落"。｜伺凶夫之失道，威六天之大奸，有恶必诛，有吉必存，千魔为之伏首，山精为之自残，流响逸乎太空，二景蔼而落焕矣。（34/149a）

豁落 6：照耀；察视。｜灵秀焕金门，神融茂琼条。豁落紫虚馆，庆云随化消。（1/892a）渊响启灵扉，七门扇羽童。豁落丹霄观，幽寥宜运彰。（11/381a）太上真人所以广眄众天，豁落紫空，宴观七觉，游翔万方。（34/41a）我佩七元，流金火铃，豁落天机，流漫八冥。（33/451b、33/808b）灭魔破妖，剪邪校精。风火奕震，六天摧倾。豁落北丰，九魔塞灵。（33/768b）

要搞清楚"豁落"的意思，得从道教的符名"豁落七元"谈起。该符在经文《金真玉光八景飞经》（34/60a—34/61a）中叙述备详，"豁落七元"乃"一元豁落日精之符、二元豁落月精之符、三元豁落岁星精符、四元豁落太白星精符、五元豁落荧惑星精符、六元豁落辰星精符、七元豁落镇星精符"七种符的总称。该符在经文中出现相当频繁，达70余次，也可省作"豁落"。如"左佩豁落，右佩金真（乃道教符名'金真玉光'之省）"（1/897a）、"七元授以豁落，去仙之路，近在咫尺"（33/452c）。七元乃七星，该符即取象于七星光芒普照之意，故"豁落"当为"普照；照耀"义，神符所发光芒能驱魔除邪、招真致神，这也即是"豁落七元"符的功用。①"豁落"大多出现在"豁落七元"的组合中，称代神符，但偶也单用，表"普照；照耀"义，前引数例中的"豁落"即应作此解。但我们在理解上述例句时应灵活处理。上引第一、第二例中的"豁落紫虚馆、豁落丹霄观"则可直解为照耀；第三、第四例的主语分别为"太上真人、我"，使用时"豁落"与"广眄、宴观、流漫"对举，故释为"察视"当更妥，表达了神仙借用神符之光监察天地及修行者；最后一例的"豁落北丰"中的"北丰"即丰都，如上所述，神符可以驱魔灭鬼，该例即为用神光扫除丰都之鬼。

"豁落"的产生当受到"焕落"的影响。"豁"与"焕"双声音近，故"焕落"音变为"豁落"。② 在表达神符时二者可通用，有异文可证，34/61b"七元焕落，流威吐精。掷光万里，神曜五灵……我备豁落、流金火铃。内保六府，外引流精"中的"我备豁落"在敦煌道经s.238即为"我备焕落"③；同篇下栏（即34/61c）的"而无招灵致真、豁落七元二符"中的"豁落七元二符"于S.238也作"焕落七元二符"④。

"豁落"与"焕落"意义相同，来源相通，但在文献的具体使用中却各司其职。在作神符讲时，绝大多数用"豁落、豁落七元"，少用"焕落"；而在表达照耀时，绝大多数用"焕落"，且没有二者通用的异文，上段中在表达照耀时用"七元焕落"而不用"七元豁落"即是最好说明。

---

① 其功用可由下面这段文字看出：修行神仙之道，披诵高上玉清隐书、大洞真经，安身方丈之上，心映紫文丹章，左把流金火铃，右御豁落七元，则玉虚不招而自降，大洞不叩而发关，万真应机而感会，群魔束身而自亡，运策八气，回转五辰，坐命万灵，役御群仙，气合高虚，形齐紫宾。（33/569b、33/762a）

② 叶贵良（2005：249）也论及二词，认为"焕落"乃"豁落"的音转变体，后者在先，与笔者持论不同。经文中与"焕"有关的表照耀的词语（详下）甚多，都没见其与"豁"相通的例子，只是在表达神符上相通，我们认为当以"焕落"为源。

③ 李德范辑：《敦煌道藏》第四册，第2001页。

④ 同上书，第2003页。

表达神符时用"豁落",实现了用字的独特,更适合表达神符的神秘,而"豁"具有"通畅、疏通、开阔、空虚"等义,与道教空灵、空虚的思想相符,更适合表达"神符一照,天下通泰"的效用;而在"照耀"义上多用"焕落",与"焕"本有照耀义也有关。

焕赫 20:照明。|奄蔼九霄之上,焕赫玉虚之庭。(2/167b)状如火焰之形,此二神身中亦有风云之气,焕赫守寸之境。(6/608b)流光八朗,焕赫玉清。(28/407b)光明洞彻,焕赫西方。(33/454c)光曜琼宫,焕赫玉清。(34/8a)

焕明 59:照耀;散发光芒。《词典》引《云笈七签》释"焕明"为"明亮"①。|时有九日,焕明东方,玄光朗耀。(1/896b)令日精流光玄映于石景水母,日象焕明水母之中。(33/424c)艳彩流映,焕明金宫。(34/104b)十二华光,焕明玉清。(34/188a)

以上用例后直接跟所照亮的对象,乃"照耀;使明亮"义;而有些用例中"焕明"后虽无受事,但前面是发光的主体,意义即为"散发光芒"。

是时天元焕明,五晨回光,三素流云,紫烟吐芳。(2/167b)九天洞耀,玄符焕明。(33/488b)三光停晖,七元焕明。(34/17c)

明焕 2:同"焕明"。|其星则号元宝宫空玄变灵上皇夫人……带九光夜烛,口恒吐黑气之精,注于弼星之上,以明焕隐洞之光也。(6/671a)其气乃八天发封之始晖,其晖明焕,朗映八外,焕焕流曜。(34/227c)

焕耀 34:照耀;散发(光芒)。|神秀华庭,焕耀太空。(33/748c)光明焕耀上清。(34/180b)灵文焕耀,紫字郁霄。(1/831b)太晖启晨,焕耀朱精。(6/700c、34/40a、34/52b)

耀焕 4:照耀;散发(光芒)。|于是紫房秀曜,丹田耀焕。(33/412a)玉晖耀焕,金映流真。(34/145c)存见日中五色流霞之中,自复有紫气,大如目童者,累重数十,耀焕在五色光中。(2/898b、6/700b)飞霞紫烟,耀焕太空。(33/400b)

焕烂 30:照耀;照射。|因有青白二光,焕烂九天,流耀太空。(1/

---

① 所引该书卷二十五"安身定神,弃绝异念,专心在灵,叩齿二十四通,存思七星焕明北方,已身卧于七星斗中、华盖之下"例,实即六朝上清经 1/830b 例,也当"照耀;照射"义。

第六章　无生行为词　261

897a）光色郁郁，焕烂东方。（33/454b）炎光流曜，焕烂虚无。（33/833c、34/298c）思斋室之内，中有丹云焕烂于一室之内。（34/64c）光明照映，焕烂太无。(34/217b）金盘宝铎，焕烂霞表。（《洛阳伽蓝记·城南》）

焕照 11：同"焕烂"。｜闭眼思九星光明，焕照北方。（5/878b）临目思北方七星，光明焕照北方，玄精内映。（33/451b）光明焕照千亿万里。(34/184b)

烂照 4：映照；照耀。｜作碧霞之色，流光烂照东方一面。（33/562c）太明上皇君以春三月则化形为三月之晖，流光烂照上清之中、紫虚之内。(34/185c)

烂明 1：照亮；照明。｜冬三月，元灵君则变形为三朱鸟，各衔一火铃，六日精之上，在绛云之中，光明焕焕，烂明南方。（34/215a）

映落/络 2：普照；朗照。｜流光洞曜，映落太空，日月侠照，五晨翼灵。（34/8c）身有紫气，映络一形，九天书名，必复上仙也。（34/178c）

明照 2：照亮。《词典》释为"明察；详察"。｜上三处愿念，即体澄气正，真光明照，万神朗清。（33/455c）十二华光，明照十方。(34/189b）光明洞鲜，明照上清。(34/216c)

照鉴 1：照耀。《词典》引唐刘禹锡《代裴相公让官第一表》释为"明察"。｜若方诸有玄素紫名者，则眼四规中有紫光照鉴其躯。（6/747b）

"鉴"有"照；映照"义，如《左传·襄公二十八年》"献车于季武子，美泽可以鉴"杜预注："光鉴形也。"

照镜 1：照耀。｜是以三元为道之始，帝君为道之根，太一为道之变，九天为道之神，九宫为道之宅……修之三年，可以照镜三田，以致神仙。(33/529c)

"镜"有"照耀"义，如《艺文类聚》卷五十九引汉班固《窦将军北征颂》"电曜高阙，金光镜野"。"照镜丹田"指学道者修行达到一定阶段后，能致神光照耀三丹田（上丹田、中丹田、下丹田），以炼化成仙。

鉴朗 2：照透。｜大明宝镜，分形散化，鉴朗元神，制却万魔，飞行上清，披云巾罗，役使千灵，封山召河。（6/549a、34/46c）

流照 4：照耀。｜出为两半入为一，流照天下赤如日。（2/873b、2/

873c）玄光虚映道君之项，流照八极三十万里。（33/554c）光明流照，洞映上清。（34/190a）此榆櫕后移在城内憨怀太子浮图中，近世复迁此寺，然金光流照，法轮东转，创自此矣。（《水经注·谷水》）

经文中有"光明流照"这样的用例，"流照"即为"照耀"义，"流"并非指光辉；《词典》引唐沈如筠《闺怨》诗"愿随孤月影，流照伏波营"释为"光辉照射"，似欠妥当。"流"有"流淌、流泻"义，光芒在照射时和水流相似，我们今天仍有"月光像流水一样"的说法。"流"在经文中即可作"照耀"讲，如：体生六色曜，金映流神形。（1/552c、33/759c）流光紫虚，耀真上清。（1/901c）我们所熟知的《春江花月夜》中的"愿逐月华流照君"中的"流照"也当作"照耀"讲。

流映 25：照映；照耀。｜晨晖朗曜，玉华洞明，三素飞飙，丹辕绿轩，八风扬轮，流映霄庭。（6/224b）紫辉朗玄台，流映无穷已。（28/407c）日月二景光所流映，故飞精明于竹膜之上也。（33/479c）玄符流映，洞明紫晨。（34/54a）

映流 1：同"流照"。｜神清玄钮，映流上清。太素曜景，玉台检名。（33/783a）

流焕 34：同"流映"。｜七曜之光，流焕紫景之外。（1/830b）乃可带豁落神符、威祝内灵，流焕太虚，感擢三清者耳。（4/557c）有五色之光，流焕杖上。（6/661b）五色菶蒚，流焕琼台。（33/562b）威锋霄落，流焕万仞。（34/73a）

流曜 18：同"流映"。《词典》释为"闪动的光"。｜口衔月精，通身华光，变化十二色，流曜一形之内矣。（1/900c）二景停晖，三晨回精，飞仙互骋，流曜云营。（33/477b）七宝华光，流曜上清。（34/1a）光明流曜上清之中。（34/193b）

流彻 2：照透；照亮。｜使兆幽明之光，上朗泥丸，太元之音，独乐一身，弹金鸣钟，流彻太和。（1/537a）合光流彻四体，洞彻五藏。（6/639a）

流落 1：照耀。｜九晨流落，享福万千。形齐天地，寿比灵椿。（34/106c）

流熖 2：照耀。"熖"同"焰"。｜第三之变，当先使其身化为火精，精光流熖，烧炼身形。（33/548c）变炼五神，体骨凝生。玄光流熖，飞迅炎精。（33/549a）

第六章 无生行为词　　263

"熖"同"焰",有"照耀"义,如:围七百二十里,皆金精琉璃为其城郭,七曜紫晖熖其光。(1/830b)动鳞甲于鲸鱼,熖光芒于鸣鹤。(北周庾信《灯赋》)

焰照9:照耀。|门有四光芒,皆焰照九亿万里中。(6/672a—674a,6次)门有九光芒,总运九天之气,焰照九亿万里中。(6/674b)

曜烛1:照耀;照亮。|太上紫真,九气中灵。包括万度,璇玑焕明。飞霞流晖,曜烛玉清。玄盖众辰,阴阳判成。(33/642c—643a)

"烛"也有"照亮;照见"义,如《庄子·天运》"吾又奏之以阴阳之和,烛之以日月之明"。

烛映2:映照。|七气艳飞,光照西方。仰望七门,灵关激锋。素晖烛映,德标金宗。中有少阴,号曰白皇。(6/653a、34/113b)

辉焕3:照耀,映照。《词典》引唐薛用弱《集异记·蒋琛》。|二景辉焕,流霞灌真。(2/908c)流光奕奕,辉焕太空,日月侠照,五晨翼灵。(34/54a)

焕发1:照射;光彩四射。《词典》引唐陈鸿《长恨歌传》。|臣今入室诵咏上清大洞真经三十九章,愿晨晖焕发,映照臣身,腑藏荣华,灾祸消散,七祖返胎,同驾云舆。(1/515a)

发焕1:同"焕发"。|昔扉廓天津,采华赤丘,是时,声颖灵袂,蒙尘华乔,发焕秀山,高说延霄,自谓玄想所振,无往不豁。(20/492b)

莹6:闪烁照耀。《词典》引唐元稹《莺莺传》释为"闪烁"。|五华耀藏,皓莹琼心。(6/701a、33/400c)金庭内曜,玉华外莹。(20/534a)飞根炼八芒,皇华莹魂精。(33/483c)若存若亡,流光紫气拂其秽,金精冶炼莹其文,遂经累劫,字体鲜明。(34/63a)

莹发3:照射;散发光芒。|心之所务,唯当去暗就明,明须莹发,由乎圣神。(33/825a)兆但看伪科罢除,即三洞莹发,真经洞明,焕彻清夷,光净日景。(34/145a)回精曲灌,万道洞开。三光莹发,玉帝徘徊。(34/215a)

发溢3:同"莹发"。|皇一上真,洞生丹房,朱婴荣曜,发溢明光。(1/537a、33/755c)拔度三界,体宝金仙。神津发溢,合羽扬轮。(34/222c)

映熏2:照耀熏炙。|童子以日月星光以映熏兆身。(5/878c)童子以日月九星之光,映熏兆一身,内外洞彻,自觉兆一身通赤,如火之炎。

(33/829b、34/50c)

"熏"乃"用火烟熏炙"义，经文中有用例，如"白素元君常吐白气，以缠绕存思者身，名曰玉晨白宝生魂之气，以熏我，使我神仙不死也"（33/391c、34/296c）；如前所述，这种"熏"是对修行者的炼化，是其成仙的条件，这与神光映照的作用一样，故为"映熏"。

回照 1：反照。《词典》引唐李商隐《灯》。│寻九纬以挺生，睹晨景之回照，仰观烟气，则灵云缠虚。（20/521c）

迴映 8：回环照耀；保佑。《词典》引明徐弘祖《徐霞客游记·游天台山日记》。│微妙无中，号曰无英。迴映七曜，元素之元。（33/389a）八响应会，鸾鸣凤吹，清奏玄泰，玄精回映。（33/544c）蔼蔼丹飙，迴映云庭。（34/20a）真景耀云宫，奕奕照三清。迴映细微中，表尔形与名。（34/191a）

上述句子中多是发光物回环照耀某物，下面句子中的主体则是神仙，指神仙发出神光照耀学道者之身，这种照耀也可看作对学道者的一种关照和佑助。

历运回晨，参络朱轩。洞游高虚，迴映我庭。（34/180c）流真交庆，迴映我庭。（34/186c）今辄于某天之中，授度羽章飞空之诀，上告万帝至极元皇高仙大圣无量道君，愿垂迴映，曲监盟灵。（33/494b）

交焕 15：交相照耀。│华光交焕，三烛合明。（2/167b、6/745a、33/477b、34/62b）紫云映灵，阳精交焕。（33/424b）华光交焕，流芳淘津。（33/478c）八气交焕，齐落天经。（33/499b）华光交焕，映曜太空。（34/16a）

侠映 3：夹合映照；"侠"同"夹"。│日月侠映，三光饬形。（6/672b）日月侠映，七元回灵，三晨齐景，玄光洞明。（34/1a）七元焕落，五老翼灵，三光侠映，九帝齐轩。（34/9a）

侠照 6：同"侠映"。│日月垂光，下彻神庭，侠照六合。（1/518c、33/532b）令日月之光侠照师并弟子之身。（33/488a）学者存日月以侠照也。（33/532a）流光洞曜，映落太空，日月侠照，五晨翼灵。（34/8c）

启焕 3：发光照耀。│子勤澡丹心，竞赴高岭，可谓务道之柄，勤甚至也。然道柔真虚，守淡交物，安静任栖，神乃启焕耳。（20/501a）爰及上道之士，含章自粲，逮于上德之士，独味冥散，玄不期真，标不启焕。（33/599b、33/789b）

次例"标不启焕"中的"标"与"玄"对举，意义也当同，指神真及神道，"标不启焕"与首例"神乃启焕"都表神仙或神道发光（不发光）。

焕启1：同"启焕"。｜漱晨华以招日皇，挹夜明以抱月珠，郁仪横运，焕启太无。(34/146b)

例中的"郁仪"即飞奔太阳之道，如"郁仪引日精"（34/39a、34/304a）、"能久行此道者，必得乘景奔日，此郁仪之道毕矣"（34/53a），"焕启太无"指日光照耀太空。

吐焕2：散发；发射（光芒）。｜魂精魄灵，皆九斗之威神，吐焕七曜之光，流映九天之门，洞朗幽虚，无毫不彰也。(6/668a) 太微通真，弼辅华晨。吐焕九精，结气紫烟。(6/673a)

发晖6：发光。《词典》释为"阐发"。｜太霞发晖，灵雾四迁。(2/904b、6/616b、20/545c) 祝九天之奇宝，吐妙灵之秘言，龙曜发晖，明光七焕。(6/641b、34/302a) 洞明敷散，九精发晖。高上玄映，青真洞回。(34/212c)

发明9：放出光芒。《词典》引宋梅尧臣《挑灯杖》。｜太霞剖晖，丹阳诞光，灵景启晨，朱精发明之始也。(33/464b) 三气流焕，五道发明。(34/213a) 光辉发明，变真养气，致气无穷。(34/226c)

奏明1：散发光芒。《词典》引《儿女英雄传》释为"奏陈明白"。｜太上丹灵，玄光飙焕。九玮启璇，晖气澄散。紫晨幽烛，七曜蔚粲。二景奏明，阴阳以判。四度用昌，云津回灌。(33/643c)

莹/滢饰4：使鲜亮；亮化。｜春分之日，月宿金门之上，金门之上则有通灵之门也。以其时，月于金精冶炼之池，受炼于石景水母，莹饰于花光。(1/827c) 常以月五日、十五日、二十五日，经于东井之上，沐浴灵晖，莹饰精芒，鲜明皇华也。(33/478a) 结精凝晖，八芒朗焕。滢饰黄华，石景淘灌。(33/479a) 高上开张，四节虚飞。炼变五道，莹饰光辉。(34/211c) 又为水殿，香涂粉壁，玉砌金阶，梁柱楣栋之间，周以明镜，间以宝珠，极莹饰之美，每与宾客伎女弦歌于上。(《北史·隋宗室诸王传·河间王弘》)

"滢"当通"莹"，后者有"使明洁"义，如晋左思《招隐诗》之二"前有寒泉井，聊可莹心神"。"莹饰"在经文中主要指月亮或其他神物沐浴神光，从而更加鲜亮。

响彻 6：响声朗彻；使听到。｜玉童侍卫，玉女散馨，声闻五亿，响彻万灵。（1/515b）无有此符，不得妄动宝经，咏一句则响彻九天。（3/434a）其声震动，响彻天上太极宫也。（6/608c）咏此音，亦响彻玉清，万神莫不来朝。（33/782a、33/788a）柘叶饲蚕，丝好。作琴瑟等弦，清鸣响彻，胜于凡丝远矣。（《齐民要术》卷五）

彻响 2：同"响彻"。｜末乃自引云璈之琴，抚而弹之，玉音粲丽，彻响太霄，而歌神凤之章、九灵之曲。（28/407c）流铃交挪，月明彻响，琼轩表真，徊停五象。（33/603b）

逸朗$_2$ 3：朗彻；响彻。｜玉章洞慧于紫虚，宝音逸朗于霞津。（1/896b）金音逸朗于紫虚，玉慧振响于霞庭。（33/778a）灵文明于五方，金音逸朗于十天。（34/3a）

贯达 1：贯通。《词典》引唐韩愈《处州孔子庙碑》。｜三宫生气，浩然正白，覆身体，贯达五藏六府十二支干间。（32/735c）

启晨 14：破晓；报晓。｜三日三夜，碧鸡启晨。（1/896b）日吉启晨，高仙散精。（6/222c）法化应图，三日启晨。（33/423b）三天齐光，七曜启晨。（34/19b）

告始 4：开始；开端。｜阳精告始，玄气射晨。（33/499c）元景大神，玄道回精。上节告始，万气混生。（34/56a）本命告始，如兆所回。运我上升，披观灵扉。（34/85a）岁惟元辰，阴阳代纪，履端归余，三朝告始。（庾阐《扬都赋》）

玄照 10：暗中照耀。见第 306 页。

玄映 34：见第 306 页。

虚映 26：见第 307 页。

朗映 5：照耀；明察；保佑。见第 306 页。

映朗 15：见第 306 页。

监（鉴）映 25：见第 305 页。

映监 3：见第 306 页。

垂映 7：照耀；监督。见第 305 页。

第二节　灌溉流注

神液、神津也是学道者炼化成仙所需的神物，得到神液灌溉也即得到了神仙的陶冶和养护，常为信徒所祈请，故有一些表灌溉、流注的词语。

洞灌 3：遍灌，遍流。∣浮利吐翘，洞灌寒宫。(34/21c) 结结得解，节节纳真，玄光流布，洞灌幽泉。(34/83b) 万神侍翼，玄真吐灵。玉芝流注，洞灌五形。(34/89a)

灌养 3：灌溉保养。∣愿得正一三气，灌养形神。(6/619c) 日气流形，灌养万神。(33/392b) 坚玉大君，来入骨中。身披素衣，头巾白冠。字凝羽珠，灌养九门。(34/34a)

灌泽 1：灌溉滋润。∣使三素之气生华，五淳之神，侍卫出入，玉液灌泽胃宫。(1/532c)

淘灌 3：灌溉。∣阴精玄降，淘灌形源。(33/426c) 石景淘灌，玉芝盈溢，润充霄汉。(33/479a) 阴精玄降，淘灌形源，炼化明景，灵秀自然。(34/182a)

陶灌 7：灌溉陶冶。∣皇芝流溢，黄胎结精。景中真人，陶灌我形。(33/425c) 三呼上宝真人太虚，赍五气流精陶灌我身。(33/498c) 中央黄龙运黄气阳精玄注玉芝五色之水，共来陶灌兆身。(33/549b) 玄斗神皇，内妃九真。流精下注，陶灌我身。(33/551a) 玉真陶灌，飞皇滂沱。(34/21b) 虚皇四度，炼化玉天。飞芝流溢，陶灌我身。保精固气，总录万神。(34/215b)

陶注 5：同"陶灌"。∣回元五通，万气总归，上镇泥丸，陶注极真。(33/401b) 流精陶注，玉华降身。(33/427b) 飞云流霞，陶注玉精，炼容保魄，神魂自生。(33/499a) 九气陶注，太一运神矣。(33/530a) 流精陶注，哺我龙津。(33/550a)

流汨 4：流淌灌溉。∣庆元吉津，流汨西田，大帝携手，命召高仙。(1/538a、33/755c) 道学当念游诸天浴池，安座莲花之上，香洁自然，流汨诸天。(33/802b) 能奉此大律戒，则灌缨流汨之池。(33/803a)

"汨"有"流"义，如《九章·抽思》"浩浩沅湘，分流汨兮"王逸曰："汨，流也。"

流灌 4：流注；流入。《词典》引郭沫若《星空·孤竹君之二子》。∣阴阳流灌，二气中分。(33/642a) 二精流灌，含养内真。(34/86b) 飞英皇芝，流灌形身。八景九气，炼化胞根。(34/88a)

流羡 1：充溢。《词典》引唐吴筠《思还淳赋》。∣明皇九真，八道流羡。攀云招虚，灵降紫汉。(33/424b)

流泄 1：流散；排泄。《词典》引宋陈师道《黄楼铭序》。| 梦忤辄与女子相见，或见男而交通，精神流泄者，此皆死亡之兆也。若见此候，当自改，更诣道士、祭酒，上章。（33/619c）

浃润 1：浸润；润泽。| 今夜所请，必遂如心，则仰荷神明更造之恩，今乞洪泽浃润某身，请以余杯，赐某饮进，令神气降洽，善愿克谐。（33/827a）

"浃"有浸透义，如《淮南子·原道训》"不浸于肌肤，不浃于骨髓，不留于心志，不滞于五藏"。

澳注 1：流淌；灌溉。| 流津澳注冶炼之庭，冶炼则有还容之池，炼仙芝英。（34/228b）

"澳"在六朝有冲刷义，如南朝宋刘敬叔《异苑》卷一"晋义熙初，晋陵薛愿有虹饮，其釜澳须臾，嗡响便竭"，经文中也有用例，如：流金澳乎豪林之外，玉泉注于万丈之渊。（34/227b）玉津滂沱，澳于流火，则有不死之人。（34/227c）

荫润 1：庇护润泽。| 五回三转，气通太灵。流芳曲注，荫润苍生。（33/478a）

奔荡 1：奔腾激荡。《词典》引清褚人获《坚瓠馀集·水为火禽即兽》。| 好道陆隐，善人登山，流浊奔荡，御之鲸渊，都分别也。（6/745b）

第三节　缠束覆笼

帊 1：捆束。| 五者经帊；常当有三两幅，作之如巾，所用行时，须一以帊经箱，斋时须一以覆经箱。（33/686c）

"帊"本为保管经书的巾帊，"须一以帊经箱"中的"帊"转类作行为词，作"捆束"讲。

遮 2：遮掩；使不显露。《词典》引唐杜甫《季秋苏五弟缨江楼夜宴》。| 按九宫前后，逐宫相沓，向背遮影，不能对见。（4/554b）昔时山下远近诸处，长林榛芳，遮天蔽日，无处不可隐密。（20/558a）

匝缠 1：缠绕；围绕。| 紫胞玉秀，琼琅内鲜。面彩金晖，骨化如银。奇毛异色，上下匝缠。玄降九霄，回天紫轩。（34/64c）若身生痈及种种疮，不白众，使男子破一下刀一波逸提，若裹时一匝缠。（十六国佛

驮耶舍《四分律》卷二十九)

匝绕 1：同"匝缠"。｜五色流霞紫烟，各九亿万重，自然五帝飞轮流烟各九亿万重，五色飞軿各九亿万重，匝绕身形，流精散气，布满十方。(33/487b)

匝络 1：同"匝缠"。｜毕，思月光下降兆身，入右目瞳中，须臾黄气匝冠内外，日月二景混合，更相缠绕，匝络兆身。(33/548b)

绕络 3：同"缠绕"。｜干天耀灵，七晨玄精。五斗华盖，绕络我形。(33/558b、33/577b) 头戴飞龙，口衔火铃，坐玄虚之上，常有青云绕络身形。(34/222a)

纬络 1：缠绕；围绕。｜日精耀罗，流光映灵。华芒八朗，纬络天庭。(33/427b)

"纬"有"扎束"义，如《墨子·迎敌祠》"令命昏纬狗、纂马，擎纬，静夜闻鼓声而诊"孙诒让间诂引苏时学曰："纬，束也。"岑仲勉简注："纬、纂，皆系也。"

维络/落 3：缠缚；缠绕。"落"通"络"。｜八气维络，整位舞天，五回七转，变化忽闻。(33/499c) 三道行运，季节临元。维落九垒，广御八门。(34/23a) 光明晃晃而通虚，郁勃冲于太玄之都，维落十二亿万之重。(34/229a)

裹缠 1：缠绕。｜斗有魂魄之星，回旋在斗外，裹缠于斗，斗在魂魄之内也。(6/550a)

裹结 1：包裹；捆束。｜不恒带者，附著经中，别以巾蕴裹结。(2/866a)

束络 2：缠缚；捆束。｜其一侍女著青衣，捧白箱，以绛带束络之。(20/494c) 闻呼一侍女名隐晖，侍女皆青绫衣，捧赤玉箱二枚，青带束络之。(20/504b)

回绕 3：环绕。《词典》引清王士禛《池北偶谈·谈异六·化鹤》。｜于是二十四星，从虚空中降，回绕一身之外，三匝。(1/519a) 食毕净竟，回绕元始天尊，论说精粗，辨析有无，各各欢喜。(33/589c) 焚燎之日，有素雾蓊郁，回绕其傍，自地属天，弥朝不绝。(《魏书·逸士传·冯亮》)

旋绕 1：环绕。同"回绕"。《词典》引唐玄奘《大唐西域记·羯若鞠阇国》。｜一月三朝其上，烧自然栴檀反生灵香，飞仙散花，旋绕七宝玄台，三周匝，诵咏空洞歌章。(34/625b) 马肥复相率候于震所，埋殺羊，然火，拔刀，女巫祝说，似如中国祓除，而群队驰马旋绕，百匝乃止。(《魏书·高车传》)

交缠 4：互相缠绕。《词典》引清蒲松龄《聊斋志异·蛇人》。| 三五运精，二象交缠。(33/425a) 七光映素，流日启真，九晖停曜，飞香交缠。(33/604a) 太一元父、玄母交缠。(34/86b) 自臣涉道，情虑荒越，疹毒交缠，常虑性命陨越，要当躬先士卒，身驰贼庭，手斩凶丑，以摅莫大之衅。(《宋书·毛修之传》)

交络 5：交织；交相缠绕。《词典》引唐柳宗元《石涧记》。| 赤白二气交络兆一身。(5/879c) 阴精激气，朔晨乘冥，二景交络，运度天经。(33/499c) 十二华光，流精交络。(34/182a) 以绳相交络，纽木枝枨，覆以青缯，形制平圆，下容百人坐，谓之为"伞"。(《南齐书·魏虏传》)

洞匝 7：遍缠；浑身缠绕。| 夫人口吐阳精，阳精赤以灌兆形，从内匝外，黄赤二气，更相缠绕，洞匝一身。(1/826b) 光色沌沌，如月之圆，于九天来下，虚映兆身，洞匝一形。(1/901a) 闭眼存月中五色流精紫光，下冠兆身，洞匝一形。(33/425c)

匝满 1：浑身缠绕。| 口吐王气入我口中，皆为真气，匝满身中。(34/444c)

满匝 1：同"匝满"。| 思斋室之中有白素之云，虚在蓊蔼，满匝一室。(34/65a)

周纬 3：遍缠；周遍绕缚。| 变化幽冥，回匝玄镜，周纬天地，三五复反，混合太清。(33/395c、33/536c) 回匝玄镜，八间上庆。周纬天经，十二愿成。(33/396a)

缠沓 1：缠绕重叠。| 主仙君则变形为苍白紫黄玄赤青红绿九色之光，更相缠沓。(34/221b)

缠滞 1：纠缠黏滞。《词典》引明谢肇淛《五杂俎·物部四》。| 或争事俗神，烹宰杀害，鼓舞妖讹，罪罾重沓，故气缠滞，梦想交通，或生无所信，不敬神明，侮弄人鬼。(33/679b)

缠著 1：同"缠滞"。| 若欲辟斥故气，断绝注鬼，却死来生，却祸来福，当请盖天大将军十万人，令收捕之。(《登真隐诀》) 陶弘景注："人家或有先亡故气缠著不解，犹为注害祸患者。"(6/623b)

下面的词语作覆盖、笼罩讲，多是烟雾的行为。

晻/奄蔼3：覆盖；笼罩。《词典》释为"阴暗；盛貌"。｜飞仙导烟，群神卫灵，奄蔼九霄之上，焕赫玉虚之庭。(2/167b) 五符空映，若存若亡，晻蔼凤台之上、琼房曲室之内。(33/556b、33/574b)

蓊蔼8：笼罩；覆盖。｜万辔乘虚散，蓊蔼玄上窗。(1/516a) 流光下映，蓊蔼室堂。(1/892b) 亿乘万骑，蓊蔼紫庭。(3/415b) 流芬激扬，蓊蔼玉清。(33/544b) 长咽吐霞，蓊蔼紫清。(33/545c) 飞仙来朝，蓊蔼紫庭。(34/12a) 蓊蔼玄玄之上，焕赫郁乎太冥。(34/54b) 有五色之云，蓊蔼一室之内。(34/65c)

《词典》引晋张华《朽社赋》例，释为"草木郁茂"，没能准确概括其意义；其实该词作形容词时所描述的对象也不仅限于草木，也可为光、色、精、霞。如：光色蓊蔼，焕赫精芒。(33/454a) 见雾露蓊蔼，冠覆己身。(33/547c) 五色蓊蔼，流焕琼台。(33/562b) 飞霞蓊蔼。(34/8a) 流精蓊蔼。(34/54b)

可以看出，"草木茂盛"只能认为词形义，而词形义与词义是要区别开的（张联荣，2000：102—111，张先生说的是字形义，与词形义相当）。其实该词当有两个义项为：1，郁茂；馥盛。2，笼罩，覆盖。

覆荫3：覆盖；笼罩。《词典》释为"庇护"。｜知者九天别名，玄以紫气覆荫其身，神兵卫己。(1/889c、33/648b) 守一真人，须洞房为华盖。(《登真隐诀》) 陶弘景注："光仪覆荫，以成其道。"(6/609c) 丹霞电曜，覆荫我房，与我同升，俱造帝庭。(33/562c)《庄子内篇·人间世》"其大蔽数千牛，絜之百围"成玄英疏："栎社之树，特高常木，枝叶覆荫，蔽数千牛。"

覆冠25：覆盖。｜存紫云之气，覆冠兆身，然后诵经。(3/420b) 三气俱生，如云覆身。(《登真隐诀》) 陶弘景注："各从其初处出，如小豆，乃渐大以覆冠一身耳。"(6/616b) 思五方气覆冠一身，内外奄冥。(33/558a、33/576c)

"冠"也有"覆盖"义，如张衡《东京赋》"结云阁，冠南山"，该词即为覆盖义。"冠覆"在经文中与"冠"可构成异文，如33/390b"膝下常有丹、绿、青三色之云气，郁然冠覆真形也"中的"冠覆"在34/296c即作"冠"。

冠覆19：同"覆冠"。｜七曜之光，流焕紫景之外，冠覆于己身。

(1/830b）云气冠覆元君之身。(6/224b)冥目存气，见雾露蓊蔼，冠覆己身。(33/547c)

冠匝 19：覆盖；笼罩。｜令白云之气，流扇四方之内，皆冠匝兆身而前行也。(4/558b) 自觉我身在斗中央华盖之下，精光焕赫，冠匝一身。(33/451b) 青气郁郁，覆满一室，冠匝己形。(33/519c) 存见绿色之云气郁郁，冠匝兆形。(34/87c)

匝冠 4：同"冠匝"。｜五霞缠络，匝冠我身。(33/548a) 云气匝冠山上。(33/786c)

覆络 1：环绕笼罩。｜二十八宿，覆络我身，乘空步虚，飞升自然。(6/668c)

冠缠 2：笼罩绕束。｜良久，紫云又从脚底、两手心下部玉茎中出，冠缠一体，郁然上下，与紫云合形，不相见也。(1/554a)

覆满 25：笼罩弥漫。｜青气郁郁，覆满一室，冠匝己形。(33/519c) 光明覆满一室。(33/559b) 坐思紫云郁郁，从东北角上艮宫中下，覆满一室。(33/782b)

冠满 1：同"覆满"。｜存七星覆兆身头上，口吐赤气，冠满一域，四面洞匝。(33/408c)

充布 16：充满；布满。｜五气混生，玄上之精，充布五腑，六宫鲜明，内灌外溢，表里俱清。(1/518b、33/750c) 口引咽之八十过，止，令赤气充布绛宫中。(33/830b) 礧礧磕磕，精气充布。(《古文苑》卷六王延寿《梦赋》)

布充 1：同"充布"。｜因存太白星精光，口引咽之六十过，止，令星气布充于肺。(33/830b)

充镇 3：填补。《词典》引《宋史·兵志一》。｜三年，胃管通明，真晖充镇，灵降玉户。(33/480a) 太乙度五籍，朽落反胎婴。充镇泥丸宫，五藏秀丹盈。(33/546c) 三元混合，我禀自然，灵符充镇，王气如烟。(34/229b)

累沓 4：累积重叠。｜子时入室北向，内思黑云累沓相覆。(33/785a) 春三月，彭室真君则化形为苍赤白玄四色之光，更相累沓，如日之晕云。(34/220c)

该词当为"累积重叠"义，江蓝生 (1988：193) 有释。

亲薄 2：靠近；贴近。｜存觉令日月之景亲薄我面上，令玉女之口置

我口上，使气液来下，入于口中。(1/904a) 存阴精真人二星，亲薄头顶上。(4/550b)

《广雅·释诂》"亲，近也"，"亲"在六朝有接近、接触义（江蓝生，1988：164）；"薄"在中古时期有"涂抹；贴附"义（方一新、王云路1992：46）。例中乃修行者想象日月星辰亲近身上。

小结：本书收集到无生行为词共308个，占我们所收集到的行为词新质（2901个）的10.61%，远远低于生命行为词所占行为词的比例（89.39% = 2593/2901）。人是社会活动的主体，在认识世界的过程中，将人自身的行为推延到客观世界的其他事物身上，形成了以人为中心的认知体系和表达模式。信徒和神魔是经文活动的主体，大多数行为均与二者有关，故经文中无生行为词新质远远少于有生行为词新质。

第七章 上清经行为词新质的词汇学分析

本章力争从词汇学的角度，对上清经中的行为词新质进行分析。我们将从其社会分布、意义分布、意义变化、语用地位等方面来进行讨论。

第一节 上清经行为词新质的社会分布分析

社会分布也即使用范围，出现在上清经中的行为词新质其使用范围是有区别的。上清经是为了适应上清派这个修道集团的交际需要而产生的，属于社会方言的范畴；作为全民语言的分支，它没有形成自己的语言符号系统，也没有自己的基本词汇，但有着不少行业特色用语。从这个角度考虑，其中的行为词新质大致具有以下几种社会分布：专门表达某些道教行为的新质；兼用于佛道两教的宗教行为词新质；表达一般行为概念的新质；而有些新质既能表达一般行为概念，又能表达宗教行为概念，具有双重功能。下面分别讨论。

一 专门表达某些道教行为的新造词语

有一些新质，它们用于道教生活和交际，表达专门的道教行为，宗教色彩较浓。在笔者收集到的2901个新质中，这类语词有203个，占6.99%。它们主要分布在斋醮祀神、诵经念咒、礼拜修身、炼化保养、结盟发誓、授受泄漏、吐纳吞服、存思想象等词群中，较鲜明地反映了上清派（道教）的修行方法，体现了宗教文献的用语个性。这些语词中在同期文献中少有使用，仅19个在六朝文献中有使用，只占这批语词的9.35%。我们举上清经中"斋醮"词群为例。

经文中表达"斋醮"该主题的词语有"斋、斋戒、洁斋、清斋、精斋"等28个语词（见表7.7和表7.8）。其中"斋、醮、斋戒、洁斋、斋洁、心斋"古已有之,体现了道教斋醮仪式对先秦宗法祭祀活动的继承(张泽洪,1999),而另外 22 词(占 81.48%)是为了满足表达斋醮这一重要活动新造的,它们体现了斋醮在修道中的重要作用和上清派对斋醮的细致要求。"斋、斋戒、斋醮、持斋、醮、祭醮、醮祭"是从斋醮活动本身来讲的;"洁斋、斋洁、斋净、斋盛、静斋、斋静、清斋、精斋"等则利用斋戒时"清、净、静、精"的特点①,强调斋戒时要沐浴身心,心净通神;"小斋、长斋"是从斋戒的时间长短来看的;"苦斋"是从虔诚程度来说的;"对斋"是从方式来讲的;"登斋、设醮、退斋、解斋"则因斋醮过程而成词。从使用频率来看,以"清斋、斋、对斋、斋戒"次数最多,分别为 192 次、133 次、83 次、51 次,它们可视为"斋醮"词群的基本范畴。

又如,炼化是上清派的重要修行方法,经文中的相关语词有"炼(身、神、形、魂、魄、精、髓、容、质、气)、受炼、变炼、炼变、炼化、化炼、冶炼、烧炼、保炼、宝炼、灌炼、炼灌、炼濯、濯炼、盥炼、炼度、制炼"等,它们无疑也体现了上清经的用语个性。

二 兼用于佛道两教的宗教行为词新质

佛教自东汉传入我国后,与道教既矛盾斗争又统一交融。东晋南朝,佛教势力迅速壮大,大量佛经被译制并广泛传布,成为六朝道徒纷纷创制道经的外在动力。在江东这块土地上,佛道二教相互竞争,彼此融合,我们从陶弘景《真诰》的相关叙述可以看出来。首先,上清派的传教地——会稽山即有奉佛道的。如:大方诸对会稽之东南……大方诸之西,小方诸上,多有奉佛道者,有浮图,以金玉镂之。(20/543c)

道教真人的弟子却有奉佛的,佛道二教竞争之激烈可见一斑。如:裴真人有弟子三十四人,其十八人学佛道,余者学仙道;周真人有十五人弟子,四人解佛法;桐柏有二十五人,弟子八人学佛。(20/574a)

一些信徒甚至先奉道教后事佛教。如:马家遂致富盛,资产巨万,年老命终。朗子洪、洪弟真,罕子智等,犹共遵向,末年事佛,乃弛废之尔。(20/605b)马智晚为众僧所说,改事佛法,悉以道经数十卷送与钟。

---

① "清、净、静"可通用,如 34/47a "夜半清静,坐卧任意,安体净心,宽气调神"中的"净"于 6/549b 作"静"、于 6/554c 作"清"。

(20/606a)吴昙拔者……初为道士……其后事佛出家,悉分散乞人,都尽。后又罢佛还俗。(20/606c)

上清派的一些宗师,如陶弘景就早年崇道,晚年事佛,兼通二教(王家葵,2003:14—41)。这都体现了六朝江东地区佛道二教的密切关系。

佛道二教的交融渗透使道经造作者在制作经文时,会有意无意地受到佛教思想及语言的影响。《真诰》的命名即为仿效佛经,如"真诰者,真人 嗳之诰也。犹如佛经,皆言佛说"(20/601b)。一些道经立意、用词都深受佛经影响。

功德者,万善也;万行万名,大要唯九。一者不杀,二者不淫,三者不妄,四者不盗,五者不邪,六者不恚,七者不嫉,八者不慢,九者不滞。此为九德。得道者也。一者放生救死,二者赏贞劝洁,三者献忠效信,四者布施除贪,五者节酒守正,六者和释谏诤,七者禁奸止妬,八者敬爱尊卑,九者通忧解患。此为九功,公无私也。(33/828b)

佛教有"九事"的说法,如姚秦佛陀耶舍《佛说长阿含经》卷十二:"不为九事,云何为九?一者不杀,二者不盗,三者不淫,四者不妄语,五者不舍道,六者不随欲,七者不随恚,八者不随怖,九者不随痴。"佛教要求信徒戒除"九事",如《佛说长阿含经》卷十三:"……不害众生,舍于刀杖,怀惭愧心,慈念一切,是为不杀;舍窃盗心,不与不取……是为不盗……"可以看出,道经将这两段佛经所表述的内容综合,除了排列上略有区别外,在表述上,分别赋予"九德"和"九功"这两个儒家世俗语词以新的内涵,这不但有利于道教的传播,也体现了其本土文化的特点。

十恶遍行,谓之道士,不修善功,徒劳山林,能信斯旨,勤寻诸戒,戒部甚多,随缘所得。无数诸戒,无央科律,皆辅一神,摄于三业。三业者,口身心也。运动造作,善恶无量,无量善恶,十为恶端:一者妄言;二者绮语;三者两舌;四者骂詈。此四口恶,反之则善。五者贪欲;六者窃盗;七者奸淫。此三属身。八者嫉妒;九者恚嗔;十者邪疑。此三属心,心业最重。为十恶根,斩绝恶根,修十善本。(33/690c)

该段显然受佛教"十恶"、"十善"的影响,如《佛说长阿含经》卷九:"云何十退法?谓十不善行迹。身杀、盗、淫;口两舌、恶骂、妄言、绮语;意贪取、嫉妒、邪见。云何十增法?谓十善行。身不杀、盗、淫；口不两舌、恶骂、妄言、绮语；意不贪取、嫉妒、邪见。"

道学不得杀生暨蠕动之虫，道学不得教人杀生暨蠕动之虫；道学不得饮酒，道学不得教人饮酒；道学不得绮语两舌不信，道学不得教人绮语两舌不信；道学不得淫犯百姓妇女，道学不得教人淫犯百姓妇女；道学不得窃盗人物，道学不得教人窃盗人物；道学不得嫉贤妒能，道学不得教人嫉贤妒能。（25/152b、33/797a—b）

该段戒律从内容到形式也明显受到佛经的影响，如《佛说长阿含经》卷八："佛言：彼苦行者，自不杀生，教人不杀；自不偷盗，教人不盗；自不邪淫，教人不淫；自不妄语，教人不妄语。"

佛道二教的密切关系也产生了一批用于两教的行为词新质，我们收集到这类语词 70 余个，这又大致可分为三种情况：一是直接借用佛教译经中的新质；二是改造的佛教新质；三是佛道二教共用，但关系不明的新质。

（一）直接借用佛教译经中的新质

道经造制者直接借用佛经既有形式来表达道教的内容，从而使该词的使用范围扩大，在三类词语中，这类词语最多，达 50 余个。略举部分实例。

忏谢 5：忏悔。《词典》引唐玄奘《大唐西域记·缚喝国》。│勿犯所解，犯即忏谢。（2/867c、33/671a）宜加忏谢，广立善功。（33/686a）

"忏"为梵语 ksama（忏摩）的略译，"谢"乃谢罪义，"忏谢"与"忏悔"同为音译加意译的合璧词。该词在失译经《大方便佛报恩经》（失译人名在后汉录）两见，如"忏谢讫已，还复本位"（卷三），但在三国西晋佛典中却不见用例，史光辉（2001）、方一新（2003、2005）认为该经当为魏晋以后译经，从"忏谢"的用例看，这是较为合理的，故本书将这两个用例处理为旁证。"忏谢"在东晋六朝佛经共出现达 40 余次（例略），在六朝其他中土文献中却没有用例，我们认为，该词与"忏悔"一样，最初当为佛教用语，道经中的用例当是佛教用语的扩展。

启请 8：奉请（仙佛）。《词典》引《禅林象器笺》[①] 释为"佛教语；谓诵经前奉请真神"。│若雨雪，可于静室中启请。（2/901a）若有所启请者，当用夜半时也。（6/619a）若请乞毕，又再拜，此七道符，书了，

[①] 日本临济宗僧无著道忠（1653—1744）撰。

启请七真降位。(34/445c)

　　修行者诵经前要奉请真神下降，故为"启请"。该词当源于佛经，在六朝以前译经中凡25见①，如"吾欲启请，穷微反真"（东汉康孟祥《中本起经》卷上）。

　　度脱8：超脱解脱。《词典》认为其为"佛、道教语"。｜令七世父母累殃无阂，宿罪无滞，世世获度脱，上生天帝宫。(1/525a) 乞丐原赦罪过，解除基谪，度脱灾难。(6/620b) 度脱凶年。(20/513c) 不知从何缘来而值斯毒，不知修何功德可得度脱？(28/410b) 科真别伪，赏善戒恶，度脱无央。(33/588c) 求乞度脱灾厄，延命益筭。(34/444b)

　　从传世文献的实际用例看，该词当源于佛经，在东汉译经（如它康孟祥、支谦译经）中凡25见，在六朝以前的佛典中达1437次；而在六朝之前的中土文献中仅4见，且3例都与佛事有关，另1例为"八节常朝拜灵书，以求度脱焉"（旧题东方朔《海内十洲三岛记》），该例极可能为作者借用的佛教用语。因此，"度脱"当为佛教用语，道教文献及其他世俗文献中的用例乃佛教用语的扩展渗透，并非一开始就为佛道二教共用。

　　轮转17：轮回。｜三途灭罪根，轮转登上清。(1/549a) 则九天书名，轮转生宫。(6/211b) 九天之劫，轮转不灭。(33/487c) 或尸变轮转，升入灵房。(34/9c)

　　转轮22：同"轮转"。《词典》引明陈汝元《金莲记·郊遇》。｜炼胎息以推运，任历劫以转轮。(1/886c) 或为灵人，或转轮贵盛。(33/491b) 自随运转轮。(33/631c) 知有本根，转轮因缘。(34/82b)

　　"转轮、轮转"本指转动的车轮，或指车或像车轮运转，最早当见于汉代。

　　天上自无水旱之灾，不得有增减之文，转轮当至，勿稽留因缘，恐独受取，觉知者有主，天上知闻，罪辄不赦。(《太平经钞·壬部》)

　　轮转而无穷，象日月之运行，若春秋有代谢，若日月有昼夜，终而复始，明而复晦，莫能得其纪。(《淮南子·兵略训》)

---

　　① 该词在六朝史书中有用例，如：自今奴婢悉不听出家，诸王及亲贵，亦不得辄启请。(《魏书·释老志》) 十二月，肃宗以阿那国无定主，思还绥集，启请切至，诏议之。(《魏书·蠕蠕传》) 但在这些用例中乃"请求"义，不一定为佛教用例向中土文献的扩展，也可能是汉语固有的；但佛道二教在"奉请真神"这一特殊义位上是相通的，道典中的用例看作佛经意义的扩展则是较为合理的。

第七章 上清经行为词新质的词汇学分析

汉代天命观盛行，人们认为世界及人的命运像转动的车轮，早有注定，因此"轮转、转轮"一出现就既可指"转动的轮子"这一形象的事物，也能表达较为抽象的意义，如董仲舒《不遇赋》"若不反身于素业，莫随世而转轮"，"转轮"即为"运转；沉浮"义。

二词后被佛经借入，但在使用上各有侧重。"转轮"在东汉、三国、西晋译经出现次数高达2220余次，多为"转轮王、转轮圣王"的表述，"转轮王"乃梵语 cakraartipraja 的意译，是印度神话传说中的圣王，如汉支谦《阿閦佛国经》卷上"譬如转轮王得天下，所从一观复至一观，足未曾蹈地"；也译作"转轮飞行皇帝"，如东汉康孟祥译《修行本起经》卷一"圣神降胎，故有是梦，生子处家，当为转轮飞行皇帝"。正是由于梵语"转轮"本义是乘车飞行的意思，与汉语原来"运输的车辆；车轮的转动"义相通，故借入"转轮"一词。偶也用为轮回义，如旧题吴支谦《撰集百缘经》卷四："王答释曰：'我今不求释梵及以转轮世俗荣乐，以此施眼善根功德，使我来世得成正觉，度脱众生。'"而佛典中表轮回义则多由"轮转"承担，在汉魏六朝译经中出现370余次，如东汉康孟祥《修行本起经》卷上"经历三阿僧祇劫，劫垂欲尽，愍伤一切，轮转无际，为众生故"。

佛教在五苦、地狱中轮回的观念被道教吸收，"转轮、轮转"也被道经造作者借用[1]，但"轮转、转轮"在道经中均作轮回讲。道教并没有借入"转轮王、转轮圣王"的表述，这一是因为教派神仙称呼是一个道派的最重要内容，这些表述自成一格更有利于显示教派的独立性；二是由于道教中有自己的"云车羽盖"，神仙多腾云驾雾，而不是像佛教的乘车（轮）飞行。

擎持4：僧徒上举神物。| 九老仙都擎持金精，立空之案上，承宝文，以授众真。(1/897a) 飞行玉童，擎持立空玉案，对在臣前。(33/487b) 直斋羽衣使者、仙童玉女、干佐小吏……擎持玉桉住立臣前。(33/676c)

该词在东汉魏晋佛典中共出现达20次，在《大正藏》中凡76见，如东汉支谦《佛说阿阇世王经》卷下"各以莲华擎持栴檀名香"；除道经中的用例外，该词并不见于其他传世中土文献（《敦煌变文》的1例也与佛教有关），这使我们认为，该词当为佛教用语，乃佛教生活中表握持的一种庄严姿势。"擎"原有"举起；向上托"义，早见于先秦，如《庄

---

[1] 当然，道经中的用例也可直接来源于中土，但考虑到二词在佛道经典中出现语境相似，道教中的用法源于佛经可能更合乎实际。

子·人间世》"擎、跽、曲拳，人臣之礼也"宣颖云："擎，执笏。"①"笏"为臣子朝见君王时所执的长板，可见"擎"并非一般的"举起"，本身即有庄重意味。"擎"后被佛经译者借用表举起灵物，如东汉支谦《佛说阿阇世王经》卷下"擎其华香而自出"。

经文中此类例子还有不少，我们列表如下：

表7.1　　　　　　　　上清经中借用佛教词语举例

词语	意义	出现频率	位置举例	早期佛经用例
持念	念诵经咒	1	34/626c	东汉支谦译经
两舌	搬弄是非	5	6/635c、28/410b	东汉支谦译经
绮语	说杂秽语	3	33/690c、33/797a	东汉支谦译经
绮言	同绮语	2	3/436c、33/656c	西晋竺法护译经
拔济②	济度；拯救	1	34/442c	三国支谦译经
广度	普度	2	33/490c	东汉康孟祥译经
化度	感化救度	1	33/588c	三国支谦译经
劝化	宣教感化	3	2/867c、20/575b	东汉支谦译经
劝度	同劝化	2	3/439a、33/657c	吴康僧会译经
拔度	超度；拯救	36	1/520a、2/859c	西晋竺法护译经
救度	拯救超度	9	3/416c、33/610b	三国康僧会译经
利益	施功德	4	33/473b、33/688b	东汉康孟祥译经
受戒	接受戒律	11	20/547a、33/691c	东汉支谦译经
受持	领受在心；持久不忘	6	33/468c、34/104a	东汉支谦译经
专修	专心修行	4	6/641b、33/407a	西晋竺法护译经
入定	安心无杂念	9	33/491c、33/602c	东汉康孟祥译经
散花	专为供神而散花朵	44	1/515c、28/410b	东汉支谦译经
忏悔	改悔罪过	19	33/660b、33/670b	三国支谦译经
轮回	在恶道中轮转；流转	1	33/468a	东汉失译经
归依	归顺依附	1	32/735b	三国支谦译经
灭度	死亡升天	9	20/507a、33/470c	东汉支谦译经
外缘	受外界事物干扰	3	34/469a	三国支谦译经
爱著	迷恋情欲	1	33/662b	东汉安世高译经

---

①　（清）王先谦《庄子集解》，第34页，《新编诸子集成》（与今人刘武《庄子集解内篇补正》合编本），中华书局1987年版。

②　该词也见于三国六朝史籍，如《三国志·吴书·虞翻》"归葬旧墓，妻子得还"裴松之注引《会稽典录》："交址刺史上虞綦毋俊，拔济一郡，让爵土之封。"《魏书·萧宝夤传》："所以誓众樊邓，会逾孟津，本欲翦除梅虫儿、茹法珍等，以雪冤酷，拔济亲属，反身素里。"表明其迅速向中土文献扩散。

(二) 改造的佛教新质

经文中有些词语并非直接借自佛经，而是借用佛教的概念，采取定型或添换语素等方式构造新的语词，有些词语的意义也有变化。

擎执 1：上举神物。| 太微天帝君起命羽仙侍郎，擎执金案，请经北向。(2/168a)

道经在借入"擎持"（见上文）的同时，还通过语素替换，创造了新词"擎执"，该词①后又被佛经返借，清代有用例。如：

右翼二十手，挨著次第，一擎执佛像，二如意宝珠。(管仪宾、工布查布译《佛说造像量度经解》) 右手擎执金轮，左手触胯执宝杖。(同上)

意通 5：以意相通；领悟。| 其辞幽远，非始学凡夫所可意通，自非大帝下降，坐致琼轩，参晨乘云驾浮，洛景紫天，不得谙究此铭。(33/764c) 旧文有十万玉言，字无正类，韵无正音，自非上圣，莫能意通。(34/63a) 不得妄与常学谈说经文，评论玄古，意通至真。(3/417b、33/655a) 若既解书意，识星转之随时，自宜随斗所指，按而存步，如此则无有常向，不为皆向北也。夫一切北向，自为始学者耳。恐此将可以意通触类，不足复问邪。(20/537a)

"意通"在使用中与"评论"、"谙究"等对举，且能直接用在能愿动词"能"后，作为一个整体，表对道法的领悟。该词当源于佛经，刘宋求那跋陀罗译《相续解脱如来所作随顺处了义经》："通者有六种。一者真实义通；二者得通；三者说通；四者离二边通；五者不可思议通；六者意通。"可以看出，"意通"即以意相通，与其他五种并列，乃领悟佛法的一种方式，但尚未成词；道经中的"意通"是佛经中作为短语"意通"的定型。

形论 3：毁谤；侮辱。| 或心勤而口慢，或学不弘博，攻伐师宗，形论万物，毁贤嫉圣，爱彼憎此，罔弱朋强。(34/71c) 而心抱阴贼，凶恶素坚，愿人否败，嫉能妒贤，口美心逆，面善内嗔，形论得失，好结罪源，毁谤同学，攻讦宗根。(6/664b、34/72a、《云笈七签》卷九十一

---

① "擎执"在辽、金、元转类作名词，是在宫廷或仪仗中从事举旗类杂役的人。如：步行擎执二千四百一十二人，坐马擎执二百七十五人。(《辽史·仪卫志》) 侍仪司令，从六品。掌侍奉朝仪，率捧案、擎执、奉辇各给其事。(《金史·百官志》) 侍仪官、导驾官各具公服，备擎执，立于致斋殿前。(《新元史·礼志·郊祀上》) 其义与佛道典籍不同。

"七部名数要记"①)

"形"有嘲弄义，经文中的异文可以说明，32/569c 有"第四之伤：行不弘物，责人宗仰，心忿口形，骂詈无常"句，其中的"形"于 6/664c、《云笈七签》卷九十一"七部名数要记"均作"骂"。方一新、王云路（1992：411）在解释佛经中"形调、形笑"二词时就已注意到"形"的此义，但没指明其来源②，王云路（2006）则对此作了详细分析。王文认为：汉语中的"五形"本来指头颅和四肢，引申泛指身体，有时专指身体的隐私部位，常指阴部。在翻译佛经中，指身体或阴部的"五形"进而可单称"形"；因为"形"指阴部，转用来表示侮辱、毁谤。佛经中的例子如：西晋竺法护译《般舟三昧经》卷上《譬喻品》第四：佛言："其人殊不晓其价，反形是摩尼诛言：'其价能与一头牛等不？宁可贸一头牛，想是不复过此。与我者善，不肯者已。'如是飓陀和，其人闻是三昧不信者，反形是经如是。"竺法护译《般舟三昧经》卷上《四辈品》第六："不得说人恶，无形轻慢行。"

佛经中还有"形骂、形相、形名、形调、形笑、形言、形訾、形毁"等同义近义复词，王文论述甚详，其中"形言"也见于道经。

或更狐疑，訾毁敌露，形言丑恶，秽辱万端，或祕之不解，无意研寻。(33/476a)（"形言"与"訾毁"、"秽辱"相对为文，都为侮辱义）

首先于翻译佛经中产生的该义被道经借入，并创造"形论"这一近义连文的新词，因为"论"于传世文献中有"论告、弹劾"等义。文献表明，"形"及其上列复合词除上清经外，并不见于其他中土文献，道典中的"形论"乃借用佛经概念（语素）而改造的新词。

右别 18：右件分别；决为保举。｜各以其时诵咏一遍，则九天记名，右别太真，九年无亏，克得上仙。(1/892b) 行之九年，天降云舆，三元诣房，书名玉清，刻简青宫，四司右别，十界敬迎，乘空飞行。③（34/

---

① 李永晟点校：《云笈七签》第四册，第 2012 页。
② 胡敕瑞（2002：127）也注意到"形"在佛经中作讥笑讲，胡先生认为"形"乃"形笑、形调"之省，由于没讨论"形笑、形调"为何成词，故说"形"为后者之省还尚待斟酌。
③ 该句又见于《云笈七签》卷十二"天地部"之"朝礼诀法"，但作"右列"，李永晟（2003：507）失校，参拙稿（2005）。

18b）乞回神驾，下降我身，右别我名，赐我神仙。① （34/56a、p.2728②）得佩招灵致真摄魔之符、豁落七元之符，则九天记名，帝告万真，四司灵官，右别兆身。（34/61b、s.238③）

从"右别"的施动者看，当是神仙对修行者仙历的一种处理，但具体意义让人费解，辨析前人的注释能帮助我们解决这个问题。

《元始无量度人上品妙经》"凡有是经，能为天地帝主兆民行是功德，有灾之日发心修斋，烧香诵经十过，皆诸天记名，万神侍卫，右别至人，克得为圣君金阙之臣"之，南齐严东、唐薛幽栖、李少微、宋萧应叟、青元真人，元陈致虚、薛季昭，明张宇初等人对此词说解不一：

东曰：右别者，亦如文牒右件分别也。幽栖曰：若有玄解体真之士，能依经格，按而修行，必得辅佐圣君，列侍金阙，金阙者，即圣君所居也。少微曰：……若能精诚斋戒，诵咏灵文，克得飞升紫微，为其臣佐也。（《元始无量度人上品妙经四注》2/240a—b）

萧应叟注：行是功德，皆诸天记名，万神侍卫，右别至人，得为圣君金阙之臣，是则功归于我也。（《元始无量度人上品妙经内义》2/377c）

青元真人注：友别者，五帝以友别之，称为至人，克得为圣君金阙之臣者，即为后圣金阙之时臣也。（《元始无量度人上品妙经注》2/282a—b）（按：正文"右别"注文作"友别"，当作通假处理）

陈致虚曰：凡有是经，盖经者，道也。凡有道之士，与天地合德，与日月合明，与造化同体，若为国为家，为人为己，行此经中之功德，诸天皆与记名，万神为之侍卫，右别至人，至人乃有功勤者，为圣君金阙之臣。（《太上洞玄灵宝无量度人上品妙经注解》2/432a）

薛季昭注：右别者，亦如今文牒指挥，右件分别也。谓此等人，决为保举，作太上后圣金阙帝君之侍臣也。（《元始无量度人上品妙经注解》2/461c）

张宇初曰：右别至人，学力已至之人，登证仙品，顷刻臣事三境，神游金阙矣。（《元始无量度人上品妙经通义》2/321b）

---

① 该句又见于《云笈七签》卷五十二"杂秘要诀法"之"太上隐书八景飞经八法（并序）"，李永晟（2003：1171）失校，参拙稿（2005）。
② 李德范辑：《敦煌道藏》第四册，第1985页。
③ 同上书，第2002页。

各家解说，有把"右别"释作"右件分别"的，有读作"友别"为"以友别之"的，还有一些就没有明确地逐一解释。在有的经文中，原文就用"友别"，如《洞玄灵宝自然九天生神章经》"九过为一遍，一遍周竟，三界举名，五帝友别，称为真人，十遍通气，制御万灵，魔王保举，列上诸天"，宋董思靖、王希巢和元华阳复的注对"友别"的理解也不一致：

董思靖注：一章为一过，九过而生神备足，乃一气通变，自然而然也。一遍周竟，三界举名，五帝友别，称为真人。如《三洞珠囊》云：天真昒降，见受太经、上仙之道，诵而学之，遂成真人。友者，与五帝为俦侣也；别者，序其阶差也。（《洞玄灵宝自然九天生神章经解义》6/401b）

王希巢注：所以万遍道备，白日登晨，三界举名，名书上天，信矣。五帝友别，称为真人，既为五帝之友，则位与五帝并，何故又称为真人？盖同门为友，而友别者，又分别当令人何等地。如《黄帝四十四方经》载……（《洞玄灵宝自然九天生神章经解》6/439 a—b）

华阳复注：友别者，录其善功，视之如友，别于常人也。（《洞玄灵宝自然九天生神章经注》6/471a）

"右件分别"是逐个记录在右方，以作分别；"以友别之"指当作朋友，区别于其他人。董思靖则认为是当作朋友，确定他的地位；王希巢认为"友别"指同门而分别列入不同的地位。

各家的注释中有两个问题，首先，"右别"和"友别"是否同一个词？这两个形式出现的语境相同，而青元真人注更随意作了改变，可见，二者是同一个词，"右"、"友"形音相近，因此相混。

那么，哪一个是正体呢？这与它的意义有关。从语法语义关系来考察，这是一个动词，它的施事者是"五帝"、"玉帝"、"众仙"、"万灵"、"玉司"、"执司"等执掌权力的神灵，而它的受事者则是修行者，或者修行者所获得的仙阶。从这个角度来看，语义上表示平等的语素"友"，不适用于这种明显的尊卑施受之间，当以"右别"为是。上举34/56a、34/61b 两例在敦煌写本 p. 2728 和 s. 238 即都作"右别"，也能说明此点。

从道教来说，修行者要得道成仙，必须努力修炼，积累善行，通过神灵的考核而"刻简青宫"、"名书玉清"。"右"指尊高的位置，即"青宫"或"玉清"之类，"别"即分别，故释为"右件分别"是合宜的。

但这种"别"却不是一般的分别，而是从普通的人中分别出来，确定为成仙的对象，所以张宇初解释"右别至人"为"学力已至之人，登证仙品"，薛季昭说是"决为保举"。这种用法的"别"当受到佛经的影响，"别"在佛经中也写作"莂"，可以兼作名词和动词：

东晋祇多蜜《佛说宝如来三昧经》卷上："百千泥犁中人当得佛者，我悉往莂之。"《字汇》中部："莂，杨升庵曰：此字儒家罕用，惟佛家借用记莂字。"隋智顗《妙法莲华经文句》七上："记是记事，莂是了莂。"隋吉藏撰《法华义疏》八曰："记者云决也，亦云莂也。所言决者，于九道中，分决此人必当成佛，故云决也，莂义亦然。"

可见，佛经的"别（莂）"与张宇初、薛季昭对"别"的解释相通。"记别"在上清经中也有用例，如：封掌五岳，摄录群精，当今（按：当为"令"）真仙，来朝我形，上告万神，记别我名，洗荡千妖，后升玉清。（28/408b）

若神仙能"决为保举"某信徒，则是对其最大的鼓励，故道经中还有"赏别"词，如：但当依科修奉，崇善顺法，以期神明，精感玄虚，玉帝赏别，四界司迎，出入远近，莫不稽首奉侍于兆身也。（3/417b）

道行精进则可被"别"而成仙成佛，而有的信徒因修道不诚、违反科律，受到神真纠察，被贬仙阶或记录于"死簿"，此时的"右别"则是对信徒的监督和惩处，这是同一事物的两个方面。道经中表纠察的"右别"如：无有金名玉札，而咏三十九章，则遥动高上，即下执司右别妄叩神经之者，皆忘神失精，意性错异，怒喜无常也。（33/433c）

付度 17：传授；授予。｜凡诸经师受文，师当北向告誓，付度弟子。（28/408a）上元九天真灵百八十三部玄录，将军兵士真官将吏等，即列位付度某身。（34/139a）

"度"有"传授；告诉"义（《词典》引金元好问《论诗》，《字典》引《敦煌变文集·庐山远公话》）。如：下关五灵，然后而传，口度诀音，慎勿妄宣。（1/901b）启告之初，并读至后，临度经时，出官奏表。（2/866c）起经竟，便盟而度之，不盟而付经，师与得者同被左右二官所考。（3/438c）启盟文，度符经，付弟子。（33/558c、33/576a）男当投书高峰，女当醮灵度文。（34/4a）

检索六朝以前的中土文献，未发现类似的"度"，其作"授予"讲可能源于佛经。如：菩萨大士，已住于此等无所获，令普听者入于一切诸佛所兴，面见诸佛转于无限；所度法轮，顺无想念。（西晋竺法护《佛说如来兴显经》卷四）佛言若有受此护身神典者，先当礼敬十方佛，次礼经宝次礼圣僧，次礼度经之师。（东晋帛尸梨蜜多罗《佛说灌顶经》卷一）

"度"在世俗文献中本有"法度"义，后转类为动词，为"效法；师法"义，如《左传·襄公三十一年》"进退可度，周旋可则"；"度"与"渡"同源（王力，1982：282），本有位移义素，"度"作"师法"时表示的是学识由此及彼的转移，但其施动者为学徒。佛教要拯救众生，即"度（人）"，主张向世间万物广宣佛法，即"传经"；传授经典即是对受者的解救，为了体现其宣传佛法的目的及庄严，久之，也称传授经典为"度经"，道法实现了由佛僧至众生的转移，与"度"的转移语义相合，但施动者已变为老师（佛僧）。这种用法被道经吸收，通过添加语素的方式改造成"付度"，即传授经书之义。而该词又被世俗文献吸收，表交付义。

婚姻法：下聘讫，女婿将数十人迎妇，婿著金线锦袍、师子锦裤，戴天冠，妇亦如之。妇兄弟便来捉手付度，夫妇之礼，于兹永毕。（《梁书·西北诸戎传·波斯国》）

其逆序词"度付"也能作"移交；交付"。

昨见清虚宫正落除此辈人名，而方又被考罚，以度付三官推之，可不慎乎？（20/498A）（"度付三官推之"指交付天官、地官、水官审问）

除了"付度"外，经文中的"传度"、"授度"、"盟度"、"列度"也是由此改造的新词。

授度2：传授。同"付度"。｜谨为男女道士姓名，拜上，授度洞真经部一百二十五卷。（33/682c）今辄于某天之中，授度羽章飞空之诀。（33/494b）我当授度，讽诵宣传，持是经典。（东晋帛尸梨蜜多罗《佛说灌顶百结神王护身咒经》卷四）

传度4：同"付度"。｜传度之法：受者依科赍绛纹缯九十尺，五色纹缯各五十尺，诣有经之师。（5/880c、33/494b）右如干卷，今对斋启告，传度谨牒。（2/866a、33/669a）

列度1：按次相授。｜上元九天真灵玄录，皆当依位列度某等中，安宫镇府，周匝营卫，左转九千万重，右转九千万重。（33/141b）

盟度2：结盟而传。｜若有经师，便诣师盟度。（33/553b）谨于玄岳，盟度上经，乞丐告下五帝灵山，监臣盟誓，早得神仙，得乘飞軿，上

升帝庭。(33/486b)

转念2：诵读。｜转经念咒，存思吐纳，三时行道，转念真诠。(34/444a) 建立道场，七日七夜，一日三时行道，转念神咒，驱除灾疫。(34/444a)

该词不见于六朝以前佛经，当是道经在借入佛经"转"的基础上改造的新词，与下述"转经、转读"不同；道经改造的这一形式后被佛经返借，主要见于唐宋后的中土佛典。

后悉集大讲堂内，举众齐声称念摩诃般若波罗蜜多，为国为家，愿无忧惧，京城寺观转念亦然。(唐圆照集《大唐贞元续开元释教录》卷上) 且诸家章疏在理未当于文且繁，致令学人少敢措意，故转念者广，通会者稀。(宋子璿录《金刚经纂要刊定记》卷一) 然灯悬幡盖，请僧转念尊经。(宋释道诚述《释氏要览》卷下) 判官厅事谓使者曰，好送师回，但多转念功德经。(宋《高僧传》卷二十一)

（三）佛道二教共用，但关系不明了

经文中还有一些词语，它们同见于佛经、道典，但从其文献的实际用例看，不能肯定谁是源头，有可能一开始即为佛道二教共用的。

转经7：诵读佛道经典。《词典》引唐王建诗释为"佛教语。唱诵佛经"。｜后还常所转经也。(6/617c) 若他人疾病，有诸急难之地，皆听为转经。(33/772b) 转经念咒，存思吐纳。(34/444a)

该词在此处指唱诵道教经书。"转经"在东晋以前的佛典凡3见，如：王曾见大法王转经论教一切，令发阿耨多罗三耶三菩心。(西晋竺法护《佛说阿阇贳王女阿术达菩萨经》) 但其时代去上清经不远，不能肯定上清经中的"转经"是直接借自佛经，也有可能只借入"转"，然后组成"转经"一词。

转读2：诵读（佛道经书）。《词典》引梁《高僧传》释为"诵读佛经"。｜又请道士转读三洞一切众经。(28/411c) 七者高座，常宜有三，一以安经，一以转读，一以讲议。(33/687a)

礼诵1：礼拜诵经。《词典》引《南史》释为"礼佛诵经"。｜虚烟散八极，朗照入幽微。礼诵无上教，福庆何巍巍。(33/834c)

该词在六朝史书（用例与佛事有关）及佛典中也有用例，如：还山数年，与僧徒礼诵为业，蔬食饮水，有终焉之志。(《魏书·逸士传·冯亮》) 年垂百岁而气力休强，礼诵无辍。(《高僧传》卷十一) 可以看出，该词即"礼拜诵经"义。史书中的叙述，是俗人的意见，这不足以说明它是一个佛教专用词。

礼忏7：礼拜忏悔。《词典》释为"佛教语；谓礼拜佛菩萨，诵念经文，以忏悔所造之罪恶"。｜勤心礼忏，瞻仰三尊，首谢罪愆，则无患矣。（33/493a）行不全者，至心礼忏，首写（当作"首谢"）前后所犯所忘，惭愧悚怖。（33/685c）晚年以后，尤遵释教，宅内立道场，环绕礼忏，六时不辍。（《梁书·处士传·庾诜》）乃密诵咒经恳到礼忏。（《高僧传》卷三）

结缘4：与佛道结下缘分。｜万劫结缘，今有此生，此生一失，后应万劫，何可不勇猛精勤，使于此遂常生乎？（6/615c）上书仙籍，与帝结缘。（34/190c）

该词在经文中为"与道法结下缘分，为成仙的因缘"；六朝以前佛经中不见该词的用例，故可能一产生即为佛道二教共用，其在六朝佛经中的用例如：第一正明昔日结缘，仍道第三今日相值说法华，第二明结缘之后今日相值之前。（《法华义疏》卷七）。

耽著1：迷恋于情欲。同"爱著"。｜独以为宝，不以教人，唯存济物，我不能度物，耽著不悟，遂致死败，不知罪招，反咎于术，传习此迷，岂曰智慧？（33/688c）

该词义同"爱著"，表信徒迷恋于情欲，在六朝佛经中共出现22次。如：思惟十一苦恼之疮，舍诸四大耽著之病。（姚秦竺佛念《最胜问菩萨十住除垢断结经》卷一）

三　表达一般行为概念的词语

在上清经中的行为词新质中，大部分语词并无宗教意义，行业色彩不浓，而是表达一般的行为概念。在笔者收集到的2901个新词中，这方面的语词有2510个，占86.52%。它们在道教社团和全民交际中都可以使用，只是使用场合的不同，词义没有差异，故具有相当的全民可理解性，保证了上清经在当时能有效沟通。也正因如此，在2510个语词中，有1152个能在东晋六朝的史籍、诗文、小说、佛典、杂帖等文献中找到用例，占45.89%，这说明其中的部分语词在当时具有相当的使用范围。

需要说明的是，在这些表达一般行为概念的语词中，有的语词在道经中使用频繁，具有某些宗教特色，但从词义上看并无特殊的宗教含义。如：

超凌7：超升；越上。｜拔出地户难，超凌逸九天。（1/530a、33/753c）龙翰跃玉质，羽服翠紫軿。超凌六领台，纷纷落风城。（33/749a）故能洞观十方，超凌三界。（33/804c）身度天界，超凌云端。（33/806a）超凌无崖，历戏诸天。（34/19b）

"超凌"就是"超升"、"越上"的意思，指从一个很低的空间位置，大幅度地移升到很高的空间位置，在上清经中这种越升多体现为成仙后遨游四方。该词在唐代的文献中也有用例：横绝南斗，超凌北垠，出昆墟以骋志，过沧溟而问津。（唐王延龄《梦游仙庭赋》）开度亿曾万祖，先亡后化，处三涂，沉沦万劫。超凌地狱，离苦升天。救拔幽魂，最为第一。（《全唐文》卷九百八十六录佚名《上清灵宝大法古序》）

古代官场上，职位迅速地升迁可称为"超凌"，《词典》释为"超升于他人之上"，引宋欧阳修《永州万石亭》诗"超凌骤拔擢，过盛辄伤摧"一例为证。"超凌"先见于六朝道典，与职位无关。职位上的大幅度升迁称"超凌"，是空间升迁的一种引申的用法，这种用法在古代文献中并不常见，还不足以形成一个固定义项（参俞理明、周作明，2005）。

我们在论述与口有关的行为时，列了"启禀问询"类，其中有关禀报的词语不少都借自儒家政治制度中"臣子向君王上章启事"的相关表达。信徒心目中的神仙和现实中的皇帝是相仿的，故这些词语当是道教文献移用的世俗语词，有的在经文中出现还相当频繁，但其本身并没有宗教意义。经文中表达启禀上报的旧质有"陈、关、奏"等29个（见表7.3），它们是对前期世俗用语的继承；新词共有33个，其中"列、列奏、列告、列言、上列、上启、关启、启奏、启陈、呈启、申奏、言奏、谨白、谨启、谨启、奏章"16个能在同期文献中能找到用例。这样，该词群中72.58%的词语在世俗文献中有使用。它们在经文中指位卑者（信徒）向位尊者的（经师、仙阶高的神仙）禀报。下面酌举部分用例。

奏闻16：位卑者向为尊者禀报。《词典》释为"臣下将情事向帝王报告"。｜玉童上剡三官，奏闻于金阙也。（33/597c）十四年，木星中青皇大君奏闻高上玉清宫。（34/112c）

奏上9：同"奏闻"。《词典》释为"奏上"为"向君主进言，上书"。｜司命奏上，分别善恶，即度功德。（33/470c）乞丐记领，奏上高晨，普告万灵。（33/486a）赐书玉名，奏上太霄，得为真人。（34/58a）

上奏 13：同"奏上"。《词典》释为"奏陈天子"。| 度名于南宫，上奏帝君前。(1/524a) 真皇上奏太上玉君。(6/648c)

　　奏御 4：同"奏闻"。《词典》释为"上奏帝王"。| 欲得摽名玄都，奏御旨闻，当受玄都法难五戒。(33/469b) 上剌奏御无极大道御前。(34/142c)

　　奏章 15：上章启事。《词典》释为"古代臣属向帝王进言陈事的文书"。| 毕，再拜，便奏章，章竟，即重敕言奏章功。(33/141b) 若未受而奏章，仙都无名。(33/469b) 长跪香案前，出官奏章。(34/143c)

　　奏书 1：向位尊者上书。《词典》引唐元稹《沂国公魏博德政碑》释为"臣下向君主进呈文书"。| 五岳灵山，六元七玄，明真地神，游行之仙，皆各献其方物，奏书太微宫，致之有要，获之有方，能得其诀，拜为仙公。(33/446a)

　　奏表 2：上呈表文。《词典》引宋张君房《云笈七签》。| 并读至后，临度经时，出官奏表，又具言之。(2/866c、33/669c)

　　该词早见于东汉，上表文的对象是"皇帝"，如"群臣廷尉杂奏表请论如法制"（东汉荀悦《前汉孝文皇帝纪》卷七），与经文意义本质相同。

　　奏名 18：上报姓名（登记仙册）。| 北向奏名青宫。(3/437b) 便投玉札一枚，奏名太虚玉晨监。(33/448b) 五帝奏名玄宫，水官落灭罪书。(33/528a) 然后得投金简玉札，奏名青宫。(33/552c) 奏名东华，定录天仙。(34/5b) 奏名玉天，得为真人。(34/57a)

　　道徒修行笃诚感动神仙，那些考察道徒功行的使者（也即神仙，如玉童玉女）即将学道者的名字禀奏天神，使仙真簿录有其名，故称"奏名"。该词不见于六朝其他文献①，在道典中多见，宗教色彩较强，似专表"上报仙名"，但我们认为，这是文献记录语言的随机性所致，"名"即姓名，并不专指"仙名"。《词典》引宋沈括《梦溪笔谈·故事一》例，释该词为"科举考试，礼部将拟录取的进士名册送呈皇帝审核"，也有未妥。其实该词并不是道教或科举考试方面的专门语词，"上报姓名"才能构成一个独立义位。

---

① 《南齐书·天文志》"壬辰，流星如三升器，白色，有光从五车北出，行入紫宫，抵北极第一第二星而过，落空中，尾如连珠，仍有音响似雷。太史奏名曰'天狗'"中的"奏名"乃取名义，与经文含义不同。

经文中表仙阶升迁的语词也与世俗表官爵上升的语词相关，虽然在经文中具有宗教色彩，但并没有稳定的宗教意义，仍属于一般行为词。

升进 4：仙阶上升。《词典》引南唐刘崇远《金华子杂编》释为"登上，往上走"。｜六，北极星，天之太常，主升进，上总九天上真，中统五岳飞仙，下领学者阶级。（6/673c、33/821b、34/246a）虽立誓无退，而升进糜阶，睇景灼心，实忘寝食，过蒙玄恩，得见今辰，方罄丹衷，庶遂本愿。（33/682b）

该词在经文中指仙阶的上升，其源头可追溯到汉代，意义是表官职的上升，如：被毁谤者谓之辱，官升进者谓之善，位废退者谓之恶。完全升进，幸也，而称之；毁谤废退，不遇也，而訾之。（《论衡·逢遇》）刘向《九叹·忧苦》"昔皇考之嘉志兮，喜登能而亮贤"王逸章句："言昔我美父伯庸，体有嘉善之德，喜升进贤能，信爱仁智，以为行也。"

迁擢 2：提升仙阶。《词典》释为"提升官职"。｜李东既祭酒之良才，故得为地下主者，初在第一等，今已迁擢。（6/621b）还亲华阳之馆，修乎黄老之业，北河之命方旌，迁擢之华亦显。（20/531c）

该词在世俗文献中为提升官职义，如北魏郦道元《水经注·洭水》"往昔县长临县，辄迁擢超级，太史径观，言地势使然"。

进号 9：晋升仙阶之名号。｜七百年，随格进号。（3/418a）皆削真皇之箓，充游散之官，如上之文，随功进号。（3/432b）七条：诸官有过，退削进号之目。（33/654c）

该词在同期文献乃晋升官爵之名号义，如《后汉书·献帝纪》："（建安）二十一年夏四月甲午，曹操自进号魏王。"

此外，"纠奏、惩犯、犯科、违科、违禁、违令、违律、治罪、诉讼、谪降"等词语也是世俗司法监察用语的扩展，它们本身并无专门的宗教意义。

四　一般行为词向专门行为词的转化

一些全民通用的词语，进入道教社团之后，有了一定的宗教色彩，产生新的义项，这就实现了一般行为词向专门行为词的转化。在笔者收集到的 391 个专门行为词中，这种用例达 102 例，占 26.08%，它们在表达宗教含义的同时，也保证了经文作为传道凭藉的可接受性。

比如经文中表成仙的词语当属道教专门语词，但由于飞腾升天是成仙最突出的特点，故经文中多借用表飞行上升的词语来表达成仙。如"飞空、飞天、飞霄、飞晨、升晨、升霄、升玄、升虚、腾天、升形、举身、举体、腾躯、腾景、腾身、腾形、上升、升登、升飞、升腾、腾登、腾举、腾翔"等词，其表面意义为飞向天空、升入宇宙，似为一般语词，但实际大多指信徒道成升仙。

道成升仙实现了由世俗尘嚣到天界的跨越，与热衷仕宦者实现由平民到官员（皇帝）的提升相仿，故借用职位升迁的词语来表达。如：

升迁2：成仙升飞。｜五帝束带，万灵朝轩，生生来归，七祖升迁，身致羽翼，驾景乘云，飞行玉清，位齐紫宾。（33/760b）

迁升1：同"升迁"。｜上清仙隐，为七世先亡迁升之斋，亦随月修真善行之法。（33/469b）

二词在经文中均表成仙升飞。前者在汉代文献中即可用来表官职的提升与调动，如汉王充《论衡·治期》："长吏秩贵，当阶平安以升迁，或命贱不任，当由危乱以贬诎也。"后者在六朝文献即有其表官职提升的用法（《词典》引唐卢照邻《益州至真观主黎君碑》），如《后汉书·桥玄传》："帝不从，而迁升侍中。玄托病免，拜光禄大夫。"

上迁1：得道成仙。｜九徊七度，散此胞根，三皇巾朱，把符命神，赤帝南和，握节上迁，併我魂魄，炼精帝前。（1/528a）

"握节上迁"指握持符节成仙升飞。该词在汉代即有升官进爵义（《词典》引明顾养谦《赠姚安守温陵李先生致仕去滇序》），如《史记·田叔传》："月余，上迁拜为司直。"

升举1：成仙升飞。《词典》引清姚鼐《太常寺卿莱阳赵公遗像赞》释为"荐举提升"。｜九真中经，或曰飞行羽经，有之者白日升举，行之者成真人。（33/791b）

其原表官位提升，如《论衡·状留》："焉敢望官位升举，道理之早成也。"

超拔1：得道成仙、上升天界。《词典》引前蜀杜光庭《众修三元醮词》。｜福济生灵，超拔玄祖先魂也。（34/443b）

该词乃世俗文献"拔擢；越级提升"义的引申应用，后者在汉代文献习见，此不赘举。

升造2：被（帝门、玉庭）选中而得道成仙。｜内鲜外光，灵镇幽关。八景翼躯，九气降灵。飞腾玄虚，升造帝门。（34/88c）帝君开真，

万物化成。玄虚与化，气入幽冥。道合元契，升造玉庭。与天同符，与帝同灵。长存吉祚，亿亿不倾。(34/225b)

该词原是一种选拔、培养人才的方法，谓使俊秀之士升入国学继续培养，以成就其才德，其语本《礼记·王制》"命乡论秀士升之司徒，曰选士；司徒论选士之秀者而升之学，曰俊士。升于司徒者不征于乡，升于学者不征于司徒，曰造士"。

教派的修行方法及动作是宗教文化的重要内容，从这个角度讲，反映上清派修行方法及动作的词语都可视为专门语词。下面这几则文字即是其主要修炼方法"诵经念咒、叩齿咽液、临目内视、炼养导引、存想通神"的记录。

存念五神都毕，咒文、内视、所思都讫，乃开目啄齿五过。（33/537a）闭气冥目内视，存上元素玉君。（34/35a）又防百试，乃冥目内视，抚心而祝，北向叩齿三十六通，有微言于玉清琼元君曰。(34/147b)

经文中有关"叩齿、瞑目、透视、存思、成仙"的词语都可视作道教修行方面的专门用词。需要说明的是，很多语词其意义本身并无宗教色彩，但在上清经中若被用来指专门的修行动作，我们在处理时，即将其视为道教的专门行为词。如"存思"，该词《诗经》中即见，但经文中用来指上清派"存想通神"的重要修行方法，我们在处理时即将其视为道教专门行为语词。

第二节 上清经行为词新质的意义分布分析

一 上清经行为词新质所反映的行为分析

经文中的行为词新质数量较多，所表示的行为也为数不少，但从前面的描写可以看出，这些新质的意义不是平等分布的，而是集中类聚在部分行为下。从行为的发出者角度看，新质集中表达以下三方面内容。

一是修行者的活动。修行者的活动是宗教文献的重要组成部分，也是其重要记录内容，故新质中有很多与修行者有关，它们主要反映了修行者在修行过程中从斋戒修行到生活保健等系列行为。首先，在修行成仙这条红线上聚集的行为主要有：诵经念咒、结盟发誓、禀请问询、阅读披览、吐纳吞服、踏罡步斗、炼化保养、梳洗按摩、捣拌烹煮、斋醮修学、依照凭借、礼拜朝奉、珍藏保密、想象回忆、思考领悟、飞腾成仙。除此之外，还有一些词语反映了由于修行不慎所致的曲折过程，主要有讥笑毁辱、授受泄漏、违反轻慢、欺凌侮辱、受罚遭殃、改错悔过等。这些行为都是修行者修行活动的记录。据笔者粗略统计，经文中与修行者有关的行为词新质共计1290个，占44.46%。

在修行者的行为中，有几组词语的宗教色彩较为浓厚，主要有诵经念咒、结盟发誓、吐纳吞服、踏罡步斗、炼化保养、斋醮修学、礼拜朝奉、飞腾成仙几组。在笔者收集到的391个表达宗教意义的专门行为中，以上八组词语有371个，占94.88%。

二是神魔的行为。修行者要得道成仙需要神仙佑护，而其在修行时又受到神魔的监督考察、纠察惩处，故神魔的行为是宗教文献的重要内容。经文中有关神魔的行为新质集中分布在以下词群：命令召唤、宣讲诫告、教化解救、登录记载、撰著删校、考核查处、观察监督、总领控制、断塞除掉、斩杀消灭、遏制拘捕、感应降临、赏赐保佑、驾驶遨游、迎送侍侯、守护防卫、消散衰落、倾覆灭亡。据笔者统计，经文中有关神魔的行为词新质达1305个，达44.98%。

从前文的描写中可以看出，表达神魔的行为除了"教化解救"组的词语具有宗教色彩外，其余词语大多属于一般语词，行业色彩并不突出。

三是神物影响。修行者要得道成仙，除了神仙的保佑外，还须得到神物的帮助，如需要神光照耀、神液灌溉等。从这个角度看，这些神物与神魔的功能是一样的。经文中集中表达神物的行为新质主要有照耀辉映、灌溉缠绕、覆盖笼罩等，多是神光、神液、神雾的行为。这些行为新质共计153个，占5.27%，这些行为也没有宗教意义。

二 上清经行为词新质同义现象解析

上清经中行为词新质出现了大量的同义现象，这反映了教徒对某些行为的重视，表明这些行为在道教活动中的重要地位。如经文中表"总领控制"的新质达70余个，这与其宣扬神仙或神咒总领天地万物、掌控众生仙途有关；表"遏制除掉；拘捕消灭"的语词达195个，这多是为了适应成仙须扫除胎根、俗念、妖魔等成仙障碍的表达需求；有关"散灭倾亡"的语词达80个，这同样是为了表达胎根、妖魔等面对神仙、神咒、神器的威力而灰飞消亡的内容；表"照耀辉映"的新词达80个，这与上清派的日月崇拜和需要神光照耀以炼化成仙的修道方法有关；表"驾驶"的语词达 34 个，这也是为了满足神仙出游时驾乘云车羽盖的表达需求；表"飞腾成仙"的新质达 125 个，这无疑反映了飞腾成仙这一概念在道教中的重要地位。

  经文中意义"有共同的关系对象、关系范围的词语可组成词群"（符淮青，2004：194）。诵经是上清派的重要方法，我们对该组词语试作分析。经文中该主题下有"读、诵、讽、咏、颂、言、赞、唱、读诵、唱诵、诵念、唱咏、唱赞、讽读、讽明、讽习、讽诵、诵习、讲诵、转、转读、持念"等 62 个词语（见表 7.5 和表 7.6）。除"斋读、礼诵、唱诵、转、转读、持念"等专用于诵读佛道经典外，其余的词都应属于一般语词，因为用口诵读是日常生活常要遇到的。也正因为如此，该词群中有 20 个能在更早及同期文献中找到用例，占 48.38%，它们是对前代及同期用语的继承和反映，而另外 32 个词语多是为了适应新的表达需求而新造的。需要说明的是，诵经念咒作为道教重要的修行方式，其在道教发展的不同阶段受重视的程度是不一样的。早期道教，如太平道、五斗米道（天师道）主要是通过画符等方术来祈福禳灾，嗣后的神仙派（金丹派、外丹派）则试图靠炼服丹药来实现成仙的愿望。故在早期，诵经念咒并不重要。[①] 随着天师道的分化瓦解与金丹派的衰落（炼制金丹，毒死了不少上层人物），道教中人开始寻求一种更经济、稳妥的方式来修行，诵经念咒这种既经济又圆通的方式终于获得了重视，成为上清派最主要的修行方法。为了满足表达需要，上清经中运用了丰富的表诵经念咒的语词，这在与早期道教的代表著作《太平经》和《抱朴子》的相关词语的比较中可以更明显看出。据笔者调查，《太平经》中表诵读的词有"读、诵、诵读、精读、详读、细读、读视、诵习、歌诵"等，《抱朴子》中有"诵、读、咏、诵讲、讲诵、暗诵、谙诵"等，远没有上清经丰富。上清派对

---

 ① 葛洪《抱朴子·内篇》就对诵经修道方式进行了否定。《释滞》："又五千文虽出老子，然皆泛论较略耳。其中了不肯首尾全举其事，有可承按者也。但暗诵此经，而不得要道，直为徒劳耳，又况不及者乎？至于文子庄子关令尹喜之徒，其属文笔，虽祖述黄老，宪章玄虚，但演其大旨，永无至言。或复齐死生，谓无异以存活为徭役，以殂殁为休息，其去神仙，已千亿里矣，岂足耽玩哉？其寓言譬喻，犹有可采，以供给碎用，充御卒乏，至使末世利口之奸佞，无行之弊子，得以老庄为窟薮，不亦惜乎？"《祛惑》还以五原蔡诞为例，认为蔡诞昼夜诵经以求成仙，最后却被弄得骨瘦如柴，狼狈不堪。葛洪对诵经之事的无情嘲讽，某种程度上，也反映了以诵经作为修道长生方式的一度衰微。

诵读的重视，还可能受到当时佛教"念经度人"修行方式的影响，这从其借入佛典表诵读的相关词语就可看出来。

三　上清经行为词新质数量与新行为的落差

上清经中行为词新质的大量同义现象造成一个假象，某些方面产生的众多词汇新质并不意味着同等数量的新行为出现，形成了新质数量和新行为的不对等，也即量和质的落差。我们以"遏制除掉；拘捕消灭"词群为例，该组新质共194个，它们表达的行为主要有：

A"堵塞；闭塞"：绝塞、填塞、镇塞、塞镇、断塞、塞断、固塞、填绝、守闭。

B"消散；解除"：披散、披释、披解、拔解、解拔、拔释、拔散、拔断、拔灭、拔弃、拔斫、拔出。

C"除掉；消灭"：折除、除绝、散除、除散、消断、散绝、拔绝、落除、除落、破落、灭落、落灭、落绝、勒落、削落、摧落、收落、戚落、禁绝、禁隔、离灭、斫伐、倾拔、割破、荡去、荡濯、辟却、却辟、辟斥、脱削、离脱、脱离。

D"镇服；消除"：压禳、禳压、压绝、压消、禳却、禳辟、开却、祛却、祛遣、逐却、遣撤、遣除、撤除、废除、罢除、弃掷、弃去。

E"斩杀；消灭"：伤裂、斩绝、摧斩、摧割、勒割、摧裂、戚裂、斩戚、摧戚、枭戚、枭残、威戚、斩摧、摧斩、剪戮、伐灭、伐绝、除伐、伐戮、诛却、驱伐、驱灭、驱洗、洗荡、制伏、伐伏、招伏、伏诸、叱斩、摄杀、摄伐、摄灭、咒伐、咒除、震灭、震却、震消、制却、断灭、制灭、戚灭、戮灭、却灭。

F"拘捕；遏制"：检截、镇折、遏制、消制、摄遏、摄系、却遏、留制、收录、收摧、束录、收束、束收、闭絷、系闭、羁逼。

这些行为自古有之，也就是说表"堵塞；拘捕；斩杀；消灭"等行为的词语在汉语中早就存在，这些新质具有新的形式，并不具有新的意义内容，也即"新瓶装旧酒"。上述194个语词主要表达以上五类行为，形成了新词的量（词量）和新质的质（意义）的不对等。这一方面是文献表达内容的驱动，另一方面也是词汇复音化的结果，因为这些新形式多是表达这些行为概念的原有单音词"塞"、"除"、"斩"、"灭"、"收"、"录"等语素重新组合的结果。我们以构词的语素为中心进行解剖。

第七章　上清经行为词新质的词汇学分析

除 13（前 4 后 9）①：除绝/除散/除落/除伐—散除/折除/落除/遣除/撤除/废除/罢除/破除/咒除

灭 13（前 1 后 12）：灭落—落灭/拔灭/离灭/断灭/制灭/碱灭/戮灭/却灭/震灭/摄灭/伐灭/驱灭

却 11（前 3 后 8）：却辟/却遏/却灭—开却/祛却/逐却/禳却/辟却/制却/震却/诛却

拔 11（前 9 后 2）：拔解/拔灭/拔弃/拔斫/拔出/拔断/拔释/拔绝/拔散—解拔/倾拔

落 10（前 7 后 3）：除落/灭落/勒落/削落/摧落/收落/碱落—落除/落灭/落绝

绝 10（前 1 后 9）：绝塞—填绝/除绝/散绝/拔绝/落绝/禁绝/压绝/斩绝/伐绝

伐 9（前 4 后 5）：伐绝/伐灭/伐戮/伐伏—除伐/斫伐/摄伐/驱伐/咒伐

塞 7（前 5 后 2）：填塞/镇塞/绝塞/固塞/断塞—塞镇/塞断

摧 7（前 5 后 2）：摧斩/摧落/摧割/摧裂/摧碱—斩摧/收摧

碱 7（前 3 后 4）：碱灭/碱落/碱裂—摧碱/斩碱/枭碱/威碱

斩 6（前 4 后 2）：斩绝/斩灭/斩摧/斩碱—摧斩/叱斩

制 6（前 3 后 3）：制灭/制却/制伏—遏制/消制/留制

散 5（前 2 后 3）：散除/散绝/披散/拔散/除散

摄 5（前 5）：摄灭/摄伐/摄遏/摄系/摄杀

收 5（前 4 后 1）：收落/收摧/收录/收束—束收

禳 4（前 3 后 1）：禳却/禳压/禳辟—压禳

消 4（前 2 后 2）：消制/消断—压消/震消

辟 4（前 2 后 2）：辟却/辟斥—却辟/禳辟

伏 4（前 1 后 3）：伏诺—伐伏/制伏/招伏

录 2（后 2）：束录/收录

戮 3（前 1 后 2）：戮灭—伐戮/剪戮

裂 3（后 3）：摧裂/碱裂/伤裂

---

① 表由语素"除"构成的词语有13个，其中"除"在前的有4个，"除"在后的有9个。下类此。

解3（前1后2）：解拔—披解/拔解
去2（后2）：弃去/荡去
脱3（前2后1）：脱削/脱离—离脱
祛2（前2）：祛却/祛遣
闭3（前1后2）：闭絷—系闭/守闭
枭2（前2）：枭残/枭黻
割3（前1后2）：割破—勒割/摧割
撤2（前1后1）：撤除—遣撤
镇3（前2后1）：镇折/镇塞—塞镇
荡3（前2后1）：荡濯/荡去—洗荡

第三节 上清经行为词新质的意义变化

一 语义变化规律导致的一般词义变化

由于语言内部运动及人们联想、想象等认识上的原因而引起的词义由源义到新义的引申变化，它们符合语义变化的一般规律，是词义变化中的一般现象。经文中主要有以下两种类型：

（一）转移

"按现代语义学的观点，转移多指一个词位的A、B义位从一个义场转到另一个相似或相近的义场，有时指同场内相邻义位的转化"（张志毅、张庆云，2001：291），上清经中行为词的某些新义即是通过转移获得的。

交通工具是用来驾驶，驾驶是为了游览，这使表交通工具、驾驶及游览的语词之间容易发生意义联系，传世文献中的"乘"、"策"、"驾"、"骖"都发生了"交通工具—驾驶"的词义变化。如前所述，神仙遨游四方或道徒升仙时常乘云车羽盖，这为有关语词的词义提供了"交通工具—驾驶—游览"的转移环境，我们要谈到的"游"、"飞"、"扇"、"浮"、"逸"、"戏"、"迅"、"飙"、"宴/晏"等词语的意义变化都与此有关，其中有些意义即是通过转移获得的。

游6：驾驶。｜抚云璈，奏天钧，戏狮子，游素麟，惋舞白鹄，翱翔朱凤。(33/588a) 同游三光，回老返婴。(2/170a、34/161c) 回转九万

劫,同游紫凤䡸。(34/1c)乘大顺以御至象,游冥神以混五浊。(34/146b)

例中的"游"后接表交通工具的词,当作驾驶讲。神仙游览逍遥需要驾乘工具,故转移引申出驾驶义。经文中"游"与"驾"可成异文也能说明,2/170a"夕游八景,朝登虎舆"中的"游"在34/161c即作"驾"。

飞17:驾驶。| 沧台飞羽轮(按:沧台乃神仙居住地,代指神仙,"沧台飞羽轮"是说神仙驾驶仙车),迎延道已成。(1/544a)行其道则飞虚驾景。(2/169c)得飞八景之龙,上造太微。(18/745a)摄三辰而俱升,散景霞以飞轩也。(20/497a)控景始晖津,飞飙登上清。(20/511c)于是始得飞华盖,乘群龙,登太极,游九宫也。(33/444c)策龙飞景。(33/600b)飞群龙,启仙路。(34/94a)飞景登七元。(34/295c)

"飞"本有"飞行;飘荡;升腾"等义,这也需要驾乘工具,故引申有驾驶义。例中"飞"后能接"躯、飙、虚、轩、䡸、华盖、群龙、八琼、羽轮、八景之龙"等交通工具,故当释为"驾乘",与时下"这个(飞行员)飞的是波音,那个飞的是空客"的说法相仿。

"飞+交通工具"后还可跟地点宾语,这使"动宾+宾"结构中的前一个宾语意义日渐模糊,"动宾"结构的意义也随之发生变化(参张博,1999),以下诸例中的"飞形、飞飙、飞轮、飞景①"也即"飞",当作"游览"讲:

飞形九霄,上升玉晨也。(1/899c)超举步绛霄,飞飙北垄庭。(20/506a)龙旗舞太虚,飞轮五岳阿。(20/505a)飞轮北丘,解带华圆。(33/599b、33/789b)太上洞明,飞景九天。(1/573b、33/760a)灵化通玄,飞景九元。(34/224b)

扇12:游览;驾驶。| 羽裙拂霄,逸虚扇东。(6/703a、34/40b、34/53c、34/111c)合明扇虚,时乘六云。(20/545a)欻尔登斐疐之䡸,超然升凌空之毂,仰扇空洞,足悬五岳。(33/385b)欲通也,则积滞荡开,沉扇无方,随意所宜。(34/41a)

"扇"在传世文献中有"振翅欲飞"义,由此引申出"飞游"义,上举诸例即应作此解。"扇"还可组合"游扇",也作游览讲。

---

① 其他传世文献中的"日光;宝剑名"等意义均与经文有别。

竦身抑焂，八景浮空，龙舆虎旗，游扇八方。（20/522b）

同"飞"一样，游览就要有所驾乘，"扇"也引申有"驾乘"义，下列诸例中"扇"后所接"景、欻、景耀、羽旌"都指升天时乘坐的工具，"扇"指驾乘。

乘飙扇景，飞腾太空。（2/898a、34/51b）登軿发东华，扇欻舞太玄，飞辔腾九万。（20/513a）朗朗扇景耀，晔晔长庚焕。超軿竦明刃，下昽使我惋。（20/509b）浮七盖于玉津，扇掷羽旌，徘徊灵源。（34/149a）

浮25：漫游；驾驶。｜振羽不待驾，飘飘乘烟浮。（2/168a）超虚浮空，名书上清。（3/442a、6/677b、34/108a）神仙同浮，乘烟太清。（4/550c、33/412c）手把八空气，纵身云中浮。（20/506a）玉盖荫七景，鼓翮霄上浮。（20/507b）偶景策飞盖，迅辔浮八清。（33/749a）但未得超景浮空，竦軿落虚。（33/382a）

经文中"浮"即作"漫游"讲，"浮"与"游"有通用的异文可证，如20/507b"乘气浮太空"中的"浮"于34/29b即作"游"；34/109a"携某乘龙，上浮九天"中的"浮"于33/443b也作"游"。"浮"还可组成"浮昽、浮观、浮游、浮翔、浮行、浮登"等复合语词。

上清浮昽，徊辔三元，高皇秉节，灵童攀辕。（34/36c）

腾跃云景辕，浮观霞上空。（20/505c）

浮游太空，匡御飞軿。（33/425c）浮游五岳颠，适意得所如。（33/456a）

浮翔八极，驾景紫烟。飞步九天，变化亿千。（6/675a）

乞赐飞行，不死之祚，浮行上清，乘华三素。（33/442a）

不得游行太微，浮登上清上一真帝之极也。（4/549a）

漫游也要有所驾乘，"浮"也引申出驾驶义，常与"控、策、扬"对举。

八景虚驾，三素浮轮。（1/553c、1/573b、33/760b）流昽纵体，适意浮轮。（1/896b）控景浮紫烟。（20/506a）不得八景超霄，浮烟控晖，飞腾虚羽，踊跃太无矣。（33/530a）故高上浮轮以严试，虚皇策辔以观真。（33/778a）浮轮骋太霞，扬盖广寒庭。（34/30a）

经文中的异文也可证明"浮"的驾驶义。33/546a"九辔浮云轩，逍遥紫霞封"中的"浮云轩"于11/381b即作"纵云軿"，"纵"即驾驶。

"浮+交通工具"后再跟地点宾语,同"飞"一样,其前宾语意义也日渐模糊,此时"浮+交通工具"也就相当于表漫游的"浮"。

高虚素辔,浮景玉清。(1/539b、33/756b)游历玄台,浮景紫清。(33/499c)策龙上造,浮烟三清。(20/514b)浮身空洞,浪放十方。(25/157a、33/802b)佩游上清,乘虚逸驾,浮轮太微。(33/565a)

戏8:戏游;悠闲地驾驶。| 父宁与母精,逍遥戏凤台。(1/891a)子欲戏九玄,但诵太霄书。(1/891a)三素回帝室,飘飘戏玉州。(33/546b)七祖去幽宫,飘飘戏玄汉。(33/547b)携契十天真,晏我九凤躯。上登玉京阙,下戏阆风州。(34/2b)

经文中"戏"后接地点宾语,乃"戏游"义,表得道者遨游四方、出有入无的闲适与超脱,与世俗的"游戏;逸乐"义略异。六朝同期文献也有用例:夫神正者则潜曜幽昧,上腾高象下戏玄阙,逍遥云影龙翔八极,风兴雨施化若雷电。(《弘明集》卷十四)"戏"还能组合成"上戏、历戏、洞戏"等词。

上戏洞青,游宴玄梁。(33/546c)朗睹九天,上戏三清。(33/437a、33/448c)宴景阳谷,上戏玄精。(33/549b)能乘云浮,上戏上清。(34/180c)

诸天王常以八节及月朔之日,游观无崖,历戏云房,逍遥玉清,流眄十方。(34/17c)超凌无崖,历戏诸天。洞入无色,反我宿缘。(34/19b)

佩符游遨,洞戏上清,超乘虚逸。(34/94a)①

戏游也须有所驾乘,经文中"戏"还引申有"驾驶"义。

抚云墩,奏天钧,戏狮子,游素麟。(33/588a)上行七气,登清戏烟。(33/443b)紫云我所游,混俗谁与同,众仙戏云景,丹葩敷春阳。(34/202a)

首例"戏狮子"与"游素麟"对举,"戏"与"游"同作驾驶讲。"登清戏烟"即高登上清(仙境)驾驶云雾,后例的"戏云景"也同;"戏"表"驾驶"更能表达神仙驾乘车的洒脱与飘逸。"戏"还可组成"戏参",也作"驾乘"讲。

太玄玉帝,戏参九凤龙车玉舆,乘五色飞云,从十二龙驾。(34/

---

① 例中的"佩符游遨,洞戏上清"于33/564c作"佩游上清",可见"戏、游、遨"均为游览义。

195c）

逸 12：逍遥；驾驶。｜飞羽逸紫空。（1/536b）凌羽逸上清。（1/542b、1/568b）日中五帝，挟日精轮，郁将逸阜，飙景同迁。（1/537b）身济无待津，飘飘逸仙堂。（33/696c）竦身凌太清，超景逸紫霄。（34/627b）

"逸"在传世文献中有"奔跑"和"超逸；闲放"两义，这两个意义在经文中得到统一，例中"逸"后接地点宾语，表神仙逍遥游览某地，前举"逸邀"、"逸浪"也是它构成的复合词。奔放潇洒也须驾乘车马，"逸"也引申出"驾驶"义。

乘霞飞精，逸虚于东。（2/898c）吾昔游于北天，策驾广寒，足践华盖，手排九元，逸景云宫，邀戏北玄。（6/667c）乘虚逸霄，游宴无间也。（33/401b）西岳万精，乘气逸波。（33/500c）抗飞辔于清领，逸凤车以高观，放云軿以流骋。（33/599a、33/789a）

"逸"后为车马云雾，也当作驾驶讲。在经文中还可组成"逸驾"词，乃"驾乘车辆"义（与《词典》所释"奔驰的车驾"意义不同）。

于是太微天帝君奉受消魔智慧、神金二符，佩游上清，乘虚逸驾，浮轮太微。（33/564c）

"逸驾"这一动宾结构也可再跟宾语，此时"逸驾"即"游览"义：

流电扬精，逸驾九玄，游眄琼阙，宴景三元，盘徊玉霄，适肆紫晨。（1/887a、2/863b）流电吐威，逸驾九玄，再登玉陛，三谒紫庭。（33/544b）

（二）转类

转类就是词类转移，它是义位演变的重要途径与方式，"从历时角度看，古汉语的转类比现代汉语的转类高出十个到几十个百分点。古今汉语的动词转名词和名词转动词都是最常见的转类现象，两类之和，占转类总数百分比高达 46.73%"（张志毅、张庆云，2001：295）。经文中行为词新质中的一些新义即是通过转类获得的。

飚 9：驾驶；游览。｜明初合道康，龙舆正徘徊。七景协神王，飚轮万秒阶。体矫玄津上，飞步绝岭梯。（1/516a、33/750a）日中五帝，挟日精轮，郁将逸阜，飚景同迁。（1/537b）今由飚身云虚，为玉清策辔。（1/831b—c）飚气延虚。（33/598c、33/789a）飚升云舆，混合元吉，与帝并躯。（33/527b）

"飚"后接"轮、气、景"等升天工具,其意义也当为驾驶。"飚"本指"风;疾风",在经文中常与云景、五景(天、地、日、月、星)共现,乃修行者道成升天时乘坐的工具①。如:带日御云轮,乘飚映空盖。(33/547b)乘飚飞仙。(34/47b)驾景骋飚,徘徊八烟。(34/147a)交通工具是用来驾驶的,"飚"由此引申出驾乘的行为义。驾乘交通工具是为了游览,"飚"又引申有"遨游"义。

我与帝君,同飚上清。观昒北玄,解带玉庭。(33/387c)扇飚五岳领,握节征万魔。顾昒须臾顷,忽然椿已过。(34/29c)

上两例中的"飚"后面接地点,当释为遨游、翱翔义,"同飚上清"乃"同游上清"义,"扇飚五岳领"乃"游行五岳"义("扇"有"游"义,见上)。

辔15:驾乘;驾驭。│辔鸟流玄,霞映上清。(2/898c)入宴七阙,出辔云轮。(20/497a)辔景落沧浪,腾越清海津。(20/502a)辔景登霄晨,游宴沧浪宫。(20/511a)左驾绿云,右辔绛晨。(33/641c)左御绛鸾,右辔灵鸟。(34/36b)得乘玄辔景,上奔月宫。(34/112a)时或辔飞龙。(34/626c)乘空洞之流轩,辔太霄之圆车。(33/389a、34/180b、34/294a)乘玄辔景,飞行太空。(34/305c)

"辔"本指驾驭马的缰绳,由此引申出"驾驭;驾驶"义。

迅13:驾乘;驾驶。│宴景太寂乡,回风迅琼轮。(1/891b)八景徘徊,三元迅琼。(6/222c)得迅飞舆,上造玉庭。(6/664a、34/59c)素景朗太虚,控辔迅绿軿。(33/483c)回风迅轻盖,十圣从尊游。(34/196b)八景徘徊,三元迅琼。(6/222c)降我飞軿,迅我紫烟。运升太虚,上造帝晨。(6/223a)策御六丁,迅我飞虎,出玄入青,上造朱月。(33/522c)八景迅虚。(33/521b)乘气迅虚,回降我房。(33/524a)迅虚亭丹衢,策辔之朱律。(34/190b)

"迅"本为迅速义,当后接交通工具时即为"使车驾快",这种使动用法在经文中形成了固定的义位,表"快速驾驶",故多与"扬、控、策、御、乘"对举。"迅"义与表驾驶的"飞"相同,有异文可证,如

---

① "飚"与"欻"义近,或即龙名,如《上清黄庭内景经》"驾欻接生宴东蒙"(唐)梁丘子注:"欻,倏欻。言乘风气而忽发而往。或云:欻,龙名也。"故"飚"即"云龙","龙"乃学道者对诡谲云雾的神化。

33/486c、34/58b"上景按飞辔，飞驾检云营"中的"飞"于 s. 238① 即作"迅"。"迅"还能组合成"迅辔"、"迅御"、"飞迅"、"迅驾"② 等词，都作驾驶讲。

带月衔日，迅辔白鸾。(1/902a)（白鸾是驾驶对象，迅辔为同义复合词）

黄上先生受黄累小童步三纲之法，行其要诀，遂飞迅景云，北游于上清之宫，出入生门，呼吸虚无。(33/444a) 玄光流熠，飞迅炎精，三回七转，吾道能明。(33/549a)

明景道宗，总统九天，弘络紫霄，迅御八烟，回停玉辇。(34/57b)

乘云迅驾，上造玉清。(33/546b) 迅驾腾九玄，朝礼玉皇庭。(33/486c、34/58b) 虚景启灵，乘气旋回。迅驾八道，光明吐威。(34/56c)

二 受道教宗教性影响的词义变化

（一）上清派的修道思想及观念影响词义

作为宗教文献，上清经是上清派修道内容的记录，某些语词含义的变化也很可能受到道派修行方式方法的影响。如前所述，道徒要得道成仙，需要得到神光照耀，以炼化成仙，而神光的发出者即为天界神仙。

名书丹台，位准高玄，身发紫光，项负圆明，游行太虚。(33/762a) 时忽有天真大神，挟日带月，项负圆光，从群仙羽盖，乘飞舆紫云、九精流霄乘。(34/177b) 冬三月，化形通身金光，项负华盖，衣三十二色，有如天仙之象，光明奕奕，照朗上清。(34/188c)

日月悬空，既可照耀万物，又可"察看；佑护"众生，表照耀的词，如"照"在传世文献中即由"照耀"义引申有"察看；关照；照顾"等意义。在修行者眼里，神仙负日戴月，手拿神器，身发灵光，道教徒要想得道成仙，则须精诚修行感通天神，引起神仙注意，以得灵光照耀，从而借灵光使自己的身心得到炼化（见"炼化成仙"组），然后上升天界。因此这种照耀又是对修行者的监督和保佑。上清派中神光"照耀—监督保佑"的内在联系影响到了相应语词的意义变化，如"映观、观映、垂映、

---

① 李德范辑：《敦煌道藏》第四册，第 1993 页。

② 《词典》引晋郭璞《游仙诗》"登仙抚龙驷，迅驾乘奔雷"例，释"迅驾"为"快速的车驾"。经文中"迅"与"乘"对举，乃驾驶义，"驾"乃车乘，"迅驾"即驾驶车乘。其实《词典》所引例中的"迅"与"登"、"乘"对举，"迅驾"也当释为"驾驶车辆"。

监映、映监、朗映、映朗、玄照、玄映"等的词义变化除了本身的词义引申可能外，与上清经这一道派文化也密切相关。

映观 5：照耀；观察。｜火星玄镜，丹精映观南轩。（6/652a、34/112c）黄精启晖，元阴内彰。映观太玄，开洞万方。（6/703a、34/40b、34/53a、34/111c）

观映 1：同"映观"。｜真晖启阵，玄根总罗，肇月唯吉，观映脐内，紫气发霄。（33/643b）

神光照耀也是对修行者的监督和观察，故经文中有"映观、观映"这样的组合，体现了神光照耀与监督观察的统一。

垂映 7：照耀；监察保佑。｜修御灵图，遂感神真，乃三景垂映，七精翼轩。（1/822b）元皇五星，无不垂映，洞明形内，变化万神也。（5/872b）玉虚九重，紫晖八缠。玄光垂映，玉清吐津。（33/570a、33/762b）悬精垂映太上之项。（33/556a）

以上诸例中的"垂映"当作"映照"讲，表神光映照修行者之身。由于这种神光是神仙所发，故有些文句不把光芒说成"垂映"的施事，而是神仙、仙宫直接作"垂映"的施事。

愿高上①垂映，顾盻某甲。（5/880c—881a、33/494b）高灵垂映，散化朱宫。（34/10c）三灵垂映，七精灌津。（34/19b）四司鉴试，上元定仙，玉虚（指仙宫）垂映。（34/17b）

施事发生变化，"垂映"的意义随之发生变化，产生"监督；保佑"义。

监（鉴）映 25：照耀；监督保佑。｜朱景监映，万灵炼质。（33/488c）清虚监映，内外敷陈。（33/630c）朱日郁茂，绿梵洋洋。三十六位，玉兰灌芳。九隅齐响，禅我为王。鉴映十天，万仙来宗。（34/20a）

"监"与"鉴"同源通用，"监映"、"鉴映"都可表光、气、晖等神物发光照耀。同"垂映"一样，也引申出"监督；保佑"义。

天仙下降，监映某甲身，修行上彻，早得道真。（6/220a）丹灵告瑞，高上监映，位登上相。（34/9a）帝君监映，九孔纳灵。（34/85c）众

---

① "高上"指神仙或天界（与《词典》所释诸义不同），如：万灵受封于太微，高上泛盖于丹崖。（1/516b、33/750b）发口则声参太微，高上遥唱。（33/749c）则高上盻目，三元降席，万灵朝礼，天魔降伏。（33/751a）

真监映，炼魄宝魂。（34/88c）五帝监映，太一列行。（33/805c）逆究玄微，监映无形。（34/10b）五灵监映，去无稽迟。亿劫兆龄，永谢世违。（33/488b）

映监 3：照耀；体察保佑。｜朱光翳普，天仙鲜荣。回晨曲曜，映监我形。（1/828c）三华宝曜，玉都开明。玄晖敷陈，映监无形。金简录字，克奏玉名。（33/448c）

朗映 5：照耀；明察佑助。｜晨灯朗映，结气沌青。（1/897c）运黄裳流气，朗映中元，照昁学真者。（6/654b）如日始出之状，光曜辉赫，朗映天下。（33/397a）其晖明焕，朗映八外，焕焕流曜。（34/227c）

映朗 15：同"朗映"。｜内外分明，皆使映朗。（1/515c、33/750c）琼晖映朗，高霄僯晨。（6/224a）光明彻照，映朗十方。（34/186c）其晖映朗东天。（34/227b）飞光九道，映朗泥丸。（2/898b、34/305c）

"灯、光、气、精、晖"等发光物作施事，二词也当作照耀讲。当施事者为神仙时，也引申为"明察；保佑"。

万神映朗，岂邪恶之敢干乎？（6/615b）三道顺行，元始徘徊。玄真映朗，九灵散开。（6/221c）八帝齐景，五老翼真，玄始映朗，天元敷陈。（33/748c）

玄映 34：暗中照耀；体察佑护。｜则神灯玄映，照朗五脏之内。（1/900a，p.2409①）愿迁神光玄映下臣。（1/896a）飞霞玄映，保固灵根。（2/908c）令日精流光玄映于石景水母。（33/424c）流霞玄映，紫光郁耀。（34/42b）神光玄映金台之室。（34/196a）

该词在例句中也当为照耀义。这种照耀可进一步引申为"监察；知晓"。

琼文帝章，乃高灵玄映之道，九天之精，洞监于万灵，总统于众经。（1/887b）此独立之诀，乃高上玄映之道。（3/419a）高上真皇，五帝太灵，保我泥丸，玄映五形。（33/498c）洞明敷散，九精发晖。高上玄映，青真洞回。（34/212c）朱灵玄映，玉华四飞。（34/216b）

玄照 10：同"玄映"。｜日月玄照，光洞玉清。（33/448a）七星之精，亦常玄照其房。（33/452c）项生圆光，玄照一里。（33/480b）神光玄照，焕落太无。（33/561a）

---

① 李德范辑：《敦煌道藏》第一册，第 117 页。

该词与"玄映"义同，故可相互代替，如33/461B"目华玄映"中的"玄映"在20/539a、34/302c即作"玄照"。"玄照"也引申有"照察；监督"义。

兆有知吉，则流行顺道，映洞祸福，毫缕毕彰，玄照纤末。（6/648c）人之有志，皆七星九皇，玄照其心，精求苦念，自得此经。（33/452c）

虚映 26：同"玄映"。《词典》释为"清澈透明的样子"。｜如月之圆，虚映兆身。（1/897c）洞明如玉山，虚映兆身，洞匝一形。（1/902a）玄光虚映道君之项，流照八极三十万里。（33/554c）

"虚"乃暗中、神秘义，上引文句中"虚映"即神光暗中照耀。这种神光即神仙所发，故"虚映"也可直接与神仙或神仙的官号相连为文。

若见九色之凤，或一凤九头，此则九天玄母虚映之官，来降兆身，兆道欲成也。（6/221b）此虚映之道，自然之法，所谓远取天地之精，近取诸身，此之谓也。（6/641b、34/301c）若见黑气，则上真本生之号、虚映之官，监试于兆身；若见赤气，则洞生之官、虚映之气，来卫兆身也。（33/518c）

"虚映"当为暗中监视、保佑义。神仙去来无踪，对修行者的保佑嘉奖绝不能让其知道，所谓"冥冥之中自有感应"。

某些语词在经文中没作"照耀"讲的用例，只作"观察；监督"讲，但该义的产生也与神光照耀有关。

玄鉴/监 7：暗自体察；保佑。｜高上玄鉴，身受三宝奇文。（3/437a）四司五帝，玄监我形。（6/219c）流明曜电，扫除不祥，玄鉴玄奏，付度法师。（34/141a）伏愿无极大道、至真大圣、太上天尊，垂神玄监，慈真降下，开度某等。（34/143a）神光朗焕某所住宫宅，玄鉴所启，今有某郡县乡里某甲男女生民。（34/144a）

"玄鉴/监"的施事均为神仙，该词即暗中察知、保佑义；从末例"神光朗焕某所住宫宅，玄鉴所启"可以看出，这种体察和监督仍是通过发射神光实现的。

临映 3：察视；监督。｜重誓高虚，烧香上闻。五灵临映，八帝命仙。降我飞輧，迅我紫烟。（6/223a）五帝临映，太一定书。北元沐浴，冠带行畴。（33/805b）

"临"与"监"义同，《说文·卧部》："临，监临也。"（段玉裁注：

本作"临，监也"）《尔雅·释诂》："临，视也。"

总映2：遍察；遍晓。｜朱光已焕，戢翼观化，逸尚虚罗，万殊总映。（33/599a、33/789b）今王母体道合真，精照洞彻，察究有无，穷理尽性，总映人物。（33/588c）

"映"乃"照耀"义，神仙通过其所负神光来照耀万物众徒，从而达到知晓和监察的目的。

（二）道家"清静"、"玄虚"等思想影响词义

一、受道家"虚静"思想影响而引起的词义变化

道家崇尚虚静，《老子》说："清静为天下正。"《淮南子·原道训》："是故清静者，德之至也。"《遵生八笺·清修妙论笺》卷上说："专精养神，不为物杂，谓之清；反神服气，安而不动，谓之静。"道家的清静思想为道教吸收，并影响到个别词语意义的变化。如"萧萧、萧条、萧/宵浪"。

曜景绝云杪，萧萧紫微宫。（1/553a、33/760a）灵风迅其躯，回香荡其尘，萧萧太虚之上。（1/887a）薆沫太虚馆，灵风散奇香。萧萧玄景上，微飙翼太阳。（2/167b）玉帝理灵襟，萧萧九重天。独步冥领峰，纵怀无无间。（33/749b）倐顷之间，亿仙立会……交烟于集，徘徊玄太，萧萧乎太霞之上，放浪于无涯之外，各返玉虚之馆。（34/54b）

"萧萧"后接地点宾语，当为行为词，最后一例"萧萧"与"放浪"对举，表明其意义与游览相近。经文自注对"萧萧"的意义有说明，如《登真隐诀》卷上"又有太皇宫，太上君后居之，此四宫皆雌真一也"陶弘景注："所谓处（笔者按：当为'虚'字之讹）和可守雄，萧萧可守雌；萧萧者，单景独往之谓也。"（6/607c）《真诰》卷二："虚和可守雄，萧萧可守雌。夫萧萧者，单景独往也。君绛宫中，渠能仰飞空同上？"（20/503b）

"单景独往"即"独自前往"，也即独自逍遥。这既解释了"萧萧"的含义，也说明了该词的得名之由，这应与道教的思想文化有关。道教崇尚清净，主张摒弃世间烦恼，入山隐居，"单景独往"在世俗看来是孤

寂、冷清，在道徒那里却是摆脱尘世喧嚣难得的逍遥和洒脱。①

"萧萧"与"萧条"语音相近，意义相同，"萧条"在六朝也引申有逍遥义。

俯眄崇阜，萧条万谷。（34/146c）萧条无崖之馆，匡制万物之运。（33/544c）萧条金门上，回阴总元七。（33/546c）婆娑紫凤下，萧条九岭峰。流眄无穷野，仰观劫刃中。（34/2a）徘徊明霞之上，萧条九空之中。（34/62b）明帝问周伯仁："卿自谓何如庾元规？"对曰："萧条方外，亮不如臣；从容廊庙，臣不如亮。"（《世说新语·品藻》）

联绵词即是单音词通过双声或叠韵的方式音转而来的，是一个整体，当语速急时，读音即成"萧"。于是"萧"在某些情况下单独就可表示逍遥义，经文中不见其单用的例子，但却能见到它与其他语素的组合。如"霄浪、萧浪"。

有妖则灭，有毒则刑。既灭既刑，摄邪录精。六天已诛，威震七灵。宝神驱秽，霄浪三清。万真受事，俱会帝庭。（33/768c）灭景擢浮游，峨峰自霄浪。缠绵嘉乐宿，妙微挺虚向。（33/603a）

"霄"当通"萧"，"霄浪三清"当为逍遥三清仙境（上清、太清、玉清）；"峨峰自霄浪"乃"自霄浪峨峰"，其中的"霄浪"与"浮游"对举，表明其义即为游览。经文中还有"萧浪"，其后可接表道法的词。

希遐远曜，冥想凝玄，萧浪上韵，耽梦遁真。（20/534a）凡能精进三经、说解奇文、萧浪上契、耽味玄远者，其人皆必琼书秀简，金籍玉名。（34/73c）

"萧浪"当作"冥想、思考"讲。这一引申意义与"遨游"相仿，今天可说"在知识的海洋中遨游"，"萧浪"在经文中指学道者沉溺于神秘的道法里，自在逍遥。

可见，"萧萧"、"萧条"本有的"孤寂；冷落"义与道家追求清静思想的契合使其意义发生了变化，而要搞清楚这些变化的来龙去脉，就必须结合道家（道教）思想。

---

① 逍遥即洒脱，"萧萧"在六朝有"潇洒"义（《词典》有释），恐怕也与道教文化有关，经文中多有用例：萧萧寄无宅，是非岂能营。阵上自扰亮，安可语养生。（20/506a）愿得绝尘友，萧萧罕世营。（20/511b）上宴九霄馆，萧萧登玉清。（33/546b）高驾涉北元，萧萧入无生。（33/602c）灭念停虚闲，萧萧入空寂。（34/626c）

二、具有道教标记性质的"玄"、"虚"有词缀化倾向

"玄"和"虚"在道家的思想体系中具有重要地位。《老子·道经》第一章:"道可道,非常道。名可名,非常名。无名,天地之始;有名,万物之母。常无,欲观其妙;常有,欲观其徼。此两者同出而异名,同谓之玄。玄之又玄,众妙之门。"汉扬雄《太玄·攡》:"玄者,幽攡万类而不见形者也。""玄"、"虚"的"深奥、玄妙;幽远"等意义适合道教宣扬其道法的神秘,故经文中出现了较多由"玄"、"虚"组成的词语,它们多表达神仙或神物在冥冥之中对信徒修行的处置和回应。"玄"、"虚"极少出现在那些与神灵或神物无关的词语前,这些表神灵或神物的动作的语词,有突出行为宗教色彩的作用。从其意义来讲,二词有"暗自;神秘"义,不能看作词缀;但经文中与二者有关的词语非常多,且都出现在词首,从其能产性和在词中的位置来看,"玄"、"虚"有词缀化倾向。

先看"玄"组成的词语(不逐一训释,有旁证一并列出),除了前述的"玄想"、"玄照"、"玄映"、"玄鉴"外,经文中的还有不少以"玄"开头的语词。如:叙述上天神真监察、记录等举动可用"玄~"。

玄察 1:伏愿真慈下降,玄察监度某等。(33/141b)

玄眄 1:行八素之秘妙,则致白皇来降己,行五灵之外道,则致白神来授书,尊卑玄眄,故道有渊阶矣。(6/653b)

玄观 2:若有金名玉字玄格者,得吾此道,行之九年,身体光明,彻见万里,玄观自然,夜光童子,降子之房,授子真书,白日登晨。(33/455c) 斋日唯得专惟玄观,讲颂法言,若不能行空,当习六思念。(《弘明集》卷十三)

玄洞 17:仙王何人,我已成真,隐存雌雄,玄洞四乡。(1/523a) 弥罗缠络,玄洞云场。(33/420b)

玄会 1:若以九天游宴下降、察行万仙玄会之日。(1/892b)

玄录 3:即日书写条例、天官位号,依科玄录。(34/141a)

玄记/纪[①] 7:有知之者,玄记书名。(6/226a) 上圣帝君受于九空,结飞玄紫气自然之宁,玄记后学得真之名。(34/63a) 行之七年,则玄纪得道之名,定于上宫。(34/65a) 天仙定录,五老刻札。玄纪我名,得参

---

① "玄记/纪"乃"暗中记录"义,神仙监察学道者然后暗中记录其姓名及功过。《词典》收有该词,认为"玄"通"悬",引唐于邵《玉版玄记颂》释"玄记"为"悬记,预言",当别为一词。

群匹。(34/65c)

玄书 2：其人则玄挺标晨，五心结络，气参紫天，玄书北元。(33/519a) 有见之者，皆玄书宿名，应为仙灵故也。(34/37c)

玄哺 1：七色瑶凤荫君身，神骖含芝以玄哺，天女吐精以观真。(33/423b)

玄唱 1：神鸾玄唱，紫凤回旋。(3/415a)

玄授 19：飞空下降，玄授天王、太帝二君。(1/896b) 来降于太真，玄授宝经。(2/167b) 克当为四极真人玄授于宝文。(6/220b) 其有勤尚苦志，皆令玄授此文。(33/431b) 二人以符玄授我身。(34/6a)

表修行者结盟发誓、修行感效时可用"玄"。

玄誓 2：古之上皇，皆保贵神书，防其轻泄，所以重贶玄誓，期之勿泄。(4/557b) 依太上黄素四十四方，听得隐盟，玄誓神科也。(34/74b)

玄盟 5：彼此共保成真，若应玄盟，亦按此法。(2/866c)

玄慕 1：虽玄慕玄颐，故心常背我，举止所乘，莫不犯于过。(33/415c)

玄请 1：上启……监察忖度某法师，以玄请举迁言功。(34/142a)

玄达 1：忽尔长叹曰：苦辞玄达，精诚来悟，子用心之至矣。(11/381a)

玄致 1：味此日月华，眄彼无形方。玄致三灵觉，萧条劫刃中。(11/381b)

玄归 2：太帝散华，玄归大神。(6/662a、34/77b)

玄登 1：无此符则不得蹑云玄登也。(2/168c)

玄浮 2：参驾玄浮，上造帝庭。(33/765a) 于是太微天帝君奉受消魔智慧、神金二符，佩符游遨，洞戏上清，超乘虚逸，玄浮霄轮。(34/94a)

玄飞 3：廓一玄归，则神全虚使，妙韵玄飞者，必能动太空于无旋。(33/599a、33/789a) 五气玄飞，光流北方。仰望五门，苍阙郁繁。(6/653c)

玄升 3：仰咽金浆，咀嚼玉蕤者，立便控景登空，玄升太微也。(20/515a) 往还劳苦，无由升玄，玄升之要，在乎流珠。(33/458a) 行之八年，刻得玄升，中真降见，授兆真经宝章。(34/188a)

玄度 1：下元沐浴，冠带羽青。玄度三界，上饮元精。(33/806a)

玄通1：六神徘徊，三宫丹城。玄通太帝，下洞黄宁。（34/308b）

玄合1：是承受之仪，玄合上典。（33/416a）

经书及神物从天而降及神物照耀等动作也可用"玄"。

玄降20：求感于至灵，招于玄降之津路也。（6/225c）阴精玄降，淘灌形源。（33/426c）是以羽衣玄降，实由精诚也。（33/446b）积七千年，化生五铃神符，玄降太微天帝君。（33/556a）弃诸杂想，心注太真，克得玄降，白日飞腾。（34/63b）元父玄降，玄母敷陈。（34/88a）

玄落1：景应双粲，云会玄落。（20/498b）

玄耀2：通幽达微，玄耀[①]华精。使我内彻，五孔开明。（33/756b）乃凝真玄曜，夷心内炼。（33/388a）

玄朗1：五色玄朗，洞映郁单，分流散漫五千五万五亿万重。（34/228c）

玄覆1：恒当先思己身有紫晖之光，玄覆于上，气绕一身。（33/762a）

玄注14：存五星日月三精，玄注于兆身。（3/420a）流光玄注，陶降兆身。（6/661c、33/428a）百醴玄注，七液虚充。（34/78a）

玄灌1：百神哺饴，玄灌我形。使我景飞，骨升肉轻。（34/183a）

玄洒1：流津玄洒，庆布我身。（34/187c）

玄润1：三星结华，每焕璇衡之内，是以玄润胎萌，遂其流根矣。（20/535b）

玄分3：出游虚中，六气玄分，养我五神。（2/900b、2/907b、34/309a）

"玄"在构词上有如一前加成分，在经文中使用非常频繁，凡表某事冥冥注定及高深莫测等内容时都可用"玄"。"玄"与"虚"义同，经文中二者有异文，33/792c"上登紫清，乘玄驾无"中的"玄"于34/48a作"虚"；二者在使用时可对举，如1/890c"玄降徘徊辇，虚遭飞霞軿"。在上清经中，由"虚"构成的词语也较多，除了前面所述的"虚行""虚映"外，还有不少"虚～"。

虚降3：迴真混沌，虚降我形。（6/221c）八会自然容，虚降皆兰金。

[①] "玄耀"于1/539c作"朗耀"，可见其意义仍作"照耀"讲，加"玄"是为了表达其神秘性。

(34/2b)

虚生 12：二气缠绵，玉芝虚生。(1/827a) 遂致五帝降以灵符，虚生五方，焕乎上清。(33/559a) 右高上五帝命魔灵幡，虚生凤台之上，五帝玉真所主。(34/4a)

虚结 2：太素元君，虚结空胎，凭华而生，诞于高上。(6/224a) 紫素元君者，则左无英君之母也，虚结空胎，凭气而生也。(28/406c)

虚峙 1：夫十方徊玄品者，出乎自然而然，虚峙九千余劫，其文乃见，元始天王盛而撰焉。(33/697c)

虚感 1：是乃积胎太无，虚感空洞，凝生散华，遂育玄中。(33/391c)

虚眺 1：于是上皇玉帝君乃推机偃咏，虚眺太空。(33/769c)

虚昄 1：又当勤进德修业，淡然虚昄。(20/514b)

虚栖 1：非敬顺无以要谦，非虚栖无以冥会。(20/533a)

虚飞 3：灵变朗于九晨，挹凝液以虚飞。(34/41a) 太素策运，四景虚飞。(34/191c) 高上开张，四节虚飞。(34/211c)

虚朗 3：神光流耀于九元，金音虚朗于紫天。(33/477b) 八风舞轩，六龙飞鸣。金音虚朗，玉唱空生。(34/20b) 琼瑶虚朗，玉慧洞鸣。(34/20c)

（三）道教人士的好尚影响词义

为了宣扬道法的神秘性，道教宣扬神授天书，从空而生，神仙所书的"真书"即非凡俗文字（参葛兆光，1998；张崇富，2003b），这在早期道教中即有体现。《太平经》即把那些能致福消灾的文辞称为"真文"、"正文"、"正言"、"正辞"，与萌生奸邪的"邪文"相对。这种"真文"即指道教宣称的神书，《真诰》则明确将神仙所书称为"真书"[①]，与世俗所书的"下书"（"流尸浊文淫僻之字" 20/493c）相对。道教所宣扬的神书不仅体现在用字的诡谲（龙飞凤舞的字符，再如第一章所举"扉"

[①] 如：造文之既肇矣，乃是五色初萌，文章画定之时。秀人民之交，别阴阳之分。则有三元八会、群方飞天之书，又有八龙、云篆、明光之章也。其后逮二皇之世，演八会之文，为龙凤之章，拘省云篆之迹，以为顺形梵书，分破二道，坏真从易，配别本支，乃为六十四种之书也。遂播之于三十六天，十方上下也。各各取其篇类，异而用之。音典虽均，蔚迹隔异矣。校而论之，八会之书是书之至真，建文章之祖也。云篆明光是其根宗所起，有书而始也。今三元、八会之书，皇上太极高真清仙之所用也。云篆明光之章，今所见神灵符书之字是也。(20/493b—c)

代替"排"字),而且也体现在对新奇用语的追求。我们举经文中表戴帽子的"建"来说明。

"建"在上清经中有穿戴义,其后经常接道教神仙所戴的华丽冠冕、帻、巾(名词)、星辰等。

身著九色羽衣,披龙文之帔,头建玉晨之冠。(1/515c)元始天王建无极洞天之冠。(1/897a)手执月华,建以日冠。(33/643c)(后为"冠")

头建玄光紫阳之帻。(1/898a)若见老公头建黄巾,衣黄衣。(6/222a)时乘碧霞三灵流景云舆,建带飞青翠羽龙帔。(11/380c)春三月,头建七称朱玉之帻、无极宝天之冠,著九天凤、衣神云凤舄,带素灵之绶。(34/181b)(后为"帻、巾、帔"等)

天妃九星,凝气结真。七曜缠络,号曰玉晨。上建华盖(乃星名,头戴华盖星),下蹑斗魁,身乘天机,飞步琼轩。(6/669b)(后为"星辰",道教认为神仙在逍遥四方时头戴星辰,我们今天有"披星戴月"一词)

"建"后的宾语为"冠、星、巾"时与"戴"、"巾"(动词)可形成异文。

与"戴"相通的如:2/904c、6/627c、20/547c、33/463a"头建晨光"中的"建"于6/613a、33/795a作"戴";33/450b"头建玄晨之冠"中的"建"在33/808b作"戴";34/246b的"建晨婴宝冠"的"建"在33/821c作"戴"。

与"巾"相通的如:1/904a、6/639b"首建紫华芙蓉灵冠,身披锦帔丹朱飞裙"中的"建"于2/908c作"巾";6/639a"头建紫巾"中的"建"在1/903c作"巾";6/555a、34/47b"首建紫容"中的"建"在6/549c也作"巾"。

"建"后的宾语还可跟"髻、符节"。

头建飞云华颊之髻,余发散至腰。(5/876c、6/669a、670c)(后为"髻")

执麾建节。(1/896c)金晨建节。(34/222b)带月衔日,建符执铃。(1/897c,8次)手执金符,建节在前。(33/487a)乘白麟之车,建九旄之节,腰带琼文凤绣之锦旗,头戴六通之冠。(3/269a)(后为"符节")

以上两种情况仅从例句来讲可用"竖起"义作解,但从整个上清经中的神仙装束看,其头上所竖的饰物也是他们所戴的,故"建"也可看

第七章 上清经行为词新质的词汇学分析

作"戴"。经文中"冠、髻"可共用"建"能作说明。

头建太真晨婴之冠、三角髻，余发散之随腰，上著紫锦袿襦，下著飞霜罗裙。(6/224c) 头建太真晨婴之冠，三角髻。(6/225a)

"髻"前的行为词可用"著、戴"也可侧面证明。

头著飞云三角之髻。(33/548c) 头戴七称珠玉之髻。(33/407b)

不过，"建"后为髻、节时没有与"戴、巾"通用的例子，说明其表"穿戴"在"髻、节"上还没充分扩展开来。

笔者以为，经文中"建"表"戴"义乃其"竖起"义的引申应用。道教徒或神仙的装束不同凡俗，多高耸的危冠、发髻、符节，这些饰物在道徒眼里本须佩戴；故在他们看来，这已不是人为地"竖起"，而是他们本身要"穿戴"的，这促成了词义的引申。前举诸例"建"后的对象都是头上的东西，"建"由戴帽子进一步扩展到穿衣服，但用例较少，经文中仅1见。

太真丈人，身建法衣，冠极天无量三宝玉冠。(2/168a)

"建"还能与"披"组合成"披建"。

俱过水火天，披建四和蔚（笔者按：当为一种草）。上归皇一子，与兆魂相对。(1/529c、33/753c)

可以看出，上清经中，"建"在表戴帽子上与"巾、冠、著、戴"形成了竞争态势，冯利华（2004）及冯利华、李双兵（2006）即统计了上述语词在15部道经中的用例消长，说明了道经语料所反映出的汉语常用词演变的宝贵事实。我们也统计了部分经典（与冯利华统计的经典部分不同，数字也略异）来作说明。（见表7.2）

表7.2　"建"与其他表"戴帽子"的语词在经文中的使用情况

经名	建	巾	冠	著	戴
大洞真经	1	3	0	0	2
高上太霄琅书琼文帝章经	20	1	0	0	22
上清三元玉检三元布经	6	0	0	0	0
洞真上清开天三图七星移度经	6	0	0	5	0
太上九赤斑符五帝内真经	15	0	0	0	0
洞真太一帝君太丹隐书洞真玄经	2	4	4	0	2
洞真高上玉帝大洞雌一玉检五老宝经	7	1	2	1	3

续表

经名	建	巾	冠	著	戴
洞真太上素灵洞元大有妙经	2	0	17	2	5
太上飞行九晨玉经	22	5	0	0	6
上清五常变通万化郁冥经	22	3	0	0	6
上清元始变化宝真上经九灵太妙龟山玄箓	74	2	2	2	36
太上玉佩金珰太极金书上经	20	1	0	0	14
上清玉帝七圣玄纪迥天九霄经	1	2	11	0	0
上清九丹上化胎精中记经	0	0	0	0	49
上列15种总计	198	22	36	10	145
上清经121种总计	394	75	200	22	213

可见，在"戴帽子"这一义位上，"建"使用最为频繁，"戴"已远远超过"著"，与其他文献"一直到隋末，用'戴'的例子仍没有用'著'多"的事实不同（参汪维辉，2000b：117），这些新的现象无疑反映了上清经在该内容上用词的创新性。但经文中上古汉语"戴帽子"主要用的"冠"却高达200次，这与六朝同期文献其基本被"著"、"戴"取代的事实也不同，又反映了其用词的保守性。

正如冯利华、李双兵（2006）所言，以具体经文来看，"建"、"戴"、"冠"三词还呈现一极化趋势，或"建"占绝对优势，或"戴"遥遥领先，或"冠"高居榜首，这可能与经文造作者的用语个性有关。道经在"戴帽子"义位上用语的特点为相关语词研究提供了有价值的材料，但认为"东汉魏晋南北朝时期，'戴'不仅要与'著'、'冠'等词较量，还要与'巾'、'建'等词竞争"则似乎还可讨论（冯利华、李双兵，2006）。因为据笔者调查，"建"、"巾"这种用法并不见于六朝其他文献，包括江东地区的文献，说明道经中的这种用法的范围及影响是相当有限的。这种落差可能与道经造作者追求用语新奇的心理有关。经文用例表明,"建"的这种意义并不用于一般的信徒,而只施于神仙,后接他们所佩的华丽装束,举凡其头上的饰物(冠、巾、髻、节)都可用"建"(并非只能用"建")。用"建"体现了神仙们的装束与众不同,同时,这一新奇的用语也描绘出神仙出游时的雍容庄严,不同凡响,表达了信徒对神仙的敬慕。

三 受综合因素影响产生的词义变化

经文中行为词新质的产生原因及途径、方式并不是单一的,有时候是道家思想、用语追求、语法结构变化、文风等多重因素综合起作用的结果。在某点上新产生了意义,而这一新的意义在经文中又极具能产性,从而组合衍生出不少新词,形成新义衍生及新词创造的互动。以"宴/晏"及相关语词为例。

一、动词"宴/晏"表"驾乘"义

上清经中有一些作动词的"宴/晏",如:

元始九天父母、太真丈人同宴景龙之舆,从桑林千真……(2/167c)长宴景龙舆,携契高上宾。(33/547b)匡御五星,炼易形容,乘云宴景,上登玄宫。(33/549c)

修之二七年,便得晏鸿翩而翔,斥紫霄而升晨也。(6/668a)九年乃得晏飞纲而上步,乘空纪而超足也。(6/675c)携契十天真,晏我九凤躯。上登玉京阙,下戏阆风州。(34/2b)

"宴"和"晏"其实是同一词的不同写法,这在道教的训诂中已有人阐明,北宋陈景元《上清大洞真经玉诀音义》"晏景"条注:"古经宴、晏皆一体。他皆类此。"(2/706c)二字通用,文献中不乏其例。道经中的某些内容,在不同的经文中有重复出现,其中有的用字就略有差别。如:

11/147b"携契十天真,宴我九凤躯"之"宴"于34/2b作"晏";34/294a"宴观九霄外"之"宴"于3/397a、34/298a作"晏";20/506c"晏寝九度表"中的"晏"于33/528c、34/30b均作"宴";4/552b"入晏华寒,出昺八外"的"晏"于33/388a作"宴";34/81a"同晏玄丹"中的"晏"于2/899c、908a、33/407a也均作"宴"。

唐时的道经写本也常将"宴"写作"晏",如34/55a"朝宴玉经"

于 p.2728 作"晏"①；34/56c"上宴玉晨、上宴琼轩"中的"宴"于 p.2728 均作"晏"②；34/57b"游宴之时也"中的"宴"于 p.2728 也作"晏"③。

不过，现有辞书主要把"宴"和"晏"释为形容词，如《汉语大词典》：

"宴"：1. 安闲；平时。2. 安定；平静。3. 喜乐；欢乐。4. 安乐；逸乐。5. 宴请。6. 筵席，酒席；宴会。7. 通"瞩"。8. 通"晏"。晚。

"晏"：1. 晴朗。2. 鲜艳；华美。3. 温和；和柔。4. 平静；安逸。5. 晚；迟。6. 引申为尽。7. 通"宴"。参见"晏赏"。8. 姓。

历史词典的释义，主要依据世俗文献语料，在这些材料基础上归纳出来的意义，显然不足以说明道经中"晏"和"宴"的意义。上引道经诸例中，"宴/晏"的宾语"景、鸿翩、飞纲、八气、紫霄骈、九凤躯、景龙之舆、景龙舆"都是道教中的"云车羽盖"，是神仙遨游太空或修行者道成升仙时乘坐的交通工具，据此，动词"宴/晏"当释为"驾驶；乘坐"。经文中的异文也可资证，如：

33/453c 有"是时帝君高宴景龙之舆"句，该句在 28/379a 作"是时高帝常乘景龙之舆"，"宴"即"乘"。表驾乘的"宴/晏"还可同义复合成词。

骖宴 1：仍微祝曰：玄景上灵，骖宴④八气。造景九玄，翱翔无外。回真下降，解我宿滞。荫以飞云，覆以紫盖。得乘八景，上升霄际。（34/56c）

回宴 1：回映细微中，表尔形与名。气入神寂房，回宴紫霄骈。（34/191a）

宴驾 3：长为之者，出入帝晨，宴驾云轮，遨腾上清。（33/785b）（云轮为交通工具）

二、动词"宴/晏"构成的复合词语

道经中，"宴/晏"的使用相当普遍，它构成了一批复合的词语，并在"驾"、"乘"的意义上，引申出"飞行"、"游览"义。如：

---

① 李德范辑：《敦煌道藏》第四册，第 1982 页。
② 同上书，第 1987 页。
③ 同上书，第 1990 页。
④ "骖宴"于 p.2728（《敦煌道藏》第 1987 页）作"参晏"。

第七章　上清经行为词新质的词汇学分析　319

宴（晏）景①26：行之九年，九妃宴景，同辇飞空。（33/551b）当化身为龙，匡御五星，炼易形容，乘云宴景，上登玄宫。（33/549c）夫黄书赤界，虽长生之秘要，实得生之下术也。非上宫天真，流軿晏景之夫所得言也。（20/497a）

道书中多叙述神仙或学道者腾云驾雾，驾乘星辰精气，星辰精气多用"景"表示，如"日月之明谓之光，星辰之精谓之耀，总曰七曜，统曰三景。景者，明精之象也"（33/466c）。故经文中"宴/晏景"一词习见。

宴观1：太上真人所以广眄众天，豁落紫空，宴观七觉，游翔万方，实是由四液之飞津、五珠之丹皇矣。（34/41a）

宴眄6：上生玉房，受位金仙，天之玉堂，常接帝贤，九天之中，宴眄劫年。（1/538b、33/756a）宴眄太霞宫，金阙曜紫清。（33/791a、34/29b）于是四气运和，八风扇虚，宴眄紫林，振裳九嵎。（34/147b）

宴适1：我将游上京，宴适华堂，洞观诸天，超度三界。（33/698a）

"宴/晏"有游览出行的意义，但如果前面加上一个表示位移的动性语素，组合后的意义就主要是前面那个动性语素的意义，它的表意功能就很弱了：

徊宴1：驾欻敖八虚，徊宴东华房。阿母延轩观，朗啸蹑灵风。（20/504c）

旋宴1：四子遨游，经时旋宴，极眄而反。（33/642a）

遨宴/晏6：神龙启道，五帝参轩，飞行太空，遨宴丹霄。（5/883b、33/641b）遨宴七元，回旋五宿，历步天关，位登总仙。（5/880b、33/494a）上升玉清中，遨晏九遐外。（34/293c）佩入太微，则云轮上往，神武抱关，振衣瑶房，遨宴希林，左招仙公，右栖白山，而下眄太空。（《太平广记》卷五十六"云华夫人"）

游宴②86：策虚升飞，游宴玉京。（1/536c）得食其花，与日同灵，得食其实，游宴玉清。（1/825b）得策飞軿，游宴五岳。（3/417a）朝启真父，游宴玉庭。（28/407b）修行九年，克得上仙，白日升天，游宴玉宫也。（33/425b）

---

① 《词典》无"宴景"，有"晏景"，释为"傍晚"。
② 《词典》释"游宴"为"游乐"，这一释义似也可验之所引文句，但从系统的观点来看，我们认为，上清经中的"游宴"中的"宴"不能释为"乐"，其义虚化，"游宴"即"游览"。

飞晏①1：况来生始学飞晏之举，而不知不空之法，何由得披重霄之门，观天地之始终乎？（6/668b）

造晏/宴1：洞入无形，兴云降雨，飞霄紫轸，造晏五岳。（33/525a）玄景上灵，骖宴八气，造宴九玄，翱翔无外。（《云笈七签》卷五十三"杂秘要诀法"②）

朝宴③11：一月悉三登玉阶，朝宴神真。（1/887b）降适过礼，朝宴失节。（3/418a）太阴玉晨九元真妃受流精飞景宝章，萧条九辉，豁落七元，以披天关，朝宴玉京。（33/544b）玉慧散魔，六度休陈，高会三元，朝宴九真。（33/770c）

携宴1：读经万遍，云驾来迎，携宴五帝，日月九君，得为仙公。（1/553c）

洞宴2：耽栖灵观，洞宴七晨，澄濯华园，息憩九玄。（33/400c）若能耽栖灵观，洞宴七觉，机芒飙末，测神尽奥，弘模滢渟，虚迁幽间。（34/146b）

这类词语，在世俗文献中或没有出现，或意义不同。

三、宴/晏 N + N

同前面所举的"飞、浮、逸"等词一样，由"宴/晏"加上一个名性语素构成的动宾结构的动词，后面还可以再带一个表处所的名词。如"宴景"：

游眄琼关，宴景三元，盘徊玉霄，适肆紫庭。（1/887a）立登云舆，宴景五岳，位掌灵山。（3/418c）与八素同轸，游行太霄，宴景玉晨。（33/481a）一月五日以太阴九河帝君宴景阳谷，上戏玄精游会之时也。（33/549b）又一月五过，宴景云宫，时适五岳，历观河源，游眄八极。（34/177c）

腾辔控玄晖，晏景洞野外，流浪寻灵人，合形庆霄际。（33/554a）玉清帝君，逍遥洞清之上，晏景龙山，时引高圣玉清之宾……（33/

---

① 南朝宋鲍照《苦雨诗》中有"沉云日夕昏，骤雨洼朝旦。蹊泞走兽希，枝寒鸟飞晏"，其中"晏"是"迟晚"的意思，与此无关。

② 李永晟点校：《云笈七签》第三册，第1173页。

③ 即"朝拜"义，"宴"的意义已虚。《词典》释为"朝廷的宴会"，世俗文献中或作动词，指"设朝宴款待"，如《北齐书·文宣帝纪》："十一月甲午，帝至自晋阳，登三台，御干象殿，朝宴群臣，并命赋诗。"与上清经中的意义无涉。

748c)

对于句末的处所名词,有两种分析方法,或把它看作补语,或把它看作宾语。不过,句末处所名词作补语,前面常常可以插入一个介词,但道经中,"宴景"后的名词前没有发现有介词插入,因此,把它看作处所宾语要好些。

"宴轮、(晏)辔、宴驾"也有这样的用法,如:

五帝齐真,三景徘徊,宴轮云房,上披朱机。(33/777c)

如法九年,克乘飞景,宴辔紫晨也。(1/892b)逍遥灵馆,晏辔华堂。永保天地,与劫俱终。(34/66a)

凡修上清之道,未能腾景霄庭,宴驾紫虚。(33/428b)长为之者,出入帝晨,宴驾云轮,遨腾上清。(33/785b)宴驾六合,七神调平。(34/47c)

由于后面名词性成分的出现,"宴N/晏N"的行为意义得到强化,其中N的名物意义弱化。如果后面的名词的意义与N重复的话,N的表义作用就更是可有可无了,如"宴驾云轮"中,"云轮"指云彩形成的车,与"宴驾"中的"驾"同义而更具体,"驾"在表意上就没有作用了。这样,动宾结构中宾语的表意功能在演变过程中逐渐磨损,或变为无意义的赘余成分。

对于"动宾结构+宾语"这一类型,张博(1999)在饶长溶(1984)、陈垂民(1995)、邢公畹(1997)等文讨论现代汉语"动宾+宾语"结构的基础上,追溯了它在历史上的表现,对该结构的语法语义条件及发展趋势作了深入分析。张文认为,两汉之后,该结构较有活力,不断发展,"在'动宾结构+宾语'句式的发展过程中,量的增长仅是一个方面,其实更值得注意的是其'质'的变化轨迹。所谓'动宾结构+宾语'句式'质'的变化主要表现在以下三个方面:(一)动宾结构后面表示处所的补语向表示对象的宾语转化。(二)'动宾结构+宾语'句式中的结构宾语磨损。一些动宾结构的宾语要素在演变过程中逐渐磨损,或变为补语要素,或变为无意义的缀余成分。(三)动宾结构具备了某些纯动词的语法特征"。从"宴(晏)景"与后面地点名词的关系来看,后面的地点名词并不表示行为发生的处所,而是指行为的目的地,即宾语。

四、"宴/晏"的"游览"义

张博(1999)分析动宾结构中宾语的虚化对词义的影响:"动宾式动

词的两个词素不断融合，原有的动宾关系逐渐模糊，产生了新的引申义。"这种变化，不仅影响词义，也影响词的形式，"宴/晏景（辔、轮、驾）"中的"景、辔、轮、驾"的意义模糊，在表意上可有可无，可以单独用"宴/晏"表"游览"义：

共登白鸾之车，驾黑翮之凤，以宴常阳。（2/168b）朝与玉帝同宴，夕与玄母同止，渴噏浪井洪泉玉芝，饥纳龙胎琼腴绛树赤子。（33/456b）入宴华晨，出眄八外。（33/388a）携游五岳，上宴五天。（33/638a）先宴八宫，进登玉清。（33/785a）宴八极之城，登明真之台。（34/40b、34/53a）乘空洞之流軿，辔太霄之圆车，出宴黄房之内，入登东晨之台。（33/389a）腾五太无，七神常生，双宴空洞，游梦上清。（33/771a）身升太霞宫，控龙宴玉虚，上朝上清皇，寝兴幸正扶。（33/757a）偶景策飞盖，迅辔浮八清。整控启丹衢，流眄宴云营。（33/749a）是时实自足自娱，长宴紫宇矣。（33/600a）一月三登玉清，再宴昆仑，五校众仙。（34/177c、34/179a）飞灵紫清，化为骥躯。上蹑玄纲，乘空驾虚。与我七玄，同宴遨游。（33/784a）

受六朝文风影响，道经中多四六、骈偶以及五言诗句，字数的要求，促成了"宴N/晏N"组合中略去N，而意义不变，但诸例中的"宴"后的地点宾语，却仍昭示它们的来源。该义还可从前人对道教文献的注释中得到证明：

梁丘子注《上清黄庭内景经》"驾欻接生宴东蒙"："欻，倏欻。言乘风气而忽发而往。或云：欻，龙名也。东蒙，东海仙境之山也。接生，长生也。与生气相连接，欻然而游其处。"（《云笈七签》卷十二"三洞经教部"①

五、"按辔"和"宴辔/晏辔"

"宴、晏"与"按"古音相同，《尔雅·释诂下》："按，止也。""按"有"抑制；止住"义，在汉代，"按"这个行为用于车马，构成"按辔"，指放缓或止住车马，如《史记·绛侯周勃世家》"壁门士吏谓从属车骑曰：'将军约，军中不得驱驰。'于是天子乃按辔徐行"。

上清经中，也有"按辔"或"晏辔"、"宴辔"：

掷轮空洞津，按辔舞绿軿。（11/149a、34/29b）得乘飞景，按辔绿

---

① 李永晟点校：《云笈七签》第一册，第258页。

軿。(34/58a) 宴轡云轮,策御飞軿。(1/830c) 皇崖晏轡,玉仙策軿。(34/20b)

其他还有一些"宴/晏"与"按"相通的例子,与"按轡"有关:

34/58b"上景按飞軿"中的"按飞軿"于 33/486c 作"宴飞軿",于 S.238① 则作"晏飞軿"。34/30c"真晨晏天马,回驾神玄家"在 33/461a、11/150b 分别作"清晨按天马"、"清晨案天马"。

但是,从以上例子来看,道经中,这个词已经不是放缓止住车马,而指驾驭车马,因为"轡"可以是神速的"飞轡"或"天马"。所以,虽然"按(宴/晏)"的"控制"意义仍然保存,但对速度或行止的限制变了。在进一步的理解中,由于宾语都指交通工具,而交通工具的功用是乘坐,"驾驭"被理解为"驾乘"。道经中,来自"按"的"宴/晏",从此发生了进一步的变化。

道经用语中,不仅"按轡"的意义与世俗文献中有所区别,"按"与"宴/晏"的用法也并不完全相通,"按"控制的交通工具,只限于"轡"或"天马",而"晏/宴"却有丰富的组合对象,主要是道教理想境界中的交通工具;"宴/晏"的这些用法,也是世俗文献中"按"所不具备的。

道俗文献中"按"或"宴/晏"用法差别的出现,可能在于道教知识分子讲究用字、通过字形字义来表现道教思想的传统。道教追求清静无为,简素真朴,在表达道教概念的时候,他们往往使用"无"而不用通行的"無",用"炁"不用"氣",著名的"抱朴子"绝不写成"抱樸子"。"晏"、"宴"有平静安逸的意思,符合道教的理想境界,而"按"则有强制的意义,与此相背。因此,除了世俗已经通行的"按轡"等未能尽改,其他表示驾驭意义的"按",都改用"晏/宴"。用这个词来表达遨游天境的意义,也符合道教的理想:驾驭着飞行的龙凤云雾,但驾者从容不迫,悠闲自得,"晏/宴"字面上原有的意义,表现了得道者的风范,而实际上的风行电驰却使词义产生了重大的变化。

总之,我们认为,六朝出现的动词"晏/宴"的新用法,体现了道教社团特定的交际需求对汉语词汇产生的影响,是一个带有社会方言性质的成分。

道教在中国传承不息,延绵近两千年,道教的传人和信众,形成了中

---

① 李德范辑:《敦煌道藏》第四册,第 1993 页。

国社会中一个有悠久传统的社会语言社团,他们一方面承袭本社团内的习用词语,具有自己的用语特色;另一方面又是同时期汉语的一般使用者,与整个汉语社会息息相关,是全民概念下的汉语使用者中的一个部分。道教用语在主体上与一般汉语是一致的,其中有别于汉语共同语的成分,既包括历代道徒从民间和口语中吸收的成分,也包括了道教人士自己创造的成分,是汉语历史发展中分化和变异现象中的一个部分。道教在中国社会有广泛的影响,道教用语并不限用于本社团内,其中不少成分通过各种途径进入汉语共同语,它又为汉语的丰富和发展作出了自己的贡献。问题是,道教用语作为一种行业语,其中到底出现了哪些变异,以及它们对汉语共同语影响的程度和范围,由于还缺乏足够的调查和研究,我们还所知不多,有待于作进一步的探索。

第四节　上清经行为词新质的语用分析
——从概念场入手

　　对词语运用进行动态研究,有助于说明其在作品中的语用地位和活力。我们在了解上清经中新质面貌的基础上,有必要阐明其在该言语作品中的语用地位。语言有继承性,在不断产生词汇新质的同时,原有的词汇旧质并未退出,从而形成新旧质素交替共融的状态。中古汉语处于上古汉语向近代汉语过渡的转变时期,它和秦汉书面语已经产生了距离,和唐以后的变文、传奇之类作品也不相同,文白夹杂,新旧交融,这可能使此时期作品新旧质交替共融更为明显(王小莘,1999)。我们要探讨经文中新质的语用地位,显然离不开对其中旧质的关注。从表达的角度看,我们创造言语作品的过程就是运用词汇完成相关表达任务的过程,这种表达任务围绕中心概念(如"诵读"、"消灭")组建,形成了关于某一概念的"场",我们称之为"概念场"。在表达时,我们既可能用词汇旧质,也可能用词汇新质,从而使新旧质在该概念场中交替共融。有鉴于此,我们即可从"概念场"入手,通过对比某概念场下新旧质的"词量"、"词次"及平均使用频率,来说明新质的语用地位。下面选择几个概念场进行比较分析:

第七章　上清经行为词新质的词汇学分析

表 7.3　　　　　　"启禀"概念场　词汇旧质

词语	始见	次数	词语	始见	次数	词语	始见	次数	词语	始见	次数
陈	先秦	39	上闻	汉代	45	白言	汉代	2	拜表	三国	2
关	先秦	18	上白	汉代	9	表奏	汉代	9	奏闻	三国	3
奏	先秦	141	启白	汉代	5	奏言	汉代	5	申陈	三国	2
启	先秦	113	奏御	汉代	4	奏上	汉代	9	奏表	西晋	2
闻	战国	5	自陈	汉代	5	呈	三国	15	启闻	西晋	16
上言	战国	20	奏书	汉代	1	陈启	三国	5			
白	汉代	51	上告	汉代	27	启报	三国	1			
关白	汉代	2	上奏	汉代	13	启告	三国	48			

旧质 29 个（词量），使用 617 次（词次），平均 21.3（词频）

说明：词量，指词的个体数量；词次，指词的使用次数；词频，指词的平均使用次数。

表 7.4　　　　　　"启禀"概念场　词汇新质

词语	次数	词语	次数	词语	次数	词语	次数	词语	次数	词语	次数
列	16	刺言	1	披陈	1	奏名	18	关达	1	上启	37
关告	2	上刺	4	呈启	2	谨白	21	列告	2	奏章	8
关启	11	列奏	22	呈御	2	谨启	15	列言	4	申奏	2
关奏	7	启奏	2	启御	1	谨辞	4	斋奏		上列	5
刺	2	启陈	2	言奏	6	白刺	2	上列	5		
刺闻	1	启御	2	祝启	1	表章	2	列上	2		

新质 33 个（词量），使用 209 次（词次），平均 6.3（词频）

从表 7.3 和表 7.4 中可以看出，在该概念场下，新旧质在词量上基本相当，说明在继承历史词汇维系语言稳定的同时，也组造了不少新词来满足表达需求，体现了语言的活力。

在29个旧词中，其中单音词"陈、关、奏、启、闻、白、上"都见于先秦两汉，仅"呈"见于三国，说明先秦汉语是该概念场的源头；复合词多是单音词通过语素替换组合而成，除"上言"见于汉以前外，"关白、上闻、启白、奏御、自陈、奏书、上告、上奏、白言、表奏、奏言、奏上、上白"都见于汉代，这无疑是汉代复音化加剧的反映；迄至三国，又产生了"陈启、启报、启告、拜表、奏闻、申陈"等双音节词语，表明复音化仍在继续；"奏表、启闻"产生于西晋，这说明产生时代去东晋不远的词语在经文中流存的尚十分有限。在33个新质中，仅"列"为单音节，说明迄至六朝，通过改变单音词的语音或扩充其语义容量的方法已经式微，语素复合法已是创造新词的主要手段。在这33个新质中，有"列奏、列告、列言、上列、列上、上启、关启、启奏、启陈、呈启、申奏、言奏、谨白、谨启、谨关、奏章"16个语词在六朝其他文献中也有使用，说明这些新质具有相当的使用范围。而"表章、列告、白刺、关奏"等17个新词则不见于六朝其他文献。

但新旧质在词量上的对等并不意味着它们具有相同的语用地位。从统计数据看，旧质总共出现617次，新质共出现209次，仅相当于旧质的1/3，这意味着在表达时，每使用三次旧质，才会使用一次新质；从新旧质的平均词频看，旧质是新质的3.38倍，前者显然使用得更加频繁。这说明，尽管新质在词量上比旧质略胜（33∶29），但在使用频率上却远逊色于旧质，可能是由于其刚刚产生，尚未被广泛接受，或意义较为特殊，使用环境有限。新质在词量上的活力并不意味着它在语用中就能战胜旧质，相反，考虑到语言的稳定性和人们易于接受，人们更倾向于使用旧词。

从表7.3和表7.4中还可看出，在排除文体等因素影响的情况下，新旧质在该概念场中的使用上的差距（408次）主要是产生于先秦两汉的词语，尤其是单音词使用频繁导致的。产生于先秦两汉的"陈、关、奏、启"共出现311次，比新质的词次总和还多，占该概念场（826次）的37.65%。这说明尽管由于词汇的复音化，在某概念场下，早期产生的单音词在数量上已不具有优势，但在人们的语流分段中却仍具有非常重要的地位，这是其他新生成分难以动摇的。

表 7.5　　　　　　　"诵读"概念场　词汇旧质

词语	始见	次数	词语	始见	次数	词语	始见	次数	词语	始见	次数
读	先秦	290	颂	先秦	18	诵读	汉代	6	习诵	汉代	3
诵	先秦	377	赞	战国	5	讲诵	汉代	2	持念	汉代	1
咏	先秦	96	诵咏	汉代	49	讽习	汉代	2	言诵	三国	1
歌诵	先秦	2	读诵	汉代	9	吟歌	汉代	10	暗诵	三国	4
吟	战国	34	微吟	汉代	1	诵习	汉代	13	讽读	三国	1

旧质 20 个（词量），使用 924 次（词次），平均 46.2（词频）

表 7.6　　　　　　　"诵读"概念场　词汇新质

词语	次数	词语	次数	词语	次数	词语	次数	词语	次数	词语	次数
唱	16	玄歌	4	诵念	4	暗讽	3	赞唱	2	唱诵	1
转	13	清咏	3	修诵	2	隐诵	3	唱赞	2	执咏	6
转读	2	斋读	2	唱咏	1	默念	3	摅赞	2	讽诵	3
转念	2	斋诵	3	讽明	2	阴诵	5	赞诵	3	披咏	3
礼唱	1	披诵	6	研咏	3	微言	20	清诵	1	吟咏	28
礼诵	1	咏诵	3	耽诵	1	吟赞	1	诵赞	2	高咏	1
礼颂	1	吟诵	1	微诵	1	赞言	1	看咏	1	朗咏	1

新质 42 个（词量），使用 162 次（词次），平均 3.9（词频）

从词量上看，新质与旧质的比为 2.1∶1，经文在继承一个历史语词的同时，创造了两个新词，反映了语言创造新成分的巨大能力。但就其出现的平均频率看，旧质是新质的 11.84 倍，旧质使用要频繁得多；而旧质的总词次是新质的 5.7 倍，完成了该概念场 85.09% 的表达任务，新质仅为 14.91%，这反映了旧质在语用上的绝对优势地位。尤其是"诵"、"读"这两个单音节词的总词次就高达 667 个，完成了该概念场 61.41% 的表达任务，是该概念场的核心成员。

以上两个概念场新旧质的相关数据表明，在一般语词上，尽管在词量上可能出现较多的新词，但在使用频率上，旧质远高于新质。旧质具有更重要的语用地位，因而，尽管文献产生了不少新质，但在我们的阅读时，我们所看到的大部分仍是旧词语，这有利于维持语言的稳定性。但对于行业色彩突出的专门概念场来说，情况可能有所差别。

表7.7　　　　　　　　　　"斋醮"概念场　词汇旧质

词语	始见	次数	词语	始见	次数	词语	始见	次数
斋	战国	133	心斋	战国	1	洁斋	汉代	3
醮	战国	18	斋戒/诫	战国	54	斋洁	西晋	7

旧质6个（词量），使用216次（词次），平均36.0（词频）

表7.8　　　　　　　　　　"斋醮"概念场　词汇新质

词语	次数	词语	次数	词语	次数	词语	次数	词语	次数	词语	次数
清斋	192	告斋	23	精斋	4	斋静	13	退斋	8	长斋	47
斋净	6	解斋	1	对斋	83	登斋	17	设醮	4	祭醮	1
造斋	2	静斋	6	持斋	1	斋直	6	醮祭	4		
斋盛	4	斋醮	1	祈醮	1	苦斋	3	小斋	3		

新质22个（词量），使用430次（词次），平均19.5（词频）

从表7.7和表7.8中可以看出，新旧质在词量上的比为22∶6，新质占有绝对优势。这是因为，文献中的专门概念场是其行业色彩的集中体现，由于文献的相关表达内容在以前的载籍中少见，很难有够量的现成词语可借用，为了完成表达任务，只有创造新的词语。就道教文献来说，虽然之前已有《太平经》、《抱朴子》等重要道籍，但由于修行方式的差异和道教斋醮科仪完成本身需要过程,故出现在以前的道典中的相关语词是有限的①;而在六朝时期,随着刘宋陆修静整理科仪,道教斋醮仪式逐渐完善起来,② 故需要创造新的语词来满足表达需求。

从语用上看,尽管旧质的平均使用频率是新质的 1.84 倍,仍相对频繁;但由于新质在词量上的绝对优势和本身的频繁使用(如东晋时期新产生的双音词"清斋"的使用次数超过了先秦的单音词"斋"),新质与旧质的总词次比则接近 2:1。在完成该概念场的表达任务时,使用两次新质,才用一次旧质,新质完成了该概念场 2/3 的表达任务,与一般语词的情况迥异。我们读宗教文献,觉得难懂,专门语词概念场上新质在词量和使用次数上的优势地位无疑是原因之一。

---

① 据笔者调查,在《太平经》有关"斋醮"的语词只有"斋、斋戒"二词(共出现约10次),而在《抱朴子内篇》中也仅见"斋、斋戒、洁斋、斋洁、醮、祭醮"6个语词(共出现37次)。

② 张泽洪(1999:37):"可以说道教斋醮科仪经刘宋陆修静的编撰,大行于世。"

参考文献

（以汉语拼音为序）

蔡镜浩：《魏晋南北朝词语例释》，江苏古籍出版社 1990 年版。

曹静：《〈太平经〉中的三字连文》，硕士学位论文，四川大学，2006 年。

陈垂民：《谈述宾短语带宾语的问题》，《暨南学报》1995 年第 1 期。

陈国符：《道藏源流考》，中华书局 1963 年版。

陈秀兰：《魏晋南北朝文词语札记》，《语言研究》2003 年第 3 期。

成妍：《〈抱朴子内篇〉词汇研究》，硕士学位论文，南京师范大学，2005 年。

崔立斌：《〈孟子〉词类研究》，河南大学出版社 2004 年版。

丁培仁：《关于上清经》，《宗教学研究》2000 年第 2 期。

丁培仁：《增注新修道藏目录》，巴蜀书社 2008 年版。

丁治民：《浊上变去见于北宋考》，《中国语文》2005 年第 2 期。

董志翘：《漫议 21 世纪的中古、近代汉语研究》，《21 世纪的中国语言学》，商务印书馆 2004 年版。

杜晓莉：《〈摩诃僧祇律〉复合结构语义构词法研究》，博士学位论文，四川大学，2005 年。

方一新：《东汉魏晋南北朝史书词语笺释》，黄山书社 1997 年版。

方一新：《〈大方便佛报恩经〉语汇研究》，《浙江大学学报》2001 年第 5 期。

方一新：《中古汉语词义求证法论略》，《浙江大学学报》2002 年第 5 期。

方一新：《翻译佛经语料年代的语言学考察——以〈大方便佛报恩经〉为例》，《古汉语研究》2003 年第 3 期。

方一新：《20 世纪中古汉语词汇研究》，朱庆之主编《中古汉语研究》（二），商务印书馆 2005 年版。

方一新、高列过：《从疑问句看〈大方便佛报恩经〉的翻译年代》，《语言研究》2005 年第 3 期。

方一新、王云路：《中古汉语语词例释》，吉林教育出版社 1992 年版。

冯娟、杨超：《陈景元〈道藏〉音注研究》，《西华师范大学学报》2005 年第 2 期。

冯利华：《〈真诰〉词语辑释》，《古汉语研究》2002 年第 4 期。

冯利华：《中古道书语言研究》，博士学位论文，浙江大学，2004 年（巴蜀书社 2009 年版）。

冯利华：《道经隐语刍议》，《中国文化研究》2006 年夏之卷。

冯利华、李双兵：《六朝道经词语研究发微——以古上清经为中心》，《唐都学刊》2006 年第 3 期。

符淮青：《现代汉语词汇》，北京大学出版社 2004 年版。

傅勤家：《中国道教史》，上海文化出版社 1989 年版。

葛兆光：《"神授天书"与"不立文字"——佛教与道教的语言传统及其对中国古典诗歌的影响》，《文学遗产》1998 年第 1 期。

葛兆光：《关于道学研究的历史和方法》，《中国典籍与文化》2002 年第 4 期。

顾晔锋：《〈穆天子传〉词汇研究》，硕士学位论文，扬州大学，2004 年。

洪诚：《关于汉语史材料运用的问题》，《洪诚文集·雒诵庐论文集》，江苏古籍出版社 2000 年版。

胡敕瑞：《论衡与东汉佛典词语比较研究》，巴蜀书社 2002 年版。

胡孚琛主编：《中华道教大辞典》，中国社会科学出版社 1995 年版。

江蓝生：《魏晋南北朝小说词语汇释》，语文出版社 1988 年版。

李丽：《〈魏书〉词汇研究》，博士学位论文，南京师范大学，2005 年。

李零：《东汉魏晋南北朝房中经典流派考》，《中国文化》1997 年第 15、16 期。

李友鸿：《词义研究中的一些问题》，《西方语文》（《语言教学与研究》前身）1958 年第二卷第 1 期。

李佐丰：《先秦汉语实词》，北京广播学院出版社 2003 年版。

李佐丰：《古代汉语语法学》，商务印书馆 2004 年版。

连登岗：《"录籍"释义辨误》，《古汉语研究》1999 年第 3 期。

刘百顺：《魏晋南北朝史书语词札记》，陕西师范大学出版社 1993 年版。

刘叔新：《汉语描写词汇学》，商务印书馆 2005 年版。

马庆株：《自主动词和非自主动词》，《中国语言学报》1998 年第 3 期。

彭小琴：《〈六祖坛经〉语素研究》，博士学位论文，四川大学，2006 年。

彭玉梅：《物体作为范畴的语义次范畴及其鉴定标准》，《外语学刊》2001 年第 2 期。

彭玉梅：《整合描写理论与动词分类范畴》，《福建外语》2001 年第 3 期。

卿希泰：《中国道教史》第一卷，四川人民出版社 1996 年修订本。

饶长溶：《动宾组合带宾语》，《中国语文》1984 年第 6 期。

任继愈主编：《道藏提要》，中国社会科学出版社 1991 年版。

任继愈主编：《中国道教史》上卷（增订本），上海人民出版社 2001 年版。

汝企和：《论北宋官府对道教书籍的校勘》，《中国道教》2003 年第 4 期。

史光辉：《〈大方便佛报恩经〉翻译时代考》，见《东汉佛经词汇研究》，博士学位论文，浙江大学，2001 年。

史光辉：《20 世纪 80 年代以来中古汉语词汇研究的回顾与反思》，《福州大学学报》2004 年第 3 期。

宋闻兵：《〈宋书〉词语研究》，博士学位论文，浙江大学，2003 年。

汤其领：《陶弘景与茅山道的诞生》，《苏州大学学报》2003 年第 4 期。

万久富：《〈宋书〉复音词研究》，博士学位论文，复旦大学，2002 年。

汪维辉：《〈周氏冥通记〉词汇研究》，收入浙江大学汉语史研究中心《中古近代汉语研究》（第一辑），上海教育出版社 2000 年版。

汪维辉：《东汉—隋常用词演变研究》，南京大学出版社 2000 年版。

汪维辉：《中古汉语词汇研究概况》，《南大语言学》（第二辑），商务印书馆 2005 年版。

汪维辉：《论词的时代性和地域性》，《语言研究》2006 年第 2 期。

汪维辉：《六世纪汉语词汇的南北差异——以〈齐民要术〉与〈周氏冥通记〉为例》，《中国语文》2007 年第 2 期。

汪业全：《〈道藏〉音释研究》，硕士学位论文，广西师范大学，2001 年。

王纯清：《汉语动宾结构的理解因素》，《世界汉语教学》2000 年第 3 期。

王家葵：《陶弘景丛考》，齐鲁书社 2003 年版。

王珏：《植物名词的分类及其语义、语法研究》，《世界汉语教学》1998 年第 4 期。

王珏：《生命范畴概说》，《华东师范大学学报》（哲社版）2003 年第 1 期。

王珏：《有生动词初论》，《中国语言学报》（第十一期），商务印书馆 2003 年版。

王珏：《汉语生命范畴初论》，华东师范大学出版社 2004 年版。

王磊：《〈真诰〉连词研究》，硕士学位论文，四川大学，2004 年。

王力：《同源字典》，商务印书馆 1982 年版。

王启涛：《近五十年来的中古汉语词汇研究》，《四川师范大学学报》2003 年第 1 期。

王小莘：《〈高僧传〉词汇研究》，《语言学论丛》（第二十二辑），商务印书馆 1999 年版。

王锳：《试论"通感生义"——从"闻"字说起》，原载《语言教学与研究》1997 年第 4 期，又收入《近代汉语词汇语法散论》，商务印书馆 2004 年版。

王锳：《唐宋笔记语辞汇释》，中华书局 2001 年版。

王锳：《近代汉语词汇语法散论》，商务印书馆 2004 年版。

王云路：《百年中古汉语词汇研究述略》，《浙江大学学报》2001 年第 4 期。

王云路：《中古汉语词汇研究综述》，《古汉语研究》2003 年第 2 期。

王云路：《试说翻译佛经新词新义的产生理据》，《语言研究》2006年第6期。

吴述霈：《内视存神术与道教及道家学说之内在联系》，《宗教学研究》2004年第1期。

邢公畹：《一种似乎要流行开来的可疑句式——动宾式动词+宾语》，《语文建设》1997年第4期。

徐望驾：《〈论语义疏〉语言研究》，中国社会科学出版社2006年版。

颜洽茂：《佛教语言阐释》，杭州大学出版社1997年版。

杨福程：《谈〈遐览〉篇的道经书目——兼谈错误估计与错误结论》，《中国道教》1998年第4期。

杨光文：《试析葛洪〈遐览〉的道教书目特征》，《宗教学研究》2003年第3期。

杨立华：《论早期"上清经"的出世及其与"太平经"的关系》，《北京大学学报》1999年第1期。

杨荣贤：《"走作"再讨论》，第四届中古汉语学术研讨会论文，芜湖，2004年10月。

叶贵良：《敦煌道经词汇研究》，博士学位论文，浙江大学，2005年（后以《敦煌道经写本与词汇研究》为题，由巴蜀书社于2007年出版）。

叶贵良：《敦煌道经词语考释》，巴蜀书社2009年版。

尹志华：《早期道教的日月崇拜及道教的存思日月法》，《中国道教》2004年第6期。

俞理明：《〈太平经〉中非状语地位的否定词"不"和反复问句》，《中国语文》2001年第5期。

俞理明：《〈太平经〉中的"者"和现代汉语"的"的来源》，《汉语史研究集刊》（第四辑），巴蜀书社2001年版。

俞理明：《〈太平经〉中非状语地位的否定词"不"》，《中国语文》2003年第3期。

俞理明：《从东汉以前的文献看"者"介入定中之间的过程》，《中国语文》2005年第1期。

俞理明、周作明：《论道教典籍语料在汉语词汇历史研究中的价值》，《绵阳师范学院学报》2005年第4期。

张博：《"动宾结构+宾语"的条件及发展趋势》，《古汉语研究》

1999 年第 3 期。

张博:《汉语同族复合词的构成规律及特点》,《语言研究》2002 年第 1 期。

张崇富:《试析陶弘景对旧天师道"黄赤之道"的改造》,《宗教学研究》2003 年第 1 期。

张崇富:《早期道教的文字观和经典观》,《四川大学学报》2003 年第 4 期。

张崇富:《上清派修道思想研究》,巴蜀书社 2004 年版。

张今、陈云清:《英汉比较语法纲要》,商务印书馆 1981 年版。

张联荣:《古汉语词义论》,北京大学出版社 2000 年版。

张联荣:《〈孟子〉赵注中的并列复合结构》,《汉语史研究集刊》(第六辑),巴蜀书社 2003 年版。

张猛:《〈左传〉动词研究》,语文出版社 2003 年版。

张敏:《认知语言学与汉语名词短语》,中国社会科学出版社 1998 年版。

张婷、曾昭聪、曹小云:《十年来道教典籍词汇研究综述》,《滁州学院学报》2005 年第 8 期。

张永言:《词汇学简论》,华中工学院出版社 1982 年版。

张小艳:《敦煌书仪语言研究》,商务印书馆 2007 年版。

张昱:《百年道教学研究的反思》,《首都师范大学学报》2001 年第 5 期。

张玉金:《西周汉语语法研究》,商务印书馆 2004 年版。

张泽洪:《道教斋醮科仪研究》,巴蜀书社 1999 年版。

张志毅、张庆云:《词汇语义学》,商务印书馆 2001 年版。

赵艳芳:《认知语言学概论》,上海外语教育出版社 2001 年版。

赵益:《东晋南北朝古道经研究简述及分析》,《古籍整理研究学刊》2004 年第 4 期。

钟来因:《长生不死的探求——道经〈真诰〉之谜》,文汇出版社 1992 年版。

钟来因:《〈真诰〉长生精华录》,文汇出版社 1994 年版。

周作明:《东晋南朝上清经中的几个名词》,《汉语史研究集刊》(第六辑),巴蜀书社 2003 年版。

周作明：《东晋南朝道教上清派经典词汇新词新义研究》，硕士学位论文，四川大学，2004年。

周作明：《东晋南朝上清经中的"兆"》，《宗教学研究》2004年第4期。

周作明：《点校本〈云笈七签〉商补三则》，《图书馆杂志》2005年第10期。

周作明：《点校本〈云笈七签〉商补续——兼论道教典籍的整理》，《图书馆杂志》2007年第2期。

周作明：《试论早期上清经的传抄和整理》，《宗教学研究》2011年第1期。

朱庆之：《佛典与中古汉语词汇研究》，文津出版社1992年版。

朱永锴、林伦伦：《二十年来现代汉语新词语的特点及产生渠道》，《语言文字应用》1999年第2期。

朱越利：《〈养性延命录〉考》，《世界宗教研究》1986年第1期。

朱越利：《道经总论》，辽宁教育出版社1991年版。

朱越利：《道教要籍概论》，北京燕山出版社1992年版。

朱越利：《道藏分类解题》，华夏出版社1996年版。

朱越利：《六朝上清经的隐书之道》，《宗教学研究》2001年第2期。

朱越利：《论六朝贵族道教新房中术的产生》，《世界宗教研究》2001年第3期。

朱越利：《隐书以外的上清房中经》，《中华文化论坛》2003年第1期。

［法］Anna Seidel（索安）著：《西方道教研究编年史》，吕鹏志、陈平等译，中华书局2002年版（原题为"*A Chronicle of Taoist in the west 1950-1990*"，载法国远东学院京都分院院刊《远东亚洲丛刊》1989—1990）。

［日］小林正美：《六朝道教史研究》，李庆译，四川人民出版社2001年版。

［日］赤松佑子：《真诰中の押韵字に见える言语の特性》，收入吉川忠夫编《中国古道教史研究》（第471—511页），京都大学人文科学研究所研究报告，同朋舍1991年版。

［日］福井康顺等监修：《道教》，朱越利译，上海古籍出版社1992

年版。

[日] 吉川忠夫:《六朝道教の研究》,京都大学人文科学研究所研究报告,株式会社、春秋社 1998 年版。

[美] Hopper Paul J. & Sandra A. Thompson, *Transitity in Grammar and Discourse*, Language 1980, 56.2.

[美] Michel Strickmann (司马虚), *Le taoïsme du Maochan*, *Chronique d'une reelation*, memoires de I, IhEC XII, presses Uniersitaires de France 1981.

[法] Kristofer Schipper (施舟人) & Franciscus Verellen (傅飞岚): *The Taoist Canon*, The University of Chicago Press2004 (2005).

[法] Par Isabelle Robinet (贺碧来), *La Réélation La Réélation du Shangqing dans l'histoire du taoïsme*, École Française d'Extrême-Orient 1984.

附录一 本文引用经目

说明：为方便查阅，经目按册数先后排列，在经名前标明该经于《道藏》中的册数及起止页码；其后为该经的成书时代，并罗列其在任继愈《道藏提要》（简称"任"）、朱越利《道藏分类解题》（"朱"）中的序号以及该经在丁培仁《增注新修道藏目录》（"丁"）、施舟人《道藏通考》（The Taoist Canon by Kristofer Schipper）（"施"）中的页码。

1/513b-555c. 上清大洞真经6卷. 东晋中叶：任6-朱1160-丁P481-施P1043.

1/556a-575c. 大洞玉经2卷.《大洞真经》的传本之一：任7-朱1166-丁P482-施P1046.

1/822b-831c. 上清黄气阳精三道顺行经1卷. 晋末宋初：任33-朱1256-丁P486-施P148.

1/886c-896a. 高上太霄琅书琼文帝章经1卷. 东晋末宋初：任55-朱372-丁P76-施P180.

1/896b-904c. 太上玉佩金珰太极金书上经1卷. 东晋末宋初：任56-朱1138-丁P488-施P176.

2/162a-165c. 洞真太微黄书天帝君石景金阳素经1卷. 南朝：任81-朱1436-丁P298-施P191.

2/167c-169b. 白羽黑翮灵飞玉符1卷. 晋末宋初：任83-朱416-丁P297-施P170.

2/169c-177a. 上清琼宫灵飞六甲左右上符1卷. 东晋末宋初：任84-朱876-丁P299-施P174.

2/855a-865a. 太上求仙定录尺素真诀玉文. 南朝：任128-朱611-丁P302-施P209.

附录一 本文引用经目　339

2/865b–868b. 太霄琅书琼文帝章诀1卷. 南朝：任129－朱570－丁P236－施P180.

2/897a–909c. 上清握中诀3卷. 疑《登真隐诀》残卷，陶弘景辑录并注：任140－朱1073－丁P374－施P628.

2/871a–873c. 太清真人络命诀1卷. 南朝：任132－朱1168－丁P490.

2/875a–877c. 太上洞房内经注1卷. 南朝（梁周子良注）：任133－朱1147－丁P490－施P185.

3/269a–271c. 元始上真众仙记1卷. 旧题葛洪著：任164－朱904－丁P573.

3/272a–282a. 洞玄灵宝真灵位业图1卷. 陶弘景编著：任166－朱841－丁P570.

3/282b–286a. 元始高上玉检大录1卷. 南朝：任167－朱840－丁P570－施P603

3/402a–403a. 太微灵书紫文仙忌真记上经1卷. 晋末宋初：任178－朱130－丁P202－施P152.

3/415a–444a. 太真玉帝四极明科经5卷. 梁前：任183－朱132－丁P210.

4/548c–550c. 金阙帝君三元真一经1卷. 晋末宋初：任252－朱1106－丁P486－施P595.

4/552a–554c. 大洞金华玉经1卷. 南朝：任253－朱1167－丁P489－施P186.

4/555a–557b. 太微灵书紫文琅轩华丹神真上经1卷. 晋末宋初：任254－朱967－丁P398－施P151.

4/557c–560c. 玉景九天金霄威神王祝太元上经1卷. 南朝：任255－朱424－丁P314－施P596.

4/561a–563b. 洞真太微黄书九天八录真文1卷. 晋末宋初：任256－朱433－丁P297－施P192.

4/563c–577c. 太玄八景录1卷. 南朝：任257－朱1152－丁P302－施P586.

5/518a–542a. 周氏冥通记4卷. 陶弘景辑录并注：任301－朱936－丁P606－施P205.

5/543b-548b. 紫阳真人内传 1 卷. 东晋华侨造：任 302 - 朱 931 - 丁 P585 - 施 P197.

5/872b-887b. 上清五常变通万化郁冥经 1 卷. 南朝：任 323 - 朱 526 - 丁 P76 - 施 P172.

6/211a-226b. 上清三元玉检三元布经 1 卷. 东晋宋初：任 353 - 朱 410 - 丁 P487 - 施 P157.

6/374b-375c. 上清豁落七元符 1 卷. 东晋：任 391 - 朱 889 - 丁 P297 - 施 P604.

6/546b-552b. 上清紫精君皇初紫灵道君洞房上经 1 卷. 南朝：任 404 - 朱 1169 - 丁 P484 - 施 P147.

6/552c-555c. 上清紫微帝君南极元君玉经宝诀 1 卷. 南朝：任 405 - 朱 1170 - 丁 P485 - 施 P614.

6/606b-626a. 登真隐诀（20 卷，现存 3 卷）. 陶弘景辑录并注：任 420 - 朱 1064 - 丁 P373 - 施 P201.

6/626b-632c. 上清三真旨要玉诀 1 卷. 南朝：任 421 - 朱 1060 - 丁 P376/533 - 施 P615.

6/633a-638a. 上清洞真解过诀 1 卷. 南朝：任 422 - 朱 247 - 丁 P237 - 施 P615.

6/638c-641c. 上清明堂元真经诀 1 卷. 南朝：任 423 - 朱 1438 - 丁 P489 - 施 P207.

6/648c-657c. 上清太上八素真经 1 卷. 东晋宋初：任 425 - 朱 1121 - 丁 P482 - 施 P141.

6/658a-667b. 上清修行经诀 1 卷. 内容为南朝：任 426 - 朱 527 - 丁 P347 - 施 P616.

6/667c-678c. 太上飞行九晨玉经 1 卷. 南朝：任 427 - 朱 498 - 丁 P489 - 施 P170.

6/693c-696a. 七域修真证品图 1 卷. 南朝后期：任 432 - 朱 571 - 丁 P374.

6/698b-703c. 太上玉晨郁仪结琳奔日月图 1 卷. 东晋南朝：任 434 - 朱 1122 - 丁 P340 - 施 P1049.

6/744b-748b. 上清后圣道君列纪 1 卷. 东晋齐梁：任 441 - 朱 836 - 丁 P573 - 施 P152.

附录一　本文引用经目　　341

6/748c–750c. 上清高上玉真众道综监宝讳1卷. 南朝：任442－朱837－丁P570.

6/895b–899b. 上清众真教戒德行经2卷. 南北朝至唐初编，内容为六朝：任457－朱1062－丁P202－施P619.

11/45a–50c. 道迹灵仙记1卷. 南朝齐梁：任592－朱903－丁P587－施P201.

11/146a–150b. 上清诸真章颂1卷. 辑早期上清经歌诀：任603－朱649－丁P274－施P625.

11/380c–385a. 皇天上清金阙帝君灵书紫文上经1卷. 东晋宋初：任634－朱1257－丁P485－施P150.

18/475a–485b. 养性延命录2卷. 陶弘景辑并注：任832－朱1063－丁P531－施P345.

18/723c–730c. 太上五星七元空常诀1卷. 南北朝：任870－朱499－丁P327－施P172.

18/743c–746a. 上清金书玉字上经1卷. 南朝：任873－朱1151－丁P488－施P191.

19/927b–928a. 上清无英真童合游内变玉经1卷. 南朝：任982－朱1150－丁P489－施P1051.

19/928b–930b. 上清神宝洞房真讳上经1卷. 南朝：任983－朱1105－丁P486－施P1052.

20/11b–12b. 上清秘道九精回曜合神上真玉经1卷. 南朝：任987－朱1142－丁P489/524－施P1052.

20/491a–610b. 真诰20卷. 陶弘景辑录并注：任1007－朱182－丁P73－施P198.

28/379a–380c. 上清太霄隐书元真洞飞二景经1卷. 东晋刘宋：任1189－朱1133－丁P487－施P594.

28/406c–410a. 太上三天正法1卷. 东晋刘宋：任1193－朱250－丁P74－施P587.

28/410b–412c. 太上正一法文经1卷. 六朝或唐高宗时：任1194－朱235－丁P69－施P488.

32/562c–572b. 上清修身要事经1卷. 六朝：任1257－朱515－丁P374－施P616.

32/734c－735a．上清太微帝君结带真文法 1 卷．南北朝：任 1281－朱 517－丁 P314－施 P209．

32/735b－743a．上清黄书过度仪 1 卷．六朝：任 1282－朱 1437－丁 P237/515－施 P130．

33/381a－400a．洞真高上玉帝大洞雌一玉检五老宝经 1 卷．南朝：任 1301－朱 1145－丁 P485－施 P588．

33/400b－422c．洞真太上素灵洞元大有妙经 1 卷．南朝：任 1302－朱 1107－丁 P483－施 P187．

33/423b－438a．洞真上清青要紫书金根众经 2 卷．东晋刘宋：任 1303－朱 1128－丁 P373－施 P155．

33/438b－447c．洞真上清太微帝君步天纲飞地纪金简玉字上经 1 卷．东晋刘宋：任 1304－朱 497－丁 P236/314－施 P143．

33/448a－457c．洞真上清开天三图七星移度经 2 卷．东晋刘宋：任 1305－朱 1132－丁 P487－施 P163．

33/458a－460a．洞真太上三元流珠经 1 卷．南朝：任 1306－朱 1440－丁 P76－施 P589．

33/460b－466b．洞真西王母宝神起居经 1 卷．东晋刘宋：任 1306－朱 1440－丁 P76－施 P589．

33/466c－468b．洞真太上八素真经精耀三景妙诀 1 卷．南朝后期：任 1308－朱 1254－丁 P488－施 P620．

33/468c－472c．洞真太上八素真经修习功业妙诀 1 卷．南朝后期：任 1309－朱 129－丁 P203－施 P621．

33/473b－476c．洞真太上八素真经三五行化妙诀 1 卷．南朝后期：任 1310－朱 161－丁 P483－施 P621．

33/477a－485b．洞真太上八素真经服食日月皇华诀 1 卷．东晋刘宋：任 1311－朱 1255－丁 P488－施 P142．

33/485c－490a．洞真太上八素真经登坛符札妙诀 1 卷．东晋刘宋：任 1312－朱 775－丁 P236．

33/490b－493b．洞真太上八素真经占候入定妙诀 1 卷．南朝后期：任 1313－朱 1111－丁 P314－施 P622．

33/493c－497a．洞真上清龙飞九道尺素隐诀 1 卷．南朝：任 1314－朱 417－丁 P314－施 P171．

33/497b – 501c. 洞真太上三九素语玉精真诀 1 卷．东晋刘宋：任 1315 – 朱 1129 – 丁 P314 – 施 P156.

33/518a – 528b. 太上九赤班符五帝内真经 1 卷．东晋刘宋：任 1317 – 朱 1136 – 丁 P487 – 施 P166.

33/528c – 543c. 洞真太一帝君太丹隐书洞真玄经 1 卷．东晋刘宋：任 1318 – 朱 1439 – 丁 P488 – 施 P159.

33/544a – 553b. 洞真上清神州七转七变舞天经 1 卷．东晋刘宋：任 1319 – 朱 217 – 丁 P75/488 – 施 P158.

33/553c – 564b. 洞真太上紫度炎光神元变经 1 卷．东晋刘宋：任 1320 – 朱 1127 – 丁 P324 – 施 P153.

33/564c – 566a. 洞真太上神虎玉经 1 卷．东晋南朝：任 1321 – 朱 412 – 丁 P298 – 施 P184.

33/566b – 568b. 洞真太上神虎隐文 1 卷．南朝：任 1322 – 朱 629 – 丁 P298 – 施 P167.

33/568c – 570a. 洞真太上紫文丹章 1 卷．南朝：任 1323 – 朱 615 – 丁 P302 – 施 P182.

33/570b – 572a. 洞真太上金篇虎符真文经 1 卷．东晋刘宋：任 1324 – 朱 413 – 丁 P298 – 施 P183.

33/572b – 577c. 洞真太微金虎真符 1 卷．南朝：任 1325 – 朱 606 – 丁 P302 – 施 P183.

33/578a – 580b. 洞真太上太素玉录 1 卷．南朝：任 1326 – 朱 411 – 丁 P303 – 施 P599.

33/580c – 583a. 洞真八景玉箓晨图隐符 1 卷．南朝：任 1327 – 朱 432 – 丁 P302 – 施 P182.

33/583b – 585b. 洞真太上仓元上录 1 卷．南朝：任 1328 – 朱 1071 – 丁 P373 – 施 P599.

33/585c – 587b. 洞真太上上皇民籍定真玉录 1 卷．南朝：任 1329 – 朱 1098 – 丁 P302/519 – 施 P208.

33/587c – 591b. 洞真太上紫书录传．南朝：任 1330 – 朱 1453 – 丁 P76 – 施 P598.

33/597a – 613c. 洞真太上说智慧消魔真经．南朝：任 1332 – 朱 1061 – 丁 P75/373 – 施 P590.

33/614a－627b. 洞真太上道君元丹上经．东晋刘宋：任1333－朱1110－丁P373－施P592.

33/627c－631a. 洞真金房度命录字回年三华宝曜内真上经1卷．南朝：任1334－朱1148丁P489－施P194.

33/631b－634c. 洞真太上上清内经1卷．南朝：任1335－朱610－丁P300－施P623.

33/635a－637b. 洞真太上丹景道精经1卷．南朝：任1336－朱388－丁P302－施P193.

33/637c－638b. 洞真太上青牙始生经1卷．南朝：任1337－朱1454－丁P490－施P194.

33/641a－645a. 洞真太上飞行羽经九真升玄上记1卷．南朝：任1339－朱1137－丁P487－施P169.

33/649c－699b. 洞真太上太霄琅书10卷．东晋齐梁：任1340－朱421－丁P76－施P623.

33/748c－762b. 上清太上玉清隐书灭魔神慧高玄真经1卷．南朝：任1343－朱1258－丁P75－施P139.

33/762c－769a. 上清高上灭魔玉帝神慧玉清隐书1卷．南朝：任1344－朱608－丁P297－施P181.

33/769b－772c. 上清高上灭魔洞景金元玉清隐书经1卷．南朝：任1345－朱389－丁P75/297－施P180.

33/773a－782a. 上清高上金元羽章玉清隐书经1卷．南朝：任1346－朱422－丁P298－施P181.

33/782b－788a. 上清丹景道精隐地八术经2卷．南朝：任1347－朱514－丁P324－施P157.

33/788b－791a. 上清九天上帝祝百神内名经1卷．南朝：任1348－朱1441－丁P314－施P139.

33/791b－792a. 上清七圣玄纪经1卷．东晋末南朝初：任1349－朱597－丁P569－施P179.

33/792b－794b. 上清太上回元隐道除罪籍经1卷．东晋南朝：任1350－朱1140－丁P484－施P184.

33/794c－796c. 上清太极真人撰所施行秘要经1卷．南朝：任1351－朱1072－丁P531－施P594.

33/797a – 804c. 上清洞真智慧观身大戒文 1 卷. 南朝：任 1352 – 朱 131 – 丁 P202 – 施 P210.

33/805a – 808a. 上清元始谱录太真玉诀 1 卷. 东晋南朝：任 1353 – 朱 516 – 丁 P297/569 – 施 P211.

33/808c – 818c. 上清天关三图经 1 卷. 南朝：任 1354 – 朱 1131 – 丁 P487 – 施 P163.

33/819a – 829c. 上清河图内玄经 2 卷. 东晋南朝初：任 1355 – 朱 1146 – 丁 P303/489 – 施 P595.

33/830a – 832b. 上清回神飞霄登空招五星上法 1 卷. 南朝：任1356 – 朱 1143 – 丁 P489 – 施 P154.

33/832c – 834a. 上清化形隐景登升保仙上经 1 卷. 南朝：任 1357 – 朱 1126 – 丁 P489 – 施 P593.

33/834b – 835c. 上清回耀飞光日月精华上经 1 卷. 南朝：任 1358 – 朱 1141 – 丁 P75 – 施 P594.

33/836a – 839a. 上清素灵上篇 1 卷. 南朝：任 1359 – 朱 1108 – 丁 P483 – 施 P188.

34/1a – 8b. 上清高上玉晨凤台曲素上经 1 卷. 东晋刘宋：任 1360 – 朱 414 – 丁 P297 – 施 P167.

34/8c – 29a. 上清外国放品青童内文 2 卷. 东晋刘宋：任 1361 – 朱 409 – 丁 P302 – 施 P149.

34/29b – 30c. 上清诸真人授经时颂金真章 1 卷. 南朝：任 1362 – 朱 627 – 丁 P274 – 施 P626.

34/31a – 32c. 上清无上金元玉清金真飞元步虚玉章. 南朝：任 1363 – 朱 654 – 丁 P274 – 施 P627.

34/33a – 46b. 上清太上帝君九真中经 2 卷. 东晋刘宋：任 1364 – 朱 1124 – 丁 P483 – 施 P144.

34/46c – 53b. 上清太上九真中经绛生神丹诀 1 卷. 南朝：任 1365 – 朱 1125 – 丁 P489 – 施 P146.

34/54a – 62a. 上清金真玉光八景飞经 1 卷. 东晋刘宋：任 1366 – 朱 408 – 丁 P486 – 施 P141.

34/62b – 72c. 上清玉帝七圣玄纪回天九霄经 1 卷. 东晋刘宋：任 1367 – 朱 420 – 丁 P486 – 施 P178.

34/73a-79c. 上清太上黄素四十四方经 1 卷. 东晋刘宋：任 1368 - 朱 1139 - 丁 P236 - 施 P179.

34/80a-81c. 上清明堂玄丹真经 1 卷. 南朝：任 1369 - 朱 1109 - 丁 P483 - 施 P207.

34/82a-90c. 上清九丹上化胎精中记经 1 卷. 东晋刘宋：任 1370 - 朱 1135 - 丁 P373 - 施 P164.

34/91a-95b. 上清太上元始耀光金虎凤文章宝经 1 卷. 南朝：任 1371 - 朱 605 - 丁 P302 - 施 P195.

34/96a-101a. 上清太一帝君太丹隐书解胞十二结节图诀 1 卷. 南朝：任 1372 - 朱 1130 - 丁 P489 - 施 P160.

34/101b-126b. 上清洞真天宝大洞三景宝录 2 卷. 南朝后期：任 1373 - 朱 419 - 丁 P302 - 施 P604.

34/126c-131c. 上清大洞三景玉清隐书诀录 1 卷. 南朝后期：任 1374 - 朱 778 - 丁 P303 - 施 P606.

34/132a-136c. 上清元始高上玉皇九天谱录. 南朝：任 1375 - 朱 424 - 丁 P299/569 - 施 P600.

34/137b-145b. 上清金真玉皇上元九天真灵三百六十五部元录 1 卷. 南朝后期：任 1376 - 朱 779 - 丁 P303/347 - 施 P600.

34/145c-151a. 上清高圣太上大道君洞真金元八景玉录 1 卷. 南朝：任 1377 - 朱 776 - 丁 P303/347/570 - 施 P140.

34/161b-168c. 上清琼宫灵飞六甲符 1 卷. 南朝：任 1379 - 朱 877 - 丁 P299 - 施 P175.

34/169a-176c. 上清曲素诀辞 1 卷. 东晋刘宋：任 1380 - 朱 875 - 丁 P297 - 施 P607.

34/177a-229c. 上清元始变化宝真上经九灵太妙龟山玄箓 3 卷. 东晋刘宋：任 1381 - 朱 418 - 丁 P299 - 施 P177.

34/242a-244c. 上清大洞九微八道大经妙录 1 卷. 南朝：任 1383 - 朱 604 - 丁 P303 - 施 P602.

34/245a-247b. 上清河图宝录 1 卷. 南朝：任 1384 - 朱 415 - 丁 P303 - 施 P602.

34/293a-300c. 上清仙府琼林经 1 卷. 内容为六朝：任 1391 - 朱 1112 - 丁 P76 - 施 P611.

34/301a – 309b. 上清太极真人神仙经 1 卷. 内容为六朝: 任 1392 – 朱 1067 – 丁 P373 – 施 P612.

34/353b – 361b. 玉清上宫科太真文 1 卷. 东晋刘宋: 任 1396 – 朱 146 – 丁 P212 – 施 P1242.

34/361c – 369a. 太上九真明科 1 卷. 东晋刘宋: 任 1397 – 朱 572 – 丁 – P211 – 施 P207.

34/442c – 445c. 北帝说豁落七元经 1 卷. 南朝: 任 1403 – 朱 750 – 丁 P305 – 施 P1192.

34/467b – 475a. 太清道林摄生论 1 卷. 东晋道林: 任 1412 – 朱 225 – 丁 P530 – 施 P361.

34/600a – 617c. 上清元始变化宝真上经 1 卷. 南朝: 任 1415 – 朱 1058 – 丁 P530 – 施 P178.

石精金光藏景录形 1 卷.《云笈七签》卷八十四录（李永晟点校，第四册，第 1890—1900 页）. 南朝.

附录二　词目索引

A

安镇　141
晻蔼　271
按捺　95
按如　125
案如　125
敖浪　224
翱腾　222

遨迈　222
遨腾　222
遨宴　319
遨晏　329
傲啸　44
懊突　197
澳注　268

B

拔出　170
拔断　171
拔过　211
拔解　169
拔绝　170
拔灭　171
拔弃　171
拔散　171
拔释　169
拔斫　171
罢除　173

白刺　52
摆并　103
拜表　52
拜敬　130
拜礼　129
拜祝　40
拌　103
傍观　76
傍视　76
傍赞　243
宝贵　246

宝禁	134	闭縶	176
宝炼	146	辟斥	175
宝祕	134	辟却	175
宝秘	133	避灾	177
宝密	134	变举	230
宝妙	136	变炼	143
宝守	147	变升	230
保成	219	便溺	117
保度	219	便曲	117
保负	20	便旋	117
保贵	246	辨别	239
保敬	245	标出	88
保炼	146	标题	87
保录	135	标写	87
保祕	134	飚	302
保秘	134	表见	68
保摄	146	表章	52
保言	48	禀敬	245
保镇	141	波战	202
保奏	48	伯举	230
悲愕	250	薄贱	199
备办	149	补充	149
背伐	71	补代	149
奔荡	268	补养	147
崩倾	189	哺饴	147
迸匿	187	布充	272
逼迮	200	步蹀	107
鄙笑	69	部统	157
闭秘	133	部御	157
闭息	73	部制	157

C

采服	73	采吸	73

参乘	96	畅	247
参解	241	唱叫	44
参络	98	唱露	67
参落	98	唱诵	37
参染	80	唱啸	43
参侍	138	唱咏	37
参受	241	唱赞	39
参闻	241	抄出	88
参修	123	钞拔	241
参谒	130	超浮	224
参御	96	超过	212
骖乘	96	超豁	212
骖宴	318	超凌	289
骖御	96	超逸	212
餐味	72	超跃	108
惭荷	248	朝启	46
藏伏	187	朝宴	320
藏录	136	嘲调	69
藏养	147	彻	252
操促	64	彻洞	254
策驾	96	彻见	78
察睹	79	彻朗	257
察看	78	彻闻	242
察昒	79	彻响	266
谗讟	70	彻映	253
谗击	70	彻照	253
谗讪	70	彻知	242
缠沓	270	撤除	173
缠滞	270	嗔忿	248
缠著	270	嗔责	70
傪益	90	沉零	189
傪黷	90	沉沦	208
偿责	210	沉落	189
敞露	67	沉泯	189

沉灭	189	酬恩	248
沉染	246	酬告	63
沉塞	185	除伐	181
沉散	184	除绝	170
沉消	185	除落	171
陈咒	40	除散	170
陈谘	49	触荡	202
称宣	42	触恼	200
呈启	45	触向	152
呈御	45	黜罢	204
乘策	96	传度	286
乘御	99	传说	42
逞快	203	传招	59
骋驾	97	垂感	213
骋思	240	垂告	63
骋腾	224	垂降	215
秤	106	垂愍	218
驰骤	202	垂许	219
叱叱	69	垂荫	218
叱咤	69	垂映	305
叱斩	181	慈念	219
饬整	164	慈向	219
勅摄	57	刺	52
勅卫	139	刺闻	52
敕勒	57	刺言	52
敕整	164	赐丐	216
充补	149	赐给	216
充布	272	促催	64
充役	207	摧崩	189
充责	207	摧伏	191
充镇	272	摧割	179
崇敬	244	摧鹹	180
崇修	123	摧烂	190
崇学	123	摧裂	179
崇仰	244	摧落	179

摧灭	190	存见	235
摧泯	190	存礼	235
摧亡	190	存视	234
摧消	190	存思	235
摧斩	178	存修	235
存拜	234	搓	94
存呼	235	剉切	104

D

代充	148	登履	107
代准	149	登盟	53
耽咀	238	登霄	226
耽诵	38	涤炼	145
耽研	238	谛忆	237
耽滞	246	典摄	163
耽著	288	点	105
荡炼	145	凋败	188
荡去	174	凋殂	188
荡散	186	凋衰	188
荡舐	74	凋折	188
荡洗	91	吊临	221
荡濯	174	调弹	105
导炼	144	揲	106
导卫	139	动步	107
捣合	102	洞	252
捣和	102	洞彻	253
倒乱	202	洞得	242
倒倾	189	洞观	78
蹈空	107	洞灌	267
盗略	201	洞焕	256
道养	147	洞鉴	255
登邀	223	洞究	239
登度	230	洞览	80

洞朗　255
洞晌　78
洞披　75
洞思　236
洞悟　242
洞戏　301
洞啸　44
洞宴　320
洞耀　257
洞映　254
洞游　223
洞匦　270
洞赜　239
洞照　257
蠹毁　70

恶犯　195
遏制　175

断灭　183
断任　163
断塞　167
对立　108
对言　42
对颜　75
对斋　119
顿踞　113
顿卧　114
遁变　232
遁飞　232
遁化　232
遁迁　232
夺削　204

E

恩赦　221

F

发拔　211
发焕　263
发晖　265
发明　265
发誓　54
发泄　178
发溢　263
伐败　71
伐伏　182

伐绝　181
伐戮　181
伐乱　201
伐灭　181
伐逆　201
罚考　205
罚责　205
翻倒　202
烦怨　250

反毁	70	废除	173
反谋	201	沸骇	45
返旋	108	分绝	170
犯慢	196	分判	188
犯盟	195	焚修	123
犯伤	201	忿嗔	249
犯试	156	愤戾	249
仿佛	236	封付	133
仿像	236	封检	133
访拟	129	封落	158
访搜	81	封秘	133
放解	221	封掌	157
放浪	224	讽明	39
放露	67	讽修	122
放任	224	讽诱	62
放赦	220	奉拜	132
放赎	220	奉敕	126
放体	116	奉酬	53
放威	220	奉传	65
飞	299	奉对	138
飞进	187	奉付	65
飞步	224	奉醮	121
飞晨	227	奉接	137
飞驰	225	奉觐	132
飞登	229	奉隶	165
飞度	229	奉佩	111
飞浮	224	奉请	49
飞空	227	奉慎	126
飞天	227	奉侍	137
飞霄	227	奉用	126
飞旋	225	奉制	89
飞迅	304	奉属	165
飞晏	320	敷教	210
飞游	223	敷说	60
飞跃	225	敷诱	60

附录二 词目索引　355

敷置 104
伏降 186
伏炼 144
伏谌 182
伏事 138
伏首 186
伏亡 190
伏走 187
扶卫 140
扶迎 136
服引 72
服 71
服佩 111
服食 73
服吸 72
服咽 71
服挹 72
服御 72
浮 300
浮登 300
浮观 300
浮昤 300
浮行 300
符 16

符类 152
符命 16
符契 152
符摄 16
抚哀 218
抚摄 159
抚抑 95
拊弹 105
俯昤 77
俯仰 131
辅成 219
辅明 61
辅扬 219
腐零 189
付度 285
负考 205
负誓 196
负违 195
覆冠 271
覆化 210
覆络 272
覆满 272
覆荫 271

G

改悛 208
改首 208
干试 156
干御 200
干知 240
忓栗 249
感畅 51

感对 213
感激 51
感降 214
感佩 248
感启 51
感庆 248
感效 213

高登	228	观映	305
告察	79	冠缠	272
告感	51	冠覆	271
告海	63	冠满	272
告盟	53	冠匝	272
告命	59	管统	160
告始	266	贯达	266
告下	59	盥沐	91
告验	213	盥洁	92
告斋	119	盥炼	145
割破	173	盥澡	91
给奉	138	灌炼	144
攻毁	70	灌养	267
供办	150	灌泽	267
恭礼	132	广告	66
恭坐	112	归会	109
共言	42	诡誓	32
固保	141	诡谢	32
固塞	168	鬼语	43
乖伐	71	跪礼	132
乖丧	193	郭	90
乖疏	193	馘裂	179
关达	47	馘落	179
关告	47	馘灭	183
关奏	47	裹缠	269
观落	77	裹结	269
观眄	77	过度	212

H

骇听	82	含胎	148
含畅	247	寒栖	150
含炼	144	颔头	117
含漱	75	瀚浴	91

嗥唤 44	焕朗 256
好慕 246	焕络 257
好嗜 246	焕落 257
浩翔 228	焕明 260
呵斥 69	焕耀 260
呵摄 162	焕启 265
呵执 162	焕映 256
呵制 162	焕照 261
合变 151	焕掷 101
合唱 44	灰落 192
合捣 102	灰亡 192
合凝 152	挥割 179
合庆 247	辉焕 263
和唱 44	回降 215
和捣 102	回绕 269
和柔 146	回停 99
和摄 146	回宴 318
和释 185	回运 99
横罹 207	回照 264
呼引 73	迴降 215
化合 151	迴映 264
化炼 143	悔咎 209
化散 185	悔惜 209
化消 185	悔罪 209
化养 147	秽怠 196
徊腾 222	秽忽 197
徊宴 319	秽慢 196
欢颐 247	秽污 197
换举 106	惠化 210
换易 106	毁慢 197
浣洗 91	毁破 184
焕洞 256	毁易 144
焕发 263	混化 151
焕赫 260	混会 151
焕烂 260	混乱 202

豁落 258
惑试 156
赇 31

赇誓 32

J

击犯 184
机纽 162
积感 125
积涉 125
积滞 152
缉维 149
稽殆 200
稽诞 200
稽替 198
羁逼 177
集对 151
嫉谤 71
记籍 85
记名 84
记契 86
祭醮 121
髻 93
浃润 268
驾络 99
驾命 99
假寄 150
假托 150
监试 155
监映 305
监总 160
鉴映 305
煎搅 103

煎炼 103
检案 154
检截 175
检戒 250
检纠 155
检口 43
检敛 160
检录 158
检慎 250
检统 160
检掌 160
剪戮 180
剪去 104
减夺 204
建 314
鉴洞 254
鉴诚 63
鉴朗 261
鉴试 155
鉴映 305
奖戒 62
奖诱 62
降赐 216
降感 213
降告 63
降化 186
降回 215

降见	214	截破	104
降灵	215	解拔	169
降遣	216	解带	231
降送	217	解衿	116
降锡	216	解憩	113
降下	214	解形	230
降形	215	戒悟	62
降佑	217	诫受	66
降真	215	诫喻	63
降致	216	巾	110
交缠	270	矜护	218
交换	105	矜录	218
交焕	264	矜恤	218
交络	270	谨承	128
交庆	247	谨辞	48
交言	42	谨遵	128
交颜	125	进拜	132
交掷	101	进朝	132
搅和	103	进登	228
搅漱	74	禁隔	172
教悟	61	禁绝	172
醮礼	121	惊畏	249
醮谢	209	惊忤	195
接救	211	精解	243
接昒	217	精斋	121
接颜	75	景登	228
嗟惋	249	景飞	228
节护	147	竞乱	202
劫贼	201	敬护	140
洁明	92	敬向	244
洁洗	92	静寝	114
结变	151	静斋	120
结集	152	纠刺	155
结录	85	究见	242
结携	104	究解	242

究竟 241
究了 242
究详 238
救治 210
拘省 89
举度 229
举身 226
举体 226
举形 225
惧悸 249

惧戒 250
惧胁 200
聚伏 186
眷逮 217
绝沉 185
绝塞 166
绝散 185
绝种 191
峻坐 112

K

开津 177
开矜 54
开看 79
开理 177
开却 173
开宥 220
刊书 86
看省 80
看寻 81
看咏 38
抗御 101
考对 205
考罚 205
考试 206
考算 153
考延 206
考属 206
拷对 205
拷延 206
科集 89
科检 154

科简 153
科条 154
科校 154
咳啸 59
刻定 86
刻书 86
刻题 87
刻注 86
恐试 157
恐协 200
控乘 97
控景 99
控辔 99
口口相传 64
叩 1106
叩 2129
叩伏 117
叩请 49
叩颡 117
叩抟 117
夸谈 43

夸耀 43	亏忽 195
宽懈 199	亏减 189
匡检 159	亏略 194
匡络 98	亏违 194
匡落 98	窥闻 81
匡御 98	愧悚 249
匡制 159	括领 158
亏犯 194	廓散 184
亏废 194	

L

来降 214	勒上 84
烂 253	勒注 84
烂明 261	雷摩 95
烂照 261	累沓 272
烂煮 103	离灭 172
朗 253	离释 185
朗彻 256	离脱 172
朗睹 78	礼唱 37
朗焕 256	礼朝 130
朗解 242	礼会 215
朗究 242	礼见 130
朗开 178	礼庆 248
朗昞 78	礼颂 37
朗啸 43	礼揖 130
朗耀 257	礼迎 137
朗映 306	礼愿 50
朗照 256	礼祝 41
浪味 238	理调 164
劳作 105	理和 146
勒割 179	理护 93
勒落 172	理命 56
勒命 57	理判 163

理召	56		列付	64
理柿	93		列告	47
历步	107		列录	85
历度	108		列盟	53
历戏	301		列名	84
立盟	54		列上	46
立誓	54		列誓	54
立愿	54		列书	84
砺护	95		列图	85
连条	87		列卫	140
炼变	143		列言	46
炼度	145		列奏	46
炼改	144		临闭	82
炼灌	145		临目	82
炼化	143		临轩	215
炼魂	142		临映	307
炼精	142		凌贱	199
炼魄	142		凌略	200
炼气	142		凌迫	200
炼容	142		凌腾	225
炼柔	146		零灭	191
炼身	141		领括	158
炼神	142		领押	177
炼髓	142		领掌	158
炼形	142		留停	193
炼冶	143		留制	176
炼易	144		流彻	262
炼质	142		流骋	224
炼濯	145		流逮	206
凉	105		流放	67
量准	240		流泪	267
料简	153		流灌	267
列	46		流焕	262
列编	85		流降	214
列度	286		流落	262

附录二 词目索引   363

流扇 109
流羨 267
流泄 268
流熠 262
流耀 262
流映 262
流照 261
流坠 189
漏慢 198
镂写 87
录宝 135
录传 65
录封 135
录刊 85
录校 89
戮灭 183

缕载 86
履比 107
履陟 107
沦倾 189
沦隐 231
罗陈 113
罗制 161
洛 97
络 97
落 97
落笔 89
落除 171
落焕 258
落绝 172
落灭 172

M

埋灭 106
埋著 106
买赎 150
满匝 270
谩昧 199
慢犯 196
慢略 196
慢辱 196
慢替 196
漫陈 50
盲烂 81
盟传 64
盟度 286
盟告 53
盟受 68

盟授 65
梦睡 114
弥伏 186
迷退 199
祕藏 135
祕重 135
秘藏 135
秘固 136
密修 124
密咒 41
眠坐 112
免度 212
免过 213
免离 213
免脱 212

眄顾	78	明焕	260
眄观	77	明了	243
眄接	217	明照	261
眄看	77	鸣嗟	43
眄朗	78	冥告	63
眄眸	76	铭感	248
眄目	76	铭荷	248
眇悟	242	铭镂	87
妙悟	242	命统	159
灭景	191	命制	159
灭落	171	摩搦	95
灭平	190	摩切	95
灭试	193	摩治	95
灭爽	191	默念	40
灭种	191	默想	236
愍佑	218	默咒	41
明	253	谋犯	201
明断	239	沐栉	93

N

内观	77	蹑空	227
纳取	73	蹑行	107
纳听	82	蹑虚	226
纳招	218	凝观	78
捺	94	凝和	152
逆究	243	凝化	151
匿形	187	凝精	152
捻香	101	凝郁	152
念想	235	扭	94
念祝	40	扭	94
蹑步	107	忸	94
蹑浮	227		

P

钯	268	披落	111
怕恐	249	披散	168
盘徊	108	披释	168
判分	188	披诵	37
判析	163	披寻	80
旁听	82	披颜	75
佩奉	111	披咏	37
佩著	111	品量	106
配对	148	平断	163
配役	207	平坐	112
辔	303	凭庇	127
披陈	48	凭怙	127
披睹	80	凭请	49
披建	315	凭托	128
披解	169	凭仰	127
披巾	111	破除	182
披看	80	普领	163
披朗	80	普统	163
披浪	224	溥济	211
披露	112	曝燥	105

Q

栖泊	150	祈拜	131
栖身	150	祈醮	121
栖研	238	祈祝	41
栖真	124	乞愿	50
欺凌	200	启拔	219
欺灭	199	启朝	131
欺巧	199	启彻	178

启陈	48	翘仰	245
启晨	266	窃看	81
启付	65	窃览	81
启复	221	窃略	201
启焕	264	窃闻	243
启悔	209	亲薄	273
启盟	53	侵谋	200
启审	49	侵蚀	201
启示	62	钦范	245
启誓	54	寝景	115
启授	65	寝宴	115
启通	178	寝晏	115
启问	49	寝燕	115
启谢	209	寝止	114
启训	61	轻怠	197
启引	136	轻付	67
启御	46	轻告	67
启愿	50	轻凌	200
启祝	40	轻漏	198
启撰	89	轻露	198
启奏	48	轻慢泄漏	197
弃放	193	轻謂	199
弃毁	201	轻翔	228
弃叛	193	轻泄	197
弃去	173	轻泄漏慢	198
弃掷	173	轻泄露慢	198
契络	161	轻宣	68
契落	161	倾拔	171
迁升	292	倾差	192
谦饰	150	倾殂	193
愆犯	195	倾摧	190
搴扬	188	清诵	38
遣撤	173	清咏	38
遣除	173	擎持	279
诮讥	69	擎执	281

磬沥	48	祛遣	173
求竞	202	祛却	173
求寻	81	取消	71
曲昒	217	去失	194
曲愍	217	俊易	208
驱伐	182	诠简	154
驱灭	182	却辟	175
驱洗	182	却遏	176
屈动	116	却灭	183

R

染剪	89	扰丧	202
染系	197	绕络	269
攘辟	174	辱毁	70
攘却	174	入靖	109
攘卫	140	入静	109
攘压	174	入仙	230
扰唤	45	入真	230
扰竞	202	挼捼	95

S

塞断	168	歃割	54
塞镇	167	歃誓	54
散除	170	扇	299
散化	185	缮书	88
散绝	170	伤裂	184
散开	184	上	83
散扬	187	上奔	228
森列	113	上步	228
森罗	113	上刺	52

上飞	228		升形	225
上勒	84		升虚	227
上列	46		升玄	227
上迁	292		升造	292
上戏	301		生构	203
上诣	132		生造	89
上造	132		省按	80
上注	84		盛扫	93
烧炼	144		失略	81
舍放	221		失去	194
设醮	121		师宗	129
赦贷	220		施檄	56
摄遏	175		施泄	118
摄伐	181		施泻	118
摄炼	146		施修	122
摄灭	181		施置	104
摄命	159		施著	104
摄杀	181		食噉	73
摄送	177		侍对	138
摄系	176		侍奉	138
摄召	57		侍给	138
摄正	159		侍护	139
申论	50		侍送	137
深秘	135		视眄	77
哂笑	70		试败	156
慎秘	136		试观	155
升变	230		试惑	157
升晨	227		试校	155
升登	229		适肆	221
升飞	229		适向	222
升化	229		适遇	109
升清	227		舐接	74
升腾	229		释散	185
升霄	227		誓身	55

誓信	55	漱咒	41
收摭	176	漱濯	92
收录	176	衰损	188
收落	176	说解	60
收束	176	说言	42
守闭	166	说吟	38
首改	208	说语	67
首悔	208	说喻	60
首舍	208	司视	79
首洗	208	司迎	137
首向	116	思见	235
首仰	245	思味	238
受闭	177	死伏	191
受法	68	死耗	192
受炼	142	死绝	191
受仙	230	死殁	192
授度	286	伺承	139
梳洗	93	伺候	138
疏记	86	伺迎	137
疏识	86	祀谢	209
疏说	86	悚怖	249
摅赞	39	悚愧	249
赎过	209	竦昕	76
赎解	209	讼斗	203
熟精	243	讼对	205
束录	176	诵念	38
束络	269	诵赞	39
束送	177	苏惺	251
漱荡	74	诉誓	54
漱满	75	宿寝	114
漱挹	74	损落	188
漱饮	74		

T

贪滥	203		条检	163
贪图	246		跳踶	108
贪羡	245		贴拭	90
谈放	42		听思	82
坦观	76		停放	193
陶灌	267		通彻	178
陶奖	218		通息	74
陶注	267		通仙	124
淘灌	267		通颜	124
腾登	229		同寝	114
腾化	229		投辞	51
腾景	226		突犯	195
腾举	229		吐焕	265
腾启	46		吐威	220
腾躯	226		吐息	74
腾身	226		吐咒	40
腾天	226		推度	239
腾翔	222		退降	204
腾形	226		退落	204
啼吟	45		退削	204
提契	164		吞服	72
题勒	87		托解	231
替忽	196		托寓	150
替慢	196		脱离	172
填补	149		脱削	172
填绝	166		唾骂	70
填塞	166			

W

外身	231	维制	161
挽撮	106	纬度	108
亡殒	192	纬络	269
亡坠	191	委舍	193
罔蒙	199	委顺	165
妄披	81	猥辱	128
妄示	68	卫蕃	139
妄宣	68	卫扦	139
忘旋	250	卫迎	137
威鍼	180	闻	237
威御	160	蓊蔼	271
微密	136	捰	100
微言	40	卧坐	113
违誓	195	握固	101
维络	269	污沾	197
维落	269		

X

吸取	73	檄召	56
吸引	73	洗净	92
希期	244	洗荡	91
希请	49	洗面	92
希真	246	洗拭	92
息憩	114	洗梳	93
熙乐	247	洗刷	92
檄落	56	洗澡	91
檄命	56	洗泽	92
檄撮	56	洗治	92

戏 301	校定 153
戏参 301	啸 58
系闭 176	啸唱 43
侠 140	啸朗 43
侠侍 140	啸摄 58
侠守 140	啸御 58
侠卫 140	啸咤 59
侠映 264	携把 104
侠照 264	携集 164
遐思 236	携衿 104
下眄 79	携襟 104
下游 214	携领 164
仙飞 230	携契 164
显出 68	携挈 164
显证 239	携宴 320
献送 216	携游 225
详量 239	写治 89
响彻 266	泄告 66
枭残 180	泄慢 198
枭鹹 180	泄散 184
削落 172	泄言 66
削去 104	泄扬 66
削退 204	泄语 66
消摧 190	谢诡 32
消断 170	懈替 197
消豁 186	欣荷 247
消制 175	欣惧 250
萧萧 308	欣踊 247
销缩 118	信誓 55
霄浪 309	行施 122
晓究 241	行凶 103
效述 129	形露 66
校案 154	形论 281
校订 153	形泄 66

休舒	116	虚映	307
休宴	116	呴沸	44
休镇	141	宣教	61
修承	122	宣摇	116
修持	122	喧闹	45
修存	235	玄监	307
修服	73	玄鉴	307
修炼	122	玄降	312
修事	123	玄授	311
修思	235	玄想	236
修诵	38	玄映	306
修为	123	玄照	306
修仙	124	悬挂	105
修学	122	旋步	108
修讯	123	旋绕	269
修研	122	旋腾	222
修诣	123	旋行	108
修斋	121	旋宴	319
修真	124	寻详	238
朽零	189	寻真	124
虚诞	199	迅	303
虚耗	203	迅辔	304
虚降	216	迅御	304
虚行	228		

Y

压绝	174	延合	58
压襄	174	延生	148
压消	174	延续	147
咽服	71	言奏	47
咽味	72	研详	238
咽御	72	研修	122

研咏	38	仰希	244
研真	124	仰衔	128
奄蔼	271	仰愿	244
偃静	114	仰宗	127
偃据	113	养护	147
偃宴	114	夭倾	192
偃逸	114	邀迎	137
演出	88	遥唱	44
演化	210	曜烛	263
演究	239	耀焕	260
演流	210	冶炼	143
演明	210	依按	125
演述	61	依承	125
演议	61	依科	128
魇昧	250	依盟	128
厌替	199	依用	126
宴观	319	揖敬	130
宴驾	318	荑荣	148
宴景	320	移度	211
宴礼	130	移迁	171
宴昕	319	移脱	212
宴寝	115	遗放	193
宴适	319	遗亡	194
宴咏	44	役命	159
晏礼	130	役召	58
晏寝	115	抑忍	175
焰照	263	逸	302
燕寝	115	逸遨	222
殃逮	206	逸朗	1224
殃累	206	逸浪	224
殃灭	206	逸朗	2266
殃延	206	逸奏	44
仰禀	127	意通	243
仰期	243	阴诵	40

附录二 词目索引

荫润	268	映监	306
吟唱	43	映朗	306
吟诵	38	映流	262
吟赞	39	映络	261
淫犯	203	映落	261
引唤	58	映照	257
引味	73	映洞	254
引吸	73	映熏	263
隐变	232	拥济	211
隐朝	133	咏讽	37
隐存	236	咏诵	37
隐嘿	43	咏味	238
隐化	231	忧悢	250
隐景	231	幽秘	136
隐量	239	幽匿	187
隐盟	55	游	298
隐秘	135	游洞	223
隐诵	39	游飞	223
隐惜	246	游迴	223
隐影	231	游会	225
莹	263	游朗	223
莹发	263	游浪	223
莹饰	265	游梦	225
营备	139	游庆	225
营措	148	游扇	300
营蕃	139	游腾	222
营辅	139	游眺	77
营扦	139	游旋	222
营虑	237	游宴	319
营治	148	右别	282
滢饰	265	宥除	220
映彻	253	诱近	60
映观	305	语话	42
映焕	256	浴盟	91

预习	124	云行	228
御闻	82	殒亡	192
遇会	109	运策	99
远思	236	运炼	144
愿念	50	运摄	162
跃踏	107	运使	162
越度	212	运心	237
越略	81	缊结	150
越扬	187	蕴抱	106
云步	228		

Z

匝缠	268	责罚	204
匝冠	272	增减	90
匝络	269	斋忏	209
匝满	270	斋读	38
匝绕	269	斋醮	119
杂念	240	斋净	120
暂休	193	斋敬	121
赞宣	61	斋静	120
赞佑	217	斋请	49
赞唱	39	斋盛	120
赞明	61	斋诵	38
赞诵	39	斋谢	209
赞言	39	斋修	121
遭罗	207	斋直	120
澡洁	91	斋奏	47
澡炼	145	瞻听	82
造宴	320	斩摧	180
造晏	320	斩碱	180
造之	131	斩绝	178
责充	207	黵除	90

掌括	158	震灭	183
掌录	136	震却	183
掌镇	136	震消	183
仗	100	蒸通	203
招伏	182	拯度	211
招摄	57	拯化	211
招束	162	整控	99
召告	59	整拭	93
召摄	57	整束	93
召役	58	正身	112
召引	58	正卧	114
召制	58	证辨	239
照洞	257	证显	239
照观	79	之造	131
照鉴	261	吱咽	43
照镜	261	知预	240
照朗	255	执把	100
照昒	79	执考	205
照愍	218	执咏	38
照映	257	指的	62
遮	268	指建	117
折除	170	指戒	63
折腰	116	指说	61
谪降	204	志慕	245
真思	236	志向	245
斟酌	240	志愿	245
振惧	249	制敕	57
赈散	210	制伏	182
镇备	141	制会	164
镇炼	144	制检	160
镇塞	167	制炼	144
镇折	175	制灭	183
震伏	186	制命	158
震击	103	制却	183

制摄	158	注思	237
制召	58	注想	238
治捣	102	注向	244
治写	89	炷	105
栉理	93	祝拜	132
掷	101	祝命	60
种福	125	祝念	41
种人	148	祝启	48
种栽	105	祝请	48
重誓	55	祝识	41
周鉴	78	祝潄	41
周纬	270	祝说	41
咒誓	55	撰出	88
咒除	182	篆画	90
咒读	41	坠灭	191
咒伐	182	准傍	126
咒言	41	斫伐	171
诛却	181	啄齿	74
烛映	263	濯浣	92
逐却	173	濯炼	145
逐逸	108	濯漱	92
主典	163	咨请	48
主监	162	谘诀	49
主录	163	宗奉	127
主摄	163	宗赖	127
拄	100	宗礼	131
属寄	63	综御	160
嘱付	63	总持	161
嘱劝	64	总归	109
瞩目	76	总监	160
住滞	193	总检	161
助威	220	总维	161
注念	237	总校	154
注上	83	总映	308

总掌 161	奏谒 47
总主 161	奏章 290
纵威 220	奏知 47
走迸 187	诅佞 70
奏名 290	遵崇 244
奏明 265	

后 记

在高校任教职,虽然在学术上并没有取得什么成就,但必须承认自己是走上了学术道路的,这必须感谢我的引路人俞理明先生。2001年我来到四川大学读硕,在先生指导下,开始接触道教文献,毕业后又师从先生读博士,这六年主要关注的是早期上清派经典的语词。书稿即是在博士论文基础上略作修改而成,权可视为四川大学六年研究生学业的收获。毕业后已六年,自己的注意力仍在魏晋南北朝道经上,算上求学的六年,自己接触早期道教文献已有十三年之久。由于个人怠惰,在这方面取得的成果仍很有限,但无论如何,自己还是取得了一些进步。这些细小进步的取得,离不开俞理明先生的悉心指导,和先生通信的无数封电邮,是其对学生谆谆教导的最好记录。

感谢那些在我成长道路上给我过教导和帮助我的项楚教授、雷汉卿教授、蒋宗福教授、杨文全教授、谭伟教授、顾满林副教授。浙江大学汪维辉教授惠赐《周氏冥通记》电子稿并对后学多有鼓励,谨致以最诚挚的谢意。感谢西南民族大学钟如雄教授多年来对我的关心和莫大帮助。现重庆广播电视大学副校长胡继明教授从我上大学开始就一直关心并帮助我的成长,我将铭感于心。

此时,我不得不想起我的父亲。不识一字的父亲"倔强"地用汗水和心血让我走上求学之路,正当我可以回报父亲的养育之恩时,他却在龙年岁末的一场车祸中以最残酷的方式永远离我而去。一辈子含辛茹苦,瞬间魂飞魄散,留给后人的是无法弥补的遗憾和悲怆。"悠悠苍天,此曷为哉",无尽的伤痛,永远的思念。父亲一生太苦,希望他在那个世界里一定要过得幸福些,祝愿父亲已升天堂!

特别要感谢支持本书出版的西南民族大学研究生院院长王启涛教授和文学与新闻传播学院院长徐希平教授,使本书能获西南民族大学中国语言文学博士一级学科培育经费资助。感谢中国社会科学出版社黄燕生、蔺虹女士为本书出版所付出的辛勤劳动。

周作明
2013 年 6 月 20 日